国家哲学社会科学成果文库

NATIONAL ACHIEVEMENTS LIBRARY
OF PHILOSOPHY AND SOCIAL SCIENCES

敦煌莫高窟土塔研究

郭俊叶 著

科学出版社

内 容 简 介

　　本书分为调查篇与研究篇，主要对敦煌莫高窟及其周边现存的古代土塔遗址做了全面的考古调查，用文字、测绘、摄影等手段详细记录了塔的位置、内容、保存状况，考订其题材与年代，研究其艺术风格及宗教内涵。

　　在土塔的个案研究方面，取得了不少成果，如对涅槃寺（原称天王堂）的正名、对于阗皇太子广济大师和于阗公主的新见解，并由此补充文献记载的不足，重构这段历史；对第161窟佛坛上善恶童子身份的认定及塔、窟之间的关系进行的阐释；对执扇弥勒菩萨的解读和慈氏塔年代的考证，等等。

　　本书首次调查、公布了大量土塔信息，填补了相关空白，并从宏观角度重新审视一个石窟寺的布局和宗教意义，是敦煌学从石窟、文献研究扩展到其他遗址研究的一次重大突破。

图书在版编目（CIP）数据

敦煌莫高窟土塔研究 / 郭俊叶著. —北京：科学出版社，2023.5
（国家哲学社会科学成果文库）
ISBN 978-7-03-075255-0

Ⅰ.①敦…　Ⅱ.①郭…　Ⅲ.①敦煌石窟–研究　Ⅳ.①K879.214

中国国家版本馆CIP数据核字（2023）第047475号

责任编辑：雷　英 / 责任校对：邹慧卿
责任印制：肖　兴 / 封面设计：黄华斌

科 学 出 版 社 出版
北京东黄城根北街 16 号
邮政编码：100717
http://www.sciencep.com

北京中科印刷有限公司 印刷
科学出版社发行　各地新华书店经销

*

2023年5月第 一 版　开本：720×1000　1/16
2023年5月第一次印刷　印张：34 3/4
字数：477 000

定价：**350.00元**
（如有印装质量问题，我社负责调换）

《国家哲学社会科学成果文库》
出版说明

为充分发挥哲学社会科学优秀成果和优秀人才的示范引领作用，促进我国哲学社会科学繁荣发展，自 2010 年始设立《国家哲学社会科学成果文库》。入选成果经同行专家严格评审，反映新时代中国特色社会主义理论和实践创新，代表当前相关学科领域前沿水平。按照"统一标识、统一风格、统一版式、统一标准"的总体要求组织出版。

全国哲学社会科学工作办公室

2023 年 3 月

目　录

第四章 敦煌三危山老君堂塔

下篇 研究篇

第九章　成城湾大小华塔相关问题考证

第十章　莫高窟及其周边土塔的类型、布局及形制探源

CONTENTS

CHAPTER 2　PAGODAS IN THE MOGAO CAVES

CHAPTER 3　PAGODAS SITUATED ON THE BANK OF THE DANGQUAN RIVER, AT THE FOOT OF THE SANWEI MOUNTAINS, AND AT THE BACK SIDE OF THE MEMORIAL HALL OF MONK YUEZUN

**CHAPTER 5　EARTHEN PAGODAS OF CHENGCHENGWAN AT DUNHUANG
　　　　　　MOGAO GROTTOES AND OTHER RUINS**

PART 2　RESEARCH OF THE PAGODAS

**CHAPTER 6　RELATED ISSUES ABOUT THE PAGODAS ON THE TOP OF
　　　　　　THE CLIFF OF THE MOGAO CAVES**

CHAPTER 9 A TEXTUAL RESEARCH ON THE RELATED ISSUES ABOUT THE LARGE AND SMALL FLOWER PAGODAS OF CHENGC -HENGWAN

CHAPTER 10 A STUDY ON THE TYPES AND LAYOUT AND SOURCE OF FORMS OF THE PAGODAS IN MOGAO AND ITS SURROUDING AREA

绪　论

一、塔的起源

塔，梵语stûpa，巴利语thûpa，音译作窣睹婆、窣堵婆、窣都婆、薮斗婆等，略译作塔婆、偷婆、兜婆、佛图、浮图、浮屠、佛塔，意译为高显处、功德聚、方坟、圆冢、大冢、冢、坟陵、塔庙等，有"顶""堆土"之义。塔是以土、沙、木、石、砖、金属等材质建造而成的建筑物，最早主要是为了供奉和安置佛舍利、高僧遗骨等物，后来也可供奉经卷和各种法物，也有为纪念佛生平圣迹而建的塔。

在古代印度，塔是坟墓，形如覆钵，古印度贵族用以为葬。佛教建塔可远溯至佛陀时代。律藏记载了丰富的早期佛教教团史资料，其中也包括建塔和佛塔信仰。佛在教化时曾自建过去佛迦叶佛塔，是为作塔法，为后世作塔之样本。之后，波斯匿王听闻佛造塔之事，便仿效佛陀，建立迦叶佛塔礼拜供养。迦叶佛塔也可四面建龛，上饰彩画，前作栏楯，龛内悬挂缯、幡、盖。东晋佛陀跋陀罗共法显译《摩诃僧祇律》卷33记载：

> 尔时世尊自起迦叶佛塔，下基四方，周匝栏楯，圆起二重，方牙四出，上施槃盖、长表、轮相。佛言："作塔法应如是。"塔成已，世尊敬过去佛故，便自作礼……佛言："得。过去世时，迦叶佛般泥洹后，吉利王为佛起塔，四面作龛，上作师子、象种种彩画，前作栏楯安置花处，龛内悬缯、幡、盖。"[1]

1　《大正藏》第22册，第497页。

唐代义净译《根本说一切有部毗奈耶杂事》卷18记载了覆钵塔的结构和规制：

> 佛言："应可用砖两重作基，次安塔身，上安覆钵，随意高下，上置平头，高一、二尺，方二、三尺，准量大小中竖轮竿，次着相轮。其相轮重数，或一、二、三、四乃至十三，次安宝瓶……凡夫善人但可平头无有轮盖。"[1]

在成佛不久，佛接受四商人献麨蜜后，应商人之请，剪爪，剃发与之起塔。东晋佛陀跋陀罗共法显译《摩诃僧祇律》卷29记曰：

> 成佛不久，时有商人，一名帝隶浮娑，二名跋梨伽，应广说乃至持麨蜜往诣世尊……佛受钵已，受商人麨蜜，广说咒愿。尔时商人欢喜前白佛言："愿赐爪、发还起支提。"佛即剪爪，剃发与之起塔。[2]

另如《十诵律》卷56也载，须达长者曾求取佛陀发与爪，为之起塔供养。

> 起塔法者。给孤独居士深心信佛，到佛所头面礼足一面坐。白佛言："世尊，世尊游行诸国土时，我不见世尊故甚渴仰，愿赐一物我当供养。"佛与爪、发，言："居士，汝当供养是爪、发。"居士即时白佛言："愿世尊，听我起发塔、爪塔。"佛言："听起发塔、爪塔。"是名起塔法。[3]

玄奘曾在印度的曲女城见到过如来发、爪小塔，《大唐西域记》记曰：

> 城西北窣堵波，无忧王之所建也，如来在昔，于此七日说诸妙法。其侧则有过去四佛坐及经行遗迹之所，复有如来发、爪小窣堵波。[4]

1　《大正藏》第24册，第291页。
2　《大正藏》第23册，第415页。
3　《大正藏》第22册，第461页。
4　（唐）玄奘、辩机原著，季羡林等校注：《大唐西域记校注》（上），中华书局，2000，第444页。

佛涅槃时，八王为分到的舍利而建的舍利塔，以及为盛放舍利的罂瓶而建的瓶塔、为烧佛处炭而建的炭塔，共十塔。唐代若那跋陀罗译《大般涅槃经后分》卷下有较为详细的记载：

> 时迦毗罗等七国王臣不果所愿，心怀悲愤，慨恋而还，各至本邑，咸遣使臣同诣拘尸，再求舍利……尔时，拘尸那城七军围绕，为舍利故，各欲夺取。

> 尔时，大众中有一婆罗门姓烟，在八军中高声大唱："拘尸城诸力士主听，佛无量劫积善修忍，诸君亦常闻赞忍法，今日何可于佛灭后，为舍利故，起兵相夺？诸君当知此非敬事。舍利现在但当分作八分。"诸力士言："敬如来议。"尔时，姓烟婆罗门即分舍利以为八分，作八分竟，高声大唱："汝诸力士主听，盛舍利瓶请以见与，欲还头那罗聚落起瓶塔，华香、幡盖、伎乐供养。"诸力士答言："敬从来请。"尔时，必波延那婆罗门居士复以高声大唱："拘尸城中诸力士主听，烧佛处炭与我，欲还本国起炭塔，华香、伎乐供养。"诸力士答婆罗门言："敬从来请。"

> 尔时，拘尸城诸力士得第一分舍利，即于国中起塔，华香、伎乐种种供养；波肩罗婆国力士得第二分舍利，还归起塔，种种供养；师伽那婆国拘罗楼众得第三分舍利，还归起塔，种种供养；阿勒遮国诸刹帝利得第四分舍利，还国起塔供养；毗耨国诸婆罗门得第五分舍利，还国起塔，种种供养；毗离国诸梨车得第六分舍利，还国起塔，种种供养；遮罗迦罗国诸释子得第七分舍利，还国起塔，华香供养；摩伽陀主阿阇世王得第八分舍利，还王舍城起塔，华香、伎乐种种供养；姓烟婆罗门得盛舍利瓶，还头那罗聚落起塔，华香供养；必波罗延那婆罗门居士得炭，还国起塔供养。

> 尔时，阎浮提中八舍利塔、第九瓶塔、第十炭塔，如是分布舍

利事已。[1]

佛入灭之后，帝释在其所住之宫城——善见城，起忉利四塔，分别为发塔、衣塔、钵塔、牙塔。宋志磐撰《佛祖统纪》卷33载：

> 佛入灭，帝释于善见大城起四塔：城东照明园发塔，城南初澓园衣塔，城西欢喜园钵塔，城北驾御园牙塔，名忉利四塔。[2]

据东晋法显《高僧法显传》法显曾于竭叉国见到佛齿塔：

> ［竭叉国］又有佛一齿。其国中人为佛齿起塔。[3]

山西省辽代应县木塔内供养着两枚佛牙舍利，佛牙舍利被装藏于塔内第二层与第四层的主佛像内，伴随着佛牙舍利的还有七宝等物[4]。

关于发塔，吴越王钱俶于雷峰塔下地宫奉安"佛螺髻发"[5]，今此佛螺髻发仍在雷峰塔地宫出土的纯银鎏金阿育王塔内，藏于浙江省博物馆。唐代玄奘《大唐西域记》记载在迦毕试国见到供养菩萨弱龄齿和如来螺发：

> 王城西北大河南岸旧王伽蓝，内有释迦菩萨弱龄乱齿，长余一寸。其伽蓝东南有一伽蓝，亦名旧王……又有如来发，发色青绀，螺旋右萦，引长尺余，卷可半寸。凡此三事，每至六斋，王及大臣散花供养。[6]

佛教认为舍利是由戒、定、慧所熏修而成，甚是难得，可得最上福田。供养佛舍利与供养佛本身具有同等功德，建塔来供养舍利也是佛教的重要活动之一。北凉昙无谶译《金光明经卷》第四《舍身品》云：

> 尔时世尊即现神足，神足力故令此大地六种震动，讲堂众会之

1　《大正藏》第12册，第912页。

2　《大正藏》第49册，第318页。

3　（东晋）释法显撰，章巽校注：《法显传校注》，中华书局，2008，第18页。

4　唐学仕：《应县佛宫寺释迦塔佛宫舍利》，《释迦塔与中国佛教》，宗教文化出版社，2009，第3页。

5　浙江省文物考古研究所：《杭州雷峰塔五代地宫发掘简报》，《文物》2002年第5期，第12页。

6　（唐）玄奘、辩机原著，季羡林等校注：《大唐西域记校注》（上），中华书局，2000，第154、155页。

中，有七宝塔从地涌出，众宝罗网弥覆其上。尔时大众见是事已生希有心。尔时世尊，即从座起礼拜是塔，恭敬围绕还就本座。

尔时道场菩提树神白佛言："世尊！如来世雄出现于世，常为一切之所恭敬，于诸众生最胜最尊，何因缘故礼拜是塔？"佛言："善女天！我本修行菩萨道时，我身舍利安止是塔，因由是身令我早成阿耨多罗三藐三菩提。"

……

佛告阿难："汝可持来，此是大士真身舍利。"尔时阿难即举宝函，还至佛所，持以上佛。尔时佛告一切大众："汝等今可礼是舍利，此舍利者是戒定慧之所熏修，甚难，可得最上福田。"尔时大众闻是语已，心怀欢喜即从座起，合掌敬礼大士舍利。[1]

佛塔除了舍利塔之外，还有无舍利的塔，在佛陀生处、成道处、转法轮处、涅槃处及佛陀足迹等处，如迦毗罗城佛生处塔、佛陀伽耶菩提树下之成道处塔、鹿野苑之转法轮处塔、沙罗林中涅槃处塔、祇园精舍大神通处塔、曲女城边三道宝阶处塔、耆阇崛山大乘经处塔、庵罗卫林维摩现疾处塔"八大灵塔"则属于无舍利的支提塔。东晋佛陀跋陀罗共法显译《摩诃僧祇律》卷33有云：

塔枝提者，佛住舍卫城，乃至，佛语大王："得作枝提。过去迦叶佛般泥洹后，吉利王为迦叶佛塔，四面起宝枝提，雕文刻镂种种彩画。今王亦得作枝提。"有舍利者名塔，无舍利者名枝提。如佛生处得道处、转法轮处、般泥洹处、菩萨像、辟支佛窟、佛脚迹，此诸枝提得安佛华盖供养具。[2]

1　《大正藏》第16册，第353、354页。

2　《大正藏》第22册，第498页。

根据东晋僧伽提婆译《增壹阿含经》卷19、东晋法显译《大般涅槃经》卷中记载，有四种人可以建塔，即如来、辟支佛、阿罗汉、转轮圣王。现引《大般涅槃经》经文如下：

> 阿难当知，一切众生皆无兜婆，唯有四人得立兜婆。一者谓如来、应、正遍知、明行足、善逝、世间解、无上士、调御丈夫、天人师、佛、世尊，慈愍众生，堪为世间作上福田，应起兜婆；二者谓辟支佛，思惟诸法自觉悟道，亦能福利世间人民，应起兜婆；三者谓阿罗汉，随所闻法思惟漏尽，亦能福利世间人民，应起兜婆；四者谓转轮圣王，宿殖深福，有大威德，王四天下，七宝具足，自行十善，又复劝于四天下人，亦行十善，应起兜婆。阿难！当知若有众生以诸供具，而以供养此兜婆者，其所得福，渐次差降。[1]

唐代道世撰《法苑珠林》第37转述《佛说十二因缘经》经文，记载八种人可以建塔，以及轮王以下建塔、塔上安露盘的规定等：

> 十二因缘经云：有八人得起塔，一如来、二菩萨、三缘觉、四罗汉、五阿那含、六斯陀含、七须陀洹、八轮王。若轮王已下起塔，安露盘，见之不得礼，以非圣塔故。初果二露盘，乃至如来安八露盘，八盘已上，并是佛塔。[2]

凡僧也可起塔，如持律、法师、营事、德望比丘等应起塔，不能建在多人行处，应建在屏处，即隐蔽处，否则，越毗尼罪。东晋佛陀跋陀罗共法显译《摩诃僧祇律》卷27记：

> 若言："持律"，若言："法师"，若言："营事"，德望比丘应语："长老！是人持戒贤善，多供养僧，执事有劳，应与起塔。"如是语已当为起塔。作声闻塔，不得先见塔后见世尊，当令

1　《大正藏》第1册，第200页。
2　《大正藏》第53册，第580页。

先见世尊后见塔，不得在多人行处当在屏处，不得在比丘经行处。

若多人行处起声闻塔者，越毘尼罪。[1]

宋代知礼述《金光明经文句记》卷6引《十二因缘经》："凡僧但蕉叶、火珠而已。"[2]

后世，更多的是高僧塔。高僧建塔成林，如少林寺有塔林，即历代高僧瘞埋之地。"在许多历史悠久的寺院旁边，有成群的古塔，密集如林，被称为塔林。这些古塔是这一寺院中历代高僧和尚们的墓塔，有的几座，有的几十座，甚至多达几百座。寺院的历史越久，规模越大，塔林也越大，塔的数量也越多。"[3]

在佛入灭约200年之后，古代印度摩揭陀国孔雀王朝的第三代国王阿育王（Asoka）（公元前273—前232年在位），在其统治前期，好战杀戮，靠武力基本统一了印度；在统治后期，皈依并推广佛教，成为赫赫有名的佛教护法王。他曾将所得舍利分成八万四千份，造八万四千宝箧，每一宝箧中盛一舍利，以八万四千宝瓮、八万四千宝盖、八万四千疋彩装校之。舍利交付夜叉四出作塔，原则是每一亿人处造立一塔，于尊者耶舍指光所指之地，建塔供养之。其中震旦国（中国）有十九塔。宋代志磐撰《佛祖统纪》卷33记载：

佛灭度后百年，阿育王取佛舍利，夜役鬼神碎七宝末造八万四千塔。尊者耶舍舒指放光，八万四千道，令羽飞鬼各随一光尽处安立一塔，于一日中遍赡部界。在震旦国者一十九所。[4]

西晋安法钦译《阿育王传》卷1，对阿育王建塔之事有详细的记载：

便诣王舍城取阿阇世王所埋四升舍利，即于此处造立大塔。第

1　《大正藏》第22册，第444页。

2　《大正藏》第39册，第154页。

3　罗哲文：《中国古塔》，中国青年出版社，1985，第52页。

4　《大正藏》第49册，第318页。

二第三乃至第七所埋舍利悉皆取之。于是复到罗摩聚落，海龙王所，欲取舍利。龙王即出请王入宫，王便下船入于龙宫。龙白王言："唯愿留此舍利，听我供养，慎莫取去。"王见龙王恭敬供养倍加人间，遂即留置而不持去。王还于本处，便造八万四千宝箧，金银琉璃以严饰之，一宝箧中盛一舍利。复造八万四千宝瓮，八万四千宝盖，八万四千疋彩以为装校。一一舍利付一夜叉使遍阎浮提，其有一亿人处造立一塔。于是鬼神各持舍利四出作塔……作此语已向鸡头摩寺，到于上座夜舍之前，合掌而言："我今欲于阎浮提内造立八万四千宝塔。"上座答言："善哉！善哉！王若欲得一时作塔，我于大王作塔之时，以手障日，可遍敕国界：手障日时，尽仰立塔。"于是，后即以手障日，阎浮提内一时造塔。造塔已竟，一切人民号为正法阿恕伽王，广能安隐饶益世间，遍于国界而起塔庙，善得滋长恶名消灭，天下皆称为正法王。[1]

在敦煌石窟壁画中绘出了阿育王建塔的故事，主要表现尊者耶（夜）舍以手障日，一时起塔的画面。画面通常是：一只大手张开五指，遮住日轮，指间有数道光芒放出，光芒中有宝塔，见于莫高窟第231、237、9、340、39、45、98、108、146、334、397、401、454、220窟，榆林窟第33窟等，另外敦煌文献中P.3033V、S.2113V-a也有记载，其中莫高窟第454窟甬道顶有榜题"阿育王起八万四千塔，罗汉与手遮日，日光下处见之"[2]（图i-1-1）。

阿育王建塔，华夏所得十九塔。这十九塔在唐代道宣撰《集神州三宝感通录》卷上、《广弘明集》卷15《佛记序》，以及唐代释道世撰《法苑珠林》卷38《故塔部》均有记载。另敦煌文献P.2977号也记有阿育王建塔和在

1　《大正藏》第50册，第102页。

2　孙修身：《莫高窟佛教史迹故事画介绍（三）》，《敦煌研究》1983年第2期，第88—107页；张小刚：《敦煌佛教感通画研究》，甘肃教育出版社，2015，第107、108页；郭俊叶：《敦煌莫高窟第454窟研究》，甘肃教育出版社，2016，第198页。

图i-1-1　莫高窟第454窟甬道顶"以手障日，阎浮提内一时造塔"图

大唐建十九塔之事，可与前三者史料记载相印证，并可弥补传世文献记载之不足[1]。但以上四类文献所出阿育王建塔处不尽相同，《集神州三宝感通录》记有20处，《广弘明集》记有18处，《法苑珠林》记有21处塔，P.2977号记有19处，其中第15处缺。唐代道世撰《法苑珠林》卷38《故塔部》记载有21塔，其中敦煌有"周瓜州城东古塔，周沙州城内大乘寺塔"，兹引文如下：

> 西晋会稽鄮县塔，东晋金陵长干塔，石赵青州东城塔，姚秦河
> 东蒲阪塔，周岐州岐山南塔，周瓜州城东古塔，周沙州城内大乘寺

1　杨富学、王书庆：《敦煌文献P.2977所见早期舍利塔考——兼论阿育王塔的原型》，《敦煌学辑刊》2010年第1期，第66—89页。

塔，周洛州故都西塔，周凉州姑臧故塔，周甘州删丹县故塔，周晋州霍山南塔，齐代州城东古塔，隋益州福感寺塔，隋益州晋源县塔，隋郑州超化寺塔，隋怀州妙乐寺塔，隋并州净明寺塔，隋并州榆社县塔，隋魏州临黄县塔，统明神州山川并海东塔，杂明西域所造之塔。

右前二十一塔，并是如来在日，行化乞食，因有童子戏弄沙土以为米面，宿祐冥会，以土面施佛。佛感渠善心为受涂地记：此童子，吾灭度后一百年满，有王出世，号为阿育，作铁轮王，王阎浮提，一切鬼神并皆臣属。且使空中地下四十里内所有鬼神，开前八塔，所获舍利役诸鬼神，于一日一夜一亿家施一塔，广计有八万四千塔。[1]

阿育王之后，贵霜王迦腻色迦大力宣扬佛教，在位时修建了迦腻色迦大塔即雀离浮图，有"西域浮图，最为第一"之称，北魏杨衒之《洛阳伽蓝记》卷5记：

复西南行六十里，至乾陀罗城。东南七里，有雀离浮图……塔内物（佛）事，悉是金玉，千变万化，难得而称。旭日始开，则金盘晃朗；微风渐发，则宝铎和鸣，西域浮图，最为第一。[2]

根据《佛祖统纪》所载，中国帝王最早修建的舍利塔是东汉明帝永平十一年（68年）在白马寺东兴建的塔，塔为九层，其址原为阿育王塔所在之处。宋志磐撰《佛祖统纪》卷35记载：

（永平）十一年，敕洛阳城西雍门外立白马寺。[3]

1　《大正藏》第53册，第584、585页。
2　（北魏）杨衒之撰，范祥雍校注：《洛阳伽蓝记校注》，上海古籍出版社，1978，第327、328页。
3　《大正藏》第49册，第329页。

又：

> 汉明帝问摩腾曰："白马寺东有光怪，民呼圣冢。"腾曰：
> "昔阿育王藏舍利八万四千塔，震旦之境有十九处，此其一也。"
> 帝俱往礼拜，诏造塔其上，九层二百尺。[1]

又同卷记：

> 汉明帝，始造白马寺。洛阳京城内、外十寺。白马寺东造佛舍
> 利塔。[2]

《魏书·释老志》记白马寺为四方形建筑，曰：

> 自洛中构白马寺，盛饰佛图，画迹甚妙，为四方式。[3]

白马寺塔之后，有三国时的笮融建浮图。《三国志·刘繇传》云：

> （笮融）乃大起浮图祠，以铜为人，黄金涂身，衣以锦采，垂
> 铜盘九重，下为重楼阁道，可容三千余人。[4]

三国时东吴主孙权也曾建塔，其事在唐代道宣《集神州三宝感通录》卷上与道世撰《法苑珠林》卷40《舍利篇》有记载。赤乌四年（241年），康僧会感得舍利，孙权大为叹服，遂兴寺造塔，号为建初寺。《集神州三宝感通录》记曰：

> 吴孙权赤乌四年（241年），沙门康僧会，创达江表设像行
> 道。吴人以为妖异，以状闻之。权召会问："佛有何灵？"会曰：
> "佛晦灵迹，遗骨舍利应现无方。"权曰："何在？"会曰："神
> 迹感通祈求可获。"权曰："若得舍利当为兴寺。"经三七日遂获
> 瓶中，旦呈于权，光照宫殿。权执瓶写于铜盘，舍利下冲，盘即

1 《大正藏》第49册，第461页。
2 《大正藏》第49册，第463页。
3 （北齐）魏收：《魏书》卷114，第8册，中华书局，1974，第3029页。
4 （西晋）陈寿撰，（南朝宋）裴松之注，陈乃乾校点：《三国志》卷49，第5册，中华书局，1959，第1185页。

破碎。权大惊嗟希："有瑞也！"会进曰："佛之灵骨金刚不碎，劫火不燋。"权乃使力者击之，搥砧俱陷，舍利不损，光明四射耀晃人目。又以火烧，乃腾光上踊作大莲花。权大发信，乃为立建初寺，改所住地名佛陀里。[1]

四川及湖北出土了中国最早的佛塔实物形象。四川什邡出土的东汉画像砖上为一座三层楼阁式佛塔。砖为泥质灰陶条形砖，残长21、残宽15、厚7.5厘米[2]。砖上之塔，由塔基、塔身、塔刹三部分组成。塔身三层，每层为木构四柱，檐及塔顶为斜坡顶，塔刹立有刹竿并安置三重相轮与宝珠（图i-1-2）。

2008年湖北襄樊（现襄阳）樊城菜越三国墓出土的一件黄褐釉陶楼，通高104、进深31、宽33厘米，由门楼、院墙和两层楼阁组成。院内两层楼阁，陶楼顶部设有相轮塔刹[3]（图i-1-3）。这座楼阁的顶明显具有塔的造型结构特色。

北魏时有胡灵太后曾建九层塔一座，可与迦腻色迦王大塔相媲美，北魏杨衒之《洛阳伽蓝记》卷1记：

永宁寺，熙平元年，灵太后胡氏所立也……中有九层浮图一所，架木为之，举高九十丈。有刹复高十丈，合去地一千尺。去京师百里，已遥见之……刹上有金宝瓶，容二十五石。宝瓶下有承露金盘三十重，周匝皆垂金铎，复有铁锁四道，引刹向浮图。四角锁上亦有金铎，铎大小如一石瓮子。浮图有九级，角角皆悬金铎，合上下有一百二十铎。浮图有四面，面有三户六窗，户皆朱漆。扉上有五行金钉，其十二门二十四扇，合有五千四百枚。复有金环铺首，殚土木之功，穷造形之巧。佛事精妙，不可思议。绣柱金铺，

1　《大正藏》第52册，第410页。

2　谢志成：《四川汉代画像砖上的佛塔图像》，《四川文物》1987年第4期，第62—64页。

3　襄樊市文物考古研究所：《湖北襄樊樊城菜越三国墓发掘简报》，《文物》2010年第9期，第4—20页。

图i-1-2　四川什邡汉墓出土的东汉画像砖
（采自《关于中国古代的塔你一定不知道
的事（上）》，http://www.sohu.com/
a/205419356_77672）

图i-1-3　湖北襄阳三国墓出土的黄釉陶楼
（采自《湖北襄樊樊城菜越三国墓发掘简报》
图12）

骇人心目。至于高风永夜，宝铎和鸣，铿锵之声闻及十余里。[1]

　　中国佛教历史上，不得不提的帝王是隋文帝杨坚，他曾大力扶持佛教，广建佛塔，可与阿育王建塔相提并论。隋文帝曾三次颁诏建塔，分别是仁寿元年（601年）、仁寿二年（602年）、仁寿四年（604年）。仁寿建塔，共一百余座，文帝时期全国三百多州中有三分之一的州建有舍利塔[2]，在中国历代帝王中可谓空前。仁寿元年隋文帝颁布诏令建塔，《隋国立舍利塔诏》见于唐代道宣撰《广弘明集》卷17：

1　（北魏）杨衒之撰，范祥雍校注：《洛阳伽蓝记校注》，上海古籍出版社，1978，第1、2页。
2　游自勇：《隋文帝仁寿颁天下舍利考》，《世界宗教研究》2003年第1期，第29页。

朕归依三宝重兴圣教……宜请沙门三十人，谙解法相，兼堪宣导者，各将侍者二人并散官各一人，薰陆香一百二十斤，马五匹分道送舍利，往前件诸州起塔。其未注寺者，就有山、水寺所，起塔依前山；旧无寺者于当州内，清静寺处建立其塔。所司造样送往当州……各七日行道并忏……限十月十五日午时，同下入石函。[1]

仁寿元年第一次颁诏在海内清净处建塔30所，在唐代道宣撰《广弘明集》卷17《舍利感应记》和《集神州三宝感通录》卷上《振旦神州佛舍利感通序》均记载其事并记舍利感应之事。

中国建塔的帝王还有一位即吴越王钱俶，他曾用十年时间仿效阿育王建塔，并分送各地供养。宋代志磐撰《佛祖统纪》卷43记：

吴越王钱俶，天性敬佛，慕阿育王造塔之事，用金铜精钢造八万四千塔，中藏宝箧印心咒经（此经咒功云：造像造塔者、奉安此咒者，即成七宝，即是奉藏三世如来全身舍利）布散部内，凡十年而讫功。[2]

在早期印度佛教遗址中，塔是刻意要表现的对象，如桑奇大塔、巴尔胡特大塔，萃集了印度早期佛教艺术的精华，被誉为印度佛教艺术的代表，并且塔很高大，居显要位置，《洛阳伽蓝记》记乌苌国的陀罗寺："城北有陀罗寺，佛事最多。浮图高大，僧房逼侧……"[3]佛教石窟遗址也是如此，在阿旃陀石窟中，支提窟占有相当多的数量，且塔位于石窟正后方核心位置，如开凿于公元元年前后的第10号窟。佛教传入中国后，作为佛教信仰的重要组成部分，塔普遍存在于佛教石窟遗址当中。在早期佛教寺院中，寺塔一体，塔也居于中心位置。至于舍利容器，印度采用的是罂坛或盒；武则天时

1　《大正藏》第52册，第213页。
2　《大正藏》第49册，第394页。
3　（北魏）杨衒之撰，范祥雍校注：《洛阳伽蓝记校注》，上海古籍出版社，1978，第299页。

期敕建的泾川大云寺，地宫正式出现，同时还使用了金棺银椁，是舍利瘗埋制度上的一个划时代变革。以金棺、银椁作为舍利的容器，是模仿中国传统葬制[1]。

二、敦煌古塔历史管窥

《魏书·释老志》曰："浮屠正号曰佛陀，佛陀与浮图声相近，皆西方言，其来转为二音。华言译之则谓净觉，言灭秽成明，道为圣悟。"[2]又有："凡宫塔制度，犹依天竺旧状而重构之，从一级至三、五、七、九。世人相承，谓之'浮图'，或云'佛图'。晋世，洛中佛图有四十二所矣"[3]。

历史上敦煌在汉代就有"小浮屠里"之说。悬泉汉简，编号Ⅵ91DXF13C②：30记载："少酒薄乐，弟子谭堂再拜请。会月廿三日，小浮屠里七门西入。"[4]北魏时佛教更为兴盛，《魏书·释老志》记："敦煌地接西域，道俗交得，其旧式村坞相属，多有塔寺。"[5]

敦煌地处丝绸之路的咽喉之地，是佛教从西域传入中原的重要驿站。在佛教历史上，影响深远、意义重大的两次建塔阿育王建塔与隋文帝建塔，敦煌都位列其中，充分说明了敦煌在当时佛教界的影响力。阿育王塔敦煌有"周瓜州城东古塔、周沙州城内大乘寺塔"[6]及"瓜州城东三里有土塔，周朝育王寺，今废，惟有遗基，上以舍覆四廊墙匝，时见光明，公私士女往来乞福"[7]。隋文帝时在敦煌崇教寺建塔，"瓜州崇教寺起塔"[8]，当时奉诏前

1　徐苹芳：《唐宋塔基的发掘》，《新中国的考古发现和研究》，文物出版社，1984，第614页；徐苹芳：《中国舍利塔基》，《中国大百科全书·考古学》，中国大百科全书出版社，1998，第696页；徐苹芳：《中国舍利塔基考述》第三部分，《传统文化与现代化》1994年第4期，第62、63页。

2　（北齐）魏收：《魏书》卷114，第8册，中华书局，1974，第3026页。

3　（北齐）魏收：《魏书》卷114，第8册，中华书局，1974，第3029页。

4　郝树声、张德芳：《悬泉汉简研究》，甘肃文化出版社，2009，第186页。

5　（北齐）魏收：《魏书》卷114，第8册，中华书局，1974，第3032页。

6　《大正藏》第52册，第404页。

7　《大正藏》第52册，第202页。

8　《大正藏》第52册，第412页。

往敦煌崇教寺建塔的高僧是智嶷，唐代道宣撰《续高僧传》卷26载："释智嶷……仁寿置塔，敕召送于瓜州崇教寺。初达定基，黄龙出现于州侧大池，牙角身尾，合境通瞩。具表上闻。"[1]

　　敦煌文献P.2005、P.2695号《沙州都督府图经》记载为唐高宗行道时在崇教寺出现的"黄龙"祥瑞一事："黄龙，右唐弘道元年腊月，为高宗大帝行道。其夜，崇教寺僧徒都集，及直官等，同见空中有一黄龙见（现），可长三丈以上，髯须光丽，头目精明，首向北升，尾垂（P.2695号无此字）南下。当即表奏，制为上瑞。"[2]敦煌文献P.2551V号《李君修慈悲佛龛碑》[3]及唐圣历元年（698年）《李君莫高窟佛龛碑》载："莫高窟者……今见置僧徒，即为崇教寺也。"[4]崇教寺即在今莫高窟。

　　关于敦煌阿育王塔与隋文帝仁寿崇教寺建塔，现已无可考，但据敦煌文献S.1438号《献舍利表》[5]记载，在吐蕃统治敦煌时，敦煌将沙州寺舍利骨一百卅七粒尽数献于远道而来的吐蕃高僧。杨富学、王书庆认为："这些贡奉物被视作'镇乎一州之内'的宝物，当非一般舍利可比。以理度之，非佛骨舍利难以当之。故这些舍利应系大乘寺或崇教寺，甚或二寺全部之佛舍利。"[6]

　　五代、宋时，董保德等为修缮敦煌普净古塔，运土开基，于塔下得珍珠、金指环、璎珞、瓶子、大石等物。S.3929V+S.3937V《董保德功德记》有详细记载，其中甲本："又于窟宇讲堂后，建此普净之塔。"

1　《大正藏》第50册，第676页。

2　上海古籍出版社、法国国家图书馆：《法藏敦煌西域文献（法国国家图书馆藏）》（1），上海古籍出版社，1995，第60、61页；《法藏敦煌西域文献（法国国家图书馆藏）》（17），上海古籍出版社，2001，第288页。

3　上海古籍出版社、法国国家图书馆：《法藏敦煌西域文献（法国国家图书馆藏）》（15），上海古籍出版社，2001，第310页。

4　李永宁：《敦煌莫高窟碑文录及有关问题》（一），《敦煌研究》1981年第1期，第58页。

5　王惠民：《〈董保德功德记〉与隋代敦煌崇教寺舍利塔》中拟名为《献舍利表》并附录文，《敦煌研究》1997年第3期，第83页。

6　杨富学、王书庆：《敦煌文献P.2977所见早期舍利塔考——兼论阿育王塔的原型》，《敦煌学辑刊》2010年第1期，第78页。

董保德建塔中还有"又三危山建法华塔一所"。

另外，马步青在成城湾劫走的天禧陶塔，现藏于甘肃省博物馆，塔内有圆形痕迹，可能为存放舍利瓶留下的印迹。

敦煌文献中，也有关于舍利塔的记载，在P.3432号《龙兴寺卿赵石老脚下依蕃籍所附佛像供养具并经目录等数点检历》中记有：

舍利塔相轮上金铜火珠壹。铁索肆条，长拾肆讬。铜铃贰佰枚。[1]

又P.2613号《唐咸通十四年（873年）正月四日沙州某寺交割常住物等点检历》记载：

舍利塔子壹。曲陈单伞壹，长肆尺伍寸。[2]

敦煌除了舍利塔之外，还有做法事时放置圣僧的塔子，在P.3067号《庚子年（940或1000年）后某寺交割常住什物点检历》中记有圣僧在塔子的记录：

圣僧贰，壹在库，壹在塔子。[3]

敦煌也有专门的塔匠，并有关于修塔支出和造塔买进材料的记录。据P.2641号《丁未年（947年）六月都头知宴设使宋国清等诸色破用历状并判凭四件》记：

廿四日……付塔匠阴应子等造胡禄面两硕陆斗。[4]

P.2689《年代不明僧义英等唱卖得入支给历》有：

支刘阇梨修塔三石……[5]

1　唐耕耦、陆宏基：《敦煌社会经济文献真迹释录》第三辑，全国图书馆文献缩微复制中心，1990，第6页，有录文。
2　唐耕耦、陆宏基：《敦煌社会经济文献真迹释录》第三辑，全国图书馆文献缩微复制中心，1990，第12页，有录文。
3　唐耕耦、陆宏基：《敦煌社会经济文献真迹释录》第三辑，全国图书馆文献缩微复制中心，1990，第33页，有录文。
4　唐耕耦、陆宏基：《敦煌社会经济文献真迹释录》第三辑，全国图书馆文献缩微复制中心，1990，第613页，有录文。
5　唐耕耦、陆宏基：《敦煌社会经济文献真迹释录》第三辑，全国图书馆文献缩微复制中心，1990，第153页，有录文。

P.2049V《后唐长兴二年（931年）正月沙州净土寺直岁愿达手下诸色入破历算会牒》记：

> 麦壹硕伍斗，买铁新伞骨造钉塔用……[1]

敦煌文献中也有在僧人圆寂后为其起塔的记载，P.3720《河西都僧统阴海晏墓志铭并序》中有："道俗念悲起广塔，门人孙侄助坟哀"[2]；敦煌文献S.630、P.4640《沙州释门索法律窟铭》有"春秋七十有六，终于金光明寺……其日葬于莫高窟之礼也"[3]。释门法律索义辩生活在晚唐时期，后葬于莫高窟，从其身份来说，应是建塔而葬。莫高窟的这种埋葬僧人骨灰的塔也可称灰身塔。

从藏经洞出土遗书中，我们还可以找出一些敦煌家族或个人建塔的历史记载。李克让修《李君莫高窟佛龛碑并序》记载莫高窟：

> 岩山为塔，构层台以造天。[4]

P.4638号《右军卫十将使孔公浮图功德铭并序》记载了在敦煌郡孟授渠建塔的情况，这是一座弥勒塔：

> 谨选得敦煌郡南三里孟授渠界，负郭良畴，厥田上上。凭原施础，揆日开基。树仙菜百株，建浮图一所……新疑（拟）弥勒之宫，创似育王之塔。[5]

孔公建弥勒塔的目的在于"非胜福不济亡灵，假增修而超胤子"。

张族曾重修故塔一座，此塔在张族寺内。敦煌遗书P.3770号《张族庆寺文》有云："禳灾启福，莫大于崇建，于舍坊创造伽蓝，又莫先于修故

1　唐耕耦、陆宏基：《敦煌社会经济文献真迹释录》第三辑，全国图书馆文献缩微复制中心，1990，第376页，有录文。

2　郑炳林：《敦煌碑铭赞辑释》，甘肃教育出版社，1992，第261、262页，有录文。

3　郑炳林：《敦煌碑铭赞辑释》，甘肃教育出版社，1992，第74页，有录文。

4　此碑原立于莫高窟第332窟前室，现存残石，存敦煌研究院，编号：Z.1101，碑文还见于藏经洞出土遗书P.2551号背面。

5　郑炳林：《敦煌碑铭赞辑释》，甘肃教育出版社，1992，第232页。

塔"[1]，P3804号《释门杂文》第二篇对这一事件有更为详细的记述："粤有我河西节度使左金吾卫大将军开国公之□欤？……所以招宗族而崇建故塔，似帝释之慕良因，织治□昏、无假共结天宫之胜会……"[2]

P.3390号《孟授上祖庄上浮图功德记并序》记载后汉乾祐三年庚戌（950年）四月，押衙张盈润继叔僧未竟之业，造浮图一所：

> 因以割舍珍财，抽减丝帛，谨于当庄佛堂内添绘功德圆就已毕。外瞻灵刹，新拟弥勒之宫；内礼真容，创似育王之塔。信仰君子，每□□□而不绝；振振淑人，誓求当来，严侍供养。[3]

P.3490号《于当居创造佛刹功德记》记载了后唐天成三年戊子（928年）九月，押衙兼当府都宅务知乐营使张某乙于当居创建佛刹一所：

> 谨于所居西南之隅，建立佛刹一所。内于西壁画释迦牟尼佛一铺，南壁画如意轮，北壁画不空绢索，东壁画文殊、普贤兼药师佛变相，门外两颊画护法神二躯，并二执金刚，庄饰并已功毕。若夫释迦相好，项背圆光；如意轮王，有求必遂；不空绢索，济养众生；文殊普贤，救愚拔厄；药师发十二上愿，无苦不除；护法善神，歼除灾沴；金刚二执，卫守释风；小戒声闻，助宣妙法。[4]

P.3302V1号《某氏兄弟内外功德记》：

> 城北庄建崔□□浮图；孟子渠中造如来之灵塔。[5]

S.530号《大唐沙州释门索法律义辩和尚修功德记碑》

> 建宝刹于家隅，庄成紫磨。增修不倦，片善无遗。[6]

从以上材料可以看出，莫高窟以山为塔，崖上建塔，"岩山为塔，构层

1　郑炳林：《敦煌碑铭赞辑释》，甘肃教育出版社，1992，第258页，有录文。
2　郑炳林：《敦煌碑铭赞辑释》，甘肃教育出版社，1992，第260页，有录文。
3　郑炳林：《敦煌碑铭赞辑释》，甘肃教育出版社，1992，第534页，有录文。
4　郑炳林：《敦煌碑铭赞辑释》，甘肃教育出版社，1992，第529页，有录文。
5　马德：《敦煌莫高窟史研究》，甘肃教育出版社，1996，第119页，有录文。
6　郑炳林：《敦煌碑铭赞辑释》，甘肃教育出版社，1992，第91页，有录文。

台以造天"，正说明了这种情况。敦煌的佛塔有的建于当居，有的建于当庄，有的建于良田之上，田间地头。这不由得让我们想起莫高窟第23窟北壁法华经变的场景：农夫耕于田，农妇送食于路，一家人田边休息，一派田园景象；一旁是佛塔，塔前有人礼拜，有人跳舞，一组乐队在演奏，还有小童在聚沙成塔（图i-1-4）。此画面也恰好反映了当时敦煌的真实情况，与史书记载"多有塔寺"相吻合。

图i-1-4　莫高窟第23窟北壁法华经变中农夫耕作图及供养塔图

敦煌现存白马塔一座，位于敦煌市。此塔始建年代不详，从塔名可知，与白马有关，碑文记载清道光时及民国时重修过此塔，现为一覆钵式喇嘛塔。塔基为十字折角形，塔身为覆钵形，塔刹有十三层相轮，上有六角宝盖及宝瓶（图i-1-5）。白马塔有重修碑文：

　　尝考佛塔之建筑，其制始于西域。观斯塔之高岩凌云，古侔金雁，殆即藏经所谓沙州白马塔矣。重修于道光乙巳，越今九十载矣，久为风沙飘摇。某等为保存古迹起见，联合乐施，多皆助修补之，用志不朽云尔。民国二十三年八月，拔贡朱永镇、吕钟等再修。[1]

图i-1-5　敦煌白马塔

三、研究对象、研究史、研究意义及方法

（一）研究对象

　　在莫高窟崖顶与窟前大泉河两岸保存有25座塔堂。崖顶有5窟土塔、1座佛堂遗址，是唐宋时期的礼拜塔，有南区北端上方涅槃寺（原名天王堂），南区北段第1窟北侧上方塔，南区中段第234窟上方塔，南区南段第161窟上方塔，南区南段第130窟上方佛堂，南区南端第143窟上方塔，除了第234窟上方塔仅残留有土塔遗迹外，其余塔堂内基本都有塑像、壁画等。窟前大泉河两岸分布的大部分是宋、西夏以后的礼拜塔、僧塔，也有道士塔，总数为19座，其中大泉河东岸有3座宋、西夏时期的方形礼拜塔，塔内有塑像并绘制壁画，最晚的是民国时期修建的王圆禄道士塔。

　　莫高窟洞窟之内还有一些窟内塔，共有10座，包括莫高窟第285窟内5座，第328窟内1座，北区第124窟内2座，北区第77窟内2座。

　　在宕泉河东岸地势较平坦的戈壁滩上，还有30多座已被毁坏的古塔遗迹，虽已不存，但地面上残存有大量彩绘过的白灰皮碎片，可能是莫高窟古代的"塔林"[1]。

三危山山脚下现有一座喇嘛塔，山顶的乐僔堂右后方也有一座喇嘛塔。

位于三危山中的老君堂原来有两座礼拜土塔，塔内壁画保存较为完好，其中有一座慈氏塔，现已搬迁至莫高窟窟前宕泉河西岸。老君堂另还有2座清代土塔。

观音井后山顶及三危山主峰王母宫各有一座塔，前者为喇嘛塔，后者为三层砖木塔。

莫高窟沿宕泉河向南，有名为成城湾的山谷（南谷），现存有两座土塔，即大、小华塔。以上所列，现分布于莫高窟崖顶、窟前、窟内以及周边的古代土塔遗址即是本书需要调查、研究的主要对象（图i-1-6）。

（二）研究史回顾

关于莫高窟及周边土塔，1907年英国人斯坦因到达莫高窟，在拍摄的莫高窟外景照片中，可见分布于崖面之上的塔以及窟前零星的塔[2]。1908年法国人伯希和考察队来到莫高窟，其助手努埃特拍摄了较多的莫高窟照片，其中就有莫高窟的塔，在所著《伯希和敦煌石窟笔记》[3]中，还有专门一节讲到莫高窟的佛塔。俄国组织的西域第二次考察队，由奥登堡带领，队员有画家兼摄影师杜金、地形测绘师斯米尔诺夫等人，1914年8月到达莫高窟，1915年1月离开，其间测绘了南区洞窟的总立面图、分层平面图，对莫高窟进行了详细的文字记录，摹写了一些壁画，并拍摄了大量窟内、外照片。相较而言，比前者更为细致、全面，特别是对于莫高窟周边土塔的文字记录及照片，更

1　马德：《莫高窟新发现的窟龛与墓塔遗迹》，《敦煌佛教艺术文化论文集》，兰州大学出版社，2002，第160、161页。

2　Aurel Stein. Serindia: Detailed Report of Explorations in Central Asia and Westernmost China VOL. II, Oxford: Clarendon Press, 1921: PL.191.（奥雷尔·斯坦因：《西域考古图记》（二），克拉兰顿出版社，1921，图版191）

3　〔法〕伯希和著：《伯希和敦煌石窟笔记》，耿昇、唐健宾译，甘肃人民出版社，1993。

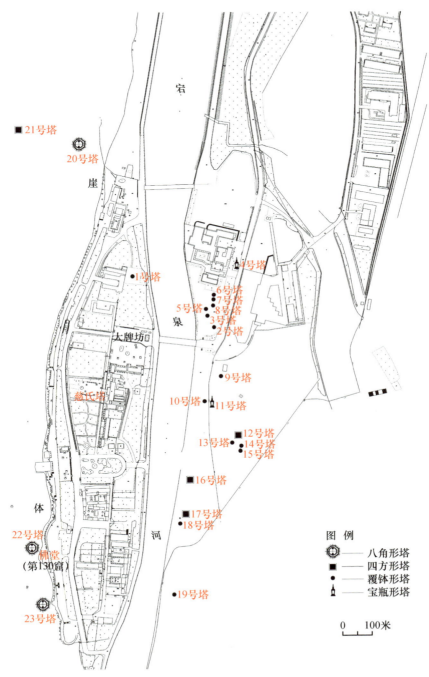

图i-1-6 敦煌莫高窟崖面及宕泉河两岸古代土塔位置示意图

（吕文旭绘）

是难得的早期资料，非常珍贵。1943年，英国人李约瑟博士来到敦煌，在他拍摄的照片中，我们可以了解到一些塔的原貌，如莫高窟窟前塔、三危山脚下的塔、乐僔堂右后方塔、成城湾的华塔等，是关于塔的宝贵影像资料。中华人民共和国成立前一些前辈学者（包括1942年的西北史地考察团与1944—1945年的西北科学考察团成员）所做的关于莫高窟内容的调查记录中也简单地提到过这些土塔，如20世纪40年代李浴所撰《莫高窟各窟内容之调查》中就有所涉及，谢稚柳先生的《敦煌艺术叙录》[1]对其中一部分塔及塔内壁画有简单记录，石璋如先生的《莫高窟形》[2]对其中一些塔有测绘的平、剖面图及内容上的简单记录，夏鼐先生1944年有对于三危山山脚下塔、乐僔堂后侧塔及老君堂塔的记录，并拍摄有一些珍贵照片[3]。由赵正之、莫宗江、宿白、余鸣谦于1951年调查，陈明达于1954年整理执笔的《敦煌石窟勘查报告》，在调查莫高窟的风沙风向时，注意到了塔的风沙磨蚀残损情况，认为多为西南风，并附有天王堂西南面与东北面照片两张，以此证明；另外，在谈到防沙墙时附有莫高窟第143窟上方的塔[4]。20世纪60年代，宿白先生在研究敦煌密教题材时，对天王堂有过调查，其记录的涅槃寺塑像现已毁坏，调查成果是今天可资参考的宝贵资料，其中的观点也颇具建树[5]。前辈学者也曾抄录过涅槃寺的发愿文题记[6]。在《文物参考资料》中有《敦煌附近的古建筑——成城子湾土塔及老君堂慈氏之塔》一文，未署作者名，此文对两座塔进行了介

1　谢稚柳：《敦煌艺术叙录》，上海古籍出版社，1996。

2　石璋如：《莫高窟形》（一）—（三），历史语言研究所，1996。

3　夏鼐：《夏鼐西北考察日记》（上、下册），社会科学文献出版社，2018。

4　赵正之、莫宗江、宿白、余鸣谦调查，东明达整理执笔：《敦煌石窟勘查报告》，《文物参考资料》1955年第2期，第39—70页。

5　宿白：《敦煌莫高窟密教遗迹札记》（下），《文物》1989年第10期，第69—86页；《中国石窟寺研究》，文物出版社，1996。

6　敦煌研究院：《敦煌莫高窟供养人题记》，文物出版社，1986，第178页；谢稚柳：《敦煌艺术叙录》，上海古籍出版社，1996，第417—419页；石璋如：《莫高窟形》（一），历史语言研究所，1996，第620页；宿白：《中国石窟寺研究》，文物出版社，1996，第296页。

绍，并附有两塔照片和慈氏塔线图[1]。由于塔的风化以及慈氏塔的搬迁，这篇文章对于两塔的记录，尤其是对慈氏塔的原状记录，为我们今天的研究提供了很多细节资料，有着重要的参考价值。对于塔的研究，最值得一提的是萧默先生的《敦煌莫高窟附近的两座宋塔》[2]，此文对慈氏塔与成城湾大华塔进行了调查与研究，认为慈氏塔为北宋早期所建，认为大华塔的塔顶与"莲华藏世界"有关，在其专著《敦煌建筑研究》[3]也收录了该文。总之，20世纪的成果主要集中在公布了土塔的少量照片、题记以及对部分土塔内容的简单介绍，有的作了一些调查与初步研究。

近年来，学者们对于个别土塔及相关塑像与壁画有了更多的关注。彭金章先生在《敦煌石窟全集·密教画卷》[4]一书中公布了少量涅槃寺壁画的照片。张先堂先生曾对敦煌文献中记载的"天王堂寺""天王堂"等内容做过考证，他同意前辈学者的看法，认为莫高窟南区北端上方崖顶的方形土塔就是文献中记载的天王堂，并进行了论证[5]。沙武田则提出了质疑，认为该塔并不是真正意义上的天王堂，而是由曹延禄与于阗公主发心营建的一所表现特殊内容与思想的塔寺建筑，应该据发愿文命名为"□□寺"[6]。寇甲、赵晓星则以"天王堂"为研究中心，结合对《首楞严经》、敦煌文献与敦煌石窟内容的考证，从其绘塑内容所含的密法入手，考察了"天王堂"土塔的有关问题[7]。阮丽的博士论文对涅槃寺内穹隆顶壁画与八大菩萨作了研究，认为塔

1　《敦煌附近的古建筑——成城子湾土塔及老君堂慈氏之塔》，《文物参考资料》1955年第2期，第109—112页。

2　萧默：《敦煌莫高窟附近的两座宋塔》，《敦煌研究》1983年创刊号，第95—101页。

3　萧默：《敦煌莫高窟附近的两座宋塔》，《敦煌研究》1983年创刊号，第95—101页；同作者《敦煌建筑研究》，机械工业出版社，2003。

4　彭金章：《敦煌石窟全集·密教画卷》，（香港）商务印书馆，2003。

5　张先堂：《唐宋时期敦煌天王堂寺、天王堂考》，《法门寺文化研究通讯》1998年第13期，第94—103页。

6　沙武田：《莫高窟"天王堂"质疑》，《敦煌研究》2004年第2期，第23—27页。

7　寇甲、赵晓星：《莫高窟"天王堂"初探——吐蕃统治敦煌时期的密教研究》，《兰州大学学报》2007年第3期，第55—60页。

顶是据梵文本《佛说瑜伽大教王经》绘制而成，并对各个神祇做了详尽的考证[1]。经马德先生公布，我们知道了在莫高窟宕泉河东岸向东百余米处的戈壁滩上，有三十多座早已被毁坏的古塔的遗迹，认为这里可能是莫高窟古代的"塔林"，在莫高窟历史上有重大意义[2]。赵晓星对吐蕃时期的塔窟垂直组合关系有最新的解读研究[3]。这是近年来有关莫高窟土塔研究较为重要的新发现。

综上所述，20世纪初，西方探险家对于莫高窟土塔除了文字记录外，还配有一些照片资料；40—50年代，国内的学者也主要是简要的文字记录，石璋如先生对个别塔测绘了平、剖面图，80年代有宿白先生、萧默先生等学者对于涅槃寺、慈氏塔、成城湾华塔撰文做过介绍和初步研究。而近年来，学者们对于土塔的研究主要集中在对涅槃寺的解读和研究上。

（三）研究意义

《莫高窟记》记载："秦建元之世（366年），有沙门乐僔，仗锡西游至此，遥礼其山，见金光如千佛之状，遂架空镌岩，大造龛像；次有法良禅师东来，多诸神异，复于僔师龛侧又造一龛。伽蓝之起，肇于二僧。"[4]公元366年乐僔始凿窟龛，自此以后，莫高窟造窟不绝，伴随着开窟造像，自然少不了建塔活动。莫高窟的现存土塔分布于崖面之上、洞窟之内、宕泉河两岸以及周边的一些佛教遗址之中。

莫高窟已公布的土塔材料散见于各研究论著之中，较为零星，还有大部分的土塔资料未作整理与公布，尤其是一些有塑像与壁画的礼拜塔，如分布

1　阮丽：《莫高窟天王堂图像辨识》，《敦煌研究》2013年第5期，第40—50页。
2　马德：《莫高窟新发现的窟龛与墓塔遗迹》，《敦煌佛教艺术文化论文集》，兰州大学出版社，2002，第152—164页。
3　赵晓星：《莫高窟吐蕃时期塔、窟垂直组合形式探析——吐蕃统治敦煌时期的密教研究之五》，《中国藏学》2012年第3期，第94—98页。
4　见莫高窟第156窟前室北壁的墨书《莫高窟记》以及藏经洞文献P.3720号。

于崖顶、宕泉河东岸、成城湾以及老君堂的塔，在已经出版的《敦煌石窟内容总录》中也未收入，学者们大多难知其详。除了少数土塔有学者撰文做过介绍研究之外，大部分资料均未系统整理与公布，这些遗址及其遗迹、遗物作为敦煌文物不可或缺的一个组成部分，系统整理工作亟须早日进行。通过对莫高窟及周边土塔的考古调查，全面、系统地对这些遗址的资料进行整理和研究，可以提供大量基础性的材料，从而促进相关保护和深入研究工作。

自敦煌学诞生以来，国内外的学者对于敦煌石窟艺术、敦煌藏经洞出土遗书的研究已取得了非常丰硕的成果，但是却忽略了石窟外围的一些建筑遗存，其中土塔就是现存最多也最为重要的一部分。随着石窟艺术研究的不断深入，我们需要更多的资料去阐释一些未解之谜，也需要从宏观角度去重新审视一个石窟寺的布局和宗教意义，因而，这些建筑遗存的研究也许就是解决石窟艺术及相关研究瓶颈问题的一把钥匙。

塔内丰富的壁画内容是洞窟内容的延续和另一种表现形式，有些内容涉及敦煌张氏归义军和曹氏归义军时期的真实历史问题，可以弥补史书记载的不足。由于地处西北，历史上曾有吐蕃、回鹘、西夏等民族统治过敦煌，同时，曹氏归义军时期还与周边少数民族政权采取了联姻政策，有些塔的内容直接表现了当时民族的艺术风格。敦煌位于丝绸之路古道上，塔内的壁画上有一些内容还关系到中西文化交流等问题。

土塔是大型佛教聚落遗址的重要组成部分，如果把莫高窟看成一个整体，土塔穿插其间，其所在位置体现了洞窟的结构布局与宗教诠释，而有些土塔可能与洞窟同时营建，那么研究土塔的内容与宗教意义是对洞窟研究的补充与促进。

莫高窟及周边土塔遗址的调查与研究是敦煌石窟从石窟研究扩展到周边相关建筑遗址研究的一次重大突破，从而为古丝绸之路的研究注入新的血液。

（四）基本思路及研究方法

本书主要对敦煌莫高窟及周边现存的土塔遗址做了全面的考古调查，用文字、测绘、照相等手段详细记录相关文物的位置、内容、保存状况，并考订其题材与年代，研究其制作方法、艺术风格及宗教内涵，最后探讨土塔在整个莫高窟石窟群中的分布情况及其扮演的角色和意义所在。具体步骤如下：

首先全面考察莫高窟及周边所存土塔的基本内容，根据土塔的保存现状及类别采用不同的记录手段和研究方法，进行照相与测绘，并记录其保存状况、塔形与塔内、外壁画的内容。其次，在此基础上，结合文献记载分析土塔的内容及年代。再次，分析土塔壁画艺术的结构布局与组合关系，尽可能找出其所表达的主要佛教思想。最后，结合土塔附近石窟或者其他建筑遗存，对土塔的性质进行判断，并探讨土塔在敦煌石窟艺术中所处的地位。

结合敦煌莫高窟土塔的基本特点，主要采用以下研究方法：

（1）考古学的研究方法。此方法是研究土塔的基本方法之一，主要是对土塔基本内容的记录描述与阐释，以考古层位学、考古类型学、聚落考古学为基础，对地面现存的遗迹资料以及考古发掘出土的文物进行细致的调查与整理，包括其塔形、土塔所在位置。对于历史上塔的资料（图片或文字）尽可能地收集齐全，如伯希和、奥登堡率领的考察团拍摄的照片及文字记录，以及后来的石璋如先生等人所做的记录及实测图，这都是很珍贵的第一手考古调查资料，以之与现状进行比较研究。

（2）涉及相关艺术作品（塑像与壁画）时引入图像学研究方法。有一些土塔内有塑像及壁画，那么对其进行图像学的研究，也是必需的研究方法。即对塔内塑像及壁画内容进行一一考证，包括榜题、供养人题记的抄录，画面内容的阐释及建筑年代的考订。

（3）历史文献学方法。主要是对敦煌藏经洞涉及有关土塔写本的解读研究。

（4）宗教学方法。莫高窟窟区土塔与洞窟是一个统一的有机体，其内容表现的也是佛教的思想、义理、禅法与忏法，因此宗教学研究必然受到重视。

（5）功能学方法。即研究土塔的功能意义，尽可能复原土塔当初的营建动机。

上篇　调查篇

莫高窟崖面上方建有数座佛塔、佛堂类建筑，大部分内有塑像、壁画，是莫高窟石窟组成不可或缺的一部分，对于完善石窟资料及石窟营建史有着重要意义。然而，这部分内容因为登临困难或者建筑残破却不为学者所重视，有的只知有塔，不知其内容，更谈不上有相关的研究，《敦煌莫高窟内容总录》[1]与《敦煌石窟内容总录》[2]都未将其内容收入。随着石窟内容研究的不断深入和拓展，这方面的调查与研究已刻不容缓。

为了避免重复编号引起不必要的混乱，编号仍采用旧编号。旧编号采用1999年敦煌研究院保护所酈伟堂先生编号，编号顺序自宕泉河西岸台地上塔开始至东岸塔，再至莫高窟崖面上层塔（各区均为自北向南编号）。由于土塔经过了数次维修，已与原貌不符，因而有些线图以敦煌研究院保护档案中的旧图为底稿，校对信息后再清绘。

第一章
莫高窟崖面上方塔

本章主要调查位于莫高窟崖面上方的塔，这些塔多与下方洞窟是一个整体建筑，是洞窟建筑的延续。现存主要有莫高窟第143窟上方塔（编号第23号塔），莫高窟第130窟上方佛堂遗迹，莫高窟第161窟上方塔（编号第22号塔），莫高窟第234窟上方塔，莫高窟崖面南区北端崖顶涅槃寺（编号第21号塔）以及涅槃寺前的一些建筑遗迹，莫高窟崖面南区北端崖顶古道边残土塔（在莫高窟第1窟斜上方，编号第20号塔）。其中莫高窟第161窟上方塔及第130窟上方佛堂遗址于2004年经过了考古发掘，莫高窟第234窟上方塔仅存塔

1　敦煌文物研究所：《敦煌莫高窟内容总录》，文物出版社，1982。
2　敦煌研究院：《敦煌石窟内容总录》，文物出版社，1996。

基及些许残壁，且登临调查困难，故这三部分内容本章不作具体调查，在后续的研究篇中有专门的研究。

第一节　莫高窟第143窟上方土塔（第23号塔）

一、土塔概况及研究史

莫高窟第143窟上方之塔，为莫高窟崖面上层现存最南面的塔（图1-1-1—图1-1-3）。因为位于崖面之上，前辈学者对其内容及涉及的相关问题记载和研究很少。20世纪初法国人伯希和带领的中亚考察队及俄国人奥登堡考察队拍摄的照片及绘制的立面图中，可见此塔高高耸立在崖面之上（图1-1-4、图1-1-5）。石璋如先生测绘的莫高窟总图南段之中也有此塔。金维诺先生在考证敦煌石窟腊八燃灯分配窟龛时，在其《敦煌窟龛名数考》一文中认为是"法华塔"[1]。马德先生的《都僧统之"家窟"及其营建〈腊八燃灯分配窟龛名数〉丛识之三》是少有的对塔内内容进行记述的文章，但也只是简单的描述："塔内存千佛菩萨等五代壁画，西壁还残存单身塑像（可能是天王塑像）遗迹"[2]，并在《敦煌莫高窟史研究》一书中认为是"药师塔"，为王僧统所建[3]，但未作出更多的深入研究。近年来，另有一些学者，从建筑布局设计出发，涉及143窟及其上方的塔[4]。这些成果对进一步深入研究有着重要的启示。在2004年，此塔塔身经过维修加固。本节主要对土塔进行全面考察，并在此基础之上，拟对土塔的内容及相关问题进行全面探讨。

1　金维诺：《敦煌窟龛名数考》，《文物》1959年第5期，第53页。

2　马德：《都僧统之"家窟"及其营建〈腊八燃灯分配窟龛名数〉丛识之三》，《敦煌研究》1989年第4期，第58页。

3　马德：《敦煌莫高窟史研究》，甘肃教育出版社，1996，第123页。

4　孙毅华、孙儒僴：《敦煌石窟全集·石窟建筑卷》，（香港）商务印书馆，2003，第239、240页；赵晓星：《莫高窟吐蕃时期塔、窟垂直组合形式探析——吐蕃统治敦煌时期的密教研究之五》，《中国藏学》2012年第3期，第94—98页。

图1-1-1　莫高窟第143窟上方塔整体图

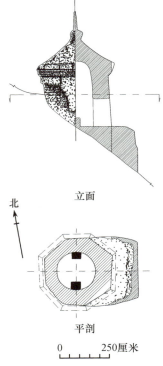

立面

北

平剖

0　　　　　250厘米

图1-1-2　莫高窟第143窟上方塔侧面图

图1-1-3　莫高窟第143窟上方塔立面、平剖图
（郦伟堂原图、吕文旭清绘）

图1-1-4　奥登堡考察队1914年拍摄的莫高窟第143窟上方塔

（采自《俄藏敦煌艺术品（俄罗斯国立艾尔米塔什博物馆藏）》Ⅲ，图版5）

图1-1-5　奥登堡考察队1914年绘制的莫高窟第143窟上方塔立面测绘图

［采自《俄藏敦煌艺术品（俄罗斯国立艾尔米塔什博物馆藏）》Ⅴ，立面测绘图（主体放大）（15-4）］

二、土塔内容

土塔位于第143窟崖面正上方，由土坯垒砌而成。海拔1352米，地理坐标为北纬40°02′139″，东经94°48′300″。塔坐西朝东，东偏南10°。

塔由塔基、塔身、塔刹三部分组成，总高约8.24米。

塔基为须弥座形，仅有半边。因塔所在的崖顶倾斜，所以在塔底东部靠向崖面处，以土坯垒砌，使之平坦，做成塔基，内有4根木头作地栿。塔基下层外缘，有一排木条暴露在沙石外，由此现象推测原来应有栏杆，围绕土塔可能建有可绕塔的通道。塔基座高约2.37米。

塔身八面，由土坯垒砌而成。塔门所在的正面高约2.65、宽1.73米。

塔檐向外叠涩四层，高约60厘米。八角攒尖顶，坡面长1.85米，木质刹心柱裸露在外，柱高96厘米。塔刹底部束腰处周长1.99米。刹底饰覆莲，大部残毁，仅东北方现存4个莲瓣，其中3个完整，1个残半，竖长17、底边长41厘米，表面残存深土红色颜料（图1-1-6、图1-1-7）。

塔东向面开圆拱门。拱门高1.44米，东西进深0.89米，南北宽内0.73、外0.64米（图1-1-8）。塔内平面圆形，直径东西1.87、南北1.95米；穹隆顶，塔内地面至顶高3.22米。

塔内原有马蹄形佛床，但正面已毁坏，现存两侧面佛床，高约36厘米；侧面有壸门，现存4个，壸门高30、宽39厘米。佛床上面放置一些带白灰的泥皮残块，塑像无存。马德先生曾提到"西壁还残存单身塑像（可能为天王塑像）遗迹"[1]，现已不存（图1-1-9）。

塔内壁画保存基本完好。穹隆顶上正中绘有圆形华盖，华盖直径约1米，主要由四部分内容组成，即三圈及外缘：内圈为一大八瓣莲花，第二圈内

---

1 马德：《都僧统之"家窟"及其营建〈腊八燃灯分配窟龛〉丛识之三》，《敦煌研究》1989年第4期，第58页。

图1-1-6　莫高窟第143窟上方塔外观

图1-1-7　莫高窟第143窟上方塔塔顶

绘团花，第三圈绘卷草花枝纹，外缘垂幔。华盖周围绘五圈千佛，共有202身，均高约11.5厘米。千佛外缘是红底、上绘茶花图案的圈带（图1-1-10）。

正壁（西壁）上绘华盖，后有菩提树，左右各两棵。华盖高100、宽108厘米。华盖下原来应有一身坐姿的主尊塑像，与上方的华盖绘塑结合，但塑像已毁，像后壁面脱落，土坯裸露在外（图1-1-11）。

东壁门上绘一身药师佛，其右上方有浅色榜题框，题名"南无药师瑠璃光

图1-1-8　拱门甬道的重层壁画

图1-1-9　莫高窟第143窟上方塔塔内正面及佛床图

佛"。药师佛结跏趺坐于莲座之上，有圆形头光和身光，左手托钵，右手于胸前上举作印；高67、肩宽20、头光直径26.5、身光直径45厘米（图1-1-12）。

塔内共绘出10身菩萨（图1-1-13、图1-1-14）。菩萨头部侧面（南侧菩萨在右侧，北侧菩萨在左侧）均有竖长方形的红底榜题框，有的可识读出菩萨题名，有的现已无法识读。菩萨身高相近，均高148厘米。

塔内堆积细沙，厚20厘米左右，表层有一些残土块、泥皮等，应为被毁的佛床、塑像、壁画残留。

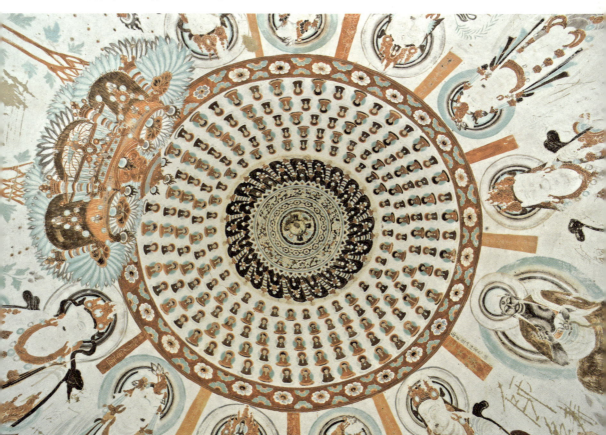

图1-1-10 莫高窟第143窟上方塔塔顶华盖与千佛

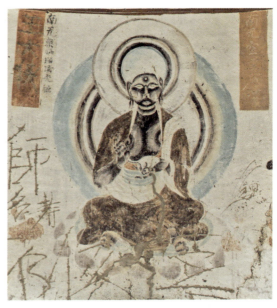

图1-1-11　莫高窟第143窟上方塔塔内正面主尊（已毁）　　图1-1-12　莫高窟第143窟上方塔东壁塔门上药师佛

　　塔门门道有重层壁画。门道东侧可见表层壁画，上绘绿色忍冬及土红色花，其所在地仗为黄色石灰，而门道西侧地仗为斑驳的白色石灰，白色石灰叠压于黄色石灰之下（见图1-1-8）。门道的重层壁画，表明此塔的门道及塔外部在后期进行了重修。塔内壁画单层，其风格与门道壁画也存在差异。

　　以下就塔内壁画中的菩萨身份逐一进行分析。

　　塔南侧壁画。自西至东第一身菩萨，榜题题名"南无宝藏菩萨"。菩萨左手执红莲，莲上火珠，右手上举于胸前；有圆形头光，头戴红色五瓣串珠冠，宝缯下垂，自左肩至右胁斜披络腋，璎珞严身，戴项圈、耳珰、手镯，披帛呈"S"形下垂，腰系半裙，裙下有曳地纱裙，跣足立于一朵大莲花上（图1-1-15）。宝藏菩萨在敦煌石窟中较为少见。

　　唐代李通玄撰《新华严经论》卷33曰：

图1-1-13   莫高窟第143窟上方塔南壁面菩萨

图1-1-14   莫高窟第143窟上方塔北壁面菩萨

> 宝藏菩萨者，法宝遍周，名之宝藏。[1]

由经文可知，宝藏菩萨主管宝藏，法宝周遍，是财富的象征。塔内这身宝藏菩萨，左手执莲花，莲花上宝珠，珠上火焰，从持物来讲与宝藏菩萨相符。

方位上来讲，宝藏菩萨来自下方世界，唐代地婆诃罗译《方广大庄严经》卷8：

> 尔时下方世界，有国名普观，其佛号曰普见。彼有菩萨摩诃萨，名曰宝藏，遇斯光已，与无央数菩萨围绕，而来诣菩提场，为供养故住菩萨前。[2]

图1-1-15　莫高窟第143窟上方塔塔内南侧壁面宝藏菩萨（自西向东第一身菩萨）

唐不空的异译本《大宝广博楼阁善住秘密陀罗尼经》将宝藏菩萨译为"摩尼藏菩萨"：

> 时摩尼藏菩萨，诣释迦牟尼应正等觉所，绕佛三匝合掌顶礼前住，白佛言："世尊！我今请世尊，说大宝广博楼阁善住秘密陀罗尼，为哀悯利益一切有情故。"[3]

自西至东第二身菩萨，菩萨脸部、脖颈、肩胸处残损，原榜题不清，后有游人题刻"南无地藏菩萨"。菩萨双手合十，身体微侧向其右侧菩萨，有圆形头光，顶戴装饰莲花的宝冠，璎珞严身，肩披帛带在身前呈"U"字形

1　《大正藏》第36册，第878页。
2　《大正藏》第3册，第589页。
3　《大正藏》第19册，第621页。

图1-1-16　莫高窟第143窟上方塔塔内南侧
壁面观世音菩萨（自西向东第三身菩萨）

下垂，下着长裙，跣足立于莲花之上。

自西至东第三身菩萨，榜题题名"南无观世音菩萨"。菩萨有圆形头光，顶戴化佛宝冠，左手提净瓶，右手执杨柳，各种严身具，项饰、耳珰、臂钏、手镯俱全，披帛呈"S"形下垂，腰系半裙，裙下有曳地纱裙，跣足立于一朵大莲花上（图1-1-16）。

自西至东第四身菩萨，榜题"南无……"菩萨双手合十，身体微侧向其左侧菩萨，有圆形头光，顶戴装饰莲花的宝冠，璎珞严身，肩披帛带在身前呈"U"字形下垂，下着长裙，跣足立于莲花之上。

自西至东第五身菩萨，榜题题名"南无空虚藏菩萨"（按：为"南无虚空藏菩萨"的误写）。这身菩萨有圆形头光，戴宝冠，着项圈、耳珰、臂钏、手镯，腰系半裙，裙上有花纹，裙下有曳地纱裙，左手持柳枝，右手下垂，是否持物不明，跣足立于莲花上（图1-1-17）。

塔北侧壁画。自西向东第一身菩萨，榜题不清，有游人题刻"南无月光菩萨"。菩萨有圆形头光，戴红色五瓣串珠冠，宝冠正中宝石中有宝塔，宝缯弯曲外扬，斜披络腋，佩项饰、璎珞、臂钏、耳珰、手镯，右手持花一枝，左手下垂执军持，披帛呈"S"形下垂，腰系半裙，裙下有曳地纱裙，跣足立于一朵大莲花上（图1-1-18）。唐代不空译《八大菩萨曼荼罗经》曰：

图1-1-17　莫高窟第143窟上方塔塔内南侧壁面
虚空藏菩萨（自西向东第五身菩萨）

图1-1-18　莫高窟第143窟上方塔塔内北侧壁面
弥勒菩萨（自西向东第一身菩萨）

　　　　想慈氏菩萨，金色身，左手执军持，右手施无畏，冠中有窣堵

　　波，半跏坐。[1]

左手拿军持，头上宝冠中有宝塔，符合弥勒菩萨的造像仪轨，此尊应为弥勒

菩萨。

　　自西向东第二身菩萨，榜题题名"南无常精进菩萨"。菩萨双手合十，

有圆形头光，顶戴饰莲花的宝冠，璎珞严身，肩披帛带在身前呈"U"字形

下垂，下着长裙，跣足而立，左、右足各踩一朵莲花。

　　自西向东第三身菩萨，榜题题名不清，榜题框内有游人题刻："佛弟子

1　《大正藏》第20册，第675页。

薛隆昌叩/癸卯年蜡（腊）月廿一日。"菩萨有圆形头光，顶戴红色五瓣串珠冠，冠中有化佛，宝缯在两肩后打结垂于两侧，左手提净瓶，右手执杨柳，各种严身具，项饰、耳珰、臂钏、手镯俱全，披帛呈"S"形下垂，腰系半裙，裙上有花朵图案，半裙下有曳地纱裙，跣足立于一朵大莲花上。由菩萨持物来看，应为观世音菩萨，位置恰与南壁的观世音菩萨相对应。

自西向东第四身菩萨，榜题题名"南无常喜首菩萨"。菩萨双手合十，有圆形头光，顶戴饰莲花的宝冠，斜披络腋，璎珞严身，肩披帛带在身前呈"U"字形下垂，下着长裙，跣足而立，左、右足各踩一朵莲花（图1-1-19）。

自西向东第五身菩萨，榜题题名不清。菩萨有圆形头光，顶戴红色五瓣串珠冠，宝缯在两肩后打结垂于两侧，斜披络腋，佩项饰、璎珞、臂钏、耳珰、手镯，右手持莲花，左手下垂，披帛呈"S"形下垂，腰系半裙，裙上有花朵图案，半裙下有曳地纱裙，跣足立于莲花上（图1-1-20）。此尊可能是

图1-1-19　莫高窟第143窟上方塔塔内北侧壁面常精进菩萨、观世音菩萨、常喜首菩萨
（自西向东第二、三、四身菩萨）

文殊菩萨。

以上十身菩萨中有完整题名的五身，即塔南侧自西至东第一、三、五身菩萨，分别为："南无宝藏菩萨""南无观世音菩萨""南无空虚藏（虚空藏）菩萨"；塔北侧自西向东第二、四身菩萨，分别为："南无常精进菩萨""南无常喜首菩萨"。从菩萨宝冠及其持物可辨识的有两身，即塔北侧自西向东第一身手持军持、冠中有宝塔的弥勒菩萨，以及第三身手持扬柳和净瓶的观世音菩萨，另外，塔北侧自西向东第五身持莲花的可能是文殊菩萨。其余两身菩萨榜题不清楚，持物、饰物特征不明显，菩萨尊格不明。

图1-1-20　莫高窟第143窟上方塔塔内北侧壁面文殊菩萨（自西向东第五身菩萨）

这些菩萨的衣饰可分为两种风格：一种头戴莲花嵌珠宝冠，肩披素色长衣，下拖长裙，帛带在腹前呈"U"字形，又从双臂垂下，耳珰、项圈、手镯、璎珞严身，是敦煌石窟中在隋、唐、五代、宋时期最为常见的一种菩萨服饰及装具；另一种头戴红色五瓣串珠冠，上身半裸，斜披络腋，宝缯较长，在两肩后打结垂于两侧，下身外系紧身花边半裙，内着曳地纱裙，帛带从肩后绕臂呈"S"形下垂，耳珰、项圈、臂钏、手镯、璎珞严身。这两种风格的菩萨相间绘出，错落有致，更显风姿绰约。

三、土塔的建造年代、主尊塑像及相关内容

1. 土塔的功德主及建造年代

土塔建于莫高窟第143窟正上方，塔门与窟门同在一条中轴条线上，因而塔、窟之间关系密切。莫高窟第143窟学术界一般认为是"王家（窟）"，原建于晚唐，由王僧统于修建，后于五代时期在其升任都僧统时重修[1]。马德先生在《敦煌莫高窟史研究》一书中认为土塔也由王僧统修建，但建于重修第143窟时的五代时期，并认为塔是药师塔[2]。

王僧统，在933—935年任僧统[3]，敦煌文书 P.2638《清泰三年（936年）福集等状》（图1-1-21）中有关于王僧统故去时唱衣物的记录：

　　（乙未年）王僧统和尚衣物，唱得布陆阡参佰捌拾贰尺……王僧统袄子价入。

另外S.1519《辛亥年（951年）十二月七日直岁法胜所破油面历》（图1-1-22）中还有为王僧统斋戒用油面的记录：

　　面柒斗，油壹升，故王僧统戒斋用。

敦煌文书敦煌研究院藏D.322《腊八燃灯分配窟龛名数》中有："喜成郎君：阴家窟至南大像廿八龛五十二盏。阴家窟三盏，王家两盏，宋家窟两盏，李家窟三盏，大像四盏，吴家窟四盏，大像天王四盏。"其中的"王家（窟）"即莫高窟第143窟。

P.3302V2号敦煌文书《长兴四年河西都僧统宕泉建窟上梁文》是一篇都僧

1　敦煌研究院：《敦煌石窟内容总录》，文物出版社，1996，第55页；马德：《都僧统之"家窟"及其营建〈腊八燃灯分配窟龛〉丛识之三》，《敦煌研究》1989年第4期，第57—58页。

2　马德：《都僧统之"家窟"及其营建〈腊八燃灯分配窟龛〉丛识之三》，《敦煌研究》1989年第4期，第57页；马德：《敦煌莫高窟史研究》，甘肃教育出版社，第123页。

3　马德：《都僧统之"家窟"及其营建〈腊八燃灯分配窟龛名数〉丛识之三》，《敦煌研究》1989年第4期，第57页；荣新江先生推测在933—935年时龙辩任都僧统，王僧统可能任副僧统，见《关于沙州归义军都僧统年代的几个问题》，《敦煌研究》1989年第4期，第74页。

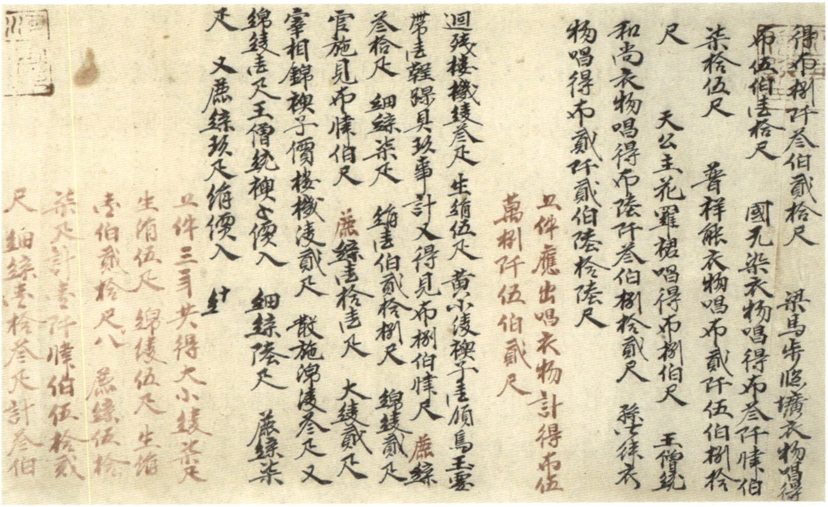

图1-1-21　P.2638《清泰三年（936年）福集等状》文书（局部）（IDP）

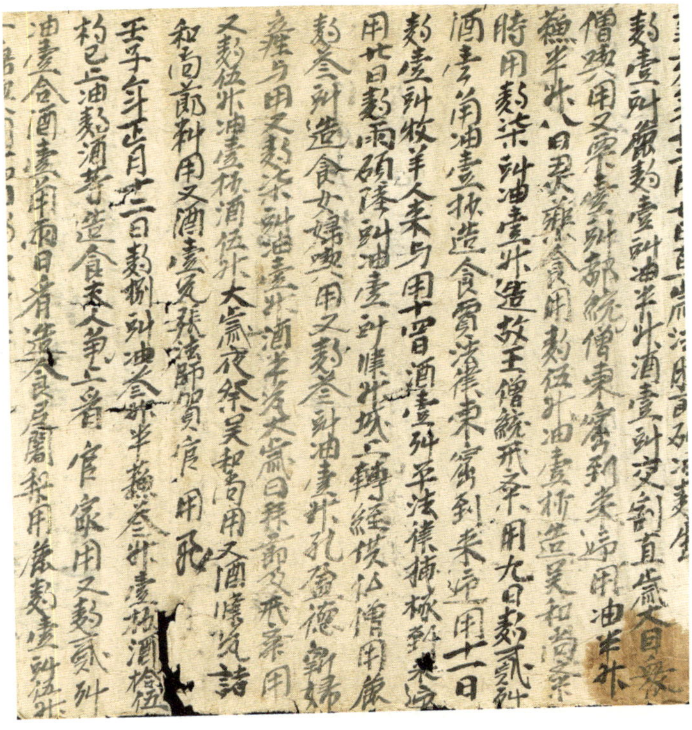

图1-1-22　S.1519《辛亥年（951年）十二月七日直岁法胜所破油面历》文书（局部）（IDP）

统建窟上梁文，时间在长兴年间的癸巳年（933年）（图1-1-23、图1-1-24）。马德先生认为这是王僧统在933年2月修建莫高窟第143窟窟檐或是重修第143窟的建窟上梁文，营建活动还包括修建了窟上的塔，并认为是为纪念和庆祝王僧统"业登初地"即接任都僧统之职位进行的营建活动[1]。其实通观整个上梁文，只有建宪、凿窟、攒梁、楼成等，未见有任何塔的言词，而且就土塔本身来说，由调查得知，土塔的窟门有重层壁画，经过了后代重修，那么，对于上梁文中的营建有没有建塔一事，就值得存疑，更合理的解释是上梁文中的修建活动不仅包括第143窟的重修，也包括塔的重修，而非新建塔。

　　笔者认为，塔与第143窟同期而建，修建于晚唐，在五代后唐长兴四年，王僧统对第143窟及其上方塔进行了重修，重修内容包括第143窟的窟檐、塔外及塔门。综合理由如下：第一，塔门处有重层壁画，为后期重修，重修壁画是敦煌五代时期的风格；第二，塔内壁画风格属于晚唐时期；第三，上梁文中"施工才经半月，楼成上接天河"，施工主要是对于楼的兴建，这里的"楼"即窟檐。半月时间如既要建窟檐，又要建塔，时间上则太过仓促。

　　从壁画艺术风格来说，塔内的菩萨，可与晚唐莫高窟第196窟主室下层的菩萨相媲美，用色明丽，线条流畅（图1-1-25）。第196窟为何法师功德窟，建于景福二年到乾宁元年（893—894年）[2]，洞窟的开凿年代明确。因而，塔内的壁画艺术与莫高窟晚唐时代的壁画艺术风格一致。

　　1　马德：《都僧统之"家窟"及其营建〈腊八燃灯分配窟龛名数〉丛识之三》，《敦煌研究》1989年第4期，第57页。又见其专著《敦煌莫高窟史研究》，甘肃教育出版社，1996，第124页。

　　2　贺世哲：《从供养人题记看莫高窟部分洞窟的营建年代》，《敦煌莫高窟供养人题记》，文物出版社，1986，第215页。

图1-1-23 P.3302V2《长兴四年河西都僧统宕泉建窟上梁文》（1）（IDP）

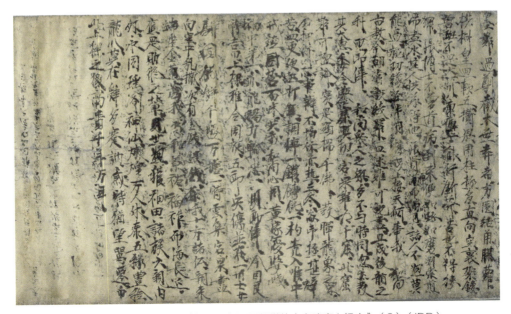

图1-1-24 P.3302V2《长兴四年河西都僧统宕泉建窟上梁文》（2）（IDP）

图1-1-25 莫高窟第196窟南壁下层二身菩萨

附录 P.3302V2《长兴四年河西都僧统宕泉建窟上梁文》录文

（1）维大唐长兴元（四）年癸巳岁贰［月］廿四日河西都

（2）僧统和尚依宕泉灵迹之地建龛一所上

（3）梁文 弟子   儿郎伟

（4）若夫敦煌胜境，地杰人奇，自古崇善，难可

（5）谈之。古有三危圣迹，萨诃仗锡因此；资鸿基

（6）始运，察道承乘时。自后先贤硕德，建立宝殿

（7）巍巍；莫不远觅净土，即此便是阿弥。厥今

（8）大施功者，我都僧统和尚之为欤。伏惟我都僧

（9）统和尚，业登初地，德仰前英，神资天遐，五郡

（10）白眉，百金日食，声播四维，变通有则，妙在

（11）心机。故乃圣慈劫远，像法皆施，会众生之本意，流

（12）名万代之期。选择形胜之地，凑日即便开基。愿

（13）得天神助护，圣力可不加威。因资一郡清

（14）宴，五老总今知之。若说和尚功业，难可谈量

（15）者矣。　　儿郎伟　凤楼更多巧妙，李都料绳

（16）墨难过，劚截木无弃者，方圆结角藤萝；

（17）棋斗皇回软五，攒梁用柱极多；直向空里架镂，

（18）鲁班不是大哥。康博士能行斤斧，苦也不得㺄

（19）猡。张博士不曾道病，到来便如琢如磨，别索煎

（20）汤煮水，甚人供承得他。张贤面而满月，诸人不总莫

（21）能过。施工才经半月，楼成上接天河。奉我　和尚

（22）旨教，今朝赏设绫罗；具述难可说尽，且成后韵之

（23）科。　　儿郎伟　和尚众人之杰，多不与时同，忽然设

（24）其大惠，委令凿窟兴功。宕泉虽有千窟，此窟

（25）难可擅论，实是显扬千佛，发晖龙象之容。

（26）唐押衙一心事办，不怕你赤热三冬。海印极甚辛

（27）苦，四更便起打钟，调停一镬馎饦，一杓先入喉中。

（28）戒德厨营百味，共我和尚心同。董家优婆姨

（29）福中第一，亦能竭力输忠。　　儿郎伟　今因良

（30）时吉日，上梁雅合周旋，五郡英豪并在，一州士女

（31）骈阗。蒸饼千盘万担，一时云集宕泉，尽

（32）向空中乱撒，次有金钱银钱。愿我十方诸佛，亲来

（33）端坐金莲。荐我和尚景祐，福祚而海长延。

（34）应是助修之辈，见世总获福田。诸族六亲内

（35）内，永同瑶阁神仙。敦煌万人休泰，五稼丰稔

（36）龙川。莫在辞多寒讷，岁时犹望鹏还。自

（37）此上梁之后，高贵千年万年。[1]

2. 土塔内的主尊塑像

塔内主尊的尊格决定了塔要表达的主题内容，如敦煌的"慈氏之塔"，其塔内正壁绘慈氏菩萨。虽然此塔塔内主尊已经毁失，给研究带来了困难，但还是可以从壁画内容及其他方面推测出来。

空间方面，主尊上方的华盖与身后的菩提宝树保存完整，左、右侧菩萨保存完好，同时，佛台两侧部分也保存了下来，这样，塑像的大致范围就可以确定。考虑到以上因素，再通过比例分析，主尊只能是一身坐姿塑像。

壁画内容方面，主尊两侧的菩萨，左侧为弥勒菩萨，右侧为宝藏菩萨，两身菩萨均微侧向主尊；东壁塔门上方绘结跏趺坐药师佛一铺；南、北壁居中各绘一身执杨柳、提净瓶的观世音菩萨，与其毗邻的左、右两侧菩萨均侧向居中的观世音菩萨。这样塔内的佛、菩萨众就形成四个中心，即西壁与东壁以佛为中心，南、北壁以观世音菩萨为中心。塔东壁门上部绘东方药师佛，与其所处自然方位相合，并与西壁主尊遥相呼应。从敦煌壁画常见布局来讲，一窟之中，药师经变一般与阿弥陀经变相对应，即东方药师佛与西方阿弥陀佛相对应。那么，塔内西壁的主尊应为西方阿弥陀佛，也与其所处的自然方位相合。需要说明的是，塔门两侧的两身菩萨均未侧向与他们相邻的药师佛，却与药师佛方向一致，面向西壁主尊，所以与药师佛之间不应有主从关系，应与整个壁画内容有关。

1　引自马德：《敦煌莫高窟史研究》，甘肃教育出版社，1996，第123、124页。

塔南、北壁正中俱绘观世音菩萨，观音菩萨出现两铺，并居显要位置，其在塔中的地位可见一斑。观世音菩萨是阿弥陀佛的胁侍，是阿弥陀佛的补处菩萨，作为左右胁侍的大菩萨出现于塔内完全符合佛教义理。刘宋昙无竭译《观世音菩萨授记经》载观音菩萨会替代阿弥陀佛而成佛，名"普光功德山王如来"。经云：

> 善男子！阿弥陀佛正法灭后，过中夜分明相出时，观世音菩萨，于七宝菩提树下，结加（跏）趺坐，成等正觉，号普光功德山王如来，应供、正遍知、明行足、善逝、世间解、无上士，调御丈夫、天人师、佛、世尊。其佛国土自然七宝，众妙合成庄严之事。[1]

另外，在P.3302V2《长兴四年河西都僧统宕泉建窟上梁文》录文中，笔者注意到有"自后先贤硕德，建立宝殿巍巍；莫不远觅净土，即此便是阿弥。厥今大施功者，我都僧统和尚之为欤"的句子，前面讲民众信仰，后面转至大施功者的都僧统，明显是确指，也即都僧统继承先贤、修建表现阿弥陀净土的功德。那么塔、窟则有表达阿弥陀净土的思想，与前文分析的塔内阿弥陀为主尊的内容相一致。

因此我们认为塔内主尊应为阿弥陀佛。此塔不是前贤认为的"法华塔"或者"药师塔"，而是以西方阿弥陀佛为主尊，又包括东壁门上的药师佛，以及观音等菩萨众，旨在宣扬救苦救难、拔厄济养等佛教思想。

3. 塔与其下方洞窟的关系

第143窟与其上方塔的窟门与塔门位于同一中轴线上，其位置关系决定了二者之间不可分割的关系。在莫高窟塔窟组合成垂直关系的组合有四组，这是其中之一。一般来说，这种塔窟组合有着统一规划，在佛教义理上又相互关联，窟主往往为同一人。故在研究塔的同时，不可忽略其下方的洞窟，有

---

1 《大正藏》第1册，第357页。

时要将其作为一个整体看待，特别是在佛教义理方面。

第143窟是一个大窟，修建于晚唐，前室南壁有泥质的晚唐碑龛，前室西壁上部有四个梁孔，说明前室曾有窟檐建筑。主室覆斗顶，西壁开一龛，龛内现存塑像一铺九身全为清塑，龛前另有清塑老君像一尊。窟内壁画损坏严重，南壁东起第一铺为天请问经变，这是目前唯一可以识别的原壁画，西壁龛外北侧还有清代画力士像，其余均残损不清。根据石璋如先生的记录，主室东西7.2、南北7.6、高6.4米[1]。

P.3302V2号上梁文中记有"宕泉虽有千窟，此窟难可擅论，实是显扬千佛，发晖龙象之容"，表明此窟与其他窟的不同，遗憾的是现在已经无从知道具体内容，但可以肯定的是窟内应绘有千佛。

公元933年，都僧统阴海晏辞世，这时，王僧统已是一位资深高僧。继海晏之后，他在933—935年任敦煌都僧统，但时日不长，于935年去逝。由P.3302V2《长兴四年河西都僧统宕泉建窟上梁文》文献可知，王僧统是一位信仰阿弥陀佛、向往西方净土的高僧，在其功德窟之上，兴建主尊为阿弥陀佛，又有药师佛以及观世音菩萨等大菩萨在内的塔，完全与他的信仰相合。

阿弥陀佛位居西方极乐世界，可接引众生往生西方净土，塔又位于洞窟上方，这种位置关系预示着塔的特殊功用。中、晚唐时期，敦煌家窟中常有将祖辈的画像绘于东壁门上的现象，如莫高窟第9、12、138、144、231等窟，塔的性质似乎是这类画像表达思想的延伸，除了礼佛之外，内含可将祖辈接引至佛国世界的愿望。综合来讲，这组塔窟结合的营建应具有希望生身父母以及自身能解除病痛、往生西方净土的思想。

---

1 石璋如：《莫高窟形》（一），历史语言研究所，1996，第17页。

四、结语

第143窟上方塔为莫高窟崖面塔之一，是莫高窟古代遗址聚落的重要组成部分，塔中的壁画内容基本保存完整。通过全面调查与研究，详尽揭示、考证了塔及塔内的壁画内容，认为塔内已毁的主尊为阿弥陀佛像，塔整体表现了西方净土思想；塔与第143窟同时营建于晚唐时期，重修于五代长兴四年（933年）。此次调查填补了有关第143窟上方塔内容的空白，并考证了其所表达的宗教内涵和功能，也可为其他崖面塔的研究提供借鉴作用。

第二节 涅槃寺（第21号塔，原称天王堂）

一、涅槃寺概况

涅槃寺建于莫高窟南区北端的崖顶戈壁上，窟区崖底有一条小道可达此塔。小道原为莫高窟往返敦煌城的步行近道，也即塔位于原来敦煌城往返莫高窟的步道南侧。海拔1368米，北纬40°02′652″，东经94°48′303″。坐西朝东，东向开门，方向东偏南2°。在2002年，此塔经过了加固维修。

敦煌遗书S.5448《敦煌录》记载："州南有莫高窟，去州二十五里，中过石碛带山坡，至彼斗下谷中。其东即三危山，西即鸣沙山……其谷南北两头，有天王堂及神祠，壁画吐蕃赞普部从。"[1]文献记载天王堂位于谷南北两头，此塔恰位于莫高窟南区北头，因而长期以来学界以"天王堂"来称呼此塔。但笔者通过识读塔内榜题，认为其为涅槃寺，详见后文。

涅槃寺塔方形，主要由土坯建成，包括塔基、塔身、塔刹三部分。塔基平面方形，共三层，用砖与土坯砌成，向上逐层内收，最下层也为最宽处，

1 中国社会科学院历史研究所、中国敦煌吐鲁番学会敦煌古文献编辑委员会、英国国家图书馆、伦敦大学亚非学院：《英藏敦煌文献（汉文佛经以外部分）》第7册，四川人民出版社，1992，第92页。

北边9.23、南边9.28、西边9.3、东边9.22米；自下而上，第一层由两层青砖砌成，一部分埋入地下；第二层高约40厘米，由三层青砖砌成；第三层高约70厘米，由土坯垒砌而成，此层在塔身之下，宽度超出塔身，形成一个环四周的平台。平台正前方保存较好，两侧平台上存塑像的残木胎，正中有三层砖砌踏道；两侧面与后方残损严重，特别是后方现已变成一个斜面。

塔身高5.14米，由下及上略微内收，土坯间用木梁作为壁带，塔身上部四壁面内均嵌壁带，正壁面在窟门上方的位置又多嵌一壁带。塔身南、西、北三面，在壁带下方位置有一圈间距密集的小孔洞，孔洞内有的还可见方头木，由此并参考塔外残留的土墙推测，塔南、西、北三面原建有围廊，孔洞则可能是围廊顶部的椽子所在处。南侧面有两个大的孔洞，靠近东侧的一个内有木梁；北侧面有五个较大的方洞，其中靠近东侧的一个内有木梁。两个有木梁的大孔洞与塔门上方的壁带位于同一层面，并且在东壁墙的位置，由此判断，塔东壁，内有南北向的横穿塔壁的木梁做支撑，外有壁带，因此东壁门上位置共有两根木梁。塔身正面有七个较大的孔洞，呈人字形分布，正是塔门前修建的人字披顶抱厦的残留；门两侧有浮塑的塑像帛带残存，南、北侧有上下两个小孔洞，应是为固定塑像、嵌入木楔的残迹。

塔檐叠涩，向下渐收。塔顶四面坡顶，边缘可见外露木椽，推测原来应有木檐。塔刹残，略呈方形，中心木柱外露（图1-2-1—图1-2-3）。

塔东向面，中间开门，装对开双扇木门。从奥登堡的照片来看，当时无门，此木门为后来安装，门框为原建。门宽1.44、高2.22、进深1.2米。

据宿白先生记载，涅槃寺为单檐式方塔，门前原建有木构抱厦[1]，但现已塌毁。从现存前壁外部的对称人字形孔眼来看，抱厦为人字披顶。前壁外部门北侧有上、下两个较小孔眼（插木以固定塑像），下方台上存有残木，由

1　宿白：《敦煌莫高窟密教遗迹札记》，《中国石窟寺研究》，文物出版社，1996，第293、294页。

图1-2-1 莫高窟涅槃寺正面外观

图1-2-2 莫高窟涅槃寺右后方外观

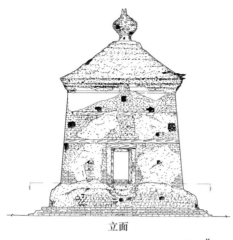

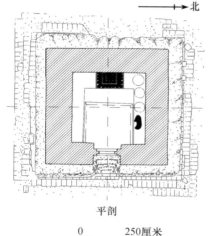

图1-2-3 莫高窟涅槃寺立面、平剖图
（郦伟堂原图、吕文旭清绘）

此可知，门两侧原应有两身天王或力士像。从奥登堡于1914年拍摄的照片可以看出，天王堂北侧有半截断墙，由土坯砌成，而现已塌毁不存。现涅槃寺的北侧明显有堆土痕迹，是断墙坍塌所致。涅槃寺的南侧与西侧也有堆土痕迹，但不甚明显，也应是围墙倒塌所致，倒塌时间已久。如前所述，涅槃寺的南、北两壁外侧同高度有较为密集的孔洞，推测当时与围墙之间建有有顶的围廊。综上，从现存遗迹现象，结合奥登堡当时的照片，可知涅槃寺南、西、北三面都建有土坯砌成的围墙，围墙与塔之间搭建，形成围廊，前有人字形抱厦建筑，抱厦与南、西、北三面的围廊连接贯通，可绕塔，塔门两侧有天王或力士像（图1-2-4、图1-2-5）。

塔内平面方形，一面开门，三面设坛，具穹隆顶。塔内四壁的长度略有不同，东壁3.9、北壁3.87、南壁3.87、西壁3.85米。塔内地面距塔顶高7.42米。环南、西、北三壁设有双层佛坛，由土坯砌成，下层高47厘米（基部饰覆莲瓣，莲瓣高5厘米），上层高27、总高74厘米；南、北侧下层佛坛长223、西侧佛坛长250、西侧下层佛坛宽80厘米；佛坛侧面有壸门，南、西、北下层各有壸门5个（南侧东起第1个已毁），南、北侧上层各有壸门10个（南侧东起第1—5个已毁），西侧上层有

图1-2-4　奥登堡1914年拍摄的涅槃寺塔正面照片

（采自《俄藏敦煌艺术品（俄罗斯国立艾尔米塔什博物馆藏）》Ⅲ，图版677）

图1-2-5　奥登堡1914年拍摄的涅槃寺塔侧面照片

（采自《俄藏敦煌艺术品（俄罗斯国立艾尔米塔什博物馆藏）》Ⅲ，图版678）

壶门8个，壶门内有花朵、花篮等供器，下层壶门约长45、高21厘米，上层壶门约长27、高17厘米；佛坛整体呈倒"凹"字形，西侧底层佛坛较南北侧的坛宽，在主尊前形成一个供台。地面铺长条青砖，砖长31、宽22、厚8厘米（图1-2-6）。

塔内塑像已毁，现只残存部分底座。主尊横长方形覆莲底座，长144、宽79、残高20厘米；覆莲花座之下为长方形土台，长147、宽90厘米（图1-2-7）。从主尊残莲座可以看出，莲座内砌青砖，外敷泥。主尊两侧各一莲花座，南侧莲花残座直径55、北侧莲花残座直径58厘米。

南侧佛坛上莲座基本毁坏。北侧佛坛上留三座莲座，自西向东莲座直径分别为57、57、53厘米（图1-2-8、图1-2-9）。北侧佛坛上还有一身吐宝鼠或狮子像，爬卧，蹼状脚爪，爪有尖锐的爪甲，有托地长尾，长60、宽16、高28厘米（图1-2-10）。这身像有学者认为是天王脚下踩的恶鬼[1]，但从其形象来看，是吐宝鼠或者是狮子像。北方毗沙门天在西藏被看作财神，其形象常手持吐宝鼠。如是吐宝鼠，则应踩于毗沙门天王脚下，将原本抱于怀中的吐宝鼠踩于脚下，这种毗沙门天王造像比较少见。

二、涅槃寺研究前史回顾

涅槃寺塔是现存唯一一座容易到达的崖面塔，有步道可达塔所在的崖顶，因而研究者较多，也是学界比较热门的题材之一。早有斯坦因、奥登堡拍摄的照片，奥登堡还有详细记录，后有谢稚柳、宿白、金维诺、石璋如，近年又有贺世哲、彭金章、张先堂、沙武田、寇甲、赵晓星、阮丽等人的研究。

---

1 阮丽：《莫高窟天王堂图像辨识》，《敦煌研究》2013年第5期，第41页。

图1-2-6　莫高窟涅槃寺塔内部图

图1-2-7　莫高窟涅槃寺塔内西壁主尊莲花残底座

谢稚柳先生在1942—1943年间对涅槃寺塔作了考察，记录涅槃寺内有13身塑像，并抄录了东壁门上的发愿文题记（附后）[1]。石璋如先生根据斯坦因的一幅照片，因照片塔门上挂有"观自在"的匾额，将涅槃寺命名为"观音洞"，并绘制了天王堂平、剖面图，抄录了东壁门上的功德记（附后）[2]。平、剖面图的绘制给我们提供了涅槃寺内已毁塑像的一些信息，非常珍贵。从剖面图中可见主尊坐须弥座，而在平面图中仅有西坛三身塑像，南、北两侧坛上塑像不存。宿白先

图1-2-8　莫高窟涅槃寺塔内南壁佛坛

1　谢稚柳：《敦煌艺术叙录》，上海古籍出版社，1996，第417页。
2　石璋如：《莫高窟形》（一），历史语言研究所，1996，第620、621页。

图1-2-9　莫高窟涅槃寺塔内北壁佛坛及坛上残莲花底座

图1-2-10　莫高窟涅槃寺塔内北壁佛坛上吐宝鼠或狮子像

生20世纪60年代对莫高窟进行了考察，对天王堂有较为详细的记录，包括窟形、塑像、壁画、供养人像，其中对于已经毁坏的塑像的记录很有价值，现移录如下：

> 天王堂建在莫高窟崖体上方，其地适当从敦煌（县）城走近路抵莫高窟崖上的入口附近。土坯砌建，其外观作单檐方塔形式，门向东南，门前原接建木构抱厦，已坍塌。堂内部砌回形土坛，坛上靠后壁正中建须弥座，上塑右袒、颈下有饰物的菩萨装坐像一躯（面部经后世重妆），两侧各立四菩萨，菩萨前方各立二天王。菩萨、天王上方壁面绘说法图四铺。东壁（即前壁）门南绘一僧和一着幞头的男供养像，门北一尼和一女供养像，门上署敦煌王衔的曹延禄和圣天公主发愿文。穹隆顶，顶正中绘圆盖，盖心为外绕金刚杵一匝的菩萨坐像，其外流云、化佛各一匝，再外立四幢，幢间东绘金刚杵，南绘羯磨杵，西绘莲花，北绘摩尼。圆盖下方环列八菩萨，皆三面，有四臂、六臂、八臂三式，坐像与舒坐像相间布置。[1]

这些记录弥足珍贵，可以帮助我们根据坛上残留遗迹判断塑像的尊格。贺世哲先生根据涅槃寺东壁门上的题记，推断塔是曹延禄及其夫人于阗公主修建的，并从曹延禄的"敦煌王"结衔考证，认为其建于公元984年前后[2]。彭金章《敦煌石窟全集·密教画卷》，公布了大量照片，并从壁画内容上，对密教题材的图像进行了分析判断，但仍有大量内容没有正确定名[3]。而近年来，对于此塔的研究热度甚高，有的是从壁画塑像内容、塔的性质等方面进行考证，如寇甲、赵晓星从塔的内容性质上认为其属于楞严坛，可能始建

1　宿白：《敦煌莫高窟密教遗迹札记》（下），《文物》1989年第10期，第69页；《敦煌莫高窟密教遗迹札记》，《中国石窟寺研究》，文物出版社，1996，第293、296、297页。

2　贺世哲：《从供养人题记看莫高窟部分洞窟的营建年代》，《敦煌莫高窟供养人题记》，文物出版社，1986，第230页。

3　彭金章：《敦煌石窟全集·密教画卷》，（香港）商务印书馆，2003，第197—212页。

于吐蕃时期，经后代重修，其密法体乃从吐蕃时期传承下来。阮丽则主要从壁画与塑像内容出发，认为涅槃寺上部壁画内容与法贤译《佛说瑜伽大教王经》的同本梵文原典《幻化网大恒特罗王》有关，下部主要表现的是以胎藏界大日如来为中心的八大菩萨与四天王像，塑像与此相对应，也是大日如来与八大菩萨、四大天王，并认为图像的传入很可能与天息灾（法贤）、施护在曹延禄执政时期"从北天竺诣中国，至敦煌，其王固留不遣数月"之事有关[1]，这是近年来对于涅槃寺内图像内容研究的突破性成果。张先堂与沙武田先生主要从天王堂名称出发，就此方面内容展开讨论。张先堂《唐宋时期天王堂寺、天王堂考》一文，认为此塔为天王堂，吐蕃时就存在，在曹延禄时重建，与唐宋以来广建天王寺，特别是毗沙门天王信仰的流行有关[2]。沙武田从塔东壁门上的功德记出发，认为此塔是"□□寺"，而非天王堂，有可能是曹延禄的"功德窟"[3]。

三、涅槃寺内壁画与塑像内容

1. 塔内穹隆顶

穹隆顶正中为一圆形大华盖，边缘用垂幔装饰。垂幔内有七重圆轮，每一重圆轮由一匝连珠纹隔开。圆轮由内而外，最内为大日如来像。如来结跏趺坐于莲花座上，头顶向东，菩萨形，曲发披肩，有舟形头光、圆形身光；戴宝冠、圆形耳珰、项圈、臂钏、腕钏；上身斜披络腋，下系红色短裙，肩披帛带；一面两臂，双手于腹前结禅定印（图1-2-11）。第二重内整体为八角形，是为八辐轮，八角以火焰为饰，每一角之间外测绘一莲座火焰宝珠，

1　阮丽：《莫高窟天王堂图像辨识》，《敦煌研究》2013年第5期，第43页。

2　张先堂：《唐宋时期天王堂寺、天王堂考》，《二十一世纪敦煌文献研究回顾与展望研讨会论文集》，中华自然文化学会、国立自然博物馆、财团法人国立自然博物馆文教基金会，1999，第94—103页。

3　沙武田：《莫高窟"天王堂"质疑》，《敦煌研究》2004年第2期，第23—27页。

图1-2-11　莫高窟涅槃寺内穹隆顶中心
大日如来像

内侧绘一心形花瓣。第三重内绘深褐色卷云纹，蓝绿色底。第四重为圆轮内坐佛，其间绘团花纹，以宝幡隔开，东、西、南、北共四组，每组有五身，共二十身。第五重为团花纹。第六重为回形纹。第七重为繁复的花草纹。最外则为垂幔（图1-2-12）。

贯通第四至七重圆轮，上绘四座宝幢，第五至七重圆轮上又另绘四方宝物。宝幢，以莲花为座，幢身圆形，以菱格纹布幔装饰，上设八角盘

图1-2-12　莫高窟涅槃寺内穹隆顶

盖，每一角垂宝珠、流苏等物，顶为莲花座宝珠。

四方宝物：东方金刚杵，南方宝石，西方开敷莲花，北方羯磨杵。这四件宝物均置于莲花之上，在塔内所处位置与其所代表的方位相一致。

东方金刚杵。整体绘于连珠纹圆轮内，竖立在莲台之上。两端均为五股，在中间以莲瓣承托，外围四股呈卷草状。杵中间系浅绿色蝴蝶结丝带，带两端卷曲向上（图1-2-13）。

南方宝石。整体绘于连珠纹圆轮内，静置于莲座之上，多棱，折射不同的光泽，周围有向上的旋涡状火焰。莲座下方覆莲瓣，上方仰莲，腰部系浅绿色蝴蝶结丝带，带两端呈"S"形卷曲向上（图1-2-14）。

西方开敷莲花。整体绘于连珠纹圆轮内，两层莲台，均为仰莲，中间以莲茎相连，下层莲台较小，上层较大。上层莲瓣以红线勾线，中心黑色，中间莲蓬绿色。莲茎上系蝴蝶结绿丝带，带端呈"S"形向上卷曲（图1-2-15）。

北方羯磨杵。整体绘于连珠纹圆轮内，下以莲台承托，四头均为五股，形如两金刚杵相交，呈十字形。莲座下系浅蓝色蝴蝶结丝带，向上呈"S"形向上卷曲（图1-2-16）。

根据研究，四方宝物代表四波罗蜜菩萨，即东方萨埵金刚菩萨、南方宝金刚菩萨、西方法金刚菩萨、北方羯磨金刚菩萨，是大日如来的四亲近菩萨，以三昧耶形来表现[1]。

垂幔外有十六身飞天环绕，呈顺时针方向飞翔，祥云缭绕，飘带飞舞，满壁风动。飞天均梳双垂髻，项饰项圈，戴臂钏、手镯、脚钏，上身斜披络腋，肩挂飘带，下着透体紧身网格裤。各执不同器物，顺时针旋转，自东起分别为持长柄香炉、吹横笛、托碗、击拍板、托花盘、击腰鼓、托桃子、吹竖笛、托无柄香炉、弹箜篌、持串珠、两身持物不清、弹琵琶、托盘、弹古

<hr>

1　阮丽：《莫高窟天王堂图像辨识》，《敦煌研究》2013年第5期，第40—50页。

图1-2-13　涅槃寺内穹隆顶金刚杵

图1-2-14　涅槃寺内穹隆顶宝石

图1-2-15　涅槃寺内穹隆顶开敷莲花

图1-2-16　涅槃寺内穹隆顶羯磨杵

等飞天（图1-2-17—图1-2-21）。其中，吹笛子飞天回首，双手执笛吹奏，屈左腿、伸展右腿。

托花盘飞天，左手在前托盛满鲜花的花盘，右手在后，手心托花瓣，左腿屈于前，右腿伸于后，眼向前方，作撒花状。

弹琵琶飞天，怀抱四弦琵琶，左手按弦，右手拨击，头向前方，膝下格纹透纱裤，上饰红花。

击拍板飞天，头转向后方，左腿屈于前，右腿伸于后，左手抓拍板，右手于一侧击拍。拍板五叶。

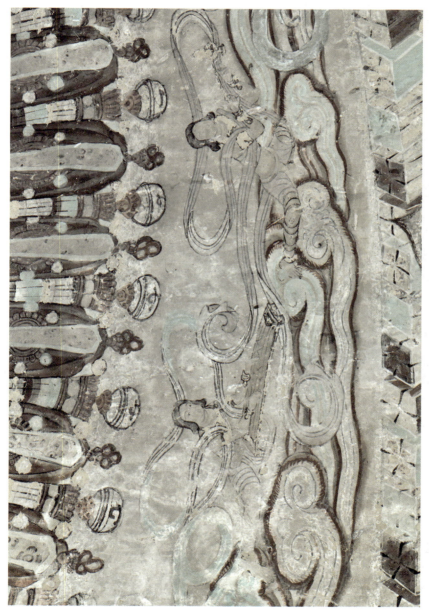

图1-2-17 莫高窟涅槃寺内穹隆顶隆持长柄香炉、弹古筝飞天

图1-2-18 莫高窟涅槃寺内穹隆顶弹琵琶飞天

图1-2-19 莫高窟涅槃寺内穹隆顶击拍板飞天

图1-2-20　莫高窟涅槃寺内穹隆顶托花盘飞天

图1-2-21　莫高窟涅槃寺内穹隆顶托碗飞天

飞天之下，绘四方佛和四菩萨。四方各绘一佛，佛周围均围绕眷属菩萨四身，四角各绘一菩萨。四方佛与四角的四菩萨均住于月轮之中，其月轮、头光、身光相同，舟形头光，圆形火焰纹背光，再外是圆形月轮，月轮外用花蔓装饰。

东壁门上方绘阿閦佛，周围绘四菩萨。阿閦佛结跏趺坐于莲花宝座之上，菩萨形，头戴三叶化佛宝冠，曲发披肩，三面八臂，三面皆作慈悲相。左第一手于腰际持绿色金刚铃，右第一手当胸竖向持三股金刚杵。左侧第二手到第四手，自下而上依次持羂索、钩、弓。右侧从第二手至第四手，自下而上依次持经夹、剑、箭。

围绕阿閦佛四角，自右下侧顺时针旋转分别为香、花、灯、涂四供养菩萨。菩萨均有舟形头光，圆形身光，游戏坐于红色大莲花座上，裸上身，下着短裙，项圈、臂钏、手镯、脚钏等装具一应俱全。佛右下侧为香供养菩萨，左手执香炉，右手搭于膝上；右上侧为花供养菩萨，左手托花盘，右手向外伸出，掌心托花一朵；左上侧为灯供养菩萨，右手向上持灯，灯置于莲台上，左手手心向下抚膝；左下侧为涂供养菩萨，右手拿海螺，左手于胸前拇指与食指相捻作印。四菩萨所执器物均在主尊一侧，也即左侧菩萨用右手持物，右侧菩萨用左手持物（图1-2-22）。四菩萨之间有莲枝相连。

东南角菩萨为宝光菩萨。坐莲花座，曲发披肩，顶戴化佛宝冠，结半跏趺坐（游戏坐），三面六臂，三面均为慈面。左、右第一手当胸合掌，掌中"似放光芒"[1]；自下而上，左第二手持弓，第三手上举于头侧结期克印；自下而上，右第二手持箭，第三手上举施无畏印（图1-2-23）。

南壁正中绘南方宝生如来。宝生如来结跏趺坐于莲花宝座之上，头戴三叶形化佛宝冠，曲发披肩，戴大耳环，三面六臂。左、右第一手（主手）当

1　阮丽：《莫高窟天王堂图像辨识》，《敦煌研究》2013年第5期，第47页。

图1-2-22 莫高窟涅槃寺内穹隆顶东壁阿閦佛及其四供养菩萨

胸合掌；自前而后，左第二手置于腿上，手心向上结期克印，第三手上举托宝珠。右第二手持经夹，第三手手心向上持三股金刚杵。

围绕宝生佛四角绘出四菩萨，自右下侧顺时针旋转，分别是持独钻杵菩萨、持剑菩萨、持金刚杵菩萨、持宝棒菩萨（图1-2-24）。四菩萨均有圆形的身光、舟形头光，头戴锥形宝冠，冠上嵌满各色宝石，卷发披肩，戴耳环、串贝项圈、手镯，细绳状帛带披于肩、绕于臂，系裙，游戏坐于莲座上。持独钻杵菩萨左手托杵，右手掌心外翻作与愿

图1-2-23 莫高窟涅槃寺内穹隆顶东南角
宝光菩萨像

图1-2-24　莫高窟涅槃寺内穹隆顶南壁宝生如来及其四供养菩萨

印；持剑菩萨右手持剑，左手外伸，掌心向上；持金刚杵菩萨右手上举托竖立金刚杵，左手于腹前握金刚铃；持宝棒菩萨右手持宝棒，左手拇指与食指相捻作印。

　　西南角菩萨，为颦眉菩萨。菩萨结半跏趺坐于莲花座上，头戴三叶形化佛宝冠，三面六臂，三面均为慈面。左第一手置于左膝上持箭，第二手向上持宝棒，第三手上举、手心向上持三股金刚杵；右第一手于胸前结期克印，拇指挂羂索，第二手上举、手心向上、手指朝向头部托军持，第三手于身侧持弓（图1-2-25）。

　　西壁上方正中绘西方无量寿佛。无量寿佛结跏趺坐于大莲花座上，三面六臂，三面均为慈面，头戴三叶形化佛宝冠。六臂，左、右第一手（主手）于胸前持开敷莲花，左手食指与拇指持莲，右手指抚莲；左第二手上举，手掌向上拿数珠，第三手持净瓶，净瓶上有红色花纹并嵌宝石；右第二手上举，手掌向上握三股金刚杵，第三手上举持经夹。从此尊当胸持开敷莲花来说，其尊格即为无量寿佛。

围绕无量寿如来的四隅，自右下侧顺时针方向旋转分别是嬉、幔、歌、舞四菩萨。四菩萨均有舟形头光，圆形背光，戴锥形宝冠，花蔓装饰，具项圈、臂钏、腕钏等，一面两臂，游戏坐于莲花座上，莲座上还伸出枝蔓、花叶。右下侧嬉菩萨，头微侧于一侧，两手握拳外翻置于腰际。右上侧幔菩萨，左手外伸，右手于胸前，托起花蔓。左上侧歌菩萨，持琵琶，左手按弦，右手弹拨。左下侧舞菩萨，头微侧，左臂前伸，右臂平抬回折，作舞蹈状（图1-2-26）。

图1-2-25 莫高窟涅槃寺内穹隆顶西南角颦眉菩萨像

西北角菩萨为金刚锁菩萨。菩萨半跏趺坐于莲花座之上，头戴三叶化佛宝冠，三面六臂，三面均为慈面。左侧第一手当胸上竖结期克印，第二手上举持羂索，第三手持弓；右第一手于右肩处握金刚杵，第二手上举持锁，第三手持箭（图1-2-27）。

北壁上方正中绘不空成就如来。如来戴三叶化佛冠，结跏趺坐于莲花宝座上，三面六臂，三面皆为慈面。六臂中左第一手于腹前手心向上结期克印，第二手于身侧持数珠，第三手上举持钩。右第一手上举于胸前施无畏印，第二手持经夹，第三手上举持火焰剑。

不空成就如来四角各有一菩萨。四菩萨均游戏坐于莲花宝座上，上、下两菩萨的莲座用莲茎相连，具圆形头光、身光，头戴锥形宝冠，戴耳珰、串贝项

图1-2-26　莫高窟涅槃寺内穹隆顶西壁西方无量寿佛及其四供养菩萨

图1-2-27　莫高窟涅槃寺内穹隆顶西北角
金刚锁菩萨像

圈、手镯，肩披绳状帛带。佛右下侧菩萨左手持宝伞，右手当胸作印；右上侧菩萨左手置于左腿上，右手执莲花，莲花上日轮；左上侧菩萨右手置于右膝上，左手持莲枝，莲上月轮；左下侧菩萨右手持宝幢，左手当胸作印（图1-2-28）。

东北方为尊那菩萨。菩萨半跏趺坐于莲花座上，头戴三叶化佛宝冠，三面二十臂，三面均为慈面。左、右第一手于胸前捧钵，钵黑色。左手第二手于左肩前，食指向上结期克印，第三手至第十手自上而下依次持旗、

图1-2-28 莫高窟涅槃寺北方不空成就如来及其四供养菩萨

经夹、树枝、弓、轮、短枪、海螺、瓶；右手第二手于右肩前施无畏印，第三手至第十手自上而下依次持火焰剑、金刚杵、海甘果盘、钩、箭、宝棒、戟（枪）、钺斧（图1-2-29）。

2. 四壁

在四壁与穹隆顶相接处，自下而上，分别是垂幔、团花、天宫凭栏。

西壁正中主尊塑像已失，残存主尊佛的圆形红色头光、舟形黑色身光以及覆莲座。黑色身光左、右各绘两朵粉色莲花及若干零落花瓣。背光下方左、右

图1-2-29 莫高窟涅槃寺内穹隆顶东北方
尊那菩萨像

各绘一龙，龙头红色向外，龙身上绘点状龙鳞。主尊头光两侧对称有宝树花叶，并二垂幔，其下各有一身乘云散花飞天。外两侧又各一身胡跪供养菩萨，乘云而来，南侧一身头部毁，双手合十于云端，北侧一身右手托花盘。从石璋如所绘平、剖面图中我们可以看出，主尊像为坐像，坐于须弥座上。从西壁目前宝座处的的残破状况看，基本保留了束腰须弥座的大致轮廓。

主尊两侧各绘一小一大两菩萨。两小菩萨，南侧一身高1.1、北侧一身高1.2米，具舟形头光，头戴三叶冠，上身裸，披络腋及帛，下着裙，戴耳珰、项圈、臂钏、腕钏，双手合十，跣足立于莲花上。从其身形及所处位置来看，这两身菩萨是作为主尊的胁侍出现的。

主尊两侧的两大菩萨，均高1.73米，具舟形头光，戴三叶宝冠，耳珰、项圈、臂钏、腕钏俱全，上身裸，斜披络腋，下着长裙，跣足立莲花之上。南侧一身右手作印，食指与拇指相捻，左手似托物，托物不清；北侧一身右手作印，食指与拇指相捻，左手下垂持金刚杵，从持物来看，这一身为金刚手菩萨（图1-2-30）。

南壁共绘五身像，三身菩萨，两身天王。三身菩萨自西向东分别高1.63、1.6、1.7米，他们除了手印不同之外，均具舟形头光，戴三叶冠，上嵌宝石，每一叶上有一到三根针状物，耳珰、项圈、臂钏、腕钏俱全，上身裸，斜披菱形格小碎花图案络腋，下着长裙，肩披节状帛带，跣足立于莲花之上。手印西起第一身左手当胸平端，掌心向上，托一宝珠，右手自然下垂，食指与中指向下指，拇指与无名指、小指收起；第二身左手胸前上举，拇指与食指相捻作印，右臂弯曲下垂，拇指与中指相捻；第三身左、右手于胸前，左手拇指与食指相捻，余三指舒展，右手手心向下，拇指与食指相捻，余三指内收。

天王两身。南壁西起第四、五身为天王像，均高1.7米。天王具圆形火焰形头光，红发分成三份上扬，环眼圆睁，戴发箍、耳珰、项圈、臂钏、腕

图1-2-30 莫高窟涅槃寺内西壁

钏、脚钏，裸上身，黑色络腋斜披，绿色帛带自两肩搭至两臂弯处下飘，下着兜鼻裤，跣足立于彩云所托莲花上。第四身左手执宝棒，右手于胸前拇指与食指相捻作印。这身天王从其持宝棒来看，应为东方持国天——提头赖吒天王。第五身左手拇指与中指相捻作印，右手略下垂（图1-2-31）。

北壁共绘六身像，西起前四身为菩萨，后两身是天王像。西起第一身菩萨，高1.78米，具舟形头光，头戴三叶宝冠，耳珰、项圈、臂钏、腕钏俱全，上身半裸，着红色裹腹，下着裙，跣足立于红瓣莲台上。此尊像无帛带，身高明显高于其他诸尊像，身材比例与整体颜色也不同，并且绘于北壁西侧，右臂肘部越至西壁，与南壁尊像的布局不对称，画面感也不协调，应为后期补绘。西起第二、三、四身菩萨分别高1.76、1.65、1.73米，与南壁相对菩萨相比，除了手印之外，其余基本相同。均具舟形头光，戴三叶宝冠，耳珰、项圈、臂钏、腕钏俱全，上身裸，斜披饰有梅花图案的络腋，下着长裙，节状帛带披于肩、绕于臂，跣足立于莲台之上。第二身菩萨双手于胸前

图1-2-31　莫高窟涅槃寺内南壁

作转法轮印，第三身菩萨冠顶有宝塔，双手于胸前作印，右侧上方绘一莲花，上置一净瓶，这身菩萨为弥勒菩萨。第四身菩萨左手下垂，拇指与食指相捻，余三指向下指，右手举至胸前，手心向下（图1-2-32）。

　　北壁西起第五、六身为天王像，分别高1.7、1.63米。第五身天王圆形火焰头光，头发分成三份上扬，环眼圆睁，张嘴露齿，戴发箍、耳珰、项圈、臂钏、腕钏、脚钏，裸上身，黑色络腋斜披，绿色帛带自两肩经两臂成"S"形飘下，下着兜鼻裤，跣足立于彩云所托红莲之上。其左手置于胯侧，右手于胸前拇指与中指相捻作印。第六身天王红色头发分三份上扬，左手执宝棒，宝棒顶端有一火珠，右手托塔（塔为覆钵式，塔身开圆拱门，平头上山花蕉叶，相轮三层，顶有莲花），其余配饰均与前一身相同。从其托塔、持棒来看，这一身天王为北方多闻天——毗沙门天王（图1-2-33）。

　　南北壁东端的四身天王，仅有两身绘出了所持法器，一身为南壁西起第

图1-2-32　莫高窟涅槃寺内北壁

四身持宝棒，为东方持国天提头赖吒天王，另一身为北壁西起第六身北方多闻天毗沙门天王。根据对应关系，不难确认其他两身天王的身份，即与北壁西起第六身北方毗沙门天相对的是南壁西起第五身南方增长天——毗楼勒叉天王；与南壁西起第四身东方持国天相对的是北壁西起第五身西方广目天——毗楼博叉天王。如此，南壁两天王自西向东分别是东方持国天王、南方增长天王，北壁两天王自西向东分别是西方广目天王、北方多闻

图1-2-33　涅槃寺内北壁西起第六身毗沙门天王

天王。

东壁：塔门上方红底发愿文一方。

东壁门上发愿文，红底墨书：

（1）敦煌王曹□□□（姬）圣天公主□□□高窟建涅槃寺功德记

（2）寻夫真解脱（？）像（？）廊□□无□□主……

（3）之政（？）开方便之门□汉（？）显色□晨朝鹤树……真

（4）浮翔写想□遗文不□方愿（？）……

（5）汉梦肇睹旃檀之像始译贯花之文兹风公以扇于解（？）迷法□……

（6）巨炳为苦海之舟航觉踪辟乎密（？）宫像（？）教（？）兴（？）立（？）□□有……

（7）能启颡于空门乃谓寻真之达士兴隆不绝□建置（？）有……

（8）粤有归义军节度使特进检校太师兼中书令敦煌王曹……

（9）符咸一以叶半千表六……真（？）十……

（10）冥……

（11）……

（12）……

（13）……王……

（14）大朝大于阗……

（15）林而宝□□地□宝……

（16）王之……　　皇考大王与□母……

（17）……

（18）□月内之□□□□伏……

（19）……

（20）……

（21）……

（22）不……

……[1]

　　门南，供养人立像两身，面向北。北起第一身为僧人像，高1.4米，着红色僧衣，手执长柄香炉，其前绿底榜题框。

　　榜题：

　　　　故师主□□大……

　　后一身俗人像，高1.48米，头戴展脚幞头，双手执笏板，穿红色官服，腰系革带，其前为绿色榜题框。此人为曹延禄。

　　榜题：

　　　　施……

　　门北，供养人立像两身，面向南。南起第一身为僧人像，高1.5米，着红色僧衣，双手于胸前相合，其前为绿色榜题框。

　　榜题：

　　　　□主皇太子广济大师……

　　后一身为一盛装女子像，高1.6米，头戴嵌满绿玉石的凤冠，项饰多重绿宝石项链，着红色（现已变色为黑色）大袖裙襦，披帛，双手捧花，花侧上方有香、花、灯、涂四供器，供器以莲花承托。此供养人为曹延禄夫人于阗公主（图1-2-34）。

1　通过紫外线等科技手段，笔者在前人录文基础上重新抄录。

图1-2-34　莫高窟涅槃寺内东壁

绿底黑字榜题：

故施……故姬？（女字边）□ 天公主 ……

东壁上方发愿文两侧各有一组赴会佛，南、北壁上方也各有四组赴会佛，计为十方佛赴会。

南壁西起第一铺：佛居中而坐，右手上举作说法印，左手置于胸前，前有供桌，桌上香炉一、宝瓶二；佛左边有一老弟子——迦叶，右边缺少阿难像；左、右各一大菩萨，坐莲花座，各个双手合十；榜题"南无西方无量寿佛来会时"。

南壁西起第二铺：佛居中而坐，左、右手上举作说法印，前有供桌，桌上香炉一、宝瓶二；佛左边年轻弟子——阿难，右边较年长弟子——迦叶；左、右各一大菩萨，坐莲花座，其中一身绘于佛前，各个双手合十。榜题"南无西南方旃檀佛来会时"。

南壁西起第三铺：佛居中而坐，左、右手作说法印，前有供桌，桌上香炉一、净瓶二；佛左、右各一身弟子，各一大菩萨，均双手合十，菩萨坐莲花座，其中左侧一身菩萨作回首状。榜题"南无南方□□佛来会时"。

南壁西起第四铺：佛居中而坐，左、右手上举作说法印，前有供桌，桌上香炉一、香宝子二；佛左、右各一身弟子，各一大菩萨，各个双手合十，菩萨坐莲花座。榜题"南无东南方无有德佛来会时"。

北壁西起第一铺，一佛二弟子二菩萨，画面同上，榜题不清。

北壁西起第二铺，一佛一弟子二菩萨（少一弟子），画面同上，榜题"南……"

北壁西起第三铺，一佛二弟子二菩萨，画面同上，榜题不清。

北壁西起第四铺，一佛二弟子二菩萨，画面同上，榜题"南无上方广种德佛来会时"。

东壁门北一铺，一佛二弟子二菩萨，画面同上，壁画剥落、模糊，榜题不清。

东壁门南一铺，一佛二弟子二菩萨，画面同上，榜题"南无……德佛来会时"。

3. 涅槃寺塔内残木质菩萨头像

在涅槃寺内，曾捡到一尊木质菩萨头像，现藏敦煌研究院陈列中心（图1-2-35、图1-2-36）。

这尊菩萨头像，梳高髻，戴圆形花冠，头发、眉毛涂成黑色，嘴唇涂红色，脸形清秀，雕刻精致、细微。头像后部上、下有两道铁丝捆绑，可能是用于连接、固定下部身体。这尊菩萨头像应是涅槃寺内一尊菩萨塑像的头部，由此推知，涅槃寺内的菩萨可能均为木质头像。

图1-2-35 菩萨头像（天王堂采集）正面　　图1-2-36 菩萨头像（天王堂采集）后侧面

四、小结

涅槃寺为四方形、四面坡攒尖顶塔，东壁开门，塔室内平面略成方形，马蹄形佛坛上塑像已毁，原来塑有菩萨装主尊坐像，两侧各立四菩萨、二天王[1]。东壁门两侧绘于阗皇太子广济大师及曹延禄、于阗公主供养像，穹隆顶正中绘大日如来，外侧绘代表四波罗蜜菩萨的法器，穹隆顶下部四周绘四方佛及其供养菩萨，四角绘四密教菩萨。正壁存佛背光，两侧各有菩萨两身。南、北壁共绘9身菩萨（1身为补绘）、4身天王像。涅槃寺下半部主要绘大日如来的侍从菩萨及八大菩萨、四天王像。南、北、东壁上部绘十方赴会佛。总之，涅槃寺壁画是一座主要以密教曼陀罗内容为题材的塔。

涅槃寺是莫高窟一标志性建筑，研究者甚众，学者们根据自己的学识和理解对其做出不同的解读。因为塔处于莫高窟南区最北端的崖面上，与文献

1　宿白：《敦煌莫高窟密教遗迹札记》（下），《文物》1989年第10期，第69页；《敦煌莫高窟密教遗迹札记》，《中国石窟寺研究》，文物出版社，1996，第296页。

记载的"其谷南、北两头，有天王堂与神祠"一致，学界一般将其作为天王堂看待，但是通过笔者抄录的榜题来看，应是涅槃寺，不是天王堂。天王堂内不仅有曹延禄、于阗公主供养像，还有于阗广济大师供养像。

根据涅槃寺附近现存遗迹现象，再结合1914年奥登堡拍摄的涅槃寺外照片，可以肯定，天王堂南、西、北三面有土坯砌成的墙环绕，再根据塔身的建筑痕迹，我们基本可以复原当时天王堂的原貌，也即涅槃寺前有抱厦，其余三面有围廊。

附录一　石璋如先生的记录

观音洞（天王堂）

测期：民国三十一年（1942），九月六日。

座向：正东。位于千佛洞最北端戈壁上，门匾云"观自在"（参斯坦因图）。

时代：五代、宋

（一）何：？　　（二）谢：宋曹氏　　（三）张：？

（四）录、宵：？　　（五）史：？　　　（六）窟、表：？

一、窟室

形制：丁上，洞外方内圆，外上塔形，内顶圆形，中央佛台（见图二六三）

门洞：东西1.2公尺，南北1.4公尺，计1.68平方公尺，合0.51坪。门高2.2公尺，有木门框，高1.5公尺。

窟室：外台东西长9.1公尺，南北宽9.5公尺，外壁东西南北约6.4公尺，壁厚约1.4公尺，内方3.9公尺，计15.21平方公尺，合4.60坪。

窟高：壁高5.9公尺，顶井高7.10公尺，平均6.5公尺。

窟顶：顶为圆形。正顶为八角星形；内心一坐莲菩萨，外围勾云图案及坐佛二十八身，以下为四大圆圈内绘莲台十字杵等，外围为垂穗（见图版肆贰捌）。

容积：主室容积约98.86立方公尺。

二、龛坛

类别：无龛

形制：三面呈门形像台。西面宽0.9公尺，南、北两面均宽0.65公尺。像台高0.50公尺。

塑像：三尊式。主像为观音，协侍北童男、南童女立两侧。

三、画题

画记：南、北二壁画菩萨。西壁亦菩萨。东壁上画佛下为供养人。

供人：东壁下男供养人持笏红袍，帽翅下垂，女供养人则凤冠、朱文、贴花。

题记："敦煌王曹□□姬圣天公主……""归义军节度使特进检校太师兼中书令燉煌□□曹……"

由此，可知天王堂为曹氏所建。

四、窟积

本窟甬道面积：1.68m²，合0.51坪，容积约3.69立方公尺。

窟室面积：15.21m²，合4.6坪，容积约98.86立方公尺。

洞窟总面积：16.89m²

坪数：5.11坪

容积：约102.55立方公尺[1]（图1-2-37）

---

1 石璋如：《莫高窟形》（一），历史语言研究所，1996，第620、621页。

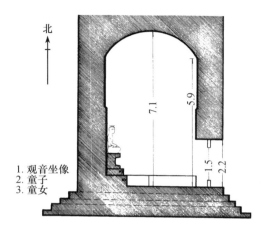

北

1. 观音坐像
2. 童子
3. 童女

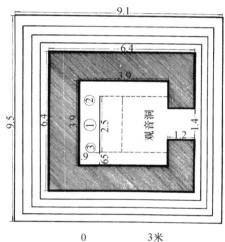

图1-2-37 石璋如先生绘涅槃寺平、剖面图
[采自《莫高窟形》（一），图263]

附录二 谢稚柳先生的记录

天王堂 宋曹氏

从第一百六十二窟北行折东，为当时入千佛洞门户

洞口：高六尺五寸，广四尺三寸，有门。

洞内：高二丈三尺，深一丈一尺七寸，广一丈一尺七寸，圆顶。

佛台：西、南、北三面如凹字，高二尺七寸。

塑像：三区，原塑。南、北两旁十区，毁，清塑。

画记

东壁

四方佛二铺 左右壁上。

南壁

菩萨五区

四方佛四铺 壁上。

西壁

菩萨四区 壁南北。

北壁

菩萨五区。

四方佛四铺 壁上。

窟顶

趺坐六手菩萨等八区，每区以花边绕一圆形　顶四周。

趺坐小菩萨十六区，每一六手菩萨间两区，上下列　顶四周。

飞天十六身　藻井下四周。

莲花　藻井。

供养人像

东壁

比丘尼一身，高四尺七寸，于阗国公主像一身，高五尺，凤冠，朱衣，拈花。题名剥落　左壁。

比丘一身，高四尺七寸，男像一身，高四尺六寸，乌帽，朱衣，执笏。题名剥落　右壁。

题字一方，自右至左　洞门上。

敦煌王曹□□姬圣天公主……建□□□功德…………

寻夫真□□□廓□□无……………………………………

之□开方便之门□□□□□晨朝亏…………………………

泾□□想□贵……………………………………………………

汉梦肇睹旃檀之□始译贯化□□□□风□扇□□迷法…………

巨炳为苦海之舟航觉□辟□……………………………………

能启颡于空门乃谓寻真之达士世隆不…………………………

粤有归义军节度使特进检校太师兼中书令敦煌□□曹…………

符咸一以叶半千表六…………………………………………

……………………………………………………………………

……………………………………………………………………

……………………………………………………………………

....1

附录三　敦煌研究院编《敦煌莫高窟供养人题记》

天王堂（莫高窟崖顶北端土塔）　宋

塔内东壁门楣上方墨书功德记

土红地

敦煌王曹□□圣天公主□□□□□□建□□寺功德记

寻夫真□□□廓□□无□□□□……

之政开方便之门□莫□色□晨朝鹳□（树）□（延）

□□□□□□（真）一……

浮剃□想□遗文□□□方□□□□□□……

汉梦肇睹旃檀之像始译贳花之□（经）□□风公以扇于□

（舞）迷法□□……

巨烛为苦海之舟航觉路辟乎□宫□□（故）□（典）□□□□有

□□□□……

能启颡于空门乃谓寻真之达士兴□（隆）不□□置有

□□□□□……

粤有归义军节度使特进检校太师兼中书令敦煌□（王）曹延

□□□……

符咸一以叶半千表□（六）……

□□……

□□……

1　谢稚柳：《敦煌艺术叙录》，上海古籍出版社，1996，第417—419页。

□□……

□□……

□□……

王之……[1]

附录四　1914年奥登堡的记录

山上僧房［D.天王堂塔］

（见平面图和照片）

这一僧房有院墙，必须沿已坏了的楼梯台阶才能入内。已装木门，门上挂一红色木匾，上书黑色汉字，其中有三个大字。

里面［塔内］有两层佛坛，上层比底下一层要窄些。上面有立姿塑像。两层皆有通常的浮塑（壹门）装饰，内无画。十三尊塑像中只剩三尊，全是新的：佛座上有莲花座菩萨Amitaye（疑为Amitāyus之误，无量寿——译注），触地印，戴佛冠，左手于怀中持莲花佛珠。佛座由两只狮子支撑，两边画有佛珠。菩萨背后有一很大的绿色的新背屏［背光］，有浅绿色外圈和玫瑰色莲花。小圆光［头光］是红褐色，黄色外圈。右边立一白色菩萨，持一盂，插花（花是纸做的）。左边一白色童子，合十。其他塑像中只11号是原有的，保留一怪样的台座，大概这里曾有过天王，或是护法神，因为［壁］画有四天王，就是说5、6、11、12曾是天王。

绘画为黑绿色，但颇具吐蕃影响。A处主尊塑像的两边各有一立姿菩萨，合十，还有一些不清楚的轮廓（圆案），接着又各有一立姿大菩萨，左边的［左手］持金刚杵。

B墙有三立姿菩萨，各结不同印契，第一尊左手持佛珠。接着

两天王，红发如火，无执持。但这一特性就说明C墙也是天王。所有的头光都有火焰，但菩萨的是椭圆形的，天王的则是圆形的。

C墙同样是三菩萨和二天王，其中第二个手中托塔。此外，C墙近A处［西端］又增画了一菩萨，但较小。A处主尊塑像上方画有宝树华盖，云端的飞天，有两个向下飞来，有两个则向上飞去。

B、C、D1、D2云端各有一或四组佛陀和侍者（4-4-1-1）。D3处一很大红色木匾［题榜（红底墨书）］上面残留题词。上有上端［垂幔］图案，［上］有一条半团花图案。

D1［下］，一比丘及红色男供养人，D2为一比丘及女供养人（头饰上有凤凰），画像几与真人等身。

［（上述壁画）］上边是圆顶。墙有点内收，所以四壁上边在一条图案之下，就有一点凸出处。四斗拱［四壁转角］处各有一大菩萨，他们之间有四个联珠纹，里面又各有一大菩萨，在大菩萨之间各有两个纵列的小菩萨，总共8大菩萨、16小菩萨。上边有一条花"石"砖图案，在此之上有一长条飞天，持贡品。上有上端［垂幔］图案，又一条图案，它们中间，圆顶的四面有四联珠纹，其中：1）有钵，2）有佛珠，3）有毘首金刚杵，4）有金刚杵，都在莲花之上。上边有一条有莲华座佛的联珠纹图案，更上，有一条火焰佛珠。

在圆顶的藻井中有某莲华座菩萨（无法准确辨认）。

圆顶上大菩萨皆为多手的，有的是三面的。执持中可见的有：经卷，舍罗、capa，金刚杵。

可惜有一部分看不清楚，一部分已被擦掉，要弄清楚则必须花费大量时间和一些设备，不过这里也的确没什么精彩之处。[1]

1　俄罗斯国立艾尔米塔什博物馆、上海古籍出版社：《俄藏敦煌艺术品（俄罗斯国立艾尔米塔什博物馆藏）》Ⅵ，上海古籍出版社，2005，第320页。

第三节　古道口土塔（第20号塔）及涅槃寺前方遗址

一、古道口土塔

莫高窟南区北端崖顶，在往返莫高窟与敦煌城的古道口（进入莫高窟的门户）南侧，靠近崖体边缘，有一残塔。海拔1348米，北纬40°02′636″，东经94°48′375″（图1-3-1、图1-3-2）。此塔在2002年经过加固维修。

残塔以土坯砌成，八角形，由台基、塔基、塔身组成，北向开门，现残高5.2米。现存台基、塔基、塔身的一部分及东南方塔檐一角。台基主要以原山崖平整而成，中间夹杂石块；塔基由土坯砌成，略呈八角形，东高西低，西侧借用山体；塔身八面，隔面建拱形假门（现仅存东面与南面假门），假门高1.7、宽0.8米。从现状看，拱门两侧应浮塑升龙，东面假门南侧残余龙身。塔内中空，也呈八角形，内径约2.4米，塔体各面残存塑像的泥塑背光痕迹。墙体厚0.45米。塔内堆积物至残顶高2.9米。塔檐叠涩而成，向上逐级递增（图1-3-3、图1-3-4）。塔门前有堆土，推测应建有通向塔门的踏道。

此塔马德先生认为是天王堂[1]。

在此塔北侧偏东20米处，地表残存土遗址。东西约8、南北约10米。此遗址与塔隔道相望，遗址在北，塔在南，应有一定的关系，可能也是一座塔（图1-3-5、图1-3-6）。

二、涅槃寺前土遗址

1. 涅槃寺前东北侧土遗址

涅槃寺东北侧有一土堆，现残存土坯、石块等物，为当时一建筑遗迹，

1　马德：《10世纪中期莫高窟崖面概观——关于〈腊八燃灯分配窟龛名数〉的几个问题》，《1987年敦煌石窟研究国际讨论会文集·石窟考古编》，辽宁美术出版社，1990，第50页。

图1-3-1　古道口土塔北侧图

图1-3-2　古道口土塔与涅槃寺

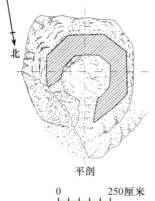

0   250厘米

图1-3-3　古道口土塔立面、平剖图
（郦伟堂原图、吕文旭清绘）

图1-3-4　古道口土塔南侧图

可能为倒塌的土塔。土堆海拔1376米，北纬40°02′688″，东经94°48′334″。东西14、南北5.5米（图1-3-7）。

2. 涅槃寺前东侧土遗址

涅槃寺正前方东侧30多米处有一土遗址，海拔1359米，北纬40°02′657″，东经94°48′327″。该遗址用土坯垒砌而成，可能为倒塌的土塔遗址，残高2、东西4.5、南北4.5米（图1-3-8、图1-3-9）。此遗址位于涅槃寺正东方向，且距离近，两者之间应有密切关系。

图1-3-5　古道口塔北侧土遗址

图1-3-6　奥登堡1014年拍摄的古道口土塔
（采自《俄藏敦煌艺术品（俄罗斯国立艾尔米塔什
博物馆藏）》Ⅲ，南区北端崖顶上方天王塔南侧塔婆，
图版362）

图1-3-7　涅槃寺前东北方向土遗址

图1-3-8 涅槃寺东侧遗址

图1-3-9 涅槃寺与涅槃寺前方土遗址

第二章
莫高窟窟内塔

莫高窟除了分布在崖面之上以及宕泉河两岸、作为独立建筑的塔之外，还有一些塔建于洞窟内，是洞窟的一部分。这些塔大部分是后期修建，在窟内主室或者在主室禅窟内、外修建，建造时间晚于所在洞窟的初建时间。伴随着建塔，常常还有一些重修壁画的活动。莫高窟西魏第285、初唐第328窟内现存有塔数座，其中第285窟内有5座，分布在南、北壁禅窟内或禅窟门口；第328窟主室内西壁龛前偏北有一座塔。另外北区B142与B77窟内也各有两座塔。这些塔建于西夏、元时期，反映了当时佛教信仰中对舍利、塔的供养和崇拜。

第一节　莫高窟第285窟窟内塔

莫高窟第285窟是西魏洞窟，由前室、甬道、主室三部分组成，主室覆斗顶，中心有佛坛，西壁开三龛，中间主龛内塑一身倚坐佛及两身胁侍菩萨，两侧龛内各塑一身禅僧像，南、北两壁各开4座禅窟。南壁东起第二、三、四禅窟内存有西魏时绘的项光、背光，北壁的4座禅窟内均绘禅僧像。

南壁东起第1座禅窟内，在后期重绘了壁画，并砌了土塔，东起第4座禅窟门口砌有一座塔；北壁西起第1、2座禅窟门口各砌一座塔，西起第3座禅窟内有一座后来拼接的土塔。禅窟内或禅窟门口现存塔5座（一座为由窟内其他塔的残件拼砌而成），其中南壁2座（图2-1-1），北壁3

座（图2-1-2）。这些塔大部分残缺，有的只剩塔基。为了方便论述及研究，我们将这些塔依据佛教礼佛右旋的顺序进行编号，自南壁东起第一个禅窟内塔开始至北壁西起第三个禅窟塔结束，依次为莫高窟第285-1、285-2、285-3、285-4、285-5号塔。以下就每一个塔一一进行测量、介绍、考证（图2-1-1、图2-1-2）。

1908年法国人伯希和带领的探险队来到敦煌，摄影师夏尔·努埃特拍摄了莫高窟的大量照片。在拍摄的莫高窟第285窟照片中，可以看出当时的窟内正中有底为方形、上为圆形的佛坛，坛上还有塑像，窟内的塔也比现在塔的保存状况更好，更为完整，从中我们可以获取更多的信息。俄国人奥登堡率领的考察团也拍摄了为数众多的第285窟照片，其中有一张拍到了北壁的塔（《俄藏敦煌艺术品（俄罗斯国立艾尔米塔什博物馆藏）》卷4，图版171，第90页）。石璋如先生1942年7月2日，对此窟进行了文字记录并绘有平、剖面图（图2-1-3），也提供了一些当时窟内塔的情况。另外，谢稚柳先生于1942年对第285窟窟内塔也作了一些简单记录。这些都是非常珍贵的第一手资料，可以让我们追溯土塔的原貌。

谢稚柳先生对第285窟窟内土塔的记录：

南、北壁下，各有四龛，高三尺一寸，深四尺二寸，广二尺三寸；每一龛口曾经元人建一小塔，将龛口堵塞，今塔已残毁，除南、北壁自西至东第四龛内，有元时小泥佛无数外，其他龛内空无一物。

……

北壁……唐人画佛菩萨（第四龛内东壁）。西夏文一篇（第四龛内北壁）。[1]

1　谢稚柳：《敦煌艺术叙录》，上海古籍出版社，1996，第150、152页。

图2-1-1 莫高窟第285窟窟内南壁禅窟塔

图2-1-2 莫高窟第285窟窟内北壁禅窟塔

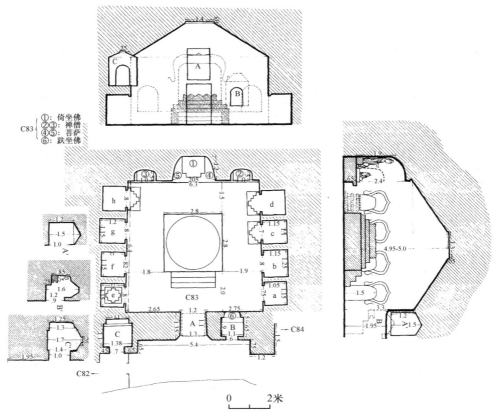

①：倚坐佛
②③：禅僧
④⑤：菩萨
⑥：趺坐佛

图2-1-3 石璋如1942年所绘制的第285窟平、剖面图
［采自《莫高窟形》（二），图七十］

从记录可知，谢稚柳先生认为土塔为元代所建。

宿白先生在20世纪50年代考察莫高窟时，认为第285窟的塔如莫高窟第17号禅窟一样，是在僧人寂化之后，作为僧人葬身之地："或者就是因为有了这样的禅窟，于是就引起元代（？）僧人利用第285窟的僧房，即南、北壁小龛，作为葬身之穴，并且有的还在龛口外面贴壁建塔。"[1]

1　宿白：《参观敦煌第285号窟札记》，《文物参考资料》1956年第2期，第16页。

一、第285-1号塔

此塔位于莫高窟第185窟主室南壁东起第一座禅窟之内。禅窟高149、南北长114、东西宽97厘米；禅窟门宽77、门沿进深22厘米。塔用土坯砌成，中空，上部残损，剩余台基与塔基下部。塔残高45厘米；台基方形，南北长87、东西宽81、高6.5厘米；塔基为十字折角形，四面八角，两层束腰（共5层），东侧残存五层，残高38.5厘米，南侧存一层，西侧存两层，北侧存三层。塔基上有云纹图案，并用凸出的泥块（乳钉纹）装饰，大部分已掉落。在伯希和拍摄的照片中，塔中间还有一根已倾斜的贯穿塔的木柱，木柱上部残存塔顶的相轮。相轮七层，呈纺轮形，中间直径大，上下两头直径小（图2-1-4—图2-1-6）。

此塔所在的禅窟内有后期重绘的壁画。禅窟顶绘莲花圆盖，正壁（南壁）绘坐佛一身，东、西两壁各绘菩萨一身。南壁主尊佛具圆形头光、舟形身光，身光后有似云、似树形状的装饰，两侧又各有一朵祥云升起；着袒右袈裟，结跏趺坐于覆莲瓣之上；左手置于脐前，掌心向上；右手上举至胸前，作施无畏印。主尊佛像有黑色尖顶多刺状肉髻，眼睛细长，上眼睑下垂。佛左右侧站立两身弟子，均具头光、身光，内着白色、圆领、长袖衣，外罩袒右袈裟，双手合十向佛。

东壁绘一身菩萨，结跏趺坐于覆莲瓣之上，双手于胸前结印；裸上身，肩披帛带，下着裙；头戴五瓶式宝冠，宝缯上扬；戴项圈、臂钏、手镯、大圆形耳珰；肩侧各有一朵莲花。菩萨两侧共有宝塔3座，其中左侧2座、右侧1座：左侧上部为三层楼阁式塔，下部为两层束腰座的覆钵式塔；右侧塔是两层束腰座的覆钵式塔。

西壁绘菩萨一身，游戏坐于覆莲瓣之上，左手于胸前掌心向外，右手搭于右腿上，掌心向外；裸上身，肩披帛带，下着罗裙；发髻于头顶结成锥状

图2-1-4 莫高窟第285-1号塔俯视图

图2-1-5 莫高窟第285-1号塔正面图

结，黑色曲发分两绺披于肩；头戴五瓶宝冠，红色宝缯上扬，戴项链、大圆耳珰、臂钏、手镯；肩侧各有莲花一朵。菩萨身侧有宝塔3座：左侧1座，是方座两层束腰覆钵式塔；右侧2座，上部是三层楼阁式塔，下部为两层束腰座的覆钵式塔。东、西两壁的塔对称分布（图2-1-7）。

图2-1-6　1908年伯希和拍摄的莫高窟第285窟南壁
（采自《伯希和图录》Ⅳ，图版252）

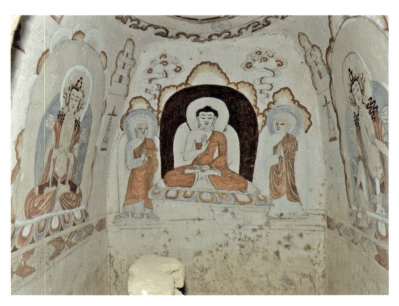

图2-1-7　第285-1号塔所在禅窟内壁画

此禅窟内的重修壁画为元代绘制，两身菩萨的五瓶形头冠、大耳环与莫高窟位于北区的第463窟相同，而且菩萨的眼睛细长、上眼睑下垂，具有藏传密教佛、菩萨的特征，另主尊佛像黑色尖顶多刺状肉髻，与第463窟的南壁坐佛肉髻相似。第463窟绘有元代供养人画像，因此我们判断，禅窟内壁画是元代绘制。

禅窟内的塔可能与壁画同期而建，也可能晚于壁画年代，但从塔形来看，我们认为壁画与塔建于同一时期，绘完壁画之后随即建塔，塔也建于元代。

石璋如先生对此禅窟有文字记录：

（南）e：近方箱形龛；东西1.15公尺，南北1.1公尺，计1.26平方公尺，合0.38坪。龛内中部为一土塔座。[1]

二、第285-2号塔

塔位于莫高窟第185窟南壁东起第4座禅窟门口，仅砌一半，直径为禅窟门的宽度，刚好堵住禅窟门。用土坯砌成，上部残损，剩余台基与残塔基。塔残高56厘米；台基方形，东西长113、南北宽57厘米；塔基为十字折角形，三面八角（一半），两层束腰（共5层），残余顶层东西宽76、南北长50厘米。土坯外先上泥，再涂白灰底，最后涂土红色上色。从伯希和拍摄的照片来看，塔旁还有塌毁的残块，是塔基与覆钵塔身的一部分（图2-1-8、图2-1-9）。

塔所在的禅窟内有后期绘制的壁画，在东壁位置绘两身供养人像。两身供养人均头部不清，双手合十，着窄袖、斜开衩长裙，腰系带（图2-1-10）。

从图2-1-10中供养人的服饰来看，是西夏人。禅窟外的塔应与此壁画同时或晚于壁画绘制时期。石璋如先生对此禅窟的文字记录：

---

1 石璋如：《莫高窟形》（一），历史语言研究所，1996，第149页。

图2-1-8　莫高窟第285-2号塔

图2-1-9　1908年伯希和拍摄的莫高窟第285-2号塔

（采自《伯希和图录》V，图版261）

图2-1-10　第285-2号塔所在禅窟内
东壁供养人像

h：近方箱形龛；东西1.15公
尺，南北1.1公尺，计1.26平方公
尺，合0.38坪。门用土塔封闭。[1]

三、第285-3号塔

塔坐落在莫高窟第285窟北壁西起第一
禅窟门口，仅砌一半，直径为禅窟门的宽
度，刚好堵住禅窟门。塔由土坯砌成，台
基方形，东西长113、南北宽56厘米；塔基
为十字折角，三面八角（一半），两层束
腰（共5层），塔基上部是半匝圆钉、覆莲
瓣，外用土红色敷彩，残高70厘米；残塔基
上部东西74、南北最宽57、最窄处残存44厘米。从伯希和拍摄的照片来看，
塔具有宝瓶式刹顶，瓶上系带，呈"S"形在塔两侧垂下。刹顶、飘带现已不
存（图2-1-11、图2-1-12）。

禅窟内北壁有墨画方形塔一座，宿白先生将其定为Ⅳ型，为单层叠涩尖
锥顶型[2]。此塔正面开圆拱门，扇开两面，塔层共11层，叠涩而成，除了下层
之外，其他层的高度相同，宽度层层递减，至最上层近方形；塔刹圆珠形，
上、下各有一承露盘，刹顶为火焰形。塔东侧绘西夏人画像4身，均双手合十
持花供养塔。这4身供养人，额前有流苏，后披发或结马尾（因是墨线勾画，
表达不甚清楚）；着圆领窄袖长袍，腰束带，带在腰部系结之后，左右分垂
两条；脚蹬高筒靴（图2-1-13）。

塔与供养人下方为西夏文题记，共10行81个西夏文字，墨书，竖写
（图2-1-14）。

1　石璋如：《莫高窟形》（一），历史语言研究所，1996，第149页。
2　宿白：《西夏佛塔的类型》，《中国古代建筑·西夏佛塔》，文物出版社，1995，第1—15页。

图2-1-11　第285-3、285-4号塔

图2-1-12　1908年伯希和拍摄的莫高窟第285窟北壁285-3、285-4号塔

（采自《伯希和图录》V，图版260）

图2-1-13　第285-3号塔所在禅窟内北壁画西夏供养人与塔

图2-1-14　第285-3号塔所在禅窟内西夏供养人、塔、西夏文题记

第285-3号塔内墨书西夏文译文：

雍宁乙未二年九月二十三日麻尼则兰、鬼立盛山、酪布夏园、麻尼则鬼名乐、酪布那征乐、骨匹狗成、麻尼则乐、麻尼则盛，一十八人同来行愿，当来山寺庙上烧香，世世生当使见各佛面，司者端头酪布夏园。[1]

从西夏文题记来看，在雍宁乙未二年（1115年）九月二十三日，以麻尼则兰为代表的一行一十八人来此烧香、礼佛。从绘画来看，绘出了四人持花礼拜佛塔的形象，可能仅绘出几身作为代表。雍宁，共有五年（1114—1118年），是西夏圣文皇帝崇宗李乾顺的年号。通过对莫高窟、榆林窟西夏文题记的考证，史金波、白滨先生指出，"莫高、榆林二窟群中大量的西夏文题记是属于西夏佛教徒的巡礼题款"[2]。这一组题记和简易墨画是西夏人巡礼佛窟时留下的记录。

伯希和对此墨画及题记有专门且翔实的记录：

事实上，在右壁上的第四个龛中，于石灰层之上，还包括有用尚非常清楚的黑墨画的一幅粗糙的窣堵波画和4身光头人物像，他们头部前面戴着一种流苏，头的后面是一种小发髻，身穿一件拖到腿肚之下的裙子，在腰部用一条腰带紧紧地扎着，腰带的两端在一侧下垂，最后是穿一种似乎是很尖的高跟鞋。在他们之下是用同一种墨写成的一条漂亮的西夏文题识，共由多达16个字组成。[3]

石璋如先生的记录：

d：近方箱形龛；东西1.15公尺，南北1.10公尺，计1.26平方公尺，合0.38坪。门用土塔封闭。[4]

1 史金波、白滨：《莫高窟榆林窟西夏文题记研究》，《考古学报》1982年第3期，第367—386页。
2 史金波、白滨：《莫高窟榆林窟西夏文题记研究》，《考古学报》1982年第3期，第367—386页。
3 〔法〕伯希和著：《伯希和敦煌石窟笔记》，耿昇、唐健宾译，甘肃人民出版社，1993，第241页。
4 石璋如：《莫高窟形》（一），历史语言研究所，1996，第149页。

四、第285-4号塔

塔建在莫高窟第285窟北壁西起第二禅窟门口，现仅存下半部，直径为禅窟门的宽度，恰好堵住禅窟门。禅窟东西113、南北宽57、门宽70厘米。塔由土坯砌成，表层土红色。台基方形，塔基为十字折角形，三面八角（一半），两层束腰（共5层），上部为半匝圆钉和仰、覆莲瓣，仰莲瓣残存一半。塔身现残存东侧部分（参见图2-1-11），可见塔门一侧边，塔身上饰两圈圆棱，圆棱上下各饰一圈乳钉。塔总残高113厘米。台基东西长93、南北宽55厘米；塔基高63、塔身高50厘米，塔身南北莲座最宽处57厘米。

从伯希和拍摄的照片看，当时这座塔仅塔身一侧残破，较为完整，塔略高于第285-3号塔。塔自下而上，塔基为十字折角形；塔身覆钵形，下以仰、覆莲花瓣承托，其中仰莲瓣一层，覆莲瓣二层，塔身下部饰四圈乳钉纹；塔刹下为十字折角，折角有上翘的花式平头，平头之上为6层相轮、伞盖、宝瓶。

第285-2、285-3、285-4号塔塔形相同，塔顶高出禅窟的门楣，禅窟拱门上方都有塔刹与塔身上部泥巴贴墙的痕迹（参见图2-1-9）。

石璋如先生的记录：

　　c：近方箱形龛；东西1.1公尺，南北1.15公尺，计1.26平方公尺，合0.38坪。门用土塔封闭。[1]

五、第285-5号塔

塔建于莫高窟第285窟北壁西起第三禅窟内。塔由土坯砌成，外涂泥，泥

1　石璋如：《莫高窟形》（一），历史语言研究所，1996，第148、149页。

皮外上白色底，白底上再涂土红色。塔通高142厘米。此塔塔基与禅窟北壁相接，无台基。塔基圆形，塔基东西49、南北46厘米；自下而上依次用泥塑出云纹、凸起的圆作为装饰，这种纹饰应绕塔一周，可惜现已残损，仅余三个云纹、三个凸起的圆钉，其余为现代补修的素泥面。从被剥落的一块云纹残迹看，其制作工艺是贴塑，即将云纹制好之后，再贴在塔侧。塔身由两段组成，底层近似圆柱体，现代重新修补素面泥；中段为圆形塔体（下残），白灰底上涂画图案。上层为束腰、四角十字折角的平头，边沿涂土红色带，高13、宽31—33厘米。相轮整体为

图2-1-15　第285-5号塔

圆锥体，上以土红色勾线11条，相轮高37、下部直径18厘米。塔刹下部残，刹底不存。刹顶端露出刹心柱（图2-1-15）。从刹顶及塔身的残破处，可见塔中间贯穿一根木柱，以支撑全塔。

　　塔侧还堆放有一块带乳钉纹的塔身，在伯希和的照片中，这块残塔身塌落在第285-2号塔旁边，所以应是来自第285-2号的塔身部分。这块残塔身非常重要，可以让我们了解塔身的情况。塔身下部是两条凸棱，棱上、下方都是圆钉；上部是弯月与太阳（残缺）及圆钉；一侧保存有半边拱形塔门，节状立柱，门楣为卷草纹。从而推知，第285窟的285-2、285-3、285-4号塔在塔身正面开拱形门。

　　查阅伯希和的照片，第285北壁西起第三禅窟中无塔，但在西起第四禅窟中有塔的残破遗迹及碎块（图2-1-16）。石璋如先生的记录及测绘图中也未见此禅窟中有塔，因此现存的第285-5号塔应为后来移建至此的塔。塔整体来

图2-1-16　1908年伯希和拍摄的莫高窟南壁
（采自《伯希和图录》Ⅴ，图版258）

看只是一座塔的上半部分，除了下方的莲座，塔刹更像来自第285-1号塔，所以，第285-5号塔是利用了第285窟的一些佛塔残块，重新修补而成的塔。

六、小结

从塔形来看，第285-2、285-3、285-4号塔为一类塔，285-1号塔属于另一类，285-5号塔严格意义上是前述几座塔残块的重新修补，不能单独成塔。这些均为元代修建的塔。

甘肃肃南马蹄寺千佛洞，峭壁上有为数众多的石雕龛内塔，有的塔形与莫高窟第285-2、285-3、285-4、285-5号塔基本相同，十字折角塔基，覆钵式塔身，塔身正面开门，平头、相轮以及宝瓶式刹顶都相似。从修建方式来看，塔雕于专门开凿的龛内，与莫高窟将塔修建于窟内的意义相同（图2-1-17）。

图2-1-17　甘肃肃南马蹄寺南寺石雕龛内塔

第二节　莫高窟第328窟窟内塔

一、第328窟窟内塔

莫高窟第328窟主室覆斗形顶、西壁开龛，始建于初唐时期，龛内塑像保存初唐原貌，龛内壁画也为唐画，但窟内其余壁画为后代重修。此窟主室内有一座塔。

伯希和曾对此塔有过记录：

洞子具中等规模，上写其近代的名称"药王殿"，这是由于安放在大祭坛前方的小祭坛上的中心彩塑之原因。这一小祭坛及其3身彩塑、一批签和解释它们的经文（以便在遇病时知道使用哪一种药）是近代的，但一侧的窣堵波则古老了……建于洞子中偏离中心处的窣堵波应于（与）第120n号洞中后来增加的那些基本是同时代的，但它仅有台基上的几层了。[1]

从记录看，龛前还有小祭坛及三身塑像，当时塔已残损仅余几层，伯希和认为塔与第285窟的塔是同时代的。石璋如先生的记录中未见窟内塔，记录中有"龛前小方坛上塑一财神像及二童子"[2]，张大千记"洞中央有道教三区，新塑。极劣"[3]。但目前窟内西壁龛前的小方坛及坛上塑像已不存。

塔位于主室内龛前北侧。塔由土坯砌成，现存塔基与塔身的下半部，八角形塔基，保存较为完整，塔身最上层西南角残损，通高99厘米。塔基为八边形束腰金刚宝座式，共有五层，总高49厘米。除了最下层与贴福面的一层外，其余各层均做成了壸门式，壸门两侧有贴塑的卷草纹图案，每侧边都以土红色、白色、黑色间隔涂色。自下而上，塔基最下层：素面（经现代重修外层涂泥），高9厘米。第二层：高8厘米；每一侧面装饰两乳钉，并以贴塑、竖立的金刚杵分隔，大部分掉落，仅留存印迹，在东南面还保存一个竖立的金刚杵。第三层：是塔基的束腰处，高16厘米，转角有圆棱；壸门正中有一圆钉，惜大部分掉落，仅存印迹，两侧贴塑出的卷草纹图案以黑线描框。第四层：在第三层基础上叠涩外出，高5厘米；外侧贴浮塑福面像，每边9个，黑白相间，有的已剥落不存。第五层：与最下层大小相当，边长41、高9.5厘米，侧面每边有贴塑的两乳钉，现仅存印迹。

塔身残损，仅残留下部，现存可分为三层，通高50厘米。下层为倾斜的折角，下大上小，内收；上两层结构相同，均为十字折角，每层的十字折角由内收层与外凸层两部分组成。最上层内收，较小，直径为64厘米，其折角圆润似莲瓣（图2-2-1）。

1　〔法〕伯希和著：《伯希和敦煌石窟笔记》，耿昇、唐健宾译，甘肃人民出版社，1993，第337、338页。

2　石璋如：《莫高窟形》（一）（二），历史语言研究所，1996，第247页，图107。

3　张大千：《漠高窟记》，台北故宫博物院，1985，第278页。

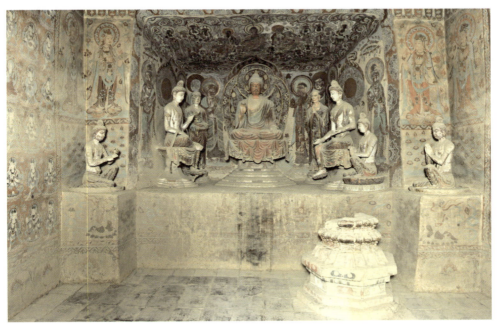

图2-2-1　莫高窟第328窟窟内塔

二、第328窟窟内塔的年代

第328窟是初唐营建的洞窟，而塔具有藏传佛教塔的风格，所以塔与洞窟原建时代不符，是后期在窟内修建的塔。

从塔本身来说，塔基为束腰八面金刚座形，并有壹门，这种座更像是佛座，作为塔基比较少见。塔身下部为十字折角形，这种造型多见于西夏及以后的佛塔。塔基上还贴塑有福面，是藏式佛塔的装饰特色。宁夏青铜峡一百零八塔，始建于西夏，经过后期重修，现存塔外部砌砖，其中有几座经过剥离后，露出西夏原塔。原塔由土坯砌成，其塔基造型为十字折角形，折角圆润似莲瓣，与莫高窟第328窟塔残存的塔身下部很相似（图2-2-2）。据调查，一百零八塔保存下来的西夏原塔，"塔身平面为

圆形，与砖砌塔的葫芦式或覆钵式塔身相似"[1]，因此笔者推测第328窟塔的塔身可能为葫芦式或覆钵式，塔应建于西夏时期。

图2-2-2　宁夏青铜峡一百零八塔剥离后的西夏原塔
（采自《中国古代建筑·西夏佛塔》，图190）

第三节　莫高窟北区B142、B77窟窟内塔

一、莫高窟B142、B77窟窟内塔

莫高窟B142窟位于北区北端，属于此段崖面第三层石窟，由前室、甬道、后室组成。后室顶部为南、北向人字披顶，北侧建有一拱形顶小龛，东侧偏北砌有土炕，西侧砌低坛，高出地面约6厘米，其上涂抹光滑，并有白灰。低坛上分南、北并排建有大小相近的两座土塔，现已残损（图2-3-1、图2-3-2）。

南侧土塔，由土坯砌成，外敷草泥，再涂白灰，塔内中空，残高约80厘米。台基圆形两层，下大上小；塔基为两层半束腰十字折角形，四面二十角，现共残存5层，从下至上第一层内收，第二层外凸，第三层内收，第四层外凸，第五层内收；每层上、下、左、右边缘填泥，上面阴刻勾画卷草纹；

———————————

1　雷润泽、于存海：《青铜峡市一百零八塔》，《中国古代建筑·西夏佛塔》，文物出版社，1995，第105页。

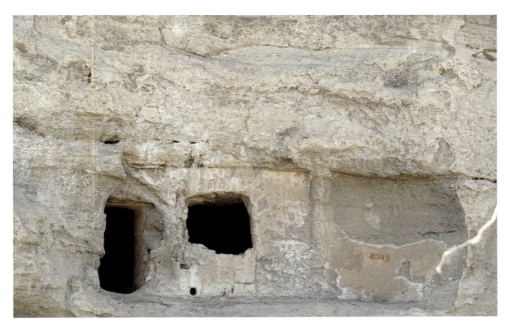

图2-3-1　莫高窟B142窟外观

图2-3-2　莫高窟B142窟内双塔

有东、南、西、北四个正面，每面贴塑一枚圆形泥钉，面长17厘米，高8厘米。塔身残损严重，仅存半圆，直径约40厘米，半圆下饰以圆形小泥块（图2-3-3）。

图2-3-3　B142窟内南侧塔西北面

图2-3-4　B142窟内北侧塔南面

北侧土塔，由土坯砌成，外敷草泥，再涂白灰，塔内中空，残高约69厘米。台基圆形两层，下大上小；塔基为两层束腰十字折角形，四面二十角，现共残存4层，从下至上第一层内收，第二层外凸，第三层内收，第四层外凸；每层上、下、左、右边缘填泥，上面阴刻勾画卷草纹；有东、南、西、北四个正面，每面贴塑一枚圆形泥钉。北侧塔残上方裸露出的土坯长26、宽21、厚9厘米。塔身、塔刹不存（图2-3-4）。

两座塔均以土坯垒砌而成，其造

型、大小、风格相同，可见为同一时期建造。窟内东侧土炕上还堆积着大量残块，有一块是半圆形，下方为三瓣覆莲组成的构件，可能为塔身的残部件。

另外，北区B77窟也有土塔。B77窟位于北区中段第二层，由前室、中室、后室组成，前室大部分塌毁，中、后室保存完整。在此窟的出土物中，有2座塔，"一座同《西夏佛塔》第三期第4种塔类似，为十字折角束腰，上为覆钟塔身，塔已塌毁，其形制还有待进一步研究。另一座根据残块推断同张掖大佛寺覆钵式金刚宝座塔形制相近，惜已塌毁严重，无法修复"[1]。根据窟形、出土物等遗迹现象，认为B77改造前与B76、B78窟一起是一组多室禅窟，经过改造之后B77成为礼佛窟，改造年代定为元代[2]。

这两座塔，前一座经过拼接修复，现保存在敦煌研究院陈列中心，从修复后的状况来看，塔底座为八角形。塔基为三层束腰（共7层）十字折角，上覆莲瓣；塔身为覆钟式，上饰四个福面，口中衔串珠六条，分左右与相邻福面口吐的串珠相连，串珠上饰花朵；福面之间是仰月承托太阳；覆钵上平头部分为两层十字折角。塔身上装饰口衔串珠的福面以及日月图案，在西夏拜寺口西塔上可见到同样的纹饰[3]。

后一座仅保存有少量残块，无法复原。在此不再详述。

二、莫高窟北区窟内塔相关问题

莫高窟B142窟窟内两座土塔，在《敦煌莫高窟北区石窟》内有介绍，并认为是修建于元代："西部有土坯砌的双塔，塔基呈圆形，直径约0.9米。塔身为多角形，上部毁，残高0.80米。塔身刷白灰。根据二塔形制分析，应为

1　彭金章、王建军：《敦煌莫高窟北区石窟》第一卷，文物出版社，2000，第282页。
2　彭金章、王建军：《敦煌莫高窟北区石窟》第一卷，文物出版社，2000，第275—283页。
3　宁夏回族自治区文物管理委员会办公室雷润泽、于存海、何继英：《中国古代建筑·西夏佛塔》，文物出版社，1995，第105页。

元代修建"[1]，"塔内有少量人骨灰及木炭屑"[2]。另，根据考古报告，窟内东侧有火炕、烟道等，出土物有文书、木器、陶佛像等，洞窟性质判断为僧房窟附设禅窟，洞窟的开凿年代不明，使用下限在元代[3]。

　　窟内有火炕表明僧人曾在此生活，但是窟内又多了两座塔，塔内又出土了骨灰，这表明此窟不仅是僧房窟，而且还兼作僧人的瘗窟。僧人在圆寂之后火化，在其禅修、生活之地建塔埋藏骨灰。这种做法，与塔内直接埋藏的瘗窟又有所不同，其性质却与高僧影堂有些相似。莫高窟第17窟高僧洪辩的骨灰即以丝袋装藏于其泥塑像内。

　　莫高窟北区现有7座礼佛窟，分别是第461—465、B175、B77窟，其余的洞窟为僧房窟、禅窟、僧房窟附设禅窟、瘗窟、廪窟等[4]。B77窟在元代改为礼佛窟，在窟内又出现了两座塔，从塔的外形来看，也应属于元代。藏传佛教中有将高僧灵塔建于寺内的传统，如果将一个窟看作是一座寺，则这两座佛塔具有寺内建塔这一性质。

1　彭金章、王建军：《敦煌莫高窟北区石窟》第二卷，文物出版社，2004，第264页。
2　彭金章、王建军：《敦煌莫高窟北区石窟》第二卷，文物出版社，2004，第264页。
3　彭金章、王建军：《敦煌莫高窟北区石窟》第二卷，文物出版社，2004，第262—267页。
4　彭金章、沙武田：《敦煌莫高窟北区洞窟清理发掘简报》，《文物》1998年第10期，第4—21页。

第三章
莫高窟宕泉河河岸塔及三危山山脚下、乐僔堂后侧塔

　　莫高窟宕泉河河岸两侧现有19座塔（不包括慈氏塔），其中河西岸存1座，河东岸存18座。河岸塔先后有斯坦因、伯希和、奥登堡、石璋如、罗寄梅、李约瑟等人从不同角度拍摄过照片。根据伯希和的记录，河西岸当时也有很多塔："在千佛洞的岩壁（而且它本身的上面就有几座建筑得相当简单的多角形小佛塔或窣堵波）和小河之间，而且也如同在小河的东岸一样，有相当数量的佛塔，其中有些肯定要追溯到10世纪左右（由于绘画的原因，它们具有一、二条元代的游人题记），其它的年代无法定夺。"[1]有壁画的塔，河西岸现已无存，仅存一座僧塔。在河东岸现存3座绘有壁画的方形塔，为第12、16、18号塔，其余均为僧塔与道士塔。这些塔在1981、1999年先后经过加固维修，其中三座方形塔在1999年安装了铁栅栏门，其余安装了围栏。

第一节　莫高窟宕泉河东岸第12号塔

一、第12号塔概况

　　莫高窟第12号塔位于宕泉河东岸，与第13、14、15号塔毗邻。

　　第12号塔为土坯砌成，由台基、塔身、塔刹组成。台基方形，塔身外观

1　〔法〕伯希和著：《伯希和敦煌石窟笔记》，耿昇、唐健宾译，甘肃人民出版社，1993，第190页。

图3-1-1　莫高窟宕泉河东岸第12号塔外观

为帐形，塔刹底部有逐渐内收的三层方
台，刹顶为宝珠。塔坐东朝西，正西面
开方形木门。塔通高约3.4、台基边长
3.55、塔身边长为2.95米；门高1.17、
宽0.77、厚0.76米。塔内平面方形，东
西进深1.76、南北宽1.63米，塔内地面
至顶高2.55米（图3-1-1、图3-1-2）。
海拔1337米，北纬40°02′306″，东经
94°48′546″。

　　奥登堡、石璋如、谢稚柳先生都
曾对此塔做过调查，有记录（见文后
附录）。

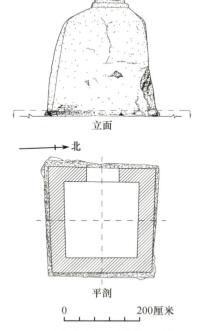

立面

北

平剖

0 　　　　200厘米

图3-1-2　莫高窟宕泉河东岸第12号塔立面、
平剖图
（郦伟堂原图、吕文旭清绘）

二、第12号塔内内容

塔内平面方形，覆斗顶，塔身自塔底向上呈微弧线内收，越往上越小，直至塔顶部的藻井。整体呈竖长覆斗形（图3-1-3）。

塔顶藻井中心绘莲花，莲外双线方框内是内饰花卉的三角形图案，最外层为垂幔（图3-1-4）。

塔内靠东壁起方形土坛，方坛正面用红色线绘出壸门样，坛高0.23米。坛上有塑像一身，头部已毁，头后东壁绘出圆形头光；结跏趺坐，着通肩袈裟，双臂向中间合拢，双手已残。像高0.91、肩宽0.48米。像身后左、右两侧绘二身侍从（供养人）画像，画面较模糊。像右（北）侧女像一身，身高约0.81米，着交领白衣，衣领可见黑色双线，腰系红色帛带，垂双带于腹前，双手捧物；像左（南）侧男像一身，身高约0.8米，头扎巾或戴冠（模糊），头、肩后垂带，着圆领、窄袖、侧开叉直衫，腰系红色帛带，垂

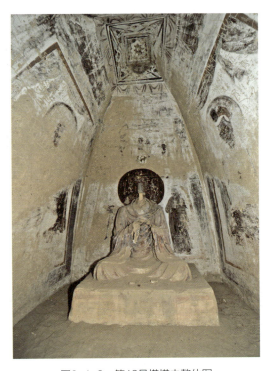

图3-1-3　第12号塔塔内整体图

图3-1-4　莫高窟第12号塔藻井

双带于腹前，左肩搭白色长巾，双手合十或捧物（图3-1-5）。

佛头光上部绘一组佛说法图，一坐佛二菩萨，居中佛具圆形头光、身光，隐约可见蓝色肉髻；佛左（南）侧站立一菩萨，面向佛，具圆形头光，戴冠，佩耳珰，双手合十，足下穿黑色鞋子；佛右（北）侧菩萨仅余局部黑色画面。这一组佛说法图画面模糊（图3-1-6）。

图3-1-5　莫高窟宕泉河东岸第12号塔塔内正壁塑像及供养人像

图3-1-6　莫高窟宕泉河东岸第12号塔塔内正壁塑像上方壁画

塔内北壁绘方形帐，帐顶帷幔下垂。帐内一菩萨，具圆形头光，菩萨高1.17米。菩萨左（东）侧绘一侍从，着黑色侧开叉裙，内着红色裤褶，上身剥落不清。底层有莲花图案，颜色已掉落（图3-1-7）。

塔内南壁绘方形帐，帐顶帷幔下垂。帐内一菩萨，高1.2米，具圆形头光，结跏趺坐，头戴宝冠。菩萨右（东）侧一侍从，头部不清，着绿色裙，腹前垂红色双带（图3-1-8）。

塔内东壁门上绘长方形框，内绘墨色图案，画面模糊，内容不清。方框高0.43米。上有游人刻画，其中北侧有游人题刻"光绪五年/瑞庭叩"（图3-1-9）。

图3-1-7　莫高窟宕泉河东岸第12号塔塔内北壁菩萨及侍从图

图3-1-8　莫高窟宕泉河东岸第12号塔塔内南壁菩萨及侍从图

图3-1-9　莫高窟宕泉河东岸第12号塔塔内东壁门上方

三、第12号塔的时代和性质

塔中的塑像头部已毁，但在奥登堡1914年的记录指出，塔中"坐一老僧双手合十，不见双脚，面部是相当老的，几乎像肖像画一样，十分模式化"，谢稚柳先生记："比丘一身，趺坐"，由此可知，这身塑像为高僧影塑像。塑像两侧的画像，一身捧物，另一身肩部挂巾，可以看出是侍从或者供养人像，也说明塑像是一身高僧像。绘塑结合，这与莫高窟第17、139等窟相似。莫高窟第17窟是高僧洪辩的影窟，窟内泥床上塑洪辩泥塑像，像内后背封藏洪辩骨灰。窟内北壁画双树，西侧树下绘一身近事女像，着圆领左、右开叉直衫，腰系带，打短结，左手执杖，右手持巾；东侧绘一身比丘尼像，双手持长柄凤鸟衔花团扇。莫高窟第139窟是河西都僧统阴海晏的影窟，北壁两侧绘一身近事女与一身比丘尼像，近事女梳双髻，着圆领双开叉直衫，腰系带，打短结，左手持巾，右手持净瓶；比丘尼右手执杖。因此，第12号塔是一处高僧影堂。

莫高窟有一批影窟，除了莫高窟第17、139窟之外，还有第137、174、357、364、443、476等窟，出现于中唐、归义军时期。关于这些影窟的性质和功用，张景峰在其《敦煌莫高窟的影窟及影像——由新发现的第476窟谈起》有详细的论证，认为"影窟是敦煌家庙窟的一种类型，其功用就是纪念和瞻仰，是敦煌世家大族家庙窟的特殊体现"[1]。

敦煌西千佛洞第2窟也为一高僧影堂窟。此窟为回鹘窟，窟形横拱顶，东壁北端开一券顶门。西壁画一树，斜枝上挂二葫芦，一钵袋，树下有一侍男、一侍女。东壁门北残存比丘一身，门南残存供养人四身。这一高僧影窟，西壁的禅定坐像是高僧坐化身，外涂泥，毁于20世纪50年代中期。据史岩《阳关探访记》记："南部第九窟（张大千编号第二洞）乃高仅一五八公分之小型窟，壁间绘优婆塞、优婆夷之供养列像，作风类元，里端设坛，所塑为披帽比丘像，结跏趺坐，高与人等，今失其首，胸膝诸部亦剥损，内显骨骼，髑髅虽失，颚骨犹存，髋髀悉露，当系坐化僧骸，外敷以泥，以存原真者。"[2]因此上，西千佛洞第2窟则是另一种影堂。

第12号塔内高僧左、右的两身侍从画像，腰部系带，系带下垂长及膝部，与莫高窟其他影窟侍从形象进行比较，显得系带较长，具有侍从与供养人的双重特征。从东壁绘出的两身高僧侍从供养像来看，原为高僧影堂。宕泉河东岸第12号塔是莫高窟唯一一座高僧影堂塔。关于塔的年代，笔者认为从壁画风格来说，约在西夏时期。

四、小结

第12号塔由土坯砌成，外观呈帐形，塔刹底部有三层平台，刹顶为宝珠。塔坐东朝西，西面开方形木门。塔内整体为竖长覆斗形，塔身自塔底呈微弧线向上内收。

塔内东壁存方形坛，坛上塑像一身，头部已毁，结跏趺坐，着通肩袈

1　张景峰：《敦煌莫高窟的影窟及影像——由新发现的第476窟谈起》，《敦煌学辑刊》2006年第3期，第107—115页。
2　史岩：《阳关探访记》，《史岩文集》，中国美术学院出版社，2007，第17页。

裟。像两侧各绘有侍从或供养人像一身。南、北壁帐内绘菩萨及侍从。

此塔东壁佛像上方绘一组佛说法图，较为模糊，从西壁上部的佛、菩萨以及两侧壁的壁画风格来看，塔应营建于西夏时期，又从塑像身边的侍从或供养人像以及伯希和等人的记载来看，塔应为高僧影堂。需要说明的是，塑像头后绘有褐色圆形头光，并且塑像双手置于胸前，未作禅定印，有类佛像，这与其他影堂塑像不同。这一问题，暂且存疑。

附录一　石璋如先生1942年的记录

塔一

方形，周壁较低，顶较高，愈上愈尖视之若金字塔然，其实它的外形，等于覆斗中坛窟的内模，代表着五代、宋等时代的建筑（见图版肆贰玖）。[1]

附录二　谢稚柳先生1942年的记录

塔三　西夏

去第二塔东北行一百八十九步。

塔门：高三尺八寸，广二尺八寸。

塔内：高七尺九寸，深四尺九寸，广四尺九寸，顶上藻井。

塑像：比丘一身，跌坐，高三尺一寸，原塑。

画记

南壁

佛一区，残毁。

西壁

1　石璋如：《莫高窟形》（一），历史语言研究所，1996，第625页。

比丘一身，斜倚，残毁。

北壁

佛一区，残毁。

塔顶

莲花　藻井

供养人像

塑像左男像一身，残毁。

塑像右女像一身，高二尺四寸。[1]

附录三　俄国人奥登堡1914年的记录

3号僧房：

A墙处有一四方形低佛坛，上坐一老僧双手合十，不见双脚，面部是相当老的，几乎像肖像画一样，十分模式化。近期被涂的不像样子，身体是浅玫瑰色，嘴唇为红色，白眼珠上黑色瞳仁，口微张，略见齿，手做得不好，可能是新做的。衣服为暗褐色，里面衣服为浅蓝色，红色衬里，颜色是新涂的。脑后墙上有一很大的暗红褐色圆光，身后墙上［两侧］各有一画像，只留下左边一画像的部分，作诵佛状（合十）……［主尊塑像］圆光之上有某莲花座佛残迹，两边各有一画像（弟子）。上方，一如左右面一样，为布帛皱褶（垂幔）图案。此画同样保存不好。

B、C墙曾有很大的莲花座的菩萨或者佛陀的画像，两边亦似曾各有一画像。现在只留下B墙左边和C墙右边的一些轮廓线条。在他们下［上］方框内（由红条和较宽的黑条画出）有布帛皱褶（垂幔）图案。

1　谢稚柳：《敦煌艺术叙录》，上海古籍出版社，1996，第420页。

D3同样，在这种画框中有壁画，但画像已看不清楚。

图案藻井，保存不好，最顶端有一莲花。

很像吐蕃洞窟。

刻字有汉文、吐蕃文和蒙古文的。[1]

第二节　莫高窟宕泉河东岸第16号塔

一、第16号塔概况

莫高窟第16号塔位于宕泉河东岸戈壁滩上，与第17、18号塔毗邻，在其东北向，隔一条浅沙沟与第12、13、14、15号塔相望。

塔用土坯砌成，由台基、塔身、塔刹组成，宝珠形刹顶已残损。塔坐东朝西，西偏南3°，海拔1345米，北纬40°02′257″，东经094°48′489″。塔通高约6.8米。

塔有方形台基。塔身外观呈帐形，平面方形，东西长6.48米，南北长6.23米。塔西向面开圆拱门，门高1.38、宽0.78、进深1.35米。奥登堡、石璋如、谢稚柳先生都曾对此塔做过调查（见文后附录）。

二、第16号塔塔内内容

塔内平面方形，穹隆顶，东壁长3.88、西壁长3.92、北壁长3.89、南壁长3.95米，地面至塔顶高5.25米。东壁正中开一方形小窗，宽0.71、高0.66、厚1.3米，内距地面1.58、距北壁1.64、距南壁1.5米（图3-2-1—图3-2-4）。

穹隆顶上整体绘一圆形伞盖，中心绘一八瓣莲花，莲花正中绘大日如来。大日如来头顶向东，结跏趺坐于莲座上，有身光、头光，头顶为高耸的

1　俄罗斯国立艾尔米塔什博物馆、上海古籍出版社：《俄藏敦煌艺术品（俄罗斯国立艾尔米塔什博物馆藏）》Ⅵ，上海古籍出版社，2005，第319、320页。

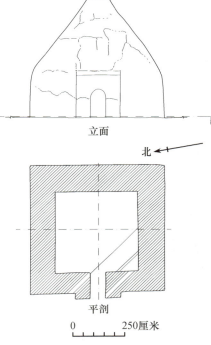

立面

北

平剖

0　　　　　250厘米

图3-2-1　莫高窟宕泉河东岸16号塔正面图

图3-2-2　莫高窟宕泉河东岸16号塔立面、平剖图
（郦伟堂原图、吕文旭清绘）

图3-2-3　1914年奥登堡考察队照片
（采自《俄藏敦煌艺术品（俄罗斯国立艾尔米塔什
博物馆藏）》Ⅲ，图版130）

图3-2-4　16号塔
（采自《莫高窟形》（三），图版429）

尖锥状发髻，双手结智拳印（大日如来颈部至腿部，有一黑色圆圈，推测当时原要绘一圆形莲心，或者是作为参考线）（图3-2-5）。莲花之外共有5层外圈，它们的图案由内向外依次是连珠纹、旋涡纹、连珠纹、飞龙戏珠、结网花瓣状几何纹图案。第4圈的飞龙共有八身，其中一身剥落，龙身下有火焰（图3-2-6）。第5圈的结网花瓣状几何纹，四角接网，中心为五圆圈组成的花朵，每组图案中间以两竖线相隔。圈外是垂幔，由天福之面口衔巾带，装饰花朵的倒三角，白色串珠等素材组成，其中的白色串珠每组内一大半圈内套两小半圈（图3-2-7）。

图3-2-5　莫高窟第16号塔华盖中心
大日如来及莲花

图3-2-6　莫高窟第16号塔华盖中飞龙

图3-2-7　莫高窟宕泉河东岸16号塔塔内穹隆顶华盖整体图

塔顶华盖下东、南、西、北方正中各绘一身佛，均结跏趺坐于莲花座上，有圆形头光、身光，头顶结尖锥状髻，着袒右半袖袈裟。东方阿閦佛，左手手心向上，置于脐前，右手手心向下，自然置于右膝之上，作触地印（图3-2-8）。南方宝生佛大部分被遮于雨水冲刷的泥浆之下，右手手印不清，但左手手印与东方阿閦佛相同，手心向上，置于脐前（图3-2-9）。西方无量寿佛，两手手心向上，叠置于脐前，作禅定印（图3-2-10）。北方不空成就佛，左手手心向上，置于脐前，右臂上曲，右手内弯，食指与中指前伸作期克印（图3-2-11）。四方佛所处的方位与其自然方位相合。穹隆顶四方佛补白处为折枝牡丹花卉图案。

穹隆顶下部四角内凹，绘四天王，其中塔西北角的天王头戴莲花冠，身着盔甲，右手托塔，可知为北方毗沙门天王。其余几身天王画面剥落严重，无法辨识，但从各自的方位判断其身份，应无大碍（图3-2-12）。

塔内北壁、东壁、南壁上部以垂幔严饰，垂幔由尖角、莲瓣、尖角、花朵等图案组合、装饰而成（图3-2-13）。

塔内北壁绘四身菩萨，各自立于莲花之上，半侧身向西，莲花之间以繁复的枝蔓相连（图3-2-14）。菩萨均有圆形头光，戴宝冠，圆形耳珰，佩宽手镯、臂钏，上着天衣，斜披络腋，肩披绿色帛带，下着长裙，腰系带，长及脚面。其中西起第一身菩萨，双手合十；第二身菩萨左手下垂，右手上举拇指与食指作拈花状；第三身菩萨左手于胸前上举，拇指与食指、中指相拈，右手于腹前掌心朝上，拇指与中指、无名指相拈，手势优美，动作娴雅；第四身菩萨双手合十。菩萨均高1.5、头光直径0.46米。

东壁（正壁）正中上部开方形小窗，小窗内顶部与北壁绘有土红色宝珠火焰图案（图3-2-15），底部与南壁表层脱落，无壁画。小窗左、右绘花树；小窗下部壁画剥落严重，仅见几处散存的土红色网格纹，其余内容不清。奥登堡的记录里有"窗上方有一画像残迹，估计是观自在，多手的，尚

图3-2-8　16号塔东披正中东方阿閦佛

图3-2-9　16号塔南披正中南方宝生佛

图3-2-10　16号塔西披正中西方无量寿佛

图3-2-11　16号塔北披正中北方不空成就佛

图3-2-12　莫高窟宕泉河东岸16号塔塔内西北角北方毗沙门天王

图3-2-13　莫高窟宕泉河东岸16号塔塔内四壁上部垂幔

图3-2-14　莫高窟宕泉河东岸16号塔塔内北壁四身菩萨图

图3-2-15　莫高窟宕泉河东岸16号塔塔内东壁小窗北侧图案

留有许多手的痕迹，左边一双手提瓶"[1]。根据这一记载，窗上方绘有一身千手千眼观音菩萨，但是窗子上方为东壁的垂幔，无其余画面，如果记录正确，最大的可能是观音菩萨绘在东壁小窗下方。

　　东壁南、北两侧各绘一身菩萨，北侧绘金刚萨埵菩萨，通高1.19米，南侧绘文殊菩萨，残高1.05米（图3-2-16）。金刚萨埵菩萨坐"工"字形金刚宝座，座高0.42米，宝座底层正面绘五具三脚台几，几上置物，为香、花、灯、涂及香山子（或供果）等供具。金刚萨埵菩萨具有圆形头光、身光，半跏趺坐，头戴三叶宝冠，冠正面正中有一圆圈，可能为化佛；戴耳珰、手镯；上身着贯钱纹为底、上有花朵图案的紧身衣，下着裙；右手执五股金刚杵，左手执五股金刚铃，铃口向下（图3-2-17）。南侧绘文殊菩萨，菩萨半跏趺坐，宝座已剥落不清，有圆形头光、身光，头戴三叶化佛宝冠；佩耳珰、手镯、臂钏；上身着菱形为底、上饰花朵纹的紧身衣，下着裙；右手搭于右膝上，手心向上外伸，左手执长茎浅蓝色莲花（图3-2-18）。

　　南壁绘四身菩萨，各自立于莲花之上，半侧身向西，莲花以繁复的枝蔓相连。菩萨均有圆形头光，戴宝冠，圆形耳珰，佩宽手镯、臂钏，斜披络腋，肩披绿色帛带，下着裙，系绿色腰带垂至脚面。其中西起第一身菩萨左手于胸前掌心向上，右手于胸前上举外翻；第二身菩萨双手合十；第三身菩萨右手下垂，左手不清（这身菩萨大部分被雨水冲刷的泥浆覆盖，画面模糊不清，表面存有后人以红色线条绘制的素描画一幅）；第四身菩萨双手合十（图3-2-19）。菩萨均高1.5、头光直径0.46米。

　　西壁正中开圆券形门，门上壁画剥落不存，门南绘普贤菩萨及侍从二身（其中一身仅存一条帛带），门北绘文殊菩萨及侍从两身。西壁上部西南角绘香碗，西北角绘放置于香云中的灯碗（图3-2-20）。

　　1　俄罗斯国立艾尔米塔什博物馆、上海古籍出版社：《俄藏敦煌艺术品（俄罗斯国立艾尔米塔什博物馆藏）》VI，上海古籍出版社，2005，第319页。

图3-2-16　莫高窟宕泉河东岸16号塔塔内东壁图

图3-2-17　莫高窟第16号塔东壁北侧
金刚萨埵像

图3-2-18　莫高窟第16号塔东壁南侧
文殊菩萨像

图3-2-19　莫高窟宕泉河东岸16号塔塔内南壁四身菩萨图

图3-2-20　莫高窟宕泉河东岸16号塔塔内西北角灯碗图

西壁门南绘普贤菩萨骑象及眷属像。普贤菩萨结跏趺坐于象背之莲座上，白象正面，普贤及象高1.68米。普贤有圆形头光、身光，头戴五佛宝冠，身着圆领衣，长袖外翻，双手执长茎莲花，莲上梵夹。宝冠圆桶状，由三层组成，每层冠侧都有步摇。普贤左侧一胁侍菩萨，面侧向普贤，跣足立于仰莲之上；有圆形头光，头戴宝冠，斜披络腋，帛带垂于身侧，下着裙，腰系带；左手于下方托方形盘，盘内花瓣，右手手指置于盘侧作拈取状。普贤菩萨右侧胁侍菩萨漫漶不清，仅余垂下的一侧帛带（图3-2-21）。胁侍菩萨高1米。

西壁门北绘文殊菩萨骑狮及眷属像。文殊菩萨结跏趺坐于狮背之莲座上，狮子为正面像，文殊及狮总高1.68米。文殊有圆形头光、身光，头戴五佛宝冠（宝冠也为圆桶状，由三层组成，每层冠侧都有步摇），身着圆领衣，长袖外翻（宝冠与宝衣均与普贤菩萨相同），双手持如意。文殊左侧菩萨下着裙，腰系长带，帛带下飘，其余漫漶不清。文殊右侧胁侍菩萨面侧向文殊，跣足立于仰莲之上；有圆形头光，头戴宝冠，斜披络腋，帛带垂于身侧，下着裙，腰系长带；双手托圆形盘，盘内盛放鲜花（图3-2-22）。胁侍菩萨高0.98米。

概括起来，第16号塔是土坯砌成的帐形塔，坐东朝西，西向面开圆券门，东壁正中上部开一方形小窗。塔内平面方形，有穹隆形顶。塔顶整体绘一圆形伞盖，中心绘一八瓣莲花，莲花正中大日如来，头顶向东，双手结智拳印，结跏趺坐于莲座上。华盖由各种纹饰组成，其中有一圈是龙戏珠图案，比较有特色。华盖外圈穹隆顶四方向正中绘四方佛，与华盖中心的大日如来正好组成金刚界五佛。穹隆顶下部四角内凹，绘四大天王。

塔身四壁绘壁画。东壁小窗南、北侧各绘一身菩萨，南侧为文殊菩萨，手执长茎莲花；北侧为金刚萨埵，左手执金刚铃，右手执金刚杵；小窗下方可能绘千手千眼观音菩萨。西壁门两侧绘文殊与普贤像，门北文殊骑狮，门南普贤

图3-2-21　第16号塔塔内西壁门南普贤骑象图　　图3-2-22　第16号塔塔内西壁门北文殊骑狮图

骑象。南、北壁各绘四身菩萨。

　　另外，西壁左、右上角还绘出了灯碗与香碗，根据密教的仪轨，另外两角应该分别放置花、涂。

　　从塔内壁画内容整体来看，此塔是一密教坛场，上部为五方佛，四角有四天王，并且放置有香碗、灯碗。香、花、灯、涂是密教坛场中常用的法器，一般放置于道场的四角，有的分别由一身菩萨执持。

附录一　石璋如先生1942年的记录

塔二

　　在第一塔之北（按：应为南），较大，塔顶中心为八瓣团花，围以两层串珠，在第二层串珠之内，则为旋转的线条，表示不断的在转动。此外，则绕以飞龙行云，亦在动中，其下为垂幔（见图版肆叁零）颇为别致。[1]

附录二　谢稚柳先生1942年的记录

塔二　宋、吐蕃

与第一塔并列，去第一塔北行七十步。

塔门：高四尺，深三尺三寸，广二尺二寸，半圆形，西向。

塔内：高一丈六尺六寸，深一丈二尺，广一丈一尺六寸，圆顶。

画记

东壁

跌坐佛二区。

南壁

菩萨四区，高四尺四寸。

西壁

跌坐佛二区，旁供养菩萨各一区。

北壁

菩萨四区，高四尺八寸。

塔顶

跌坐佛四区，旁雕花　顶四周

莲花游龙　藻井。[2]

1　石璋如：《莫高窟形》（一），历史语言研究所，1996，第625页。

2　谢稚柳：《敦煌艺术叙录》，上海古籍出版社，1996，第419、420页。

附录三　俄国人奥登堡1914年的记录

2号僧房

严重毁坏，接近于吐蕃风格，圆顶，拱［形］甬道。

现已很难说清A处中间曾有什么，是否有过塑像，因这里开了一个窗子，窗内墙上有佛珠。窗上方有一画像残迹，估计是观自在，多手的，尚留有许多手的痕迹，左边一只手提瓶。窗右也有一莲华座的金刚萨埵，执金刚杵、犍稚。左边似乎是游戏座的文殊，结与愿印，持蓝色莲花，戴佛冠。

B、C墙各有四立姿菩萨（很像11窟的），他们之间有莲茎莲花。

在A、B、C、上方有很粗劣的"上端图案"。

D1为普贤，乘象（不见象），五佛冠，右手有莲花、书。左右各有一画像，持贡品，左边的被擦掉。

D2为文殊，骑狮，很像92窟前室右边的……同样两边有画像。

D3和D1、D2上端只有抹的泥。

斗拱［窟顶四角］有四天王，只第二个可以看得清楚（42/31），他右手抬起托一塔。

δ、β、γ、δ四披各一莲花座佛，结各种印契，涂抹严重。他们之间有许多花卉。上方为布帛皱褶［垂幔］图案，接着有些图案条（有圆珠）。上方为莲花团花。

屏风画红色吐鲁番式的"砌砖"。

完全像吐蕃风格。[1]

1　俄罗斯国立艾尔米塔什博物馆、上海古籍出版社：《俄藏敦煌艺术品（俄罗斯国立艾尔米塔什博物馆藏）》Ⅵ，上海古籍出版社，2005，第319页。

第三节　莫高窟宕泉河东岸第17号塔

莫高窟宕泉河东岸共有三座方形塔，第17号塔是其中最南端的一座。关于这座塔，1914年，俄国人奥登堡做过记录[1]，另有石璋如[2]、谢稚柳[3]、赖鹏举[4]先生也有介绍，奥登堡认为壁画有吐蕃风格，谢稚柳先生将其定为宋、吐蕃时期，赖鹏举将其年代定在五代，其余未见有相关论文。以上诸位先生只是对土塔做了初步简单的记录，其观点也存在一定的问题，如对塔内佛的定名以及塔的年代等。

一、第17号塔概况

第17号塔由土坯砌成，有塔基、塔身、塔刹三部分，总高约5.5米。塔坐南朝北，北偏东9°。海拔1342米，北纬40°02′232″，东经94°48′482″。北向开圆拱门，门高1.9、宽0.83、进深0.76米，门前有台阶4级。

塔基方形，边长3.61、高0.71米。

塔身外部呈方形，高3.4米，下大上小，向上渐收，上部叠涩外伸形成方形塔檐。刹顶在后期维修中修成宝珠形（图3-3-1—图3-3-3）。

图3-3-1　莫高窟宕泉河东岸第17号塔正面图

1　俄罗斯国立艾尔米塔什博物馆、上海古籍出版社：《俄藏敦煌艺术品（俄罗斯国立艾尔米塔什博物馆藏）》Ⅵ，上海古籍出版社，2005，第319页。

2　石璋如：《莫高窟形》（一），历史语言研究所，1996，第625页。

3　谢稚柳：《敦煌艺术叙录》，上海古籍出版社，1996，第419页。

4　赖鹏举：《敦煌石窟造像思想研究》，文物出版社，2009，第283、284页。

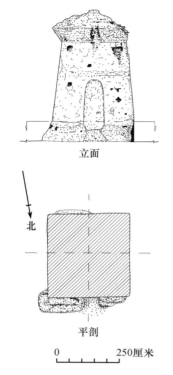

立面

北

平剖

0   250厘米

图3-3-2 莫高窟宕泉河东岸
第17号塔立面、平剖图

图3-3-3 1914年俄国人奥登堡考察队拍摄的第17号塔
（采自《俄藏敦煌艺术品（俄罗斯国立艾尔米塔什博物馆藏）》
Ⅲ，图版129）

二、第17号塔塔内内容

塔内平面方形，顶为穹隆顶。东、南、西三面设倒"凹"字形双层佛坛，上层略收，正面（南面）已毁（图3-3-4）。坛侧面有壸门，坛上塑像尽毁。塔内南北长1.68、东西长1.79、塔身高2.22、地面至塔顶高3.83米。

穹隆顶上绘一圆形华盖，华盖由八重圆圈组成，正中心圈内为十字交杵，第二重内为十瓣卷瓣莲花，再依次为连珠纹、方形几何纹、团花纹、回字形几何纹、花蔓纹、连珠纹，最外是垂幔。垂幔由三朵倒串的花朵以及巾带组成，二者都挂于装饰花朵的倒三角上，末端缀坠饰（图3-3-5）。

图3-3-4　第17号塔塔内双层佛坛

图3-3-5　莫高窟宕泉河东岸第17号塔塔内穹隆顶图

塔四披东、南、西、北四方正中绘四方佛，均作一佛二菩萨式。佛居中结跏趺坐于莲花座上，身后菩提宝盖；具有圆形头光与身光，头光以蝙蝠纹装饰，身光以外向尖角与莲瓣装饰；身着通肩袈裟，双手作说法印。佛两侧各一身菩萨，半跏趺坐于莲座上，有圆形头光、身光，头光以外向尖角及莲瓣装饰，身光以莲瓣纹装饰；身后有树；头戴宝冠，佩耳珰、项圈、臂钏、手镯，身着"U"形天衣。菩萨有的双手合十，有的一手持花，有的作手印。说法图前有天宫栏墙，说法图后方左右两侧有远山及树木（图3-3-6）。

塔四角各绘一宝珠，珠上火焰，以双层仰覆莲为座，莲座两侧束以飘带，呈"S"形上扬（图3-3-7）。

塔内南壁（正壁）绘一佛二菩萨，二赴会佛。佛具有舟形头光及方形身光，头光顶部是天福之面口衔两条绶带，绶带以卷草纹装饰，分披于头光两侧；发髻高束于头顶呈尖状，着袒右袈裟，双手于腹前结禅定印，左右手腕戴白色手环，右臂饰以白色臂带。佛结跏趺坐于"工"字形金刚莲花宝座上。宝座上、下内收三层，上层侧面最外层为红底镂雕连续花卉图案，收层侧面绿底上绘三点式花瓣，四角挂飘带；束腰处有壶门，内绘三珠火焰纹；下层收层侧面为红底镂雕连续花卉图案；宝座下为覆莲瓣。佛左右两侧上部各一身乘云而来的赴会佛。

佛左、右各一身菩萨，立姿，跣足站于莲花上。菩萨有圆形头光，头戴五叶宝冠，冠侧宝缯下飘，戴耳珰、项链、白色宽带臂钏；斜披络腋，下系长裙。佛左侧菩萨右手下垂，左手屈于胸前；右侧菩萨脸部残损，右手下垂拿净瓶，左手搭于左胸。

主尊高1.06、座高0.38、座宽1.23米；主尊左侧菩萨高0.77、右侧菩萨高0.76米（图3-3-8）。

从佛结禅定印来看，南壁主尊应是西方无量寿佛（阿弥陀佛），两侧的菩萨一身提净瓶，为观世音菩萨，另一身应为大势至菩萨，构成西方三

图3-3-6　莫高窟宕泉河东岸第17号塔塔内穹隆顶说法图（东壁上部）

图3-3-7　莫高窟宕泉河东岸第17号塔塔内东北角火焰宝珠图

图3-3-8　莫高窟宕泉河东岸第17号塔塔内南壁西方无量寿佛及二菩萨

圣——阿弥陀三尊像。

东壁绘一佛二菩萨。佛结跏趺坐，有舟形头光及方形身光，头光顶部有双天福之面，福面各衔一条绶带，分披于头光两侧；发髻高束于头顶呈尖状，发尖顶端饰以宝珠；双手结智拳印，手臂及手腕处佩戴白色环带；斜披络腋，络腋一端下垂，另一端搭于肩侧后收于络腋下，下着裙。从佛的手印来看，此尊为大日如来。

佛座为"工"字形金刚莲花宝座。宝座上、下内收三层，上层侧面饰以宝石镶嵌的菱形纹，四角挂飘带；束腰处有壶门，内绘三珠火焰纹；宝座下是17个低矮带棱红色座脚。

佛左、右两侧各一身菩萨。菩萨均具圆形头光，头戴三叶宝冠，冠侧宝缯下飘，颈带红色串珠项链，斜披络腋，臂挂帛带，下着裙，跣足立于莲花上。佛左侧菩萨右手上举持莲蕾，左手下垂；右侧菩萨右手下垂，左手上举至肩，手心向下，半握拳状。

主尊高1.05、座高0.37、座宽1.25米；左侧菩萨高0.9、右侧菩萨高0.84米（图3-3-9）。

西壁绘一佛二菩萨。佛有方形身光及舟形头光，头光顶部是天福之面口衔两条绶带，绶带以卷草纹装饰，分披于头光两侧；发髻高束于头顶呈尖角状，顶有珠；左右手腕处各饰两白色宽带手镯；斜披络腋，下着裙；左手于胸前向下拿黑红色宝珠，右手于胸前手心向上。佛结跏趺坐于"工"字形金刚莲花宝座上。宝座上、下内收三层，束腰处有壸门，内绘三珠火焰纹。

二菩萨均具圆形头光，头戴五叶宝冠，冠顶饰珠，冠侧宝缯下飘，斜披络腋，下着裙。左侧菩萨左臂上举，食指上指，右手下垂于腿侧。右侧菩萨左臂上举，食指上指，右手处被雨水冲刷，手印不清。

佛、菩萨头顶上部空白处饰以大花枝。从佛手持宝珠来看，此尊为南方宝生佛。

主尊佛高1.01米，座高0.35、座宽1.06米，左侧菩萨高0.8米，右侧菩萨高0.75米（图3-3-10）。

图3-3-9　莫高窟宕泉河东岸第17号塔塔内东壁大日如来及二菩萨

图3-3-10 莫高窟宕泉河东岸第17号塔塔内西壁南方宝生佛及二菩萨

图3-3-11 莫高窟宕泉河东岸第17号塔
塔内北壁图

北壁门上存一方土红色底发愿文框，长0.66、高0.36米。题记不清，有游人题刻，其中有一则"大清/乾隆五/十五年/薛如松叩"，另有一则"光绪伍年/石癸阳叩/月/廿二日/石法阳上香叩"。

门南、门北各绘一高大花树，一朵大花在枝杆顶端，其余花叶均依节对称绘出，在枝杆左、右对称各绘花两朵，其中两朵半开、两朵全开，半开花蕾花枝较长，向上交叉后分开两侧。这种花卉为蜀葵，又名一丈红，敦煌西夏洞窟中常见，如莫高窟第326窟西壁。环门框绘团花纹饰（图3-3-11）。

塔内共绘有男女供养人像19身，均绘于塔壁下层，东壁六身，西壁五身，北壁门东、西各四身。每一身供养人的右上方或左上方都有红底榜题框，但字迹已不清楚，无法识读。供养人高31—39厘米。

东壁下层绘男供养人六身，有红色榜题。第一身为僧人，双手合十，身后五身男供养人，均双手合十，着圆领窄袖袍服，腰系布带，其中第二身与第五身着绿色衣，其余为红色。最后一身身材矮小，应是家族中的孩童（图3-3-12）。西壁下层绘男供养人像五身，双手合十，着圆领窄袖袍服，腰系布带，第一身与第五身着绿色衣，足下黑靴，第二身着黑色衣，其余二身着红色衣（图3-3-13）。东壁与西壁的供养人均南向面。北壁门西下层绘男供养人四身，衣饰同前，第一身黑色，第二、三身红色，第四身绿色，均双手合十，西向面（图3-3-14）。

北壁门东下层绘女供养人四身，东向面，头部模糊，梳高髻，两侧对称戴呈八字形饰品（莲蕾珠冠）；戴大圆耳环，耳环下又缀圆形坠饰；外着用圆点排列而成的波点纹、团花纹袍服，圆领、窄袖、侧开襟、腰系带，内系

图3-3-12　第17号塔塔内东壁下层男供养人像列

图3-3-13　第17号塔塔内西壁下层男供养人像列

图3-3-14　第17号塔塔内北壁门西男供养人像列

图3-3-15　第17号塔塔内北壁门东女供养人像列

百褶裙，具有少数民族的服饰特色。第一身双手合十捧花供养，着黄红色衣服，上有深红色点组成的团花图案，下着裙，裙上有点状纹饰；第二身双手合十，着黑色衣，上有横竖排列红色点状纹，下着裙，裙上有点状纹饰；第三身双手合十，着土红色衣，上有深红色点组成的团花纹，下着裙，裙上有点状纹饰；第四身双手合十，着黑色衣，上有点状纹，下着裙，裙上有点状纹饰（图3-3-15）。供养人均高约0.31米。

东、西壁供养人面向南，北壁门东、西供养人分别向东、向西，从朝向来看，总体上说是分左、右环形列队朝向南壁方向，即正壁方向。

此塔东西两壁上部与穹隆顶相接处各有两个方洞，推测原有横梁，用于悬挂大钟，因而可能也曾作为钟楼使用。写于五代后期的敦煌地志S.5448号《敦煌录》记宕泉有古寺、僧舍，也有洪钟："其东即三危山，西即鸣沙山，中有自南流水名之宕泉，古寺僧舍绝多，亦有洪钟。"钟是古寺不可缺少的存在。

第17号塔塔内曾出土过两部西夏文佛经。1959年3月，敦煌文物研究所的工作人员窦占彪先生在维修第17号塔时，发现了两件西夏文佛经，一是《金刚般若波罗密多经》，另一件图解本《妙法莲花经·观世音菩萨普贤门品》，前者仅存10页，较残，后者则保存完整，现藏于敦煌研究院。刘玉权先生曾对图解本《妙法莲花经·观世音菩萨普贤门品》做过研究[1]，陈炳应先生也曾对此经作过译释，并有附图[2]。

莫高窟第17号塔前人曾做过一些简单的记录，在此移录如下。

附录一 石璋如先生1942年的记录

塔三

塔三在第二塔之东北（按：应在西南），较小，塔顶中心十字杵形，围以卷瓣莲花，然后围以六层花环。由内而外，串珠、回纹、花朵、回纹、蔓草、串珠，以下垂幔（见图版肆叁壹），图案十分工整。[3]

附录二 谢稚柳先生1942年的记录

塔一 宋、吐蕃

宕渠之东与千佛洞相对，塔方形，上渐尖。

塔门：高五尺五寸，深二尺二寸，广二尺二寸，北同。

塔内：高一丈二尺，深五尺三寸，广五尺八寸，圆顶。

塑像：尚存佛台残基。

画记

东壁

---

1 刘玉权：《本所藏图解本〈观音经〉版画初探》，《敦煌研究》1985年第3期，第41—48页。
2 陈炳应：《图解本西夏文〈观音经〉译释》，《敦煌研究》1985年第3期，第49—58页。
3 石璋如：《莫高窟形》（一），历史语言研究所，1996，第625页。

蕃画佛一铺。

四方佛一铺，四角画莲花宝珠　壁上。

南壁

蕃画佛一铺。

四方佛一铺，四角画莲花宝珠　壁上。

西壁

蕃画佛一铺。

四方佛一铺，四角画莲花宝珠　壁上。

北壁

四方佛一铺，四角画莲花宝珠　壁上。

塔顶

莲花　藻井。[1]

附录三　俄国人奥登堡1914年的记录

1号僧房

下边是吐蕃风格，上边是黑绿色圆顶。

有两层佛坛，一般型，［浮塑壸门，内］有佛珠，壁画保留甚少。

A墙：莲华座佛，结禅印，吐蕃式佛案［座］，左右各有一立姿菩萨，上方云端各有一佛。

B墙：莲华座佛，一特别的印契，同样有两菩萨，但上方有空中散花。

C墙：莲华座佛，转法轮印，但左手捧某种褐色球，两菩萨，空中散花。

D1、D2各有一很大的连茎莲花。D3，一红色题板，上面现只

1　谢稚柳：《敦煌艺术叙录》，上海古籍出版社，1996，第419页。

有些汉文刻字。

D1、D2、B、C直至佛坛处皆有屏风画［供养人］，有的着红衣，有的着绿衣，很像明代的，严重被擦。

B墙有［四壁与顶相交处，四面各绘一同心圆］莲花佛珠，其间各有一莲华座佛，两个坐姿菩萨，为黑绿色类型，底下有石头［图案］，如在"宝池"中。

上有上端［垂幔］图案，然后在圆顶上有几条图案，最顶端是莲花团花，里面有毘首金刚杵。

拱［形］甬道，内［门口内沿］有图案环绕，花卉（半团花）为褐色的和绿色的。其色调很像回鹘窟佛龛中的花卉的。[1]

第四节　莫高窟宕泉河河岸喇嘛塔（第1、2、3、5、6、7、8、9、10、13、14、15、18、19号塔）

莫高窟宕泉河两岸现存露天喇嘛塔共有15座，除了第1号土塔建于宕泉河西岸之外，其余都星罗分布在宕泉河东岸，与石窟隔河相望。这些土塔塔形基本为十字折角覆钵式塔（第11号塔除外），塔基为十字折角形，塔身为覆钵形，塔身上方的平头也为十字折角。随着藏传佛教的传入，覆钵式塔也传入了汉地。覆钵式塔又称为藏式塔、喇嘛塔，从印度、尼泊尔传入藏地，后在西夏晚期、元代流行，是一种比较早的印度塔式。宿白先生在其《西夏佛塔的类型》中曾论及此类土塔，将其据塔身形状分为四型，即覆钟式、高桶状、球状、扁圆状，并认为莫高窟宕泉河东岸的塔多为覆钟式与高桶状，基座高耸，属于元代晚期[2]。

1　俄罗斯国立艾尔米塔什博物馆、上海古籍出版社：《俄藏敦煌艺术品（俄罗斯国立艾尔米塔什博物馆藏）》Ⅵ，上海古籍出版社，2005，第319页。

2　宿白：《西夏佛塔的类型》，《中国古代建筑·西夏佛塔》，文物出版社，1995，第1—15页。

一、第1号塔

第1号土塔，位于宕泉河西岸台地上，是窟前台地上保存下来的唯一一座土塔。海拔1314米，北纬40°02′458″，东经94°48′4″（图3-4-1、图3-4-2）。1908年伯希和带领的法国远东考察团、1914年俄国奥登堡带领的中亚考察团都曾拍摄过此塔（图3-4-3、图3-4-4）。

从现状来说，塔总高约10.9米。由土坯砌成，有台基、塔基、覆钵、塔刹四部分。方形台基，高14、宽5.55米。塔基由三层束腰（共7层）十字折角组成，四面二十八角，隔层内收，最下层直径约4.7米。塔身为覆钵形，高约3、下部直径约3.7、上部直径约2.6米，覆钵体下部为一圈圆珠，上为仰覆莲，上部开圆拱形小龛（小龛正西方向），塔体上有两圈环带、五圈连珠纹（两环带上、下各一圈，仰莲上一圈）以及上部的仰月和太阳装饰，另外还有兽面（据原迹仅塑出轮廓）。塔刹底部为十字折角平头，刹有13层相轮，相轮上方伞盖，伞盖之上有3颗宝珠上下相连（此刹顶伞盖及以上部分为后期加固重修时补加，旧照片可见刹心木柱裸露在外，刹顶原状不明）（见图3-4-2）。

二、第2、3、5号塔

莫高窟第2、3、5号土塔位于宕泉河东岸台地上，在现接待部南边，此处现存6座土塔，分别是莫高窟第2、3、5、6、7、8号土塔，其中第2、3、5号塔原在接待部西侧，因加宽修建河道，于2002年8月10—31日整体移至此处（图3-4-5）。在伯希和、奥登堡考察队、罗寄梅、李约瑟等人以及敦煌文物研究所1958年拍摄的照片中，可以看出，这一区段原有7座塔，一座塔已塌毁。第6、7、8号比较集中，原来并排有4座塔，第7、8号塔之间在奥登堡拍摄照片时还有一座塔，也是4座塔中最高的一座，但在李约瑟拍摄照片时已塌

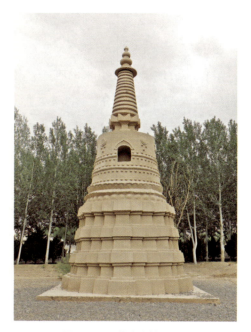

图3-4-1　莫高窟第1号塔

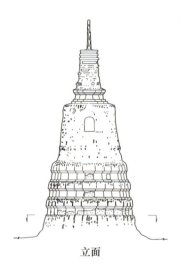

立面

图3-4-3　伯希和1908年拍摄莫高窟元代第1号塔
（采自《伯希和图录》Ⅵ，图版355）

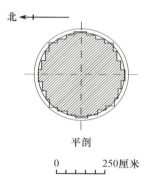

平剖

0 　　　　250厘米

图3-4-2　莫高窟第1号塔立面、平剖图

图3-4-4　1914年俄国奥登堡考察队拍摄的第1号土塔照片

［采自《俄藏敦煌艺术品（俄罗斯国立艾尔米塔什博物馆藏）》Ⅲ，图版128 ］

图3-4-5　莫高窟第2、3、5、6、7、8号塔分布图

图3-4-6　1914年俄国人奥登堡考察队拍摄的河东岸北侧塔林［采自《俄藏敦煌艺术品（俄罗斯国立
艾尔米塔什博物馆藏）》Ⅲ，南区北段、宕泉河东岸塔婆、北区窟群，图版122］

图3-4-7　1914年俄国人奥登堡考察队拍摄的河东岸北侧塔林［采自《俄藏敦煌艺术品（俄罗斯国立
艾尔米塔什博物馆藏）》Ⅲ，图版670］

图3-4-8　1943—1944年罗寄梅拍摄的照片（采自Visualizing Dunhuang: The Lo Archive Photographs of the Mogao and Yulin Caves，第1卷，莫高窟前的佛塔，第92页）

图3-4-9　1943年李约瑟拍摄的河东岸北边塔林（第6、7、8号塔）
（采自旧影：《李约瑟的中国摄影集》—敦煌，1943）

图3-4-10   1958年敦煌文物研究所拍摄的莫高窟北侧塔林

毁，现余3座塔基本连成一线，和现状一致（图3-4-6—图3-4-10）。这些土塔外观本来相似，这三座塔又进行了搬迁，搬迁后对塔进行了修复，外观有所变化，这给土塔的复位判断带来了困难。在此我们根据旧照片、修复后塔的外观，进行土塔塔号判别，然后再一一对2、3、5号塔进行简述。

第2号塔现搬迁至这片塔区的东南角，靠近路边转角处。海拔1322米，北纬40°02′418″，东经94°48′519″。塔高约5米。塔基三层束腰（共7层）十字折角，四面二十角，高约2、最宽处约1.9米；塔身为覆钟形，高0.63米；刹底为直字折角平头，上有7层相轮及伞盖，再上为宝瓶（相轮以上为后修时所加）（图3-4-11、图3-4-12）。

莫高窟第3号塔搬迁至2号塔的西北侧，海拔1322米，北纬40°02′434″，东经94°48′509″。塔总高约3.5米。塔基三层束腰（共7层）十字折角，四面二十角，向上渐收，最底层宽1.95、高1.2米；塔身为覆钟形，高约0.8米，下层有一圈圆钉，塔身上有两圈环带；平头为十字折角，相轮7层，上有伞盖、宝珠（伞盖之上后加）（图3-4-13、图3-4-14）。

图3-4-11　莫高窟第2号塔

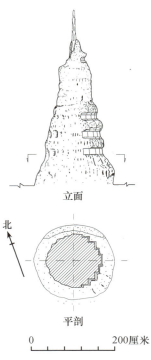

立面

北

平剖

0　　　　　　　　200厘米

图3-4-12　莫高窟第2号塔立面、平剖图
（郦伟堂原图、吕文旭清绘）

立面

北

平剖

0　　　　　　200厘米

图3-4-13　莫高窟第3号塔立面、平剖图
（郦伟堂原图、吕文旭清绘）

图3-4-14　莫高窟第3号塔（从南向北）

图3-4-15　莫高窟元代第5号塔（从东北向西南）

立面

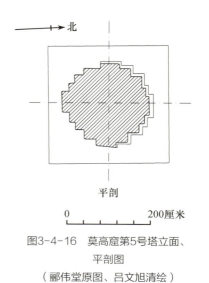

平剖

0　　　　　　　200厘米

图3-4-16　莫高窟第5号塔立面、
平剖图
（郦伟堂原图、吕文旭清绘）

莫高窟第5号塔现搬迁至3号塔北侧。海拔1322米，北纬40°02′440″，东经94°48′512″。由台基、塔基、覆钵、塔刹组成。台基为正方形。台基以上塔总高约4米。塔基三层束腰（共6层）十字折角，四面二十角，向上渐收，高1.45米，最底部宽2.25米，底层有白灰以及土红色颜料。塔身略呈扁圆形，高约0.88米，下部有一匝圆珠，圆珠上为两层折棱。扁圆形覆钵上为十字折角平头，7层相轮，伞盖、葫芦形刹顶（相轮及以上后修）（图3-4-15、图3-4-16）。

三、第6、7、8号塔

莫高窟第6、7、8号塔基本呈南北向一字排列，自北向南依次编号（图3-4-17）。

莫高窟第6号塔，此塔与第7号塔相连，在这片塔林的最北端。由台基（基坛）、塔基、覆钵、塔刹组成。海拔1322米，北纬40°02′451″，东经94°48′518″。塔基以上总高4.7米。塔基两层束腰（共5层）十字折角，四面二十角，高1.05米。塔身为覆钟形，高约1米，最下部一匝圆珠，圆珠之上折棱两道，覆钟中下部有1圈凸起的圆棱。塔刹底层为十字折角式平头，上为13层相轮，再上伞盖、葫芦形刹顶（平头之上重修）（图3-4-18—图3-4-20）。

莫高窟第7号塔，与第8塔毗邻。海拔1322米，北纬40°02′451″，东经94°48′518″。不计台基，塔总高约4.6米。塔基三层束腰（共7层）十字折角，四面二十角，高1.47米。塔身覆钟形，下部为一匝圆钉，圆钉之上为仰覆莲瓣，再上为一圈棱状圆环，塔身高1.1米。塔刹下部为十字折角平头，再上为13层相轮、伞盖、葫芦形刹顶（相轮及以上为后修）（图3-4-21、图3-4-22）。

莫高窟第8号塔与前第6、7号塔基本在一条线上，位于最南边，与前二塔比较而言，距离第7号塔稍远，未相连。海拔1322米，北纬40°02′444″，东经94°48′519″。由台基、塔基、覆钵、塔刹组成。塔底起方形台基。塔基以上总高4.3米。塔基三层束腰（共7层）十字折角，四面二十角，向上渐收，高1.12米，底层宽1.7米；塔身覆钟形，高1.1米；下部有一圈圆珠，圆珠之上有折棱两道，上绘深红色仰覆莲瓣；塔身绕塔有一圈凸起的圆棱，圆棱与折棱之间用深红色线条绘卷草纹；圆环之上绘黑色兽面、红日、串珠图案。刹底有十字折角平头，相轮7层，伞盖、仰月（相轮及以上后修）。塔

图3-4-17　莫高窟第6、7、8号塔（从右至左排列）位置图

图3-4-18　莫高窟第6号塔（右侧）、7号塔（左侧）

图3-4-19 莫高窟第6号塔

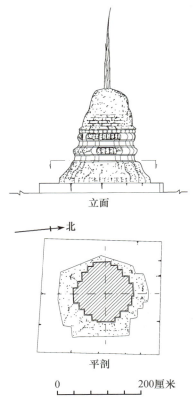

立面

北

平剖

0　　　　　　　　200厘米

图3-4-20 莫高窟第6号塔立面、平剖图
（郦伟堂原图、吕文旭清绘）

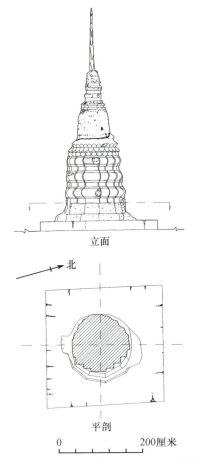

立面

北

平剖

0　　　　　　　　200厘米

图3-4-21 莫高窟第7号塔立面、平剖图
（郦伟堂原图、吕文旭清绘）

图3-4-22 莫高窟第7号塔

图3-4-23　莫高窟第8号塔整体与塔身彩绘图案

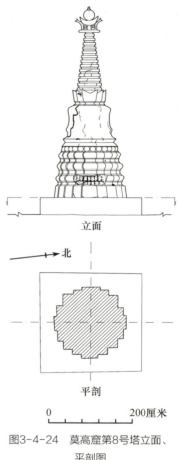

立面

北

平剖

0　　　　　　　　200厘米

图3-4-24　莫高窟第8号塔立面、
平剖图
（郦伟堂原图、吕文旭清绘）

身表面彩绘有莲瓣纹、卷草纹、串珠纹等纹饰，是保存下来的为数不多的有彩绘的僧人灰身塔（图3-4-23、图3-4-24）。

四、第9、10号塔

莫高窟第9—19号塔均位于宕泉河东岸，道路南侧。1908年伯希和考察团、1914年奥登堡考察队、罗寄梅、李约瑟都曾经拍摄过莫高窟的外景照片，基本上包括宕泉河东岸的这片塔林（图3-4-25—图3-4-27）。

第9号塔近陈列中心南侧，属于这一片塔林中最北侧的塔。从奥登堡的照片可知，此塔旁边还有一座塔，现已塌毁。第9号塔，起方形台基，海拔1342米，北纬40°02′347″，东经94°48′507″。塔台基之上总高4.5米。塔基三层束腰（共6层）十字折角，四面二十角，高1.4米，向上渐收，底层最宽1.85米；塔身桶形，高1.15米，下有一圈圆珠，圆珠上为二圈折棱，再上有一圈凸起的圆圈；刹底十字折角，上有相轮9层及伞盖、三宝珠（相轮及以上为后修）（图3-4-28、图3-4-29）。

图3-4-25　莫高窟宕泉河东岸道路南侧塔林分布图
（由北向南拍摄，分别是第9—18号塔，张一萌拍摄于2022年9月）

图3-4-26 1908年伯希和考察团拍摄宕泉河两岸外景
（采自《伯希和图录》Ⅰ，图版4）

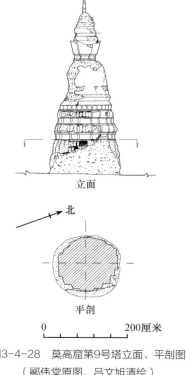

立面

北

平剖

0   200厘米

图3-4-28 莫高窟第9号塔立面、平剖图
（郦伟堂原图、吕文旭清绘）

图3-4-27 1914年俄国人奥登堡考察队拍摄的河东岸
南侧塔林
［采自《俄藏敦煌艺术品（俄罗斯国立艾尔米塔什博物
馆藏）》Ⅲ，图版668］

　　莫高窟第10号塔。此塔与清代喇嘛塔毗邻，起方形台基，海拔1343米，北纬40°02′347″，东经94°48′508″。塔高约3.6米。塔基三层束腰（共6层）十字折角，四面二十角，高1.06米，向上渐收，塔基底宽1.7米；塔身高桶形，高1.07米，下有一圈圆珠，绕塔有两圈折棱（绘仰覆莲处）、一圈圆棱；平头处十字折角，7层相轮，上有伞盖、葫芦形塔刹（平头及以上后修）（图3-4-30、图3-4-31）。

图3-4-29　莫高窟第9号塔

图3-4-30　莫高窟第10号塔

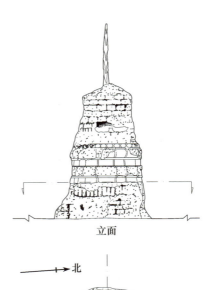

立面

北

平剖

0　　　　　　　　200厘米

图3-4-31　莫高窟第10号塔立面、平剖图
（郦伟堂原图、吕文旭清绘）

五、第13、14、15号塔

莫高窟第13、14、15号塔。此3座僧人墓塔与第12号塔毗邻（图3-4-32、图3-4-33）。

图3-4-32　第12（中间方塔）、13（右1）、14（左1）、15（左2）号塔
（自北向南拍摄）位置关系图

图3-4-33　1914年俄国奥登堡考察队拍摄的第12、
13、14、15号塔［采自《俄藏敦煌艺术品（俄罗斯
国立艾尔米塔什博物馆藏）》Ⅲ，图版131］

第13号塔，在第12号塔的西南方向，海拔1338米，北纬40°02′300″，东经94°48′546″。第13号塔底起方形台基。塔高约6米。塔基为四层束腰（共8层）十字折角，每层四面二十角，高约2米，向上渐收，最下层边长2.7米；塔身覆钟形，高2米，下部为一匝圆珠，圆珠上为一圈仰覆莲瓣，再上有一圈凸起的圆圈；塔刹底部为十字折角平头，上有11层相轮、伞盖、葫芦形刹顶（平头及以上为后修）（图3-4-34、图3-4-35）。

莫高窟第14、15号塔，位于第13号塔东南侧，南北向并排而立，第14号塔在北，第15号塔在南（图3-4-36）。

第14号塔，下起方形台基，海拔1339米，北纬40°02′295″，东经94°48′561″。塔高约6.5米。塔基四层束腰（共8层）十字折角，每层四面二十

图3-4-34　莫高窟第13号塔

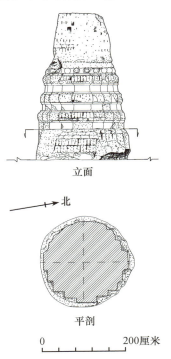

立面

北

平剖

0　　　　　　　200厘米

图3-4-35　莫高窟第13号塔立面、平剖图

（郦伟堂原图、吕文旭清绘）

图3-4-36　莫高窟第14（左）、15号塔（右）

角，高2.12米，底层边长2.55米；塔身覆钟形，高1.7米，下部为一匝圆珠，圆珠上为一圈仰覆莲瓣，再上有一圈凸起的圆圈；塔刹底部为十字折角平头，上有11层相轮、伞盖、葫芦形刹顶（伞盖及以上后修）。

　　第15号土塔与第14号结构相同，略低，下起方形台基，海拔1339米，北纬40°02′295″，东经94°48′561″。塔高约6.2米。塔基四层束腰（共8层）十字折角，每层四面二十角，高2.03米，底层边长2.55米；塔身覆钟形，高1.79米，下部为一匝圆珠，圆珠上为仰覆莲瓣，仰覆莲高约0.4米，再上有一圈凸起的圆圈；塔刹底部为十字折角平头，上有11层相轮、伞盖、葫芦形刹顶（伞盖及以上后修）（图3-4-37、图3-4-38）。

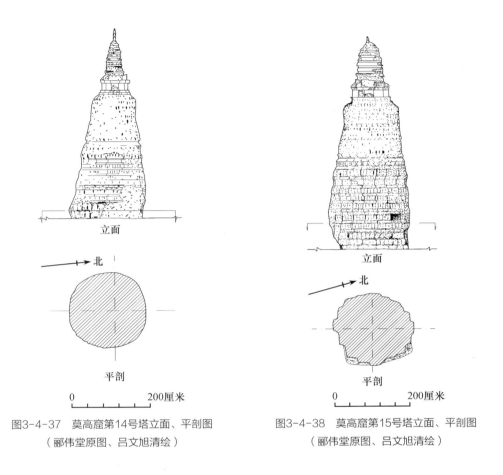

图3-4-37　莫高窟第14号塔立面、平剖图
（郦伟堂原图、吕文旭清绘）

图3-4-38　莫高窟第15号塔立面、平剖图
（郦伟堂原图、吕文旭清绘）

六、第18号塔

莫高窟第18号土塔，与第17号塔相邻，在第17号塔西南方向。平地起方形台基，海拔1346米，北纬40°02′915″，东经94°48′431″。塔高4.8米。塔基三层束腰（共6层）十字折角，每层四面二十角，高1.45米，向上渐收，底层宽1.9米；塔身覆钟形，高1.21米，下部一圈圆珠，圆珠上为折棱两圈，再上为凸起的圆棱一圈；塔刹底部为十字折角平头，上有9层相轮、伞盖、葫芦形刹顶（相轮及以上为后修）（图3-4-39、图3-4-40）。

图3-4-39　16（中）、17（右）、18（左）号塔位置图

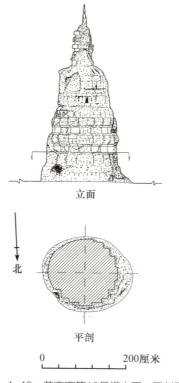

立面

北

平剖

0　　　　　　200厘米

图3-4-40　莫高窟第18号塔立面、平剖图
（郦伟堂原图、吕文旭清绘）

通过与伯希和照片比对，发现此塔旁边还有倒塌的塔的遗迹（见图3-4-26）。2021年在维修第18号塔时，在其下方北侧位置发现了一座禅窟。窟坐东朝西，顶部为南北向的人字披顶，与北区有些洞窟的窟顶相同。窟内东北角有高出地面的方形禅床，沙砾岩（利用原崖石面凿出）。窟内还有烟熏痕迹，可见曾用作生活窟。据现状，洞窟应位于伯希和照片中已塌毁的塔下方。笔者推测，此窟内坐禅修行的僧人，在圆寂之后，弟子建骨灰塔于其生前修行的禅窟上方。

七、第19号塔

莫高窟第19号塔位于宕泉河塔林最南端，由土坯砌成，有台基、塔基、塔身、塔刹四部分。平地起方形台基，海拔1347米，北纬40°02′160″，东经94°48′463″。塔总高约3.8米。塔基三层束腰（共6层）十字折角，每层四面二十角，高1.15米；塔身覆钟形，高0.95米，下部一圈圆珠，圆珠上为折棱两圈，再上为凸起的圆棱一圈；塔刹有十字折角平头，9层相轮，伞盖，葫芦形刹顶（相轮及以上为后修）（图3-4-41、图3-4-42）。

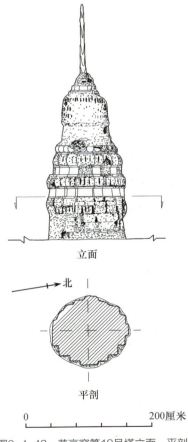

立面

北

平剖

0　　　　　　　　　　　200厘米

图3-4-41　莫高窟第19号塔

图3-4-42　莫高窟第19号塔立面、平剖图
（郦伟堂原图、吕文旭清绘）

第五节　清代、民国塔（宝瓶式塔）

一、清代喇嘛（法讳罗襄丹）塔（第11号塔）

莫高窟第11号塔为宝瓶式土塔，与王圆箓塔相比，外形相似，规模略小，已经后期加固重修。塔坐北朝南，海拔1341米，北纬40°02′341″，东经94°48′515″。由台基、塔基、塔身、塔刹组成，总高约4.8米。台基方形。塔基方形，两层，上层四角各有一个半圆角，下层边长1.72、高0.48米，上层边长1.45、高0.37米；塔身宝瓶式，高3.05、直径1.15米，宝瓶豉肩处有一竖长方形小龛，龛向朝南，南偏西5°，高0.4、宽0.33、深0.27米，龛内嵌石碑。刹顶有八边形伞盖与三宝珠，伞盖上置5层八边形平台，向上渐收，下方宝珠侧面饰三朵双层团花，中间宝珠饰四叶花，上方宝珠饰花叶（伞盖及以上后修）（图3-5-1、图3-5-2）。

图3-5-1　莫高窟第11号喇嘛塔

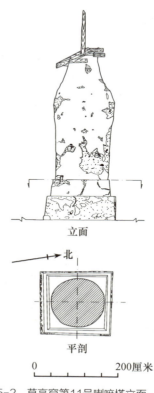

立面

北

平剖

0　　　　　　200厘米

图3-5-2　莫高窟第11号喇嘛塔立面、平剖图
（郦伟堂原图、吕文旭清绘）

塔正面镶嵌浅色石碑一方，石质粗糙。碑上刻坐化僧人人名、祖籍、坐化日期等，较为简略，字迹模糊（图3-5-3）。据碑文可知，此塔建于清宣统三年（1911年），是本邑（敦煌）隆德坊僧人罗襄丹（本姓苏）的坐化塔。《敦煌县志》卷二《地理志·田赋》中记有隆德坊，"西北隅……隆德坊……自雍正三年迁内地五十六州县无业贫民至敦煌"[1]，注曰："隆德坊：在今苏家堡村二、四、五队一带"[2]。

由碑文知这位僧人是坐化而亡，塔内可能不是火化后的骨灰，而是其坐化真身。

图3-5-3 莫高窟第11号喇嘛塔石碑

石碑录文：

> 大清宣统三年正月二十九日亥时相侵
>
> 系本邑隆德坊人氏祖贤苏姓？
>
> 近逝觉皇沙门法讳罗襄丹赠归空坐化身靠□□
>
> 武文
>
> 徒弟丹赠？一锡远也
>
> 章化？

1 《敦煌县志（道光辛卯版）》（校注本），第二册，江苏广陵古籍刻印社，1999，第19页。
2 《敦煌县志（道光辛卯版）》（校注本），第二册，江苏广陵古籍刻印社，1999，第22页。

二、王圆箓塔（第4号塔）

王圆箓塔，在现接待部东侧。塔坐北朝南，南偏西49°，海拔1328米，北纬40°02′479″，东经94°48′549″。此塔石璋如先生在1942年、李约瑟在1943年都曾拍摄有照片，塔的前方另有两座土堆坟。

塔为宝瓶式，主体由塔基、塔身（瓶身）、塔刹组成，高约8.5米。塔身用土坯砌成，塔基及碑坊用青砖砌成。塔下起方形台基，宽3.2、高0.37米。塔基为八角形，高1、南面宽1.05米。塔身宝瓶式，瓶口、瓶肩处砌瓦当与滴水各一圈；正面砖砌阙形碑坊，坊内砌拱门，拱门高1.79、宽0.74、进深0.44—0.48米，内嵌有木碑。塔刹底部为数层渐收的八边形平台；刹顶三宝珠，每一颗宝珠侧面以圆形花朵装饰（图3-5-4—图3-5-6）。

碑文由王圆箓道士的弟子赵明玉、方至福作志，记载了王道士的生平事迹。由碑文可知，王圆箓卒于民国廿年（1931年），本为湖北麻城人，因麻

图3-5-4　莫高窟王圆箓塔正面

图3-5-5　1942年历史语言研究所石璋如拍摄的王圆箓塔
［采自《莫高窟形》（三），图版432］

城连年旱灾，逃荒至酒泉，在酒泉受戒成为道士。后云游至敦煌，修建了太清宫（今下寺）。他极力劝募经营洞窟，改建三层楼（16、365、366窟前楼阁）、古汉桥、96窟前五层楼以及补茸佛洞。另外就是清理莫高窟洞窟泥沙，最重要的是1900年5月25日（阴历）在清理下层洞窟流沙时，于莫高窟第16窟甬道北壁发现了藏经洞（今第17窟）。这些事情，让他得到了前陆县长的褒奖，而发现藏经洞，更让他名声大振。

碑首篆体竖刻"功垂百世"四字，四字左、右各刻一条龙（图3-5-7）。

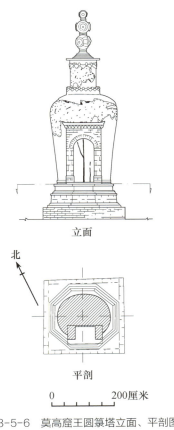

立面

北

平剖

0　　　200厘米

图3-5-6　莫高窟王圆箓塔立面、平剖图
（郦伟堂原图、吕文旭清绘）

图3-5-7　莫高窟王圆箓塔塔碑

正文四周饰以回形纹。录文如下：

太清宫大方丈道会司王师法真墓志

民国廿年古七月卅日为吾师王法真仙游之百日，门弟子咸愿碑记行略，请命绅耆众皆曰："可"。何幸如之！夫吾师姓王氏名圆箓，湖北麻城县人也。风骨飘然，当有出世之想。嗣以麻城连年荒旱，逃之四方，历尽魔劫，灰心名利，至酒泉，以盛道道行高洁，稽首受戒，孳孳修练。迨后云游敦煌，纵览名胜，登三危之名山，见千佛之古洞，乃慨然曰："西方极乐世界，其在斯乎！"于是建修太清宫，以为楼鹤伏龙之所。又复苦口劝募，急力经营，以流水疏通三层洞沙，沙出壁裂，一孔仿佛有光，破壁则有小洞，豁然开朗。内藏唐经万卷，古物多名，见者惊为奇观，闻者传为神物，此光绪廿五年五月廿五日事也。呜呼！以石室之秘，录千百年而出现，宜乎价重连城，名驰中外也！观其改建三层楼、古汉桥以及补葺大小佛洞，积卅余年之功果，费廿多万之募资，佛像于焉庄严，洞宇于焉灿烂，神灵有感，人民受福矣！唯五层佛楼规模粗具，尚未观厥成功。陆前县长嘉其功德，委为道会司，以襃扬之。今者羽轮虽渺，道范尚存，树木垦田，成绩卓著，道家之香火可继，门徒之修持有资，实足以垂不朽而登道庙矣！夫何必绝食练形而后谓之飞升哉！

千佛洞太清宫徒子孙　赵明玉、方至福稽首谨志

石璋如先生1942年的记录：

王道士塔

王道士的塔，在下寺果园之旁，另具形式；其前如门形者，为所镶王道士的碑记（见图版肆参贰）。[1]

1　石璋如：《莫高窟形》（一），历史语言研究所，1996，第625页。

三、关于窟前（宕泉河西岸）塔的相关问题

宕泉河西岸现仅存一座塔，但事实上，西岸的塔也应不在少数。据伯希和笔记，西岸"也如同在小河的东岸上一样，有相当数量的佛塔，其中有些肯定要追溯到10世纪左右"，伯希和笔记中还记有一些清代、民国时期的塔。从伯希和、奥登堡等人拍摄的照片中，我们也会看到西岸的一些塔。伯希和的记录非常珍贵，为我们提供了当时塔内的一些情况。现将其关于佛塔的记录移录如下：

千佛洞的佛塔（窣堵波）

在千佛洞的岩壁（而且它本身的上面就有几座建筑得相当简单的多角形小佛塔或窣堵波）和"小河"之间，而且也如同在小河的东岸上一样，有相当数量的佛塔，其中有些肯定要追溯到10世纪左右（由于其绘画的原因，它们具有一、二条元代的游人题记），其它的年代无法定夺。最常见的风格是我已经在塔什平原上遇到的那种，带有许多凹陷处（详见努埃特的照片）。其同一类型的另外一种绝无仅有的例证也出现在努挨特的照片上，这就是肯定是于上个世纪前后重新抹了一层的"薄荷液瓶"式佛塔，带有在上部的圆盘周围垂悬的一些小铃。

所有这些佛塔都是丧葬塔。因为在它们坍塌的所有地方，大家都可以看到佛塔内部出现了其中收藏有经焚尸后剩下骨灰的木盒。

大家可以通过一个近期建造的过庭而下到"薄荷液瓶"式的塔中，通过一个用土石砌成的洞而进入到内部的小房间中，在这个小房间的外部，又是一块刻有碑文并相当粗糙的石碑残段，从而使人联想到了佛塔的建筑。我从中阅读到了如下碑文：

"建修灵塔施（？）主

孙林

史朝白

郑天□

赵□□

马□□

包（？）□□"。

在小房间中,有1打（12个）之多的小木盒，一般都染成了红色，其中盛有经焚烧后的骨灰。有一部分木盒已被置于用土石砌成的龛中（背屏，共有7个龛，各自收藏着1个木盒），其余者都直接放在地面上，有两个粗糙的罐于（子）也被用作骨灰罐。而这些罐中的大部分都带有题记。但我于其中之一上却读到了：

1. "河州宝庆寺

圆寂恩师和奄和尚觉灵

徒通县祀奉"。

在另一个骨灰罐上，用刀尖竖刻了这样一条题记"水如李"。在另外一个骨灰罐上还有这样的题记："千佛堂上传临济正宗派圆寂恩师心志一位觉灵。"在另外一个骨灰罐上还写有："康广禄"。最后，还有一个骨灰罐上而（面）写有"千佛堂上传临济正宗派圆寂恩师"。这些僧侣们明显都不是本朝的，我认为他们最晚也是明代前半期的。大家会发现，这里很可能是对"千佛"一词最古老的用法。佛塔下的这个小房间长1.95米，宽3.05米，最低处高1.20米，最高处达1.80米（它在宽度方向呈拱顶）。[1]

解读以上文字记录，我们可以得到如下信息：

第一，在1908年伯希和考察队来莫高窟时，宕泉河西岸的塔较多，有

---

[1] ［法］伯希和著：《伯希和敦煌石窟笔记》，耿昇、唐健宾译，甘肃人民出版社，1993，第390—392页。

10世纪左右的塔（笔者按：通过比较旧照片，未见此类塔），也有"薄荷液瓶"式的塔。

第二，较早的10世纪左右的塔内有壁画，显然不属于丧葬塔，是可以礼拜的塔。

第三，有"许多凹陷处"的塔与"薄荷液瓶"式的塔是丧葬塔，从塔坍塌的地方，可以看到塔内有收藏骨灰的木盒。也就是说，这些塔内都埋有骨灰，骨灰用木盒盛装。

第四，通过新建过庭可以进入"薄荷液瓶"式的塔内，塔内有石碑，石碑上刻有建修塔的施主姓名，塔内还有盛放骨灰的木盒，有12个之多，还有骨灰罐。这个信息告诉我们，此"薄荷液瓶"式的塔为一集中存放骨灰的塔，木盒是存放骨灰最多的一种方式，也有骨灰罐，但数量较少。

从1908年法国人伯希和考察队拍摄的窟前塔与1914年俄国人奥登堡考察队拍摄的窟前塔照片（图3-5-8、图3-5-9），可以清楚地看见此集中存放骨灰的"薄荷液瓶"式的塔，塔侧有一过庭，在其旁边还有一小塔。所以说，正如伯希和笔记所记录的那样，莫高窟宕泉河西岸与东岸一样，有着为数众多的塔。1914年俄国人奥登堡考察队拍摄的一张全图中，可以看见宕泉河两侧的塔，其中西岸还有一座王圆箓1910年修建的千像塔，主要用来集存残破塑像，已于1951年拆除[1]（图3-5-10）。

20世纪末的1999年，扩修通往窟区的路时，在陈列中心西侧，第6、7、8号塔东南侧的路基下方1米多深处，发现了一个木质骨灰盒，长方形，详见下文。笔者曾参加过当时的清理工作。结合伯希和的记录，我们基本可以确认，僧人丧葬塔有用木质骨灰盒盛放，也有用骨灰罐盛放的。

"薄荷液瓶"式的塔是清代、民国时期流行的一种塔式，清代喇嘛罗襄丹塔与王圆箓塔都属于此类塔形。

1　王慧慧、梁旭澍、萧巍、张海博：《敦煌千佛洞千相塔记》《〈敦煌千佛山皇庆寺缘簿〉录文及相关问题》，《敦煌研究》2014年第5期，第64—70页。

图3-5-8　1908年法国人伯希和考察队拍摄的
窟前塔（采自《伯希和敦煌石窟图录》Ⅵ）

图3-5-9　1914年俄国人奥登堡考察队拍摄的
窟前塔［采自《俄藏敦煌艺术品（俄罗斯国立
艾尔米塔什博物馆藏）》Ⅲ，窟前台地二塔，
图版679］

图3-5-10　1914年俄国人奥登堡考察队拍摄的窟区全图［采自《俄藏敦煌艺术品
（俄罗斯国立艾尔米塔什博物馆藏）》Ⅲ，图版121］

第六节　三危山山脚下与乐僔堂后侧的塔及南天门

一、三危山山脚下的塔

三危山的山脚下现有塔3座，一座为喇嘛塔，建于元代，其余两座为近现代所修（图3-6-1）。元塔为土坯砌成，海拔1357米，北纬40°02′52″，东经94°48′43″，塔总高约9米，由台基、塔基、覆钵、塔刹组成。台基两层，下层由石块砌成，上层为土质台基，下大上小：石基南北6.9、东西约6米；土基南北约4.6、东西约5米。塔基为十字折角，三层束腰（共7层），四面二十角，表面涂土红色，并有简单图案。塔基上方为一圈仰覆莲瓣。莲瓣上方为覆钵，装饰有两组凸起的线条，每一组由中间主线、上下辅线组成。覆钵表面剥落严重，有两处破洞。覆钵上方残存十字折角的平头一角，塔刹残存木质刹心柱，柱底有一木质圆形露盘。可能是因为风向原因，整个塔体，在面向三危山方向保存状况较好。1943年李约瑟曾至此考察，并拍摄有照片（图3-6-2、图3-6-3）。此塔在2022年经过加固维修。

夏鼐先生1944年8月21日记："上午与向、阎二君赴三危山。至山麓有一塔，中藏小泥塔颇多，捡取数枚，乃觅道上山……后觅得大道，至一山巅，上有一塔，旁有花卉纹方砖，捡取一块。"[1]山麓有一塔指的是山脚下的塔，山巅之塔则是乐僔堂右后侧的塔。这一段记载与李约瑟所摄照片相符，其中有一张李约瑟拍有很多擦擦（小泥塔）。

二、乐僔堂后侧塔

塔位于山顶三危山乐僔堂后侧方，在乐僔堂与南天门之间路旁的小山平台上。海拔1490米，北纬40°02′27″，东经94°48′27″。

1　夏鼐：《夏鼐日记》，华东师范大学出版社，2011，第89页。

图3-6-1　三危山山脚下塔西侧（左）与东侧（右）

图3-6-2　1943年李约瑟拍摄的
三危山山脚下塔

图3-6-3　1943年李约瑟拍摄的三危山山脚下塔中出土
的擦擦（采自旧影：《李约瑟的中国摄影集》—敦煌，
1943）

塔总高3.4米，主要由土坯砌成，有台基、塔基、覆钵、塔刹四部分。台基由原山崖面平整而成，内有砾石块，呈不规则圆形。塔基、覆钵、塔刹损坏严重。塔基为十字折角式，三层束腰（共7层），四面二十角，高1.25米；最下方为高出台基的原始岩石层，高0.2米，上有7层土坯，土坯长方形，下2层横向竖砌，其余各层间隔平砌与横向竖砌；西向面有一大破洞，内有土坯、砾石块、瓦块等，由此可知，塔内就地取材，垒砌石块，塔外砌土坯。覆钵下方有一匝乳钉装饰及仰覆莲瓣各一层，覆钵之上为十字折角的平头，再上为木质刹心柱。

图3-6-4　三危山顶乐僔堂
右后方塔（残破洞）

1943年李约瑟考察时曾拍摄有照片，照片中可以看出塔一侧有洞，路易-艾黎与孙光俊手中各扶一块方砖，砖上是火焰宝珠纹（图3-6-4、图3-6-5）。

此塔在2022年已加固维修。

图3-6-5　李约瑟拍摄三危山顶乐僔堂右后方塔
（采自旧影：《李约瑟的中国摄影集》—敦煌，1943）

三、南天门

南天门建于乐僔堂后的山梁路上，由此门进入三危山内，南、北两侧为山崖。海拔1513米，北纬40°02′137″，东经94°49′8333″，西偏北14°。门为土、木、石结构，门宽2.4、两侧墙长2.45、内高3.26米，门下铺砌石块。南、北两壁各有3根立柱，立柱下方为东西向木地栿，上方有南北向木枋，上有彩绘；南、北壁下方内侧以土坯及石块砌墙，表面涂草泥及白灰并彩绘，但表层大部分现已剥落，外侧以石块及草泥垒砌；上方嵌木框，并彩绘图案，有莲花、兰草等，人字披顶下方的三角形木框内也彩绘盆内梅花、兰草、竹、菊、石榴等，还有笔筒、书卷、茶壶、香炉等物。居中门上方木框隔板上双面绘佛、弟子、六臂菩萨等，立柱、横梁上绘云纹、几何纹、莲花及花果图案。门顶为人字披形，上铺筒瓦，早期照片可见脊上有龙首，还有兽面形瓦当，现已缺失（图3-6-6）。

图3-6-6　三危山中的南天门

1944年8月21日，夏鼐、向达、阎文儒三人曾到访此地，阎文儒还赋诗一首题于门壁，夏鼐提到"8月21日，我和向、阎二先生到千佛洞对面的三危山去逛……沿着大路另上一山峰，这峰上有一牌楼，俗称南天门。我们坐下来休息，述祖忽动诗兴，在门壁上题上一首打油诗：'万壑连天碧，石屏映窣波。峭壁通鸟道，几唱阿弥陀'"[1]。三位先生还曾合影于此（图3-6-7）。

图3-6-7　1944年阎文儒、向达、夏鼐合影于
南天门前
（采自《夏鼐西北考察日记》下册）

1　夏鼐著，王世民、林秀贞编：《敦煌考古漫记》，百花文艺出版社，2002，第76、77页。

第四章
敦煌三危山老君堂塔

第一节　慈氏塔

一、慈氏塔概况

敦煌慈氏塔现位于莫高窟第61窟前约80米的河岸台地上。该塔原建于敦煌三危山内老君堂正殿右前方，为了更好地保护，1981年，经敦煌文物研究所人员勘察后将其搬迁至现在的位置。慈氏塔海拔1332米，北纬40°02′364″，东经94°48′345″，正面朝西，西偏北9°。搬迁之前，在三危山老君堂时，塔"正南面开门"[1]。1944年夏鼐先生拍摄的照片中，在塔门西侧两斗栱之间、天王头顶的普柏坊上有一力士像，而在1981年搬迁之前像已不存，此力士像现保存在敦煌研究院陈列中心（图4-1-1—图4-1-5）。

慈氏塔为木构八角中空单檐塔。塔身用土坯砌成，塔身外有木檐一周，八边形檐柱八根，柱高1.82米，柱上有斗栱，柱下有锃脚，檐下有木椽、飞头（搬迁后复原）各一周；塔顶为八角攒尖顶，塔刹底端八角形束腰座，上为覆钵，覆钵上有相轮7层，刹顶有露盘、宝珠（移建后的塔刹与原作不同，原塔刹下为桶状体，上有一宝珠）。锃脚下原无基座，移建后加建了块石结构的塔基，当时进行改建设计的是孙儒僩先生，他撰写了有关慈氏塔搬迁的

1　《敦煌附近的古建筑——成城子湾土塔及老君堂慈氏之塔》，《文物参考资料》1955年第2期，第110页。

图4-1-1　敦煌慈氏塔外观

图4-1-2　搬迁前位于老君堂的慈氏塔

图4-1-3　夏鼐1944年拍摄的搬迁前位于
老君堂的慈氏塔
（采自《夏鼐西北考察日记》（下册），
图3-1-13）

图4-1-4　慈氏塔上的木雕力士像
（现藏敦煌研究院陈列中心，编号：Z.1413）

回忆录文章[1]。夏鼐先生在1944年敦煌考察时就关注到了此塔[2]；萧默先生称赞它"精巧玲珑如亭"[3]；宿白先生在《西夏佛塔的类型》中将此塔列为Ⅲ型单层亭榭式，并有较为详细的描述[4]；郭祐孟先生的西北考察结报也有考察记录[5]。

二、慈氏塔内容

1. 塔外

塔作八角，塔门西向，面向莫高窟，高约5米。塔门内侧为拱形门，高1.13、宽0.56米，深0.28米；外侧安装竖长方形木门，高1.07、宽0.59、进深0.46米，内框高0.67、宽0.42米。木门之上浮塑双龙戏珠图案，双龙正上方有一底色为土红色的方框，框内墨书从左至右分上下题写"慈氏之塔"四字（图4-1-6）。天王脚下回廊下铺条砖，条砖下竖砌龙纹砖与凤纹砖，每一面铺砌相同纹饰的砖两块，其中北面、东面、南面为龙纹砖，西北面、东北面、东南面、西南面为凤纹砖，也即除了西面安装门的这一面无龙、凤花砖，其余正向面东、北、南面为龙纹砖，四斜面为凤纹砖，共14块龙、凤花砖。龙纹砖长48、高25厘米；凤纹砖长43、宽26厘米。其中凤砖，两凤头部相对，

1　孙儒僩：《莫高轶事·我的敦煌生涯（六）——关于石室宝藏牌坊和慈氏之塔的拆迁与复原记事》，《敦煌研究》2015年第5期，第127—132页。

2　夏鼐著，王世民、林秀贞编：《敦煌考古漫记》，百花文艺出版社，2002，第78页。

3　萧默：《敦煌莫高窟附近的两座宋塔》，《敦煌研究》1983年创刊号，第95—101页。

4　宿白：《西夏佛塔的类型》，《中国古代建筑·西夏佛塔》，文物出版社，1995，第1—15页。

5　郭祐孟：《2006中国西北考察结报·石窟寺院考察篇》，《圆光佛学学报》2007年第十一期，第147—204页。

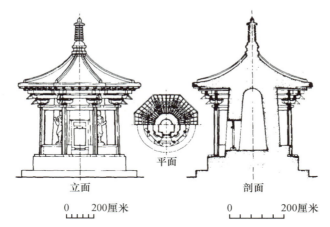

图4-1-5　敦煌慈氏塔立面、平面、剖面图
（采自《敦煌莫高窟附近的两座宋塔》中插图）

图4-1-6　敦煌慈氏塔塔门上方双龙及题字

图4-1-7 敦煌慈氏塔塔基之凤砖　　　　　　　图4-1-8 敦煌慈氏塔塔基之龙砖

各自口衔绶带（图4-1-7）；龙砖，两条龙奋须张口扬爪，龙头相向（图4-1-8）。根据记载，当时"束腰上嵌砌飞马及龙纹砖，惜漫漶不清"[1]。敦煌市博物馆现藏有一块浮雕天马砖，长42、宽19.5、厚8厘米，1981年来自老君堂。这块砖可能就是慈氏塔上的砖（图4-1-9）。由于搬迁，慈氏塔花砖已与原建不同，应为复制花砖；现敦煌研究院与敦煌市博物馆藏龙、凤及天马砖，是原慈氏塔砖。

　　塔外廊檐下有天王立像四身，塔四斜面各塑一身。天王泥塑，敷彩，但因暴露在外，褪色严重，手臂残损，残损处露出中间草扎的肢干；天王红脸，浓眉，环眼，直鼻，留小髭，束高髻，髻顶呈尖角菱形；着铠甲，铠甲上彩绘图案，腰系革带，脚蹬高靴，站于一圆（方）台上；具火焰头光，披帛带，头光与帛带绘在天王身后塔面上，采用绘塑结合形式来表现。天王有的直立，有的展立，但因手及手中法器俱失，所以无法从塑像本身的特征判别天王的具体身份。塔西北面天王高1.25米，椭圆形底台高7厘米；东北面天王高1.27米，长方形底台高7厘米；东南面天王高1.33米，长方形底台高10厘米；西南面天王高1.33米，长方形底台高9厘米。

　　1　《敦煌附近的古建筑——成城子湾土塔及老君堂慈氏之塔》，《文物参考资料》1955年第2期，第109页。敦煌研究院与敦煌市博物馆，现各藏有数块天马砖、龙纹砖及凤纹砖，1981年来自老君堂建筑遗址，这些砖可能就是慈氏塔上的砖（图4-1-9）。由于搬迁，慈氏塔花砖已与原建不同，现塔上嵌的砖应为复制品。

1　　　　　　　　　　　　　　　　2

3

图4-1-9　敦煌市博物馆馆藏花砖
1.飞马砖　2.凤纹砖　3.龙纹砖

　　塔西北面（塔门北侧）天王，尖角状髻顶，右侧向站立，胸部绘出圆形护胸，肘部彩绘团花，战裙前短后长，呈椭圆形后飘，头光与帛带绘于壁面上，左侧胳膊向外伸展。根据慈氏塔原坐北朝南的方位来判断，此面应为西南面，又据方位对应原则以及相对应的正向面的天王画像及榜题综合推断，这身天王画像应该为西方天王广目天王——毗留博叉天王（图4-1-10）。

　　塔东北面天王，左侧向站立，双手残缺，战裙内里绿色，战裙前短后长，呈椭圆形后飘，铠甲及战裙上绘团花图案，双臂均聚向腹前。这身天王根据慈氏塔原方位，应该为西北面，是为北方毗沙门天王（图4-1-11）。

　　塔东南面天王，正立，双臂全毁，战裙下缘平齐。天王头光右上侧回鹘文题记5行，头光上方左、右各绘花卉两枝。这身天王根据慈氏塔原方位，应该为东北面，是为东方天王持国天王——提头赖吒天王（图4-1-12）。

图4-1-10　慈氏塔西北面天王塑像

图4-1-11　慈氏塔东北面天王塑像

图4-1-12　慈氏塔东南面天王塑像

图4-1-13　慈氏塔西南面天王塑像

　　塔西南面（塔门南侧）天王，左侧向站立，着盔甲，系战裙，战裙内里绿色，前短后长，呈椭圆形后飘，左臂残，右臂残半，置于腹前。这身天王据慈氏塔原方位，应该为东南面，此身天王应为南方毗琉璃天王（图4-1-13）。

　　慈氏塔正面题额"慈氏之塔"右下方有回鹘题记：

　　（1）brxmaẓ en qaytso gunaẓ en　　　私達ブラフマセン，カイツォ，グナセンが

　　（2）yụ küngäli käldimz bo buyan　　礼拝するために来た。この福徳の

　　（3）küč intä mayḍ ri tngri burxan　　力により，弥勒聖佛

　　（4）birlä oqaḍ matïn ot γ uraq　　　と，遅延することなく，必ずや

　　（5）tuš bolmaqï bolzun　　　　　会見することとなれかし[1]

　　慈氏塔东南面东方天王塑像头光右上方有一方回鹘文题记，是鼠年九月初一日的巡礼题记：

　　（1）tavïš γ an yïl toquzunč ay bir yangïqa qutlu γ tonga［sa］ngun

　　（2）qul bay urungu ïsxaq trqan bo γ ra bars ögrünč ü tonga

　　（3）alp sïngqur trqan turmïš

　　（4）totoq bo munča γ u munta

　　（5）yụ küngäli kltmz

　　①兎年第九月初（旬の）一日に。クトルグ=トンガ将軍，②クル=バイ旗手，イスハ

　　ーク=タルカン，ボグラ=バルス，オグリュンチュ=トンガ，③アルプ=シンクル=タ

　　ルカン，トゥルミシュ④都督，このような者達が一緒に，ここに⑤礼拝しに来た[2]。

　　其译文为：在兎年第九月初（旬）一日。库特尔·古通加将军，旗手，伊斯赫克·塔尔坎，博古拉·巴尔斯奥格伦丘·汤加，阿尔普·辛克尔·塔

　　1　松井太、荒川慎太郎主編：《敦煌石窟多言語資料集成》，東京外国語大学アジア・アフリカ言語文化研究所，2017，第58頁，有録文。
　　2　松井太、荒川慎太郎主編：《敦煌石窟多言語資料集成》，東京外国語大学アジア・アフリカ言語文化研究所，2017，第58頁，有録文。

尔坎，图尔米什都督，这些人一起来这里做礼拜。

除了泥塑天王，塔身还绘有天王像。八面塔，四斜面塑天王像，一正面（西向面）为塔门，另有三正面则绘三身天王像。塔北向面（原西向面）壁画损坏严重，天王不清，仅余边缘处的图案。塔东向面（原北向面）绘北方天王，天王正面，残损严重，仅残余头上部，具圆形火焰头光，头戴兜鍪，红脸，圆眼上挑；头右上方绿色榜题框，墨书题名"南无北方大圣毗沙门天王"（图4-1-14）。塔南向面（原东向面）绘东方天王，天王红脸、环眼，短髭须；具圆形火焰头光，头戴宝冠，宝缯上卷，着甲胄；左手托花盘，盘内盛放三朵盛开的花朵，右手搭于花盘上；头右上方绿色榜题框，墨书题名"南无东方提头赖吒天王"（图4-1-15）。

图4-1-14 敦煌慈氏塔东向面北方天王

2. 塔内

塔内平面方形，穹隆顶。塔内地面至顶部高2.11、东壁长1.05、西壁长1.03、北壁长1.16、南壁长1.15米，南、北面较东、西面略长。塔内现无塑像，但根据未署名《敦煌附近的古建筑——成城子湾土塔及老君堂慈代之塔》一文，塔内原有塑像"中塑慈氏坐像"[1]，从文中所附的剖面图可以看出，塑像为一倚坐佛；夏鼐先生记载："神龛内释迦塑像是近代重修的"[2]，萧默先生也注意到慈氏塔内的塑像："室中正面原有晚近所塑慈氏像一尊，丑陋不足称，移建后已弃去"[3]。

穹隆顶正中绘十六瓣卷瓣莲花，莲花中心一盘龙，莲花外为半团花图案，再外是流苏，流苏由三朵倒串起来的花朵组成（图4-1-16）。

西壁绘弥勒菩萨，下方壶门。弥勒结跏趺坐于八面金刚莲花宝座上，具圆形头光、身光，头戴桶形化佛宝冠，

图4-1-15　敦煌慈氏塔南向面东方天王

双手执扇，扇面长方形。弥勒上部左右各一飞天。飞天手托花盘，跪于莲花上，自上乘云而下。弥勒下方，右侧立一天子，具圆形头光，头戴帽，身着条纹宽袖袍服，手执长杆拂子；左侧为一天女，具圆形头光，头戴花冠，着宽袖袍服，双手托花盘。弥勒菩萨通高1.2米，其中座高36、莲座高11厘米；左、右侧梵王、天女均高56厘米（图4-1-17）。

塔内南侧绘文殊菩萨及眷属像，下方壶门。文殊头顶有华盖，结跏趺坐于狮子背驮之大莲座上，双手执如意。狮子头部涂成蓝色，环眼圆睁，直视前方，张口怒吼状，背上驮"U"形鞍，上置仰覆莲座，莲瓣以红线勾边。

1　《敦煌附近的古建筑——成城子湾土塔及老君堂慈代之塔》，《文物参考资料》1955年第2期，第110页。

2　夏鼐著，王世民、林秀贞编：《敦煌考古漫记》，百花文艺出版社，2002，第78页。

3　萧默：《敦煌莫高窟附近的两座宋塔》，《敦煌研究》1983年创刊号，第95—101页。

图4-1-16　敦煌慈氏塔内穹隆顶盘龙卷瓣莲花华盖　　图4-1-17　慈氏塔内东壁弥勒菩萨及其眷属

文殊菩萨具圆形头光、背光，头戴圆桶状宝冠，佩圆形耳珰、项圈、臂钏、手镯，肩披帛巾，腰系长裙。宝冠前有化佛，两侧面各有上下两如意钗，钗端挂串珠。文殊左下方为牵狮人于阗国王，国王头戴帽，着斜领衫，腰系抱肚，外斜披点状豹皮衣，腰系抱肚，脚穿黑色高筒靴，双手一前一后执绳，很有动感。文殊两侧为两身立姿菩萨，手持花幡（图4-1-18）。

　　塔内北侧绘普贤菩萨及眷属像，下方壶门。普贤菩萨结跏趺坐于六牙白象驮大莲座上，双手执莲花，莲花上放置梵夹。白象头笼莲花宝珠冠，背驮"U"形鞍，鞍上置仰覆莲座，莲瓣用红线勾边。普贤菩萨头顶有花盖，具圆形头光、背光，头戴圆桶状宝冠，佩圆形耳珰、项圈、臂钏、手镯，肩披蓝色帛巾，腰系长裙。宝冠前有化佛，两侧面各有一如意钗，钗端挂串珠。普贤右下侧为牵象奴，黑脸，仅着短裤，右手持短杖、执缰绳，回首仰望菩萨。普贤两侧各一身菩萨，左侧一身双手合十，右侧一身双手各执一锣（图4-1-19）。

图4-1-18　敦煌慈氏塔内南壁（原东壁）　　　　图4-1-19　敦煌慈氏塔内北壁（原西壁）
文殊及其眷属　　　　　　　　　　　　　　普贤及其眷属

塔内东壁门上绘发愿文框与两身供养菩萨。居中为长方形绿底发愿文框，字迹不清，高30厘米，宽37厘米。框外上部及左右上部有点状花卉，两侧各一身供养菩萨，约高26厘米。菩萨具圆形头光，莲花上胡跪，手托花盘，面向正中发愿文框。拱形门以红色双线勾边，线内装饰团花图案。门两侧各绘一弯曲的枝蔓花卉（图4-1-20）。

慈氏塔，萧默先生将其定为宋代，具体到"最晚的一年到西夏占领敦煌以前即公元980—1035年之间。具体年代可能更靠近上限，可大致定为公元1000年前后，系北宋早期"[1]。孙儒僩先生在《敦煌学大辞典》中编撰的词条

1　萧默：《敦煌莫高窟附近的两座宋塔》，《敦煌研究》1983年创刊号，第95—101页。

图4-1-20   敦煌慈氏塔塔内东壁门上发愿文框及两身供养菩萨

"慈氏塔"，将其定为五代至宋初[1]。而宿白先生根据慈氏塔上所用普柏枋出头这一现象认为其为西夏时期的建筑，更具体到西夏占领沙州的后半期，现引文如下：

> 该塔八角单层，内下砌叠涩座，座上建土坯塔身，外绕木构廊柱一匝，柱上设栏额及交叉出头的普柏方（枋）和双抄偷心五铺作斗栱，双抄头皆斫作批竹昂式。檐缘以上铺柴泥，起图攒尖顶，顶端建葫芦形宝珠，顶与宝珠皆经后世补修。此塔建年不详，但从使用普柏方（枋）一项可知晚于莫高窟现存宋初的上承唐制、不用普柏方（枋）的四座木构窟檐。河西地区使用普柏方（枋）最早之例，见于榆林窟第3窟南壁观无量寿经变壁画和张掖文殊山万佛洞东壁弥勒经变壁画。此两处壁画皆绘于西夏中、晚期。又此塔普柏方（枋）于外檐角柱端相交后出头的作法，在内地最早见于辽开泰九年（公元1020年）所建辽宁省义县奉国寺大雄殿；抄头斫作昂

---

1 季羡林主编：《敦煌学大辞典》，上海辞书出版社，1998，第25页"慈氏塔"条。

形，内地最早见于宋崇宁元年（公元1102年）所建山西省太原市晋
祠圣母殿。由以上木构的细部对比，似可推测慈氏塔颇有可能建于
公元1035年西夏攻占沙州之后迄仁孝在位（公元1140—1193年）的
后半期。[1]

郭祐孟也持同样观点[2]。

以上诸先生基本是从慈氏塔建筑本身的特点来判断慈氏塔的建筑年代，
而对于其内部壁画未曾涉猎。笔者通过塔内壁画内容及风格分析，认为建于
北宋，详见研究篇，此不赘述。

第二节　三危山老君堂现存塔

老君堂位于敦煌三危山主峰东南麓，与莫高窟相距约15千米，西距观音
井约2.5千米，地形相对低洼、平坦，周边小山环绕。老君堂的主殿及其配殿
建于东北方山体脚下的平台上，坐东北朝向西南，其余塔、殿建筑位于山体
合抱所形成的台地内，或者位于山腰、山顶上，现已搬迁至莫高窟的慈氏塔
原建于北侧山腰的小平台上（图4-2-1）。

除了备受关注的宋代慈氏塔外，老君堂还有一座古代小塔，但并不为
学者所重视，未见专文论述，只言片语散见于各类著作中。夏鼐先生在
《敦煌考古漫记》中记载："亭子西畔数十步有一小佛堂，其中壁画是宋
初作风，佛的背光作蛙形，佛旁侍立四菩萨"[3]；宿白《西夏佛塔的类型》
中曾有提及[4]；雷润泽《宁夏佛塔的构造特征及其传承关系》[5]中附有此塔照片

1　宿白：《西夏佛塔的类型》，《中国古代建筑·西夏佛塔》，文物出版社，1995，第3页。

2　郭祐孟：《2006中国西北考察结报·石窟寺院考察篇》，《圆光佛学学报》2007年第十一期，第147—204页。

3　夏鼐著，王世民、林秀贞编：《敦煌考古漫记》，百花文艺出版社，2002，第78页。

4　宿白：《西夏佛塔的类型》，《中国古代建筑·西夏佛塔》，文物出版社，1995，第1—15页。

5　雷润泽：《宁夏佛塔的构造特征及其传承关系》，《中国古代建筑·西夏佛塔》，文物出版社，1995，第16—29页。

图4-2-1 敦煌三危山老君堂全景图

（图4-2-2），将其归入西夏塔；甘肃省文物局编著的《甘肃古塔研究》中有
简单的文字说明，将其定为五代至北宋初期，并配有外部照片（图4-2-3）[1]。
老君堂还保存有一些其他建筑，据萧默先生记载："山巅存废寺一所，遗倾
颓僧房殿堂数十间，皆清末民初时所建，慈氏塔即处其间。"[2]可知，大部分
为清末民初的建筑。这些清末民初建筑，现存有殿堂和塔共8座，其中殿堂式
建筑6座，圆塔、方塔各1座。排除现代建筑，老君堂共有古代塔堂建筑10座
（包括慈氏塔）。本节主要对老君堂内现存土塔及相关问题进行调查和相关
研究。

---

1 甘肃省文物局：《甘肃古塔研究》，科学出版社，2014，第90页。
2 萧默：《敦煌莫高窟附近的两座宋塔》，《敦煌研究》1983年创刊号，第95—101页。

图4-2-2　老君堂圆锥顶小塔（采自《宁夏佛塔的构造特征及其传承关系》）

图4-2-3　老君堂圆锥顶小塔（采自《甘肃古塔研究》）

一、圆锥顶小塔

1. 小塔概况

小塔位于老君堂山体自然围成的"院"内西侧，东距慈氏塔原址10余米。塔坐西朝东，东偏南5°。海拔1737米，坐标北纬40°02′336″，东经94°54′468″。

图4-2-4　老君堂圆锥顶小塔拱门
（2006年笔者拍摄）

小塔由土坯砌成。塔底无台基，平底起塔，塔身圆柱形，塔顶外观呈圆锥形，通高2.3米。塔内平面圆形，穹隆顶，塔内地面至顶高1.8、南北直径0.84、东西直径0.76米。塔东南向开圆拱门，拱门高0.83、宽0.36米。门前有土木结构的门廊建筑，门廊用4根木柱，4根横梁，5根椽子搭建，两侧的墙由土坯垒砌，外涂泥和白灰（图4-2-4—图4-2-6）；长0.76、宽0.97米。

门廊南、北侧两壁面绘简单粗劣墨画，南侧绘山中老虎图，北侧绘海上鹏鸟衔日图，应属于清末、民国时期绘制。廊顶的铺板为现代印花板材，外部新抹泥一层。查旧照片，廊顶曾铺筒瓦（图4-2-2、图4-2-3），门廊经过了清末、民国及近现代重修，也可能门廊本为清末、民国时加建的建筑（图4-2-7、图4-2-8）。

塔内供奉木雕莲花座佛一尊。佛结跏趺坐，外涂白灰并敷彩，发髻圆形蓝色，着红色通肩袈裟，两手手心向下，自然放置于两膝之上。宝座为仰覆莲座，上涂覆白灰，剥落严重。佛与莲座一体，通高51厘米。佛高27.5、头

图4-2-5　老君堂圆锥顶小塔正面（左）与侧面（右）

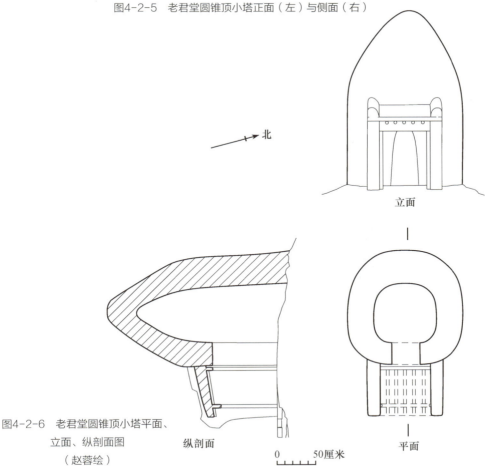

图4-2-6　老君堂圆锥顶小塔平面、
　　　　立面、纵剖面图
　　　（赵蓉绘）

图4-2-7　门廊南侧（左）、北侧（右）后代墨画

图4-2-8　老君堂圆锥顶小塔前的门廊

图4-2-9　老君堂圆锥顶小塔内供奉的泥塑佛像
及木雕莲花座侧面照

高9、肩宽11、膝宽18厘米。莲花座高23.5、下座直径25、上座直径18厘米（图4-2-9）。查阅前人记录，未见有任何关于此塑像的记录，可能从其他地方移来。莲座有宋代风格，但整体经过清代涂色。

塔内穹隆顶绘华盖。华盖由四重圆圈及垂幔组成：中心圆圈为心形四瓣莲心，从内向外再依次为莲瓣、几何纹、茶花纹，最外是四朵倒串花朵和条形垂障组成的垂幔。因雨水渗透，顶部大半壁画已浊蚀，呈斑驳状。华盖垂幔长0.21、边缘距地面1.28米（图4-2-10）。

图4-2-10　老君塔圆锥顶小塔内华盖

塔身内环壁共绘佛一身，菩萨六身。主尊佛结跏趺坐于大莲花座上，双手作说法印，有圆形头光和身光，头光为蝙蝠形纹，身光为尖角和莲瓣交替组成的纹饰；发髻圆形、蓝色；脸部变色显黑，眼睛与嘴略露红色，两耳垂肩；着覆右肩袈裟，颈部、左肩及腹部等处露出袈裟的蓝色内里。坐佛高42.5、莲花座宽0.41厘米。佛顶上有华盖，华盖顶部居中呈圆筒状，并饰火珠；华盖七角，每一角上饰火珠一枚、下垂缀饰，两角之间挂六瓣珠花一枚；环绕华盖下方有莲蕾一圈，衬以绿叶。佛前有供案，案上铺设绿底、黑

图4-2-11 老君堂圆锥顶小塔内主壁佛像

花图案的经巾，并放置一香炉、二净瓶（图4-2-11）。

华盖两侧各有飞天一身。佛右侧一身保存完好，左手前伸拿莲蕾，右手后舒托莲花，乘云飞翔，灵动自如，加上飘带总长0.54米（图4-2-12）；佛左侧一身前半身尽失，后半身保存尚好，飘带飞动如云（图4-2-13）。

塔内共绘出菩萨六身，主尊佛左右两侧各三身，其中五身有题名，佛右侧菩萨题名在菩萨左上角，佛左侧菩萨题名在菩萨右上角。菩萨身高均在0.81米左右。佛右侧距佛自近而远依次绘"南无普□□（贤菩）萨""南无大势至菩萨""南无常不轻菩萨"；佛左侧距佛自近而远依次绘"南无文殊师利菩萨""□（南）无如意

图4-2-12 老君堂圆锥顶小塔内主尊佛右上方飞天

图4-2-13　老君堂圆锥顶小塔内主尊佛左上方飞天

轮菩萨摩诃萨"，还有一身无题记，菩萨名未知。这六身菩萨从其头光与衣饰披帛上来看，可分为两类，体现出两类不同的风格。一类为佛左右两侧对称出现的第一、三身菩萨，均具有圆形头光，头光以尖角、莲花瓣为饰，戴宝冠，缯带有流苏和坠饰垂至臂肘，佩耳珰、项圈、璎珞、臂钏、手镯，其中臂钏缠绕花枝、手镯缀环，裸上身，斜披络腋，具有左右对称呈"S"形下垂的帛带，下系长裙，面向主尊双手合十，跣足立于双莲上（图4-2-14）。另一类为佛左右两侧对称出现的第二身菩萨，即大势至与如意轮两菩萨，此二菩萨具有莲花瓣图案装饰的圆形头光，戴宝冠，佩耳珰、项圈、璎珞、手镯，裸上身，长裙曳地，面向主尊双手合十，跣足立于双莲上。与前四身菩萨明显不同之处在于肩披较宽的帛巾，帛巾自然下垂，上身裸露不明显，具有传统菩萨特征（图4-2-15）。

塔门上方、两身飞天后方绘茶花图案。

塔内下层为壶门，内绘火珠图案。壶门高0.15、宽0.18米（图4-2-16）。

综上所述，塔内与门正对的西壁绘一佛，佛头上宝盖，宝盖两侧各一身

图4-2-14　主尊佛右侧菩萨

图4-2-15　主尊佛左侧菩萨

图4-2-16　老君堂圆锥顶小塔内下层壶门

散花供养的飞天。佛两侧分别绘文殊菩萨与普贤菩萨，这两大菩萨对称出现于佛两侧说明主尊为释迦佛。其他还有大势至、如意轮、常不轻菩萨以及一身不知名菩萨。整体来说，小塔内环壁绘出了一铺释迦说法图。

2. 年代问题

关于小塔的营建年代，前文已述，有宋初说，五代至宋说，也有西夏说。关于归义军晚期、回鹘、西夏石窟的断代问题，学术界一直众说纷纭，因而这一时期石窟的断代也是一大难题，相关论文较多，此不罗列。显然从壁画风格来说，小塔也属于这一段历史时期，至于具体归于哪一时期，笔者认为应该营建于北宋曹氏归义军晚期，大约在曹宗寿统治敦煌时期及前后一段时间（1002—1014年），试从以下几个方面进行讨论。

首先是菩萨。说法图中六身菩萨的头光很有特色，从菩萨的佩饰、头光等，我们可将其分为两类：其中有四身即佛左、右两侧依次第一、三身，菩萨的帛带左右对称呈"S"形下垂翻卷，头光为尖角加莲花瓣图案；另外两身肩披帛，帛巾呈"U"字形于身前，头光为莲花瓣图案。可以看出，这是两类不同风格的菩萨在壁画中交错绘出，从美学角度来说，可避免雷同，显得错落有致，婀娜多姿。这种特色的菩萨出现于归义军晚期的敦煌石窟之中，是比较流行的绘画内容，常常绘于甬道两侧或者主室下部，如莫高窟第256、263、328、400等窟。从用色来说，小塔中的菩萨，大量使用了蓝色与绿色，色调清雅，与莫高窟第152窟最为接近。从头光的装饰风格来说，与第256、263、328窟最为接近，第256窟重修于慕容中盈的孙子慕容言长时，其应与曹宗寿是同辈同时期人[1]。

其次，塔内壁画中出现的几组花纹。主尊佛前供案上铺的经巾，上绘四瓣花，中心有花蕊，周围为呈放射状的针形叶片。这与莫高窟第55窟密严经变中主尊佛前供桌上的经巾纹饰相同。第55窟根据供养人题名判断窟主是曹元忠，又据"推诚奉国保塞功臣"的称号，可以确定是北宋窟[2]。

塔内穹隆顶上的华盖，中心为莲花，从内向外依次为几何纹、茶花纹，最外层为倒串花形流苏。倒串花形流苏是北宋归义军晚期洞窟所常见的装饰图案。四个一组向下串起来的花朵流苏于龛顶自然下垂，形成一个圆形伞盖式龛顶图案。这种流苏还见于莫高窟第130、152、328等窟洞窟四壁上部，莫高窟第256窟主室窟顶，慈氏塔内塔顶等，另外，榆林窟第13、14等窟中也有这种流苏图案。莫高窟第130窟的表层壁画在北宋曹宗寿时期重绘[3]，莫高窟第152、328窟，榆林窟第13、14窟均营建或重修于五代、宋时期。因而这是五代、宋时期的常见纹样。

———————

1　贺世哲：《从供养人题记看莫高窟部分洞窟的营建年代》，《敦煌莫高窟供养人题记》，文物出版社，1986，第232页。

2　贺世哲：《从供养人题记看莫高窟部分洞窟的营建年代》，《敦煌莫高窟供养人题记》，文物出版社，1986，第227页。

3　贺世哲：《从供养人题记看莫高窟部分洞窟的营建年代》，《敦煌莫高窟供养人题记》，文物出版社，1986，第231页。

再者，主尊佛供案上的香炉与净瓶，是宋代壁画中常见的样式，如出现于莫高窟第4、55、454等窟中。这种香炉高圈足，顶部装饰火珠，炉身用线刻画出花纹；净瓶圈足，顶部是莲花纽。

最后，也是最重要的一点，从用色上来讲，整个塔内壁画的颜色以蓝色、绿色及黑色（变色）为主色调，五官及肢体裸露处以土红色勾线。主尊佛的肉髻用了非常醒目的蓝色，颜色较深，也较为厚重，这种蓝色也是曹氏归义军晚期洞窟大量使用的颜色，与莫高窟第152窟甬道的十方佛及大菩萨用色相近。另如莫高窟第154窟东壁门上说法图中的佛、菩萨、弟子头部以及他们的头光、身光均使用了蓝色颜料。学界关注到曹氏归义军晚期回鹘化的问题[1]，杨富学先生认为崇尚蓝（绿）色是回鹘文化的典型特征之一，尚蓝与回鹘的敬天习俗息息相关[2]，这种蓝色颜料的应用，实际上就是回鹘化的一个表现。

通过以上分析，塔内壁画具有北宋的特色，而从整体考虑，小塔应建于北宋曹氏归义军晚期，大约在曹宗寿统治敦煌及前后这一段时间。

3. 老君堂溯源

老君堂，从其名称便可知晓，是一处道教场所，目前仍有修道之人在此居住。夏鼐先生在《敦煌考古漫记》中记载："堂中有一铁碑，是1933年前清拔贡朱永镇所撰的《创修三危山老君堂碑记》。堂内供养太上老君像。山腰有一殿叫做三教殿，也是民国年间所建。"[3]夏鼐先生所说的存有铁碑的

1　陆庆夫：《归义军晚期的回鹘化与沙州回鹘政权》，《敦煌学辑刊》1998年第1期，第18—24页；冯培红：《敦煌的归义军时代》，甘肃教育出版社，2013，第444—454页；刘永增：《敦煌"西夏石窟"的年代问题》，《故宫博物院院刊》2020年第3期，第12页；赵晓星：《关于敦煌莫高窟西夏前期洞窟的讨论——西夏石窟考古与艺术研究之五》，《敦煌研究》2021年第6期，第11页。

2　杨富学：《莫高窟第409窟的营建时代与民族属性——兼评西夏说与西州回鹘说》，《美术大观》2022年第2期，第45页。

3　夏鼐著，王世民、林秀贞编：《敦煌考古漫记》，百花文艺出版社，2002，第78页。

堂位于山顶，坐东北朝西南，西偏南26°，海拔1781米，北纬40°2′19″，东经94°54′27″；堂长557.5、宽398厘米。堂以青砖砌成，拱形门，门上部砖雕"浑元一炁"四字，顶前部为横券顶，后部为纵券顶，内供奉老君像及二童子（图4-2-17、图4-2-18）。堂内、外铺花砖。铁碑原存于堂内北壁，嵌入以青砖砌成的阙形龛内。阙通高246、宽75、厚27厘米；龛内高147.6、宽47厘米（图4-2-19、图4-2-20）。

铁碑现存敦煌研究院，编号Z.01418，碑高121、宽45、厚0.4厘米。碑首阴刻双龙戏珠，下刻花草，中书"永垂不朽"四字，碑首、碑身中、碑身下左右对称各有圆孔，5处残存固定用的铁钉。夏鼐先生曾录碑文[1]，查原碑，

图4-2-17　老君堂正殿（三教殿）与山顶的老君堂（笔者2006年拍摄）

1　夏鼐：《夏鼐日记》卷三，华东师范大学出版社，2011，第220、221页。

图4-2-18　老君堂外部照片（笔者拍摄）

图4-2-19　老君堂内砖砌阙形龛（笔者拍摄）　图4-4-20　敦煌研究院藏Z01418老君堂铁碑
（笔者拍摄）

夏鼐先生所录有部分未录出（后面署名部分），也有数字录文有误（括号中为夏鼐先生录文），现重新校录如下：

创修三危山老君堂碑记

经藏隋唐、名动欧美，为敦煌古迹之一者千佛山也。其东南诸峰三危最古（大）即禹贡三危，既宅是也。岗领四合，石径盘曲，游者（人）登临上下四五里。迹山口东道坦平如砥，行十里为观音井。由是履巉步峻约六七里，但见日近云低，高并三危之山者，老君堂也。峭石四壁，清泉一池，有殿焕然建于堂下者，三教殿也。作堂殿者谁？大方丈李理全、其徒侯宗信也。发起者谁？朱刘二善士也。溯其师徒于民十一，从博克达（达克）山云游来敦卜危山之阳，棲鹤古寺不过破屋数椽，残饭一箪而已，乃于修养之暇，犹能誓建老君之壮观，非有志且道者，弗克逮也。抑知老君道宗三教言著五千仙升，昆仑化被流沙，昔仙隐已彰（著）于县志，今庙祀未建（逮）于名山，非所以敬祖师而重道德也。因兹集合善士多人，起而论定，之赀助之。越八年，工乃用壮，殿宇辉煌，灵明显著矣。复购兰厅坊香火地八厘，以之修真练性，不难诞登道（彼）岸。浏览名胜者，莫不嘉其功德。爰记其要者，用垂久远云尔。前清拔贡朱永镇撰书。

经理会首　朱永吉　朱瑠　刘□德　张海　李树德　曹润　宽景桂　陆秉褚　玄门徒弟宗　徒孙赵□□　杨勤

张盘铭　胡灆　李生茂　刘玥　侯定奎　赵秀　张古祥　冯善　邓修　王其

中华民国廿二年岁次癸酉仲夏月书（谷）旦日谨立　山丹　县□团　出（抽）遄　金塔　孙□□　月自（？）□

据录文可知，老君堂及堂下的三教殿建成于1933年，由来自新疆博克达山云游至三危山的大方丈李理全和其徒弟侯宗信集合善士多人资助建成。

从夏鼐先生的记录以及碑文不难看出，老君堂实为山巅的一座建筑，并非指所有的建筑，后人以一堂之名来概称一地。碑文明确记载"由是（观音井）履巘步峻约六七里，但见日近云低，高并三危之山者，老君堂也。峭石四壁，清泉一池，有殿焕然建于堂下者，三教殿也"。也即老君堂为高并三危山的建筑，建于最高处，堂下为三教殿。这与现在的堂、殿位置一致。

老君堂现存最早的建筑遗迹就是慈氏塔与小塔，这两座塔为佛教建筑，前者塔内绘执扇弥勒菩萨与文殊、普贤菩萨像，后者内绘一铺佛说法图，也就是说，宋时老君堂已经为一处佛教圣地。而从《创修三危山老君堂碑记》可知，老君堂创建于民国二十二年（1933年），其名也始于此时。总之，老君堂原为佛寺，后改作道观。

敦煌历史上，三危山内有寺院遗存。写于晚唐时期的S.788V《沙州志》有"欠三峗山古迹事、乐僔事"[1]，表明三危山内在晚唐时便有古迹存在。在三危山和尚沟现存一处佛寺遗址，刘玉权先生认为可能是莫高窟第108窟窟檐南壁题记中的"三危圣王寺"[2]。S.3937V记董保德功德中有"又三危山建法华塔一所"[3]，不知此法华塔建于何寺院。

距离老君堂较近的遗址是观音井，内有民国六年（1917年）木碑记载："城东四十里有千佛洞……东又三十里有观音大庙一座，多历年所……庙前石井，水澄味甘，是菩萨修真养性之处。石板上留手印两迹，今焕然如新，故井名观音井也。"[4]封面有道真署名、写于五代后期的敦煌地志S.5448号《敦煌录》有："南山有观音菩萨曾现之处，郡人每诣彼，必徒行来往，其

1　中国社会科学院历史研究所、中国敦煌吐鲁番学会敦煌古文献编辑委员会、英国国家图书馆、伦敦大学亚非学院：《英藏敦煌文献（汉文佛经以外部分）》第2册，四川人民出版社，1990，第165页。

2　刘玉权：《敦煌三危山和尚沟古佛寺遗址踏查记》，《敦煌研究》1999年第3期，第1—4页。

3　中国社会科学院历史研究所、中国敦煌吐鲁番学会敦煌古文献编辑委员会、英国国家图书馆、伦敦大学亚非学院：《英藏敦煌文献（汉文佛经以外部分）》第5册，四川人民出版社，1992，第215页；王惠民：《〈董保德功德记〉与隋代敦煌崇教寺舍利塔》，《敦煌研究》1997年第3期，第69—83页，有录文。

4　夏鼐：《夏鼐日记》卷三，华东师范大学出版社，2011，第219页。

恭敬如是。"[1]老君堂与观音井相距不远，二者之间必有关系，但《敦煌录》未见相关描述，想来此时还尚未营建，这与老君堂内的最早建筑不早于宋代相吻合。

另外，在殿、堂内，现遍铺花砖，通往塔、堂的小道上，也可见残砖。花砖是早期佛教建筑遗留下来的建筑构件，属于旧物再次使用，可为早期佛教遗址提供断代依据。在三清殿外廊下，出现了十一、十二卷瓣莲花纹花砖。山巅的老君堂内、外也铺满花砖，经笔者调查，主要有八瓣莲花云头纹砖、十一卷瓣莲花云头纹砖、十二卷瓣莲花云头纹砖、宝珠火焰纹砖四种，其中桃心十二卷瓣莲花纹砖最多，其次为十一卷瓣莲花纹砖，八瓣莲花、宝珠火焰纹砖只有一方。十一、十二卷瓣莲花云头纹与八瓣莲花云头纹均出现于宋代[2]，由于目前学术界对于西夏石窟的重新认定，带有飘带的火焰宝珠纹砖事实上也应出现在敦煌北宋时期。综上，从花砖花纹分析，老君堂最早应建于宋代。

4. 结语

通过对三危山老君堂西侧小塔的考察，全面了解了塔外、塔内情况。塔外部整体为圆柱形，顶为圆锥形，塔内为穹隆顶，平面圆形，塔门前有门廊；塔内供奉木雕莲花座坐佛一尊；塔顶绘莲花华盖，上部两身飞天，环壁为一佛、六菩萨组成的佛说法图。

由塔内壁画的风格出发，并与莫高窟壁画相比较，认为塔应该建于曹氏归义军晚期。通过历史追踪，参考老君堂遗留的花砖，认为老君堂始建于宋代，原应为某某寺，而老君堂实为修建于1933年的山顶堂，随着时间的流逝，原寺名已不可知，现在以一堂之名概称一地。

1　中国社会科学院历史研究所、中国敦煌吐鲁番学会敦煌古文献编辑委员会、英国国家图书馆、伦敦大学亚非学院：《英藏敦煌文献（汉文佛经以外部分）》第7册，四川人民出版社，1992，第93页。

2　参见殷光明：《敦煌画像砖》，人民美术出版社，1990。

清代以来，道士占有佛教寺院的情况颇为普遍。史岩在其《阳关探访记》中记调查敦煌西千佛洞的情况，当时西千佛洞由道士管理，"道士秋去春来"[1]。书中总结了关于自清以来关外诸石窟的情况，认为这一时期各个石窟已被道士所占据，而敦煌则是以月牙泉为中心，各个寺窟派有道徒经营管理："关外诸石窟群，自清以来率被羽流侵占，释种几绝其迹。敦煌道教以月牙泉为中心，各地寺窟咸由其派徒经管，此处亦然。惟可怪者，各洞不见道像，殆为道而僧者。噫！今之道释原属一家，但得香火地产可资坐食，并有偶像以供招徕，便可糊口无所忧，何消论其释迦、老子哉。莫高、榆林诸窟道人多好毁佛迹而兴道像，此处则不尔，幸矣。"[2]

二、圆形土塔

圆形塔位于老君堂大殿右前方小山另一凸出的平台上，在方形土塔的西边，两塔相距不远，隔崖相望，有小道相通。海拔1745米，坐标北纬40°02′351″，东经94°54′475″。塔由台基、塔身、塔刹构成，通高约3.3米。塔底以石块起基，西高东低。塔身圆形、覆钵状，塔刹为葫芦形（图4-2-21、图4-2-22）。

塔内穹隆顶，地面至顶高1.3、直径1.13米。东南方向开圆拱门，东偏南12°，门高0.55、宽0.32、厚0.27米，高出台基0.2米。塔内无壁画，存一弧形台，台上放置披红布的塑像一尊、碑匾一方及其他一些近现代物品。碑匾木质，上贴黄色纸质、黑色印刷体的纸符，内容上为《白衣大士神咒》，中间版画，下为《印送灵》，全为竖行书写（图4-2-23、图4-2-24）。

1　史岩：《阳关探访记》，《史岩文集》，中国美术学院出版社，2007，第17页。

2　史岩：《阳关探访记》，《史岩文集》，中国美术学院出版社，2007，第17页。

图4-2-21　老君堂圆形土塔

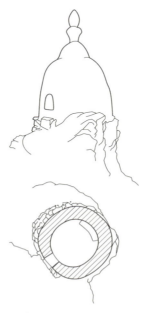

图4-2-22　老君堂圆形土塔示意图（赵蓉绘）

图4-2-23　老君堂圆形土塔内供台

图4-2-24　老君堂木质碑匾

木质碑匾录文：

　　白衣大士□□

　　……士神咒

　　□□大慈大悲救苦救难广大灵感

　　观世音□萨三称三拜

　　南无□　南无法　南无僧　南无

　　救苦救难观世音菩萨　怛只哆

　　唵□伽罗伐多　伽罗伐多

　　伐多　罗伽伐多　罗伽伐多　□

　　□□　天罗神　地罗神　人离难

　　……一切灾殃化为尘　南

无摩诃般若波罗蜜

……咒诵五十遍点一圈旁圈满共一万二

……千二百张为一愿所求必应

斋月　二月初八　二月初七　三月初三十三　朔望
　　　　　　　　　　　初九　　　　初六十六

四月念二　五月初三　六月十六十八　照例
　　　　　　十七　　　　十九念三

七月十三　八月十六　九月十九
　　　　　　　　　　□三

初二……

印送灵

云□虔送白衣咒一万一千遍……

拜诺顿□虔诵圆满病愈

清沈映奎于友人家怀白衣经一卷归。渡江过风舟
覆。同人皆没。奎浮沈水中……者……岸……怀
中经力。斋诵终身。

清……虔诵白衣咒装檀香大……供
奉……几论……连砍三□俱幽奉？

闻……当众□令家人造观音
像……三万皆折……言恐是观……及
看像项有三道痕。因奏免。

清常州柏万安乐善不倦乾隆时母……

归母气绝众治棺衾安悲恸□大士诵……

千遍愿将已寿益母母竟更甦数……

□云历□地域隍再诣东狱……

□贷汝死遂放还安……修净业后得生

清王氏女常熟人素持白衣……

根据塔内塑像、碑匾等一些现存物，我们推断此塔为清代或民国时塔。

三、方形土塔

方形土塔位于老君堂大殿右前方小山凸出的平台上，建于原慈氏塔东侧，两塔在同一平台上。海拔1731米，坐标北纬40°02′353″，东经94°54′486″。塔由塔基、塔身、塔刹三部分组成，通高3.2米。塔基高1.52米，以石作基，以土、砾石为材料，或夹杂以条砖。塔身为方形，高1.68、外部边长1.22米。刹顶作两宝珠形，残破处明显可见塔刹下有两方砖平砌作垫。南向开门，门为双券圆拱形，内门高0.57、宽0.32、厚0.05米；外门高0.9、宽0.46、深0.27米（图4-2-25）。

塔内部为覆斗形顶，顶用土红上色，地面至顶高1.36米。塔内南、北壁长0.75米，东西0.86米，北壁前塑一尊老君坐像，身披红布，其身后正壁为墨画整齐排列的山峰及山上小树，两侧壁也为墨画，内容为太阳与鹿，太阳与鸟等（图4-2-26、图4-2-27）。

根据塑像及壁画可知，此塔为清代或民国时所修的道教塔。

图4-2-25　老君堂方形土塔外观

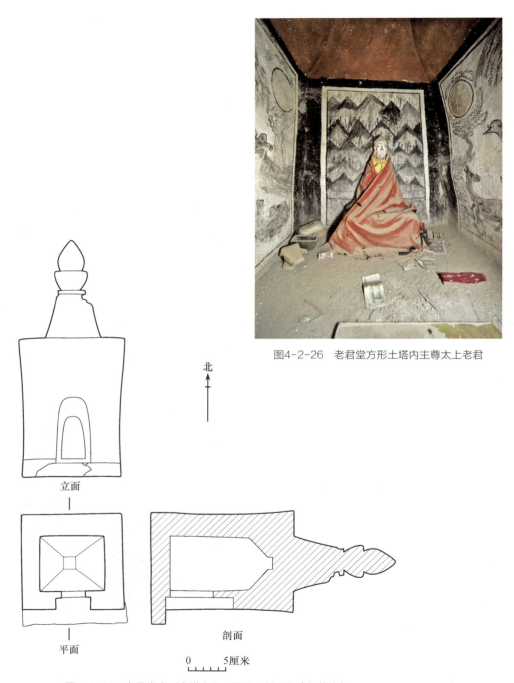

图4-2-26 老君堂方形土塔内主尊太上老君

北

立面

平面

剖面

0 5厘米

图4-2-27 老君堂方形土塔立面、平面、剖面图（赵蓉绘）

第三节　观音井后山山顶塔和王母宫砖木塔

一、观音井后山山顶塔

观音井后山山顶有一座覆钵式塔，王母宫有一座砖木结构的塔，这两座塔位置分散且路途遥远，因而合归于本节。

观音井后山山顶现存一座土石结构的塔，塔由土坯、石块、方砖混合砌成。塔旁边还有一座人字披顶建筑，内供奉现代佛像与观音像。塔由塔基、覆钵、塔刹组成。海拔1579米，地理坐标北纬40°02′005″，东经94°52′254″。塔总高约5米，塔上挂满风马旗，有些与旁边人字披建筑的屋檐相连，大部分自塔顶悬垂而下，在地面上系以石块固定。塔外表残损严重，表面泥皮几乎无存，塔基下部还可见零星白灰。塔基为圆桶形，下大上小，开一木门，门高出地面0.82米，木门高约0.6、宽约0.47米；覆钵上正上方也开一方形小龛，与塔基门同一方向。覆钵下方砌两层青砖，上一层青砖转角处还有兽面形瓦当装饰，与南天门檐上的原瓦当相同。塔刹葫芦形，有木质刹心柱（图4-3-1）。

图4-3-1　观音井后山土石结构的塔

二、王母宫砖木塔

王母宫塔位于三危山山顶主峰，海拔1846米，塔前还有一座王母宫殿，宫殿坐东朝西，殿门上方有一方牌匾，上书"王母宫维修纪念、危峰瑶池、一九九四年春"等字样，下方署维修出资人以及书写人名等，由此牌匾可知，王母宫于1994年春进行了维修（图4-3-2、图4-3-3）。《山海经》卷2《西次三经》曰："又西二百二十里，曰三危之山，三青鸟居之。是山也，广员百里。其上有兽焉，其状如牛，白身四角，其豪如披衰，其名曰徼徊，是食人。有鸟焉，一首而三身，其状如鸐，其名曰鸱"[1]，三青鸟为西王母驱使，负责西王母的饮食。

《山海经》卷11《大荒西经》记："其下有弱水之渊环之，其外有炎火之山，投物辄然。有人，戴胜，虎齿，有豹尾，穴处，名西王母。"[2]经郭璞的注解，三青鸟或三足鸟以及西王母与敦煌的三危山有了关系[3]，因此关系，三危山上修建了王母宫。王母宫有记载由道士王永金于民国十七年（1928

图4-3-2　王母宫砖木塔

1　袁珂校注：《山海经校注》，巴蜀书社，1992，第64页。
2　袁珂校注：《山海经校注》，巴蜀书社，1992，第466页。
3　郑雨：《三危山与西王母》，《文史知识》1988年第8期，第124页。

图4-3-3　王母宫宫殿正面门上重修牌匾

年）重建，峰顶原有寺塔废址，始建年代不详[1]。

　　塔为三层多边塔，飞檐翘角，蔚为壮观。第一层为砖、石、土、木结合，塔心底层砖石砌成，柱为砖石，壁面为土坯砌成，顶层为砖，外檐廊有木柱，檐下斗栱，普柏枋出头；第二、三层为木结构，第二层塔心与外檐廊均立有木柱一圈，第三层六角无外檐廊，攒尖顶，上铺筒瓦、滴水，每一条脊上伏一砖雕龙；塔刹顶有圆珠及龙头。塔内设有可登临的木梯。

　　敦煌市博物馆收藏有一座北凉石塔（图4-3-4），1981年5月出土于敦煌三危山王母宫正殿土筑供桌内，向达《记敦煌出六朝婆罗谜字因缘经经幢残石》记："原石大概是1928—1929年左右，发现于千佛洞南之老君堂，后为当时敦煌士绅埋之于千佛洞对面三危山上王母宫后阁下"[2]，也即塔原在老君堂，20世纪20年代埋于王母宫供桌内，1981年发现后，藏于敦煌市博物馆。

1　吕钟修纂：《重修敦煌县志》，甘肃人民出版社，2002，第26页；季羡林主编：《敦煌学大辞典》，上海辞书出版社，1998，第310页。
2　向达：《记敦煌出六朝婆罗谜字因缘经经幢残石》，《向达先生纪念论文集》，新疆人民出版社，1986，第18页。

图4-3-4　出自三危山王母宫正殿供桌内的
北凉石塔（现藏敦煌市博物馆，编号：1340）

殷光明《敦煌市博物馆藏三件北凉石塔》有详细的考证研究[1]。石塔覆钵形，结构完整，有不同程度的残损，通高36、底径12.7厘米。塔基八面，高7厘米，分上、下两层，上层刻《增一阿含经·结禁品》经文；下层减地平雕刻立像8身，其中4身残损，每一身像的右上角刻一八卦符号。覆钵形塔身上刻8个圆拱形龛，龛内雕刻禅定坐佛七尊，交脚坐弥勒造像一尊。相轮5层，向上渐收，相轮上为覆莲伞盖。塔基下有榫头，说明塔基下原有塔座。

1　殷光明：《敦煌市博物馆藏三件北凉石塔》，《文物》1991年第11期，第79、80页。

第五章

敦煌莫高窟成城湾土塔及其他遗址

从莫高窟沿着窟前宕泉河向南逆流而上，进入南面山谷，由于地形原因河流在此改向转弯，形成一个天然水流弯道，这一段河谷被称为成城湾。敦煌文献Ch.00207《宋乾德四年重修北大像记》记载曹元忠及其夫人凉国夫人浔阳翟氏于乾德四年重修北大像时住于南谷："大王、夫人于南谷住至廿四日……夜间大王、夫人从南谷回来。"成城湾在莫高窟之南，因而当时也称为南谷。在成城湾河谷，有一处台地，现存两座土塔及一座土方城（图5-1-1、图5-1-2）。

成城湾土塔现存两座，一座规模较大，萧默先生根据其形状认为与河北正定广惠寺俗称"华塔"的塔相同，而将其称为华塔，我们在此从之。另一座规模较小，其造型与大华塔相似，也属于华塔类，为区别起见，暂以小华塔名之，较大的一座则为大华塔（图5-1-3）。

第一节　成城湾大华塔

一、大华塔概况

大华塔与方城与小华塔相比，地势略低，靠近河边。海拔1364米，北纬40°01′393″，东经94°48′593″，塔坐东朝西，西偏北10°。塔为土坯砌成，由塔基、塔身、塔刹三部分组成，塔基、塔身八面，塔刹莲花状，总高约10米。

图5-1-1 莫高窟与成城湾位置图（自南向北拍摄）

图5-1-2 成城湾大华塔、方城、小华塔位置图

塔基平面八角，两层须弥座（共5层），最下层底宽5.94、边宽2.3米，最上层底宽4.97米；塔基高度不同，东南低，西北高，靠河道一边最高为2.15米，最下层随地形有所增减，平均高度60厘米左右；自下而上第2—4层高度分别为25、32、14、29厘米；内收各层绘红色壸门，壸门内有花卉、火珠等；转角处塑力士，现存东南角一身，高30、宽55厘米。外凸各层上方泥塑莲瓣，外向表层损坏严重。最上一层即塔基与塔身衔接处，是一圈圆钉，上方残损严重。

塔身也为八面，高2.5米，转角处塑多棱柱，柱下有覆莲座。四正面开门，其中西向开拱形门，拱门高2.14、进深0.87、宽0.73米，其他三面开假门，火焰形门楣，假门高1.44米，上窄下宽，底部宽0.62米，内凹深0.07米。假门两侧有双龙戏珠浮塑，火珠在门楣之上正中，双龙塑于门两侧。塔身上部浮塑斗栱、云纹图样（图5-1-3）。塔身另四斜面原有塑像，现已毁，下方残存木柱，壁面残存飘带、头光，应为天王塑像残留。

塔身之上叠涩出檐，分上、下两部分，上部为仰莲瓣，下部两层向下叠涩内收。塔顶八面起脊。

塔刹整体呈莲花状，刹底为束腰仰覆莲，塔刹总高约4.04米。塔刹由莲瓣组成，共7层，每一莲瓣上建有方塔一座，西向面现多已残损。据萧默先生记录："下三层每层十六瓣，各瓣高低相间并上下相错，在每一个高瓣上各立小方塔一座；上四层每层减为8瓣，亦上下相错并各瓣均立有小方塔，总计共80瓣，56塔。"[1]刹顶正中有一较大方塔，东向开门。刹顶有一木质刹杆（图5-1-4—图5-1-5）。

华塔塔刹莲瓣之上建小塔。小塔为方形单檐塔，塔身正面开拱形塔门；塔檐方形，檐下方以红线绘椽子；塔刹中心为尖柱状刹杆，四角山花蕉叶。有的塔身侧面另绘红色拱形塔门，门两侧绘花草，门上绘红色仿中式建筑的斗栱（图5-1-6、5-1-7）；大莲瓣之间的空隙处绘高僧坐像或莲花刹顶的小塔（图5-1-8、图5-1-9）。

1　萧默：《敦煌莫高窟附近的两座宋塔》，《敦煌研究》1983年创刊号，第95—101页。

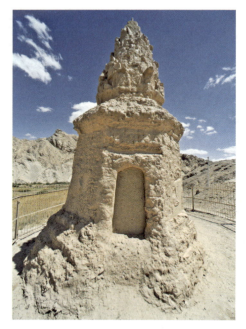 

图5-1-3 成城湾大华塔正面　　　　　　　　图5-1-4 成城湾大华塔侧面

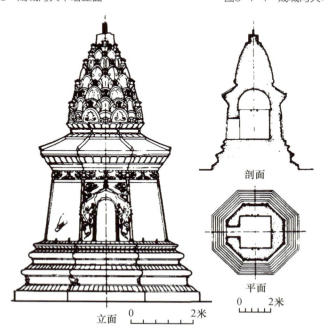

剖面

平面

立面　　0　　　2米　　　　0　　　2米

图5-1-5 成城湾大华塔立面、平面、剖面图

（采自《敦煌莫高窟附近的两座宋塔》插图2）

图5-1-6　大华塔莲瓣上的彩绘小方塔

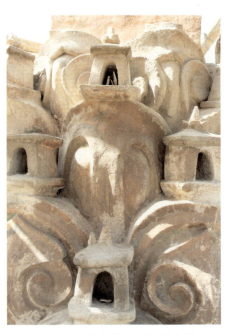

图5-1-7　大华塔莲瓣上的小方塔

图5-1-8　莲瓣之间的高僧像

图5-1-9　莲瓣间的莲花刹顶小塔

　　俄国奥登堡考察队不仅到过莫高窟，还来过成城湾，在成城湾拍摄了一些照片。我们从其拍摄的照片中，可以了解当时塔的一些情况。当时大华塔的天王塑像虽然有些残破，但还保存在塔外：一身天王存左腿与战裙，右腿仅剩用以塑像的木棒；另一身头与双臂已失，腰系战裙，裙裾呈半圆形，边缘百褶样，腿上绑腿（图5-1-10—图5-1-12）。1943年，李约瑟也到访过成城湾，并拍摄有照片，从照片可知，东南向斜面的塑像已毁，东北向斜面的塑像仍在（图5-1-13）。

图5-1-10　1914年俄国奥登堡考察队拍摄的成城湾大华塔与旁边的清代卡房
［采自《俄藏敦煌艺术品（俄罗斯国立艾尔米塔什博物馆藏）》Ⅲ，图版458］

二、大华塔塔内

　　塔内平面方形，东西长2.17、南北宽2.03米。穹隆顶，塔内地面至顶高4.46米，塔顶南、北下部近塔身处各有两个对称的方形孔洞，推测当时有木梁，用于悬挂钟。方形塔身，高2.81米，下部表层壁面脱落。塔内西北角有一高1.56、深0.2米的烟道，可知塔内曾经取火，导致塔内壁画熏黑严重。壁面现有9处较大的切割与破损处，还有各种人为刻画与题写。塔基转角处墙内有红柳枝，可知，塔基内以红柳加筋，使之牢固。塔内地面为松软的土石，

图5-1-11　1914年俄国奥登堡考察队拍摄的
成城湾大华塔（东南方向）
［采自《俄藏敦煌艺术品（俄罗斯国立艾尔米
塔什博物馆藏）》Ⅲ，图版456、图版454］

图5-1-12　1914年俄国奥登堡考察队拍摄的
成城湾大华塔假门与两侧面天王（南向面）
［采自《俄藏敦煌艺术品（俄罗斯国立艾尔米
塔什博物馆藏）》Ⅲ，图版457］

图5-1-13　1943年李约瑟拍摄的成城湾大华塔
（采自《李约瑟的中国摄影集》—敦煌，1943）

墙壁下层有露出土坯的无壁画面，高约50厘米，应是原塔基地面所在处。可见，塔基已经盗挖，不是原地面。

拱形门上绘花卉图案，红色花朵，黑色（变色）叶子，还有汉文、回鹘式蒙古文、俄文游人题刻（图5-1-14）。

穹隆顶壁画。塔顶正中绘一华盖。华盖共由7层圆圈与外部垂幔组成，由内向外，最中心为团龙，外层是十六瓣莲花，第三圈是三角内团花图案，第四圈为连珠纹，第五圈为回形纹，第六圈为花枝纹，第七圈为连珠纹，再外是垂幔。垂幔内饰三朵五瓣花倒串而成的花饰。垂幔下绘飞天，身形灵动，帛带飘飞，身下流云，其中一身吹奏排箫。飞天下方绘制一圈坐佛，坐佛头上华盖，一侧为榜题框（图5-1-15）。

四壁壁画。塔内四壁都是各种密密麻麻的刻划，又因烟熏严重，壁画辨析困难。从整体来看，北、东、南三壁均绘一佛二菩萨说法图，画面中有净

图5-1-14　成城湾大华塔拱形门

图5-1-15　成城湾大华塔塔内穹隆顶壁画

水楼阁，西壁门两侧绘文殊与普贤菩
萨，具体经变内容笔者将另文详述。四
壁转角边绘竖条三道，线条红色，中间
竖条内为团花图案，两侧竖条内绘连珠
纹（图5-1-16）。

　　正壁（东壁）绘说法图，其中西北
角绘一身菩萨，具圆形头光与身光，结
跏趺坐，前有供桌，桌上正中铺设绿
色经巾，上饰团花纹，桌上摆放一香
炉、二净瓶。说法图下方是一排大菩萨
（图5-1-17）。

　　前辈学者对塔内情况有零星记载。
根据萧默先生的记载，塔内有小方室，

图5-1-16　成城湾大华塔塔内东南角壁画

图5-1-17　成城湾大华塔塔内东壁右下角壁画

无塑像，圆穹顶，顶上绘以盘龙为中心的华盖，以及千佛等，三壁有经变画，但熏黑严重，左、右壁各有两个小洞，推测曾用作钟塔。现将其文援引如下：

　　塔内有小方室，园穹顶。室内已严重熏黑，隐约可辨有壁画，不开门的三面各绘经变一铺；园穹顶绘华盖，中心是盘龙，以下依次是卷幔，团花，回纹，卷草及垂幔；在华盖和经变画之间是流云千佛及垂幛垂铃，显然全是北宋风格。

　　从东壁也是经变画并未画出坐佛背光头光以及地面无佛座迹看，室内应原无塑像。室内左、右壁上部各有小洞两个，估计原有两条横枋，枋下应悬钟一口，故此塔原作钟塔用。[1]

1　萧默：《敦煌莫高窟附近的两座宋塔》，《敦煌研究》1983年创刊号，第98、99页。

三、关于华塔及年代问题

萧默先生将此塔的年代定在960—1000年前后的宋代，更具体到宋代乾德四年（966年），比慈氏塔早，并认为此塔与敦煌文献Ch.00207号《宋乾德四年重修北大像记》记载的归义军节度使曹元忠及其夫人凉国夫人重修北大像时所做"福田遍谷"的功德有关[1]。

榆林窟第3窟东壁绘有一座塔，塔顶与成城湾华塔塔顶颇为相似。榆林窟第3窟的塔，其内容属于八塔变之一的降魔塔，塔内主尊为塑像形式的释迦，塔左、右两侧绘魔众包括魔王的三个女儿。塔形属于华塔类，塔基为方形须弥座形。须弥座壸门装饰各种图案，力士等。

塔身为多重十字折角的须弥座形，塔身下方两侧各有一身菩萨，塔身上部渐收，形成十字折角的平头。塔顶与成城湾华塔相似，由四层莲瓣组成一个大莲花，每个莲瓣之上有一方形小塔，塔身开门，内未见坐佛，下有须弥座，上有莲花状塔刹；莲心正中为一较大方塔，塔内有一坐佛，塔檐单层，下斜，有檐脊四条，刹顶为以莲花装饰底部的宝瓶；大莲花下为外饰云纹的覆钵状刹基，两侧各有塔一座，造型如上述大方塔，内亦有一坐佛。塔刹两侧各有一条彩幡呈波浪状垂下直至塔身。

据孙毅华、孙儒僩描述："花塔塔身呈多重'亚'字形平面的须弥座式，塔顶四隅各有一座小塔。中心塔刹是四层莲花瓣，层层莲瓣上又有一小塔，花蕾中间的大屋顶单层塔上，以宝珠状塔刹结束"，并认为"这是敦煌壁画中仅有的花塔形象"[2]。

塔前主尊塑像坐折角须弥莲花座，身着红色偏衫，左手于腹前，右手扶于右膝作降魔印，右、右迦叶、阿难两身弟子像（图5-1-18）。

1　萧默：《敦煌莫高窟附近的两座宋塔》，《敦煌研究》1983年创刊号，第100页。
2　孙毅华、孙儒僩：《解读敦煌——中世纪建筑画》，华东师范大学出版社，2016，第73页。

图5-1-18　榆林窟第3窟东壁降魔塔

另外，与成城湾华塔塔顶相似的现存实物中，还有丰润车轴山寿峰寺砖塔、五台山佛光寺附近的果公和尚塔、正定广惠寺华塔、北京丰台区长辛店镇的镇岗塔及北京房山区万佛堂花塔等。

河北唐山丰润区车轴山寿峰寺药师灵塔，用砖砌成，始建于辽重熙年间（1032—1054年），明成化十六年进行过维修。塔高27米多。塔基为须弥座，塔身八角形，实心，塔身东西南北四方砖雕格扇门，其余四方均有一尊砖雕佛像，塔檐由仿木砖雕斗栱托起，上置八层小塔龛，每一小塔龛内有一佛[1]。

河北广惠寺华塔，主塔四层，最上一层为锥体状、共有7层，以层为单位，塑出各种形象，最下层转角处为力士承托莲瓣，向上依次为龙首、狮子、大象、菩萨等，各自承托一方台（塔）。此塔始建于唐代，现存为金大定年间（1161—1189年）重修后的重要遗存，明、清时又有修葺。

镇岗塔，位于北京丰台区长辛店镇张家坟村，金代建造，实心砖砌八角形塔，通高约18米。塔基为八面形，上部有斗栱。塔身八面，下部四正面砌假圆拱门，四斜面砌窗格，上为斗栱、飞檐。塔刹是7层方塔组成的锥状体，第一层塔为重层楼阁式塔，第二层以上为单层亭式方塔，塔内有坐佛；刹顶八角形盘盖，上有覆钵。

1　宋焕居：《丰润车轴山寿峰寺》，《文物》1958年第3期，第52、53页。

北京房山区万佛堂花塔，八角形
塔，通高约28米。塔基八角束腰有斗
栱。塔身八面，下方一正面开圆拱门，
另三正面开圆拱假门，四斜面开假窗；
上方为斗栱、飞檐。塔刹底部是八角形
有斗栱基座，上部为9层由小方塔组成
的锥状体；小方塔内有坐佛，塔下有大
象、狮子等驮塔。此塔塔身上有"咸雍
六年"（1070年）题记，可能建于辽代
（图5-1-19）。

呆公和尚塔在山西五台山佛光寺的
西北山坡上，建于金泰和五年（1205

图5-1-19　北京房山万佛堂花塔

年），高约5米，塔作六面，底部须弥座。塔身嵌有石刻铭文三块，其中正
面有"呆公惟识戒师和尚预修之塔"，东侧石铭末尾题记"泰和五年五月
二十七日智琳立石"，由此，塔名及建塔年代明确。塔身上部仿木斗栱出
檐，檐上为以大砖为单位雕出的莲瓣，绕塔垒砌数层。

从以上材料分析，这种称作华塔的建筑，流行于宋、西夏、金、辽时
期，塔顶主要由莲瓣与塔组成，也有一些其他内容，如大象、力士、狮子
等，萧默先生认为其与佛教莲华藏世界有关[1]。所有这些塔的造型之中，与成
城湾华塔塔刹更为接近的是榆林窟第3窟的塔，既有莲花，又有莲上塔，其他
的要么只有花，无塔，如五台山佛光寺西北呆公和尚塔，要么只有塔无花，
如北京长辛店镇岗塔。从地域上来讲，两塔最为靠近，也就存在一定的借
鉴。榆林窟第3窟属于典型的西夏时期洞窟，此窟的华塔造型对于敦煌地区的

1　萧默：《敦煌莫高窟附近的两座宋塔》，《敦煌研究》1983年创刊号，第100页。

华塔具有坐标作用，与成城湾大华塔的相同之处在于，其上塔刹部分皆用大莲花构成，莲瓣之上各有小佛塔一座，最上部莲心处有一较大方塔。两者的区别在于前者用绘画的形式，后者为土塔；前者的塔结构为十字折角式的藏式塔，后者则为八面的传统汉式塔；两者的塔基结构也不同，前者为四面须弥座式，后者为八面塔基；塔内主尊前者为释迦，后者未知；前者塔外无天王，后者有四大天王像。通过比较，我们认为前者更受到藏传佛教的影响，如十角折角的塔体；后者更多地受到汉传佛教的影响，如在塔檐的处理上采用了传统的斗栱形式，以及塔底的力士，塔身外的四大天王，都体现了这一特色。

　　以上所有华塔中，莫高窟成城湾华塔年代最早。成城湾大华塔因塔内出土了天禧三年（1019年）的一座陶塔，从纪年看，时代上敦煌仍用宋代纪年法，奉宋为正朔。据《辽史·圣宗本纪》记载："［辽开泰］八年（1019年）春正月……封沙州节度使曹顺为敦煌郡王。"[1]这一年，敦煌正值曹贤顺任节度使时，曹贤顺接受了辽国的赐封，成为辽国的郡王。此后一年辽遣使向曹贤顺赐衣物："［辽开泰］九年（1020年）秋七月……甲寅，遣使赐沙州回鹘敦煌郡王曹顺衣物"[2]，作为回报，曹贤顺又向辽国进贡，"［辽开泰］九年（1020年）九月……乙亥，沙州回鹘敦煌郡王曹顺遣使来贡"[3]。而在此之前，曾向辽朝贡："［开泰三年（1014年）］夏四月……乙亥，沙州回鹘曹顺遣使来贡于辽，回赐衣币。"[4]这类华塔的出现，不知道是敦煌影响了辽，还是辽影响了敦煌。总之，辽、西夏、金时期出现了较多的华塔，而以敦煌成城湾华塔时间为最早。

1　（元）脱脱等：《辽史》卷16，中华书局，1974，第185页。
2　（元）脱脱等：《辽史》卷16，中华书局，1974，第187页。
3　（元）脱脱等：《辽史》卷16，中华书局，1974，第187页。
4　（元）脱脱等：《辽史》卷15，中华书局，1974，第175页。

第二节 成城湾小华塔及其他

一、小华塔概况

小华塔，海拔1378（1328）米，北纬40°01′469″，东经94°50′556″，坐南朝北，北偏西12°。塔主要由土坯砌成，有台基、塔基、塔身、塔刹四部分，总高约3.6米。

塔底用石块砌成台基，南北2.8、东西2.84米，高0.17—0.2米。塔基作八角形，边长1.8、高0.5、宽0.27米。

土塔塔身八面，外层剥落严重。北向开圆拱门，门高1.28、宽0.44、进深0.34米。塔身每面高1.4米，下宽上窄，下0.69、上0.61米。塔檐外伸，叠涩4层，上有斜脊。

塔刹为莲花形，高约1.49米，残损严重，仅余东向两朵莲瓣（图5-2-1—图5-2-4）。

图5-2-1 成城湾小华塔正面

图5-2-2　1914年俄国奥登堡考察队拍摄的小华塔照片

[采自《俄藏敦煌艺术品（俄罗斯国立艾尔米塔什博物馆藏）》

Ⅲ，图版453]

图5-2-3　成城湾小华塔立面、平剖图（吕文旭绘）

图5-2-4　成城湾小华塔内部

二、小华塔塔内

塔内平面圆形，直径94厘米；穹隆顶，地面距顶高195.5厘米。塔内环壁有一圈台沿，距现地面32.5厘米，应为原塔基地面所在处，可见原塔基已经盗挖。

塔内壁画刻划严重。穹隆顶绘华盖，华盖由四重圆圈与垂幔组成，中心圆圈内壁画漫漶不清，其余三圈内图案相同，均绘三角内团花图案，华盖外缘是三朵倒串花朵的垂幔（图5-2-4）。

垂幔下环壁绘一坐佛、四菩萨（或六菩萨），画面模糊，现仅见圆形头光，头侧有莲花（图5-2-5）。壁画有多处切割痕迹，多为佛与菩萨头部。

图5-2-5 成城湾小华塔塔内壁画

萧默先生记录，该塔内部塔室为圆形[1]。郭祐孟先生在考察成城湾时，曾注意到小华塔："塔内仅容一人跏趺禅修，壁画残破不堪，但可从其色调、笔意等因素来推论其与慈氏之塔内壁画的风格十分接近。"[2]从郭祐孟先生2006年考察时拍摄的大华塔照片来看，当时的华塔正在搭架加固、维修之中，小华塔当时还可以进入。查保护档案，大、小华塔于2006—2007年进行了维修，之后塔门封堵。

《夏鼐日记》卷三记载1944年8月5日其在成城湾的考察："下午与向、阎二君赴千佛山南2里破城子，系清代之卡房。长宽约15米，墙垣尚完整，房屋已圯，其中筑炕之花砖，似由侧旁一古庙中检拾来者。古庙遗址有塑像残片及花砖，附近有二小佛堂，中有宋元之壁画。闻马步青曾于此掘得一天禧间庙社名单。"[3]二小佛堂指的就是成城湾的大、小二华塔，因此大、小华塔为天禧塔的出土地。

三、方城

海拔1381米，北纬40°01′355″，东经94°48′602″，城墙高2.7、厚1.4米，外围西墙长14.2、南墙长15.2米。据前述夏鼐《夏鼐日记》记载，此方城即夏鼐所记破城子，在清代时用作卡房（图5-2-6）。

四、小结

成城湾的大、小华塔的塔刹部分为莲花形，非常具有特色，现存华塔主要分布在甘肃、山西、河北、北京等地，从建塔的时间上可以看出，这种塔

1　萧默：《敦煌莫高窟附近的两座宋塔》，《敦煌研究》1983年创刊号，第100页。

2　郭祐孟：《2006中国西北石窟考察结报·石窟寺院考察篇》，《圆光大学学报》2007年第十一期，第199页。

3　夏鼐：《〈陇右金石录〉补正》，《向达先生纪念论文集》，新疆人民出版社，1986，第55、56页。

图5-2-6　成城湾方城

刹的塔流行于宋、西夏、辽、金时期。成城湾华塔，因为从大华塔中出土了天禧三年（1019年）的天禧陶塔，建塔时间明确，是现存较早的华塔。小华塔的塔形与大华塔相似，建塔年代也应相差不远。通过比较，与成城湾华塔塔形最为接近的是榆林窟第3窟壁画中的塔，这可能与两者地域接近、工匠技艺的传承等都有关系。

　　在调查时，我们还发现成城湾方城旁边，还有一座四方的用石块砌成的建筑遗迹，规模与方城相当，可能也是一座方城，长约15、宽约12.5米。小华塔旁边有一座长方形建筑遗迹，约长14、宽5米，旁边残存砖块，可能是一座塔倒塌后的遗迹。另外在成城湾还有两座地穴式建筑，其中一座深约1.7、长4.1、宽8.5米，有门。河对岸也有塔的遗迹。由此可见，成城湾曾经佛教活动兴盛，这部分内容将在后文讨论。

下篇　研究篇

第六章
莫高窟崖面上方塔相关问题研究

莫高窟崖面上方现有6座塔（堂），其中有4座塔（堂）与其下层洞窟组成塔窟组合形式的建筑群，这些塔与洞窟性质相同，是洞窟的一部分。考证塔内内容、建塔年代及相关问题对于更好地诠释下层洞窟非常重要，对于整个石窟群来讲，其重要性也是不言而喻。

第一节　《辛亥年腊八燃灯分配窟龛名数》文书中的"法华塔"考

敦煌研究院藏敦煌文书DY.322号题名为《庚戌年十二月八日夜□□□社人遍窟燃灯分配窟龛名数》，末尾签署"辛亥年"，所以应是《辛亥年腊八燃灯分配窟龛名数》，简称《腊八燃灯分配窟龛名数》。这件文书，对于研究莫高窟的石窟营建史意义非凡，在研究古代佛教、民俗等方面也具有很高的参考价值。对此文书，历来学者在文书的年代、石窟营建等方面有较多的考证，取得了突出的成绩。有些成果，得到学界的认可，但有些则不尽然，还存在一些异议，其中对文书中记载的"法花塔"，就存在不同的观点。关于此塔，当时收藏该卷文书的吴曼公先生将其录为"□花□"[1]；而与吴曼公先生在同期《文物》上发表文章，对此文书中提到的窟龛及文书的年代进行

1　吴曼公：《敦煌石窟腊八燃灯分配窟龛名数》，《文物》1959年第5期，第49页。

研究的金维诺先生，在文章中将其录为"（法）花（塔）"，并认为是莫高窟第143窟上方之塔[1]；马德先生在其《10世纪中期莫高窟的崖面概观——关于〈腊八燃灯分配窟龛名数〉的几个问题》[2]及《敦煌莫高窟史研究》中，将其录作"法华塔"，并在分析了莫高窟崖面的结构后，认为法华塔可能为莫高窟第161窟上方之塔[3]；王惠民先生在其《〈董保德功德记〉与隋代敦煌崇教寺舍利塔》一文中推测法华塔可能在莫高窟第96窟顶[4]，在《独煞神与独煞神堂考》一文中对腊八燃灯中的法华塔是否为洪辩所建"法华无垢之塔"提出了疑问，但未做出回答[5]。通过对文书仔细辨认后，笔者也认为是"法花塔"，而"花"与"华"在古代是相通的，所以《腊八燃灯分配窟龛名数》文书中出现法华塔应无异议。因而，在莫高窟历史上，崖面上毫无疑问存在着法华塔。那么此法华塔究竟是哪座塔，是否可与现存崖面上的塔相对应？带着这一疑问，笔者对莫高窟崖面之上的塔进行了逐一核对，并与文献记载相结合，提出新的见解。

一、莫高窟第143、161窟上方塔非法华塔

学者们对于文书《腊八燃灯分配窟龛名数》的考证基本已经理清了今天莫高窟的崖面布局，为我们继续研究提供了很大的方便，也提供了很好的考证方法。但是随着近年来一些考古调查和考古发掘的进行，有些无法确认的或是推测的遗迹内容也进一步厘清，比如原来认为是法华塔的莫高窟第143窟与第161窟上方塔的内容现在已经非常清楚。

在考证第143、161窟上方塔的内容之前，我们首先来对法华塔有个大概

1　金维诺：《敦煌窟龛名数考》，《文物》1959年第5期，第53页。
2　马德：《10世纪中期莫高窟的崖面概观——关于〈腊八燃灯分配窟龛名数〉的几个问题》，《1987年敦煌石窟研究国际学术讨论会文集·石窟考古编》，辽宁美术出版社，1990，第40—52页。
3　马德：《敦煌莫高窟史研究》，甘肃教育出版社，1996，第149页。
4　王惠民：《〈董保德功德记〉与隋代敦煌崇教寺舍利塔》，《敦煌研究》1997年第3期，第73页。
5　王惠民：《独煞神与独煞神堂考》，《敦煌研究》1995年第1期，第133页。

认识。法华塔，顾名思义，应与《法华经》有关。《法华经》中有关佛塔的是《见宝塔品》中的内容，根据后秦鸠摩罗什译《妙法莲华经》之《见宝塔品》记载：

> 尔时佛前有七宝塔，高五百由旬，纵广二百五十由旬，从地踊出，住在空中，种种宝物而庄校之。……

> 尔时四众，见大宝塔住在空中，又闻塔中所出音声，皆得法喜，怪未曾有，从座而起，恭敬合掌，却住一面。尔时有菩萨摩诃萨，名大乐说，知一切世间天、人、阿修罗、等心之所疑，而白佛言："世尊！以何因缘，有此宝塔从地踊出，又于其中发是音声？"

> 尔时佛告大乐说菩萨："此宝塔中有如来全身，乃往过去东方无量千万亿阿僧祇世界，国名宝净，彼中有佛，号曰多宝。其佛行菩萨道时，作大誓愿：'若我成佛、灭度之后，于十方国土有说法华经处，我之塔庙，为听是经故，踊现其前，为作证明，赞言善哉。'"

> ……

> 尔时多宝佛，于宝塔中分半座与释迦牟尼佛，而作是言："释迦牟尼佛！可就此座。"即时释迦牟尼佛入其塔中，坐其半座，结加趺坐。尔时，大众见二如来在七宝塔中师子座上、结加趺坐，各作是念："佛座高远，唯愿如来以神通力，令我等辈俱处虚空。"即时释迦牟尼佛以神通力，接诸大众皆在虚空，以大音声普告四众："谁能于此娑婆国土广说妙法华经，今正是时？如来不久当入涅槃，佛欲以此妙法华经付嘱有在。"[1]

1　《大正藏》第9册，第32、33页。

释迦牟尼讲《法华经》时，其前突然从地踊出一座宝塔，宝塔内为过去东方世界佛——多宝佛。多宝佛在行菩萨道时曾发大誓愿：若成佛，在灭度之后，如有说《法华经》者，为听经之故，我之塔庙，当从地踊出，并为作证明。所以在释迦牟尼佛讲《法华经》时，多宝佛之塔便从地踊出。然后，多宝佛延请释迦牟尼佛入塔内同坐，为众讲《法华经》。这就是《法华经》中很有名的见宝塔品的内容，因塔在虚空之中，与之相关的内容也叫虚空会。一般来说，法华塔即指二佛并坐的多宝塔。

金维诺先生认为法华塔为莫高窟第143窟上方之塔，然而笔者通过对塔内图像的考证，认为其并非法华塔。

详见前文第一章内容。

马德先生认为法华塔为莫高窟第161窟上方之塔。161窟上方塔已经过了考古发掘，此塔内塑像并非二佛并坐像，而是交脚倚坐的弥勒佛像与左右两胁侍菩萨，因而此塔也非法华塔。可见，以上现存莫高窟崖面、曾被认为是法华塔的塔均非法华塔。

王惠民先生推测法华塔在莫高窟第96窟上方，事实上，第96窟大佛初建时就有楼阁建筑，所以不可能在其上方再建塔，现洞窟上方崖面也无建筑遗迹。另外，96窟主尊为弥勒，于其上建法华塔似与主题不符。

既然已经排除了莫高窟第143、161窟上方塔为法华塔，那么文书中的法华塔究竟为哪一座塔呢？

二、法华塔为莫高窟第234窟上方之塔

为了探寻法华塔的真正所在，笔者对《腊八燃灯分配窟龛名数》文书进行了详细解读，在此略为论述（图6-1-1）。为了论述方便，在前贤录文的基础上，现将《腊八燃灯分配窟龛名数》全文校录如下：

图6-1-1　敦煌文献DY.322号《腊八燃灯分配窟龛名数》

庚戌年十二月八日夜□□□社人遍窟燃灯分配窟龛名数

田阇梨：南大像已北至司徒窟，计六十一盏。张都衙窟两盏，大王、天公主窟各两盏，大像下层两盏，司徒两盏，大像天王四盏。

李禅：司徒北至灵图寺，六十窟。翟家窟两盏，杜家窟两盏，宋家窟两盏，文殊堂两盏。

张僧政：崖下独煞神至狼子神堂，六十盏。独煞神五盏。

阴法律：第二层阴家窟至文殊窟上层令狐社众窟，六十五盏。内三圣小龛各燃一盏。

罗阇梨：第三层太保窟至七佛堂，八十二窟。内有三圣刹心各燃一盏。

曹都头：吴和尚窟已南至天龙八部窟，计八十窟。刹心、内龛总在里边。

索幸者：第二层至第三层宋家八金光窟，八十窟。内龛、刹心总在里边。

阴押衙、梁僧政：第二层普门窟至文殊堂，又至灵图寺窟，至陈家窟，六十三窟。有三圣龛总在里边。

王行者：南头第二层，六十二窟。何法师窟两盏，刹心佛堂两盏，大像上层四盏，至法花塔。

安押衙、杜押衙：吴和尚窟至天王堂，卅六窟。吴和尚窟三盏，七佛七盏，天王堂两盏。

喜成郎君：阴家窟至南大像，廿八龛，五十二盏。阴家窟三盏，王家两盏，宋家窟两盏，李家窟三盏，大像四盏，吴家窟四盏，大像天王四盏。

右件社人，依其所配，好生精心注灸，不得懈怠、触秽。如有阙燃及秽不尽者，匠人罚布一匹，充为工廨；匠下之人痛决尻杖十五，的无容免。

辛亥年十二月七日释门僧政道真[1]

从文书可以看出，法华塔所在的燃灯区为王行者负责的区域，共有60窟。此区不知始于何窟，但其中有何法师窟、刹心佛堂、大像上层，至法华塔结束。何法师窟毫无疑问是莫高窟第196窟，大像指北大像莫高窟第96窟或南大像莫高窟第130窟。王行者区刚好是南、北大像之间这一区的第二层与第三层区域范围，其最后的顺序是经大像上层，再至法华塔，因为何法师窟位于南、北大像之间，可以是南大像上层，也可以是北大像上层。因此，问题的关键是此大像是指北大像还是南大像，因为文书没有明确交代，给我们划分此区带来了些许麻烦。金维诺先生认为法华塔是莫高窟第143窟上方塔，很明显是将大像定为南大像。马德先生认为王行者区为南头第二层，莫高窟第

1　马德：《敦煌莫高窟史研究》有录文，甘肃教育出版社，1996，第147页，笔者在此基础上重新进行校录。

156—209窟一段，法华塔是莫高窟161窟上方塔，也将大像定为南大像[1]。

我们先来分析一下《腊八燃灯分配窟龛名数》文书中与南、北大像有关的区段。崖面第一层田阇梨区：南大像以北至司徒窟，顺序是南大像（130窟）、张都衙窟（108窟）、大王窟天公主窟（98、100窟）、大像下层（96窟下层）、司徒窟（94窟），即莫高窟第130至94窟一段；崖面第一层李禅区：司徒窟北至灵图寺窟，顺序是翟家窟（220窟）、杜家窟（76窟）、宋家窟（72窟）、文殊堂（61窟）、灵图寺窟（44窟[2]），即莫高窟第94窟至38窟一段，这一层明确提到是往北。

崖面第二层喜成郎区：阴家窟至南大像，顺序是阴家窟（138窟）、王家窟（143窟）、宋家窟（146窟）、李家窟（148窟）、大像（130窟）、吴家窟（152、153、154窟）、大像天王（130窟前殿）。这一层为崖面最南头第二层，虽与其北侧第二层窟为同一层面，但以南大像为界，以南再无更低层洞窟。崖面第二层阴法律区：第二层阴家窟至文殊窟上层令狐社众窟，顺序是阴家窟（231窟）、令狐社众窟（263窟），这是北大像以北的第二层。北大像以南的第二层就是学者们认为的法华塔所在的王行者区。

以上是与南、北大像有关的区段，除了王行者区待定外，都在遵循由南往北的顺序。我们再来看看其他燃灯区段的情况。

罗阇梨区：第三层太保窟至七佛堂，共82窟。这一区的太保窟有争议，但无论如何，都在七佛堂（365窟）之南，因而此区是自南往北的顺序。

阴押衙、梁僧政区：第二层普门窟至文殊堂，又至灵图寺窟，至陈家窟，共有63窟。这一区马德先生认为是洞窟的夹层，在莫高窟第61窟至320窟这一段[3]。基本遵循由南往北的顺序。

1　马德：《敦煌莫高窟史研究》，甘肃教育出版社，1996，第148页。

2　从马德先生之说，见马德：《灵图寺、灵图寺窟及其它——〈腊八燃灯窟龛名数〉丛识之二》，《敦煌研究》1989年第2期，第2、3页。

3　马德：《敦煌莫高窟史研究》，甘肃教育出版社，1996，第148页。

安押衙、杜押衙区：吴和尚窟至天王堂，共36窟。这一区是吴和尚窟（16、17窟）之北这一区段所有层数的洞窟，毫无疑问，是自南往北的燃灯顺序。

还有两区，索幸者区与张僧政崖下区，索幸者区为第二层至第三层，不存在南北问题，张僧政的崖下区目前尚有争议。

另外，还剩余曹都头区：吴和尚窟以南至天龙八部窟，计80窟。这一区起于吴和尚窟，止于天龙八部窟，注明是从北往南的顺序。

通过分析《腊八燃灯分配窟龛名数》文书，我们发现文书中每个燃灯区从起点到终点，都有一定的顺序。有些已注明燃灯顺序，曹都头区明确说明是"已南"，其余有两处注明是"已北""北至"。但大多未注明顺序，除了有一区域目前所在位置不清楚外，通过崖面实际洞窟的调查，我们发现这些未注明顺序的燃灯区都遵循由南往北的顺序。王行者区也未注明，在此情况下，我们有理由相信此区也遵循由南往北的顺序（图6-1-2）。

同时，文书中燃灯区域划分的分界洞窟也有一定的规律可循，如第一层从南到北分别是南大像（130窟）、司徒窟（94窟）、天龙八部窟（35、36窟）、吴和尚窟（16、17窟）；第二层为阴家窟（138窟）、南大像（130窟）、阴家窟（231窟）、文殊堂上层令狐社众窟（263窟）、普门窟（288窟）、七佛堂（365窟）；第三层主要集中于崖面南区中段及北段，有太保窟（428窟[1]454窟[2]或261窟[3]）、七佛堂（365窟）。这些分界洞窟中，南大像是窟区南头第一、二层的分界窟，吴僧统洪辩所修建吴和尚窟与七佛堂以及其上第366窟为崖面北头的分界窟，吴僧统所修三窟在一条垂直线上，可与自

1 马德：《10世纪中期的莫高窟崖面概观——关于〈腊八燃灯分配窟龛名数〉的几个问题》，《1987年敦煌石窟研究国际学术讨论会文集·石窟考古编》，辽宁美术出版社，1990，第40—52页；马德：《敦煌莫高窟史研究》，甘肃教育出版社，1996，第148页。

2 王惠民：《曹元德功德窟考》，《敦煌研究》1995年第4期，第165、166页。

3 参见沙武田：《敦煌莫高窟"太保窟"考》，《形象史学》2015年第2期，又见《2014敦煌论坛：敦煌石窟研究国际学术研讨会论文集》（上），甘肃教育出版社，2016，第100—123页。

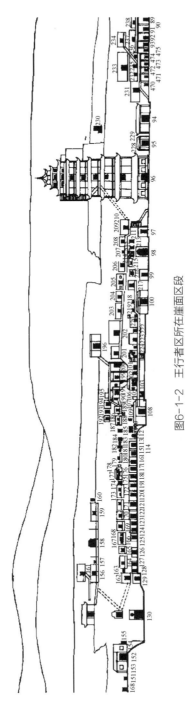

图6-1-2　王行者省区所在崖面区段

（采自孙儒僩先生1958年绘《莫高窟总立面图》，《中国石窟·敦煌莫高窟》第一卷附页）

上而下贯通的大像窟相类。由此而论，北大像也应为分界窟，但事实却非如此，而以司徒窟与阴家窟为分界（确切地说是第94窟上层），这应与当时的崖面栈道状况及洞窟的分布情况有关。司徒窟——莫高窟第94窟，其上无洞窟，故以右上方的阴家窟莫高窟第231窟为第二层起始分界窟，如此，北大像附近的分界洞窟为莫高窟第94窟及第231窟附近，并非在一条垂直线上。而这一分界之北的中段洞窟没有大佛及垂直分布的一组洞窟作为分界，而且洞窟层数较多，比较混乱，但基本以洞窟布局及燃灯方便为宗旨进行分配，因与本文所涉燃灯区域关系不大，故不再赘述。

前文已述王行者区，这一区未言从何窟开始，只知至法华塔结束。秉承从南到北的原则，我们就可以推出，法华塔应位于这一区内最北边，因而大像上层应指北大像上层，经过北大像往北到达法华塔。顺序是何法师窟（196窟）、大像上层（96窟上层）、法华塔，此法华塔就在北大像以北某处，应与此区燃灯分界窟第94、231窟相近。

北大像之北，司徒窟（莫高窟第94窟）上层仅有一窟——宋代第230窟。这段崖面少窟的原因，我们或可从敦煌文献《张淮深造窟功德碑》与《张淮深碑》探知一些信息。P.3720号《张淮深造窟功德碑》记载：

> 遂于北大像之北，欲建龙龛。以山峻崔嵬，有妨镌凿，遍问诸下，无敢枝梧。公乃喟然叹曰："山覆海，其非圣人乎！哥舒决海，贰师劈山，吾当效焉！"即日兴工，横开山面。公以虔诚注意，上感天神，前驱苍海之龙，后拥雨师之卒。黄云四合，盘旋岩谷之中。掣电明光，直上碧岩之上。才当夜半，地吼鳌鼋声；未及晨鸡，山摧一面。谷风凛烈，荡石吹沙。猛兽奔窜于参岑，飞鸟搏空而戢翼。须臾陨石，大若盘陀；积叠堆阜于东终，截断涧流于西渚。[1]

---

[1]　上海古籍出版社、法国国家图书馆：《法藏敦煌西域文献（法国国家图书馆藏）》（27），上海古籍出版社，2002，第115、116页；郑炳林：《敦煌碑铭赞辑释》，甘肃教育出版社，1992，第267、268页，有录文。

S.3929+S.6161+S.6973+S.11564+P.2762号《张淮深碑》（《敕河西节度兵部尚书张公德政之碑》）记曰：

> 更欲镌龛一所，踌躇远眺，余所竟无，唯此一岭，嵯峨可劈；匪限耗广，务取功成，情专穿石之殷，志切移山之重；于是稽天神于上，激地祇于下，龟筮告吉，揆日兴功；堑凿才施，其山自坼，未经数日，列圮转开；再祷焚香，飞沙时起，于初夜分，欻尔奔腾，惊骇一川，发声雷震，豁开青壁，崖如削成。[1]

这两则文献都是关于张淮深在北大像之北，修建其功德窟莫高窟第94窟的一段文字描述。前一则"山峻崔嵬，有妨镌凿，遍问诸下，无敢枝梧（支吾）"可知，北大像之北崖面陡峭，不宜凿崖建窟，以至遍问诸下，无人敢附和，最后还是张淮深本人痛下决心，于此兴工建窟。后一则"嵯峨可劈"也表明山崖陡峭。至于开凿过程中出现的艰辛与险况两文也都有不同程度的记述。前一则的"须臾陨石，大若盘陀；积叠堆阜于东终，截断涧流于西渚"及后一则的"飞沙时起，于初夜分，欻尔奔腾，惊骇一川，发声雷震，豁开青壁，崖如削成"都似在说明开凿第94窟时比其他洞窟更为艰难的一面及遇到的惊心动魄的情景。

我们不知当时北大像之北是怎样的一个崖面，但从第94窟的开凿上也大略知道此崖面建窟不易，若非有足够的人力、财力、魄力是难于建窟的，或许还会影响到北大像的建筑，否则，此崖面早应建窟，不会在张淮深时尚空余崖面："更欲镌龛一所，踌躇远眺，余所竟无，唯此一岭，嵯峨可劈。"这可能也是现今北大像之北，第94窟之上崖面仍存未建窟空间的原因。

以上分析可见，北大像之北至第234窟上方塔之间，在当时应无窟也无塔，这就排除了法华塔建于第94窟上方的可能性。

1　马德：《敦煌莫高窟史研究》，甘肃教育出版社，1996，第301、302页；郑炳林：《敦煌碑铭赞辑释》，甘肃教育出版社，1992，第273页注⑰，有录文。

　　综观崖面，在北大像之北，并且与分界窟邻近的塔，现存唯一一座即第234窟[1]上方之塔。此塔所在位置与分界窟第94、231窟毗邻，成有斜度的上下层关系，同时，位于北大像之北的崖面第四层，与大像上层、第156窟、何法师窟等基本处于同一高度，左右也无其他洞窟。像这样因上层洞窟较少而将其纳入低一层洞窟的情况，在北大像以北的第二、三层也体现出来。索幸者区，第二层至第三层宋家八金刚窟80窟，即包括莫高窟第443、444、445、446、447、448窟这些崖面中部最高层（第四层）的洞窟在内。综上，我们认为第234窟上方土塔应为文书中所指的法华塔。

　　也即王行者所管燃灯区域是指从莫高窟第130窟（不包括）开始，包括第156、196窟，经北大像（96窟）上层至第234窟上方塔（法华塔）这一段。从洞窟数量上来说，这一段洞窟大约60窟，与文书记载相合。遗憾的是此塔现已塌毁，仅余塔基及残壁（图6-1-3、图6-1-4）。

　　不仅如此，田阇梨负责的燃灯区："南大像已北至司徒窟，计六十一盏。张都衙窟两盏，大王、天公主窟各两盏，大像下层两盏，司徒两盏，大像天王四盏。"其中有"大像下层"之说，这一区毫无疑问是莫高窟第130至94窟，那么大像下层指的就是北大像下层。此"大像下层"恰好与王行者区的"大像上层"相对应。

　　北大像在历史上曾有多次大的重修，窟外木构建筑也由四层增至五层，再至现在的九层。以下就对北大像的重修进行一个简单的梳理，便于下文进

　　1　此窟窟门上方水泥标牌标为"235"，《敦煌石窟内容总录》（1996年）也按"第235窟"进行叙述，但是窟内主尊佛像下部书写为"234"窟，更早的《敦煌莫高窟内容总录》（1982年）、石璋如《莫高窟形》（1996年）、孙儒僴《莫高窟石窟位置图》（1958年）中均记为第234窟，所以窟内书写的编号就是敦煌文物研究所（今敦煌研究院）的编号，应以此为准，窟门上的标号有误，第234窟与第235窟的标牌发生了错乱，应当对调。《敦煌石窟内容总录》中延续了这个错误，将《敦煌莫高窟内容总录》中正确的部分反而改成了错误。关于这一点，沙武田在《莫高窟"报恩吉祥窟"再考》（《敦煌研究》2008年第2期）一文中也已经提到。另外需要指出的是，《敦煌石窟内容总录》中用来对照的张大千编号（C50）与伯希和编号（P85）却都与第234窟的内容正相符合。

图6-1-3　莫高窟第234窟及其上方土塔

图6-1-4　莫高窟第234窟上方土塔遗迹

一步论述。根据敦煌文献P.3720号《莫高窟记》及莫高窟第156窟前室题记："又至延载二年禅师灵隐共居士阴祖等造北大像，高一百卅尺"，北大像初建于唐延载二年（695年，敦煌地处偏远，仍用旧年号，也即证圣元年），由禅师灵隐与居士阴祖等人所建；又据S.3929+S.6161+S.6973+S.11564+P.2762号《张淮深碑》记："旧阁乃重飞四级，靡称金身，新增而横敞五层"可知，原建时楼阁为四层。同根据《张淮深碑》，在乾符年间（874—879年），张淮深因"北大像建立多年，栋梁摧毁"而重建，改四层为五层。敦煌文献Ch.00207号《宋乾德四年重修北大像记》记载，归义军节度使曹元忠及其夫人凉国夫人浔阳翟氏于宋代乾德四年（966年），将北大像下两层已经损折的梁栋、椽杆进行了拆换。吕钟于1936年撰写的《重修千佛洞九层楼碑记》记[1]，在清光绪二十四年（1898年），有敦煌商人戴奉钰集资重修，修建了五层楼，因"林木细小，逾十余年倾"，王圆箓发愿重修佛阁，然历经十多年未完成。民国十六年（1927年）始，刘骥德与莫高窟住持喇嘛易昌恕等人重建北大像，于1935年建成巍峨壮观的九层楼。

　　DY.322号文书首题中出现的时间"庚戌年"为误写，而文书末尾签署的甲子纪年"辛亥年"才是真正的文书写作时间。孙修身先生的《腊八燃灯分配窟龛名数年代考》一文，将"辛亥年"考订为后周广顺元年即公元951年[2]，敦煌当时处于曹氏归义军统治时期。这一年代考订现已为学界所认可。据此年代判断，文书所记当时的北大像有五层，为张淮深重修后的状况。承马德先生告知，大像每一层应点灯一盏。那么大像下层两盏，大像上层四盏，即指大像第一层燃灯两盏，第二、三、四、五层各燃灯一盏，如此，恰好与点灯数相符。法国人伯希和与其摄影师夏尔·努埃特等人于1908年拍摄的九层楼照片是五层[1]，与张淮深重修后的层数一致，应是1898年商人戴奉钰集资修建后的样貌。我们从照片细节可以看出，北大像之南的崖面第二层有木梯可以进入大像第二层外廊，北大像第三层的楼阁外檐南侧也有木梯可达上一层，第四、五层的楼阁外南侧修有阶梯，由阶梯可达第四、五层（图6-1-5）。也就是说，沿着洞窟崖面第二层向北就可以直接进入大像第二层，再由第二层到达大像第三层或更高层。这样，当时如何对大像燃灯就很清楚。北大像的第二层可由崖面第二层直接进入，再到达二层以上各层，层层点完至最高层之后，再出北大像至其北的法华塔，一气呵成，不走回头路。而大像下层自然与崖面第一层洞窟同属一区燃灯。

由此，南大像的点灯数也就很容易理解，南大像未标明是下层或是上层，只言燃灯四盏，应即大像自下至上共燃灯四盏。南大像共有三层，参照北大像的规格，下层燃灯两盏，第二、三层各燃灯一盏，恰好四盏。

需要补充说明的是，田阇梨南大像已北至司徒窟区与喜成郎君阴家窟至南大像区，都有大像天王四盏，前者为北大像天王，后者为南大像天王，均

图6-1-5　1908年伯希和考察队拍摄的北大像照片

（采自《敦煌石窟图录》Ⅰ，图6）

1　Mission Pelliot.Les Grottes De Touen Houang. Paris: Librairie Paul Geuthner, 1914, 16: Plate Ⅵ.

燃灯四盏，但并未按从南到北的顺序排列，只将大像天王的燃灯位置尽数放置于后，且在田阇梨区与大像下层分开，这似乎在告诉我们，大像天王的位置比较特殊，与大像下层不在一个空间或平面内。从九层楼考古遗迹来看，当年唐宋时期的北大像窟前建筑规模相当大，与现在的九层楼相比，须向外扩展数米。南大像在20世纪曾进行过窟前考古发掘，窟前殿堂遗址规模也比较大，窟前还有天王像。因而从北大像、南大像唐宋时期的窟前状况分析，此大像天王应指在大像窟前建筑内的燃灯，那么，大像天王的燃灯与大像下层的燃灯分开是在情理之中。

道真的《腊八燃灯分配窟龛名数年代考》文书写于公元951年，从修建时间来说，法华塔必建于这一时间之前。莫高窟第234、237窟建于吐蕃统治敦煌的中唐时期，第234窟上方土塔与第234、237窟属于一组垂直分布的建筑群，也应修建于中唐时期，所以在时间上是相符的。笔者认为第234窟的主尊应为阿弥陀像，这一部分内容将另文详述，此不赘言。

三、吴和尚所建法华塔

敦煌文献中还出现过一座法华塔，是洪辩在中唐时所建的"法华无垢之塔"。P.4640《吴僧统碑》记载："开七佛药师之堂，建法华无垢之塔者，其惟我和尚焉。"[1]说明洪辩除了建七佛堂（今莫高窟第365窟）之外，还建有法华塔。从内容来看，P.4640《吴僧统碑》是洪辩为贺"迁释门都僧统"的建窟功德记，具体即修建莫高窟第365窟的功德记，文中未提及具体建法华塔或法华塔内的内容，因而，法华塔或与七佛堂同建或先已建成。据贺世哲先生考证，七佛堂建成于832—834年[2]。也就是说法华塔至迟在834年已建

---

1 郑炳林：《敦煌碑铭赞辑释》，甘肃教育出版社，1992，第63页，有录文。
2 贺世哲：《从供养人题记看莫高窟部分洞窟的营建年代》，《敦煌莫高窟供养人题记》，文物出版社，1986，第207页。

成，建成时间在吐蕃统治敦煌时期。现今莫高窟第366窟上方的崖面，隐约有建筑痕迹，崖上所建当为塔堂类建筑。吴僧统所建法华无垢之塔应在此地，与其所建洞窟第366、365、16窟在一条垂直线上，从而形成一组佛教建筑。

从《腊八燃灯分配窟龛名数》来看，燃灯区的划分主要以方便为先，所以文书中的法华塔不可能为吴僧统所建的法华无垢之塔，原因是其位置距王行者燃灯区太远。莫高窟崖面上出现两座法华塔是极有可能的，这在《腊八燃灯分配窟龛名数》中也有体现。如在莫高窟阴家窟有两个莫高窟第138、231窟均为阴家窟，《腊八燃灯分配窟龛名数》中也出现两个阴家窟，但文书中均未作说明。

四、结语

敦煌自北魏第259窟就出现了二佛并坐于龛内的塑像，即将中心柱的一面作为塔的形式出现；在隋代开凿的洞窟中，开始绘有二佛并坐像的壁画，作为法华经内容的一部分，如莫高窟第420窟等；至唐代，二佛并坐像不仅有绘画的形式，而且还以绘塑结合的形式出现，即灵鹫会中释迦说法以塑像的形式表现，虚空会中的释迦与多宝并座塔则绘于龛内塑像上方，如莫高窟第45、335等窟。作为一个独立的建筑，法华塔在敦煌出现，首见于中唐时期，这一时期，有吴和尚洪辩所建的"法华无垢之塔"，另一座就是本文所论的《辛亥年（951年）腊八燃灯分配窟龛名数》中出现的法华塔，到了五代宋时，在三危山还建有一座法华塔，为知画行都料董保德等人所建，见S.3937《董保德功德记》："又三危山建法华塔一所。"

敦煌文献《腊八燃灯分配窟龛名数》中的法华塔，前辈学者根据自己的见解，提出了不同的看法，有认为是莫高窟第143窟上方之塔，有认为是莫高窟第161窟上方之塔，也有推测是在第96窟上方。笔者通过实地考察莫高窟第143窟上方塔，认为塔内内容与法华塔不符。莫高窟第161窟上方塔经过考古发掘，塔内主尊为弥勒佛，亦与法华塔无关。在对《腊八燃灯分配窟龛名数》认真仔细分析之后，发现法华塔所在的区域——王行者负责区是从莫高窟南大像（不包括）始，自南至北，经何法师窟（196窟）、刹心佛堂（205窟）、北大像上层（96窟窟前建筑第二、三、四、五层），止于法华塔，其中的法华塔应是莫高窟第234窟上方之塔。

《腊八燃灯分配窟龛名数》是藏经洞出土的有关莫高窟营建史不可多得的文献资料，但是由于崖面的变化，本卷文书中提到的崖面上分布的洞窟有些实难考证，难免产生争议。除了本文提到的法华塔，另外还有张僧政负责的崖下区："独煞神祠至狼子神堂六十盏区"，这一燃灯区域也是争议较大，期待更多新资料的发现来解决有关问题。

第二节　莫高窟第156、161窟及上方塔内容、关系等相关问题

莫高窟第161窟位于莫高窟崖面南区南段第四层，毗邻南大像，在其北侧。此窟上有一座土塔，下为张议潮功德窟第156窟。这两窟一塔的塔门、窟门基本处在一条垂直线上，组成一组上下垂直关系的塔窟组合（图6-2-1、图6-2-2）。

第161窟因其位于张议潮功德窟之上，洞窟内容相比而言又较为特殊，无论是洞窟塑像、壁画内容或是功德主都有较多的学者进行了关注，也是近年来比较热门的研究对象。1942—1943年间张大千先生与谢稚柳先生调查莫高窟时，二位先生的著作《漠高窟记》与《敦煌艺术叙录》中有关于此窟的尺寸测量、内容描述，均将中心佛坛上的塑像认为是"天童二区（躯），残毁，晚唐塑"[1]；1942年何正璜女士随同教育部西北艺术文物考察团考察莫

---

[1]　张大千：《漠高窟记》，台北故宫博物院，1985，第618页；谢稚柳：《敦煌艺术叙录》，上海古籍出版社，1996，第407页。

图6-2-1 莫高窟第156、161及其上方塔外观图

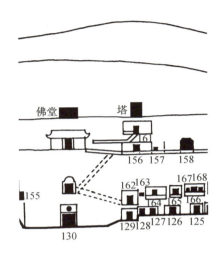

图6-2-2 莫高窟第156、161窟及其
上方塔的位置关系图
（据孙儒僩先生1958年《莫高窟总
立面图》重描）

高窟，对第161窟塑像的记录是"内塑像已毁，仅余残身二段"[1]；1942年8月23日石璋如先生的记录是"塑像：三尊式。主像为坐佛，胁侍二像有身无头"[2]。同一时间内，前三位的记录与后一记录不同，前者均记录仅存二身塑像，后者将塑像记为三尊式，这没有问题，但其记录主像为坐佛，极可能有误。宿白先生在其《敦煌莫高窟密教遗迹札记》一文中认为第161窟壁画绘"六观音""该窟布局特殊，从窟内图像推测，极似一处密教观音坛场，如

1 何正璜：《敦煌莫高窟现存佛洞概况之调查》，《说文月刊》1943年第10期，第72页；另见《何正璜文集》，陕西人民出版社，2006，第197页。

2 石璋如：《莫高窟形》（一），历史语言研究所，1996，第608、609页；石璋如：《莫高窟形》（二）窟图即附录，历史语言研究所，1996。

果推测不误，窟内坛上原塑应是观音形象"[1]；《敦煌莫高窟内容总录》[2]与《敦煌石窟内容总录》认为现存坛上的塑像为"吐蕃装供养人"像，四壁的众菩萨称为"环绕听法菩萨"[3]；王惠民先生认为此窟中心佛坛上的塑像为千手千眼观音，为独煞神堂[4]；郭祐孟先生也认为此窟主尊为千手千眼观音像，壁画表现的是"菩萨海会"，第161窟的功德主是张议潮为纪念其师法成而为其建的功德窟[5]；沙武田先生认为坛上的塑像为吐蕃装胁侍菩萨像，功德主为法成，是吐蕃统治时期法成在敦煌营建的功德窟[6]；笔者认为莫高窟第161窟壁画中的众小菩萨，与莫高窟第158、138、12、196等窟中表现的众菩萨一样，是五台山文殊菩萨的侍从万菩萨[7]；德吉卓玛的《吐蕃时期的敦煌观音修行院之考》一文认为莫高窟第161窟与第156窟及周围一组窟群与吐蕃高僧、大译师、密宗大成就者安兰·嘉瓦确央有关，并以此为中心建立了以圣观世音为主尊，又以修持圣观世音菩萨法门为行法主轴之北方阿雅巴罗（圣观世音）石窟修行院[8]。

　　总结以上研究观点，第161窟的功德主有张议潮、法成及安兰·嘉瓦确央，一为张议潮为纪念法成而建，一为法成自建功德窟，一为安兰·嘉瓦确央修建了第161、156窟，后一观点存在明显错误，因第156窟为张议潮功德窟是不争的事实。第161窟的坛上主尊主要观点认为是观音，有两位学者具体

　　1　宿白：《敦煌莫高窟密教遗迹札记》（上），《文物》1989年第9期，第52页；《中国石窟寺研究》，文物出版社，1996，第290页。

　　2　敦煌文物研究所整理：《敦煌莫高窟内容总录》，文物出版社，1982，第55页。

　　3　敦煌研究院：《敦煌石窟内容总录》，文物出版社，1996，第63、64页。

　　4　王惠民：《独煞神与独煞神堂考》，《敦煌研究》1995年第1期，第128—134页。

　　5　郭祐孟：《晚唐观音法门的开展——以敦煌莫高窟第161窟为中心的探讨》，《圆光佛学学报》2003年第十期，第103—143页。

　　6　沙武田：《敦煌吐蕃译经三藏法师法成功德窟考》，《中国藏学》2008年第3期；另见敦煌研究院：《敦煌吐蕃文化学术研讨会论文集》，甘肃民族出版社，2009，第161页。

　　7　郭俊叶：《敦煌石窟中万菩萨图》，《艺术史研究》第17辑，中山大学出版社，2015，第309—329页。

　　8　德吉卓玛：《吐蕃时期的敦煌观音修行院之考》，《西藏研究》2017年第4期，第64—72页。

到是千手千眼观音像。壁画内容中的众小菩萨有的只以众菩萨或听法菩萨等称之，有的则以"菩萨海会"称呼，笔者将其定名为万菩萨。第161窟中心坛上的两身残存塑像较之其他洞窟塑像比较特殊，一种认为是吐蕃装供养人像，另一种为吐蕃世俗装菩萨胁侍像，还有一种认为是天童像[1]。洞窟的年代方面，张大千先生《漠高窟记》将其定为盛唐[2]，谢稚柳先生的《敦煌艺术叙录》定为盛唐、晚唐[3]，《敦煌莫高窟内容总录》《敦煌石窟内容总录》及宿白先生、郭祐孟先生、彭金章先生[4]等都将其定为晚唐时期即张议潮归义军时期，沙武田、德吉卓玛将其定为吐蕃统治敦煌的中唐时期。

经过仔细考察、对比之后，笔者认为第161窟中心佛坛上现存的两身塑像不具备吐蕃服饰因素，因此，此窟主尊、年代、窟主等相关问题就需要重新探讨，本节就相关方面进行论述。

一、莫高窟第156、161窟与其上方塔的内容

莫高窟第156、161窟及其上方塔位于一条中轴线上，其窟与塔内内容分别如下。

莫高窟第156窟为覆斗形西壁开龛窟。西壁龛内设马蹄形佛床，上塑现存主尊塑像一身。主尊为倚坐佛像，龛内南、西、北壁为屏风画，绘药师十二大愿与九横死。龛顶中央绘千手千眼观音变，四披均绘密教菩萨。第156窟四披、四壁都绘有经变画，四披分别是南披的法华经变，西披的弥勒经变，北披的华严经变，东披的楞伽经变；四壁中南壁自西向东依次绘思益梵天问经变、阿弥陀经变、金刚经变，北壁自西向东依次绘报恩经变、药师经变、天请问经变，东壁门南、北分别绘金光明经变、维摩诘经变。窟门上方绘张议

1　张大千：《漠高窟记》，台北故宫博物院，1985，第617页。
2　张大千：《漠高窟记》，台北故宫博物院，1985，第407页。
3　谢稚柳：《敦煌艺术叙录》，上海古籍出版社，1996，第407页。
4　彭金章：《敦煌石窟全集·密教画卷》，（香港）商务印书馆，2003，第99页。

潮父母、兄张议潭、张议潮本人供养像。南壁与东壁门南下方绘张议潮统军出行图，北壁与东壁门北下方绘张议潮夫人宋氏出行图。西壁龛下方南侧绘洪辩及其弟子悟真、张议潮及其二子供养像[1]，北侧绘张氏女尼及张议潮夫人等供养像数身。甬道南壁绘张议潮及其侄张淮深供养像，北壁绘张议潮夫人宋氏及侄女等人供养像。前室北壁题写《莫高窟记》一方。此窟龛内主尊，从坐姿来看，倚坐，这种坐姿一般是弥勒菩萨，虽然龛内屏风与药师有关，但考虑到与之对应的西披绘弥勒经变，我们认为此窟龛内主尊佛像仍为弥勒佛像（图6-2-3）。

　　第161窟整体为覆斗形中心佛坛窟。此窟主室南北4.12、东西3.92米，地

图6-2-3　莫高窟第156窟主室西壁龛内

　　1　沙武田、梁红：《敦煌石窟归义军首任都僧统洪辩供养像考——兼论中古佛教僧人生活中的随侍现象》，《敦煌学辑刊》2016年第2期，第79页。

面西侧后方高出前方0.13米，形成一个平台，台宽0.25米，这也是此窟不同于其他洞窟的独特之处。中心佛坛长方形，南北长2.25、东西宽1.46、高0.55米[1]；上沿饰仰莲瓣，下沿为覆莲瓣，中间壶门，正面四个，侧面三个，壶门内绘莲花形香炉等供宝；坛上原有塑像三身，现残存南、北侧二身，塑像作"⌒"形排列，中心主尊塑像仅剩莲花台座及台座上两截断木，莲花台座直径51厘米。两侧塑像残缺头部及两臂，立于莲花座上，莲座之下为高17厘米的梯形台。南侧塑像高71厘米，莲花座直径22、高5.5厘米；北侧塑像高73厘米，莲花座直径20厘米。

窟顶藻井绘千手千眼观音变一铺；四披上方、环绕藻井各绘伎乐天四身，四披中央绘观音，周围为万菩萨；西壁中央绘十一面观音，周围为万菩萨；南、北壁分别绘文殊与普贤，周围万菩萨；东壁门上绘观音，门南、北绘万菩萨。此窟壁画主要内容表现的是五台山万菩萨[2]（图6-2-4）。

莫高窟第161窟上方塔，在考古发掘之前已塌毁，仅余断壁残垣。塔不知坍塌于何时，但在20世纪初此塔还未塌毁，外形保存完整，有伯希和、奥登堡考察莫高窟时所拍摄的照片为证。塔为八面，塔门东开，塔侧面还有浮塑痕迹（图6-2-5、图6-2-6）。

敦煌研究院考古研究所于2014年进行了考古发掘，塔内内容已基本清楚。塔内平面圆形，穹隆顶，顶正中绘莲花，莲花周边绘千佛。共有三身塑像，主尊为倚坐弥勒佛，左、右两侧各一身半跏坐菩萨（图6-2-7）。由此可知，此塔主尊为弥勒佛，因而塔应为弥勒塔。这就否定了前辈学者认为的法华塔[3]。

1　尺寸采用石璋如先生测量所得尺寸，见石璋如：《莫高窟形》（一），历史语言研究所，1996，第608、609页。

2　郭俊叶：《敦煌石窟中万菩萨图》，《艺术史研究》第17辑，中山大学出版社，2015年，第309—329页。

3　马德：《敦煌莫高窟史研究》，甘肃教育出版社，1996，第149页。

图6-2-4　莫高窟第161窟窟内

图6-2-5　伯希和1908年拍摄的莫高窟第161窟上方塔

（采自《伯希和图录》Ⅰ，图版5）

图6-2-6　奥登堡1914年拍摄的莫高窟第161窟上方塔

（采自《俄藏敦煌艺术品（俄罗斯国立艾尔米塔什博物馆藏）》Ⅲ，图版9）

图6-2-7　莫高窟第161窟上方塔内塑像

（2004年考古发掘）

图6-2-8　莫高窟第161窟上方塔考古发掘出土墨书题记

通过发掘，塔内出土了若干方壁画残片，上有墨书题记，其中有一方录文为（图6-2-8）：

……衙……

……郎押衙知……

……押衙知衙前……

……史名……

押衙原为武职，出现于唐中叶之后，也是敦煌归义军时期常用的职衔。荣新江先生认为莫高窟第98窟："在所有供养人像中，以节度押衙最多，因为他们是归义军政权的核心部分。"[1]敦煌的押衙不仅是武职，还涉及各个领域的职官，存在于归义军职官的各个方面。赵贞通过调查敦煌文书及石窟中节度押衙兼任他官的资料，认为"从归义军任官制度来看，被任用者首先必须有节度押衙之官衔，以此为基础然后因功升迁或兼知他官"[2]。由此我们可知，押衙是归义军时期一切官职的基础官衔。

另外，出土题记中还有"知衙前……"字样，从现知敦煌供养人题记来看，最早的知衙前出现于莫高窟晚唐第107窟咸通十二年（871年）的供养人题记。莫高窟第107窟因主室龛下发愿文中有"于时大唐咸通拾贰年岁次□（子）□癸酉朔贰拾日壬辰□记"的题字，可知此窟建成于咸通十二年，那么窟中的供养人官衔也适用于此时。此窟的南壁供养人像列西向第三身题名为：

1　荣新江：《归义军史研究》，上海古籍出版社，1996，第243页。
2　赵贞：《归义军押衙兼知他官考略》，《敦煌研究》2001年第2期，第94页。

□□衔前使子弟虞候海身……¹

107窟的题名属于张氏归义军时期。在曹氏归义军时期也出现过"衔前"官衔题名，莫高窟第128窟东壁门上有两身是"知衔前"的官职题名。第一身：

施主弟子知衔前正兵马使银青□（光）□（禄）大夫检校……

第二身：

施主弟子知衔前押列虞候银青光禄大夫检校……²

莫高窟题名为"衔前"的供养人五代时期较多，如第129、390窟等均有五代时的"衔前"官职的供养人题名，于此不再罗列。

以上分析可知，此塔必建于归义军时期。从当时的考古发掘情况来看，塔内无重层壁画，无重修迹象，因而塔应始建于归义军时期。这些题名中均为押衙，但是题名中的"郎"字却引起了笔者的注意。在榆林窟第19窟主室甬道南壁有曹元忠与其子曹延禄的供养像，其中曹延禄的题名是"男将仕郎延禄"。此时延禄的画像还是一位未成年的少年，头戴折角巾子，着团花圆领袍服，腰系蹀躞带，左手托盘，右手执花。

将仕郎是文散官，唐代文散官自开府仪同三司至将仕郎凡二十九阶，将仕郎为从九品下，即最低一级，也就是说，此时的曹延禄初入仕途，有官名而无执事。

建于归义军时期，又位于张议潮功德窟之上，此塔非张议潮本人修建莫属。张议潮有两个儿子，笔者推测此某某郎衔押是其中一位。P.3804《开经文》中有"当今大唐咸通皇帝""河西节度使、司空、开国公"以及"尚书贵子，二小郎君"等，有大唐咸通皇帝出现于文书中，说明作于咸通年间，据杨秀清先生的研究认为这两位二小郎君即为张议潮之子，其

1　敦煌研究院：《敦煌莫高窟供养人题记》，文物出版社，1986，第51页。

2　敦煌研究院：《敦煌莫高窟供养人题记》，文物出版社，1986，第58、59页。

中之一为张淮鼎[1]，李军据S.2589《中和四年（884年）十一月一日肃州防戍都营田索汉君等状》进一步认为，二小郎君中的另一位为张淮诠[2]。此外，P.3715+P.5015+P.2729《归义军僧官书仪》中有"郎君加官有来相贺却答云"条，其内容为："外甥幼小，未立殊功，特蒙天恩，忽加荣拜。厶乙不任□（感）□（慰）。"据赵和平先生的研究，郎君即外甥，是张议潮之子[3]。同卷书仪中还有"司空贺（加）官有人来相贺却答云"，司空据研究是张议潮，张议潮在咸通二年至八年称司空[4]。也就是说，在咸通二年至八年张议潮任司空时，其子已加官。塔中有一身为"……郎押衙"可能就是当时加官的称号，因而塔也应当建成于咸通二年之后。

从塑像题材来看，塔内的弥勒佛塑像，与莫高窟第156窟的主尊弥勒佛塑像相同，且塑像风格也基本一致（图6-2-9、图6-2-10）。说明两者互相参照，或为同一塑匠所为。

二、莫高窟第161窟上方塔与张氏重修"故塔"以及张族寺院辨析

上文我们已经梳理了在一条垂直线上的二窟一塔的主要内容。敦煌文献中有关于张氏重修"故塔"与张族寺院的内容，王惠民先生认为"故塔"可能为第161窟上方塔，"P.3770号《张族庆寺文》似即修建161窟及上方泥塔的发愿文"[5]，那么二者有无关系？P.3804号《咸通七年发愿文》中有关于张氏重修"故塔"的描述：

1　杨秀清：《张议潮出走与张淮深之死——张氏归义军内部矛盾新探》，《敦煌研究》1996年第4期，第76页。

2　李军：《晚唐归义军节度使张淮鼎事迹考》，《敦煌学辑刊》2009年第2期，第3页。

3　赵和平：《敦煌表状笺启书仪辑校》，江苏古籍出版社，1997，第293页。

4　荣新江：《沙州归义军历任节度使称号研究》（修订稿），《敦煌学》1992年第19辑，第16—25页。

5　王惠民：《独煞神与独煞神堂考》，《敦煌研究》1995年第1期，第131页。

图6-2-9　莫高窟第161窟上方塔主尊佛

图6-2-10　莫高窟第156窟龛内主尊佛

所以召从（宗）族而崇建故塔，似帝释之暮（慕）良因，织治
□昏，无假共结天宫之胜会。其寺傍布八方，莫穷崖际，纯金庄
素，上拂云蜺（霓），内龛则雕金以作宝殿，克玉柱而造天堂，
俳备四壁，庄严周匝，琉璃为饬，刹心四面，安十方之形象，左右
两龛置三世之尊容。礼忏为万劫除殃，行道乃福同山岳。外院门
楼，廊宇并白银为柱，砌壁珊瑚，垂昂玉砌，共日争光。今修建似
终……[1]

---

[1]　上海古籍出版社、法国国家图书馆：《法藏敦煌西域文献（法国国家图书馆藏）》（28），上
海古籍出版社，2004，第105页；郑炳林：《敦煌碑铭赞辑释》，甘肃教育出版社，1992，第260页，有
录文。

敦煌遗书P.3770号《张族庆寺文》记载：

悟真闻……又见张师（寺）古刹，耆旧相传……禳灾启福，莫
大于崇建；于舍坊创造伽蓝，又莫先于修故塔。上行下效，□惬本
情，异口同音，三称其善。由是我　尚书领家有张族，□贸良工，
约限裁基，揆日兴建。星驰雨骤，各骋妙能，雷动云奔，功成事
毕。于是巍峨月殿，上耸云霓；广厦星宫，傍吞霞境。乌轮未举，
金容豁白于晨朝；兔月荒昏，曦晖照明于巨夜。丹窗绀风，晃耀紫
霄；宝柱金门，含风吐日。斜昂巍崩，写龙甲之参差；环栱连绵，
状红霓之出没。重檐轩鹬，比鸾凤而俱飞；□开垂莲，类天花而
竟发。幡悬八彩，云合四廊。影摇香阁之风，色窠花园之日。……
人具迹瞻，胜愿成享，今晨庆赞。是日也，□霜耀彩，应九乳而朝
凝；玉露浮光，集三危而夜结。绍穆请供，盛陈福事之果。回向复
终，总斯多善，莫限良缘，先用上资，梵释四王，龙天八部，先增
□神力，冥加兴念苍生，救人护国。[1]

我们从P.3804号与P.3770号敦煌文献出发，并结合莫高窟第156、161窟
及其上方塔内容与结构进行分析。从行文"又见张师（寺）古刹，耆旧相
传，建立处缘目将□□。……禳灾启福，莫大于崇建；于舍坊创造伽蓝，又
莫先于修故塔"可知，张氏所修故塔原在张族寺院内。寺与塔均在高处，塔为
"于是巍峨月殿，上耸云霓；广厦星宫，傍吞霞境"（P.3770号），寺则"其
寺傍布八方，莫穷崖际，纯金庄素，上情拿拂云霓"（P.3804号）。又"内
龛则雕金以作宝殿，克玉柱而造天堂，俳备四壁，庄严周匝，琉璃为㼾，刹
心四面，安十方之形象，左右两龛置三世之尊容。礼忏为万劫除殃，行道乃
福同山岳。外院门楼，廊宇并白银为柱，砌壁珊瑚，垂昂玉砌，共日争光"

1　上海古籍出版社、法国国家图书馆：《法藏敦煌西域文献（法国国家图书馆藏）》（27），上海
古籍出版社，2002，第359、360页；郑炳林：《敦煌碑铭赞辑释》，甘肃教育出版社，1992，第258、
295页，有录文。

（P.3804）。从而可知，寺或塔内的结构是中间有刹心，左右又有龛；塔中塑像内容为三世佛，中心塔柱上绘千佛；寺院有外院并有外院门楼。

敦煌城内无高地，文献中则有如此描述"其寺傍布八方，莫穷崖际，纯金庄素，上拂云霓"（P.3804号），"玉露浮光，集三危而夜结"（P.3770号《张族庆寺文》），特别是后一则文献，"集三危而夜结"，我们推测张族寺院应在莫高窟或者三危山。虽是这样，文献中还有"于舍坊创造伽蓝"之句，不排除建于敦煌城内。

莫高窟第156窟为张议潮的功德窟，那么其功德窟与张族寺院有没有关系？第156窟与161及其上方塔均位于崖面高处，这一点满足了其寺在高处的条件。

但莫高窟第156、161窟的结构，无一是中心塔柱并具三龛的建筑形式，其内容与文献叙述也不符。文献记载寺内塑像为三世佛，塔内有刹心，上绘十方佛，而莫高窟第161窟的主要内容为万菩萨，第156窟仅在西壁开一龛，龛内弥勒佛，壁画内容较多，窟内绘有不同题材的经变画。由此，我们可以得出结论，156窟与161窟这一竖直排列的洞窟并非张族寺院。

敦煌P.3804号与P.3770号文献，均未见有张议潮建窟的信息。

通过分析，我们认为，P.3804号与P.3770号文献是张族庆寺文与张族庆寺发愿文，而与张议潮功德窟第156窟无关。经杨宝玉、吴丽娱考证，P.3804号与P.3770号文献"撰写于咸通七年八月（866年），正值张议潮束身归阙前夕"[1]。笔者同意此说法，认为文书是张议潮归阙前夕举行的法会发愿文，法会举办时间是咸通七年（866年），张议潮据史书记载在咸通八年（867年）到达长安。

莫高窟第156窟的建窟时间，因其前室有墨书《莫高窟记》一方，末尾有

1　杨宝玉、吴丽娱：《P.3804咸通七年愿文与张议潮入京前夕的庆寺法会》，《南京师大学报（社会科学版）》2007年第4期，第66—72页。

"咸通六年"题记，可知其最晚建成年代在咸通六年（865年）。张议潮功德窟的建成之年在P.3804号与P.3770号文献所反映的张氏庆寺法会之前，因而P.3804号与P.3770号两件文书所反映的法会与张议潮功德窟无关，只是张议潮归阙前夕重修故塔与庆寺而举办的法会。故塔在张族寺院之内，所以两者应是一个整体，庆寺也即庆寺塔的重建。

三、悟真与莫高窟第156窟的关系

从文献记载可以看出，敦煌僧人悟真与张议潮的关系密切，他曾是张议潮的随军幕僚。P.3720："特蒙前河西节度故太保承受军驱使，长为耳目，修表题书。"又P.3770号亦云："为我股肱，更为耳目，又随军幕，修表题书，非为继绍真师，亦军务要害。"P.4660《都僧统唐悟真邈真赞并序》记载了悟真受张议潮派遣作为入朝使入京奏事："军功抑选，勇效驱驰。大中御历，端拱垂衣。入京奏事，履践丹墀。升阶进策，献烈（列）宏观。"当时，悟真受到唐宣宗的较高礼遇，并准巡游两街诸寺，与诸寺大德互赠诗酬答。其诗文在P.3720《悟真文集》、P.3886《书仪》、S.4654（9）《赠悟真和尚诗》、P.3681等敦煌文献中可见[1]。

P.3770《张族庆寺文》句首有"悟真闻"三字，可知是悟真所作，而写于第156窟前室北壁的《莫高窟记》，也出现于P.3770号悟真文集的背面，郑炳林先生认为当属悟真的作品[2]。沙武田博士认为莫高窟第156窟有洪辩与其弟子悟真的供养像，绘于主室西壁龛下南侧，位居张议潮之前[3]。另外，莫高窟第156窟前室室顶南侧绘出了一幅佛顶尊胜陀罗经变画[4]，而P.3770《悟真

1　其诗文参见郑炳林：《敦煌碑铭赞辑释》，甘肃教育出版社，1992，第139—141页，有录文。

2　郑炳林：《敦煌碑铭赞辑释》，甘肃教育出版社，1992，第139—141页，有录文。

3　沙武田、梁红：《敦煌石窟归义军首任都僧统洪辩供养像考——兼论中古佛教僧人生活中的随侍现象》，《敦煌学辑刊》2016年第2期，第79页。

4　郭俊叶：《敦煌壁画中的经架——兼论莫高窟第156窟前室室顶南侧壁画题材》，《文物》2011年第10期，第70—76页。

文集》中有一篇悟真为一次佛会所作的杂文，此文作于吐蕃统治敦煌最后几年间（842—848年），文中提到了敦煌城建佛顶幢驱灾护国之事：

> 夫睹相兴善者，无出于应化之身；攘灾却祸者，莫过于佛顶心咒。然无身之身，故现身而济难；无说而说，之心咒而持危。盛世之兴，莫大于兹矣。今者敦煌之府，内竖百法之胜幢，设佛顶于四门，使黑业之歼扫。……若论护国匡邦，无过建斯幢伞。[1]

这不是偶然现象，一方面说明吐蕃统治时期，敦煌传承了初、盛唐以来佛顶尊胜陀罗尼经的信仰，另一方面，张议潮功德窟内绘佛顶尊胜陀罗尼经变，说明佛顶信仰直接影响到归义军时期，也可能洞窟的设计与营建有当时参与吐蕃法会的高僧参与，而悟真是法会杂文的作者，窟内又有其画像，且受到张议潮的重用，其参与建窟设计的可能性更大。

四、敦煌文献P.397

S.397号文献是一则敦煌僧人游历五台山的游记。其中有一段，记载了某年25日至29日从定襄起到福圣寺的所见所闻（图6-2-11）。

现将S.397记载的有关录文移录如下：

二十五日从定相（襄）起，至五台山南门建安尼院宿，计四十里。文殊堂后大榆树两个。二十六日从建安尼院起，至大贤岭饭，

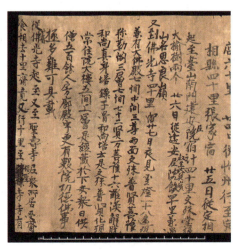

图6-2-11　敦煌文献S.397号图片（局部）（IDP）

1　上海古籍出版社、法国国家图书馆：《法藏敦煌西域文献（法国国家图书馆藏）》（27），上海古籍出版社，2002，第358页；郑炳林：《敦煌碑铭赞辑释》，甘肃教育出版社，1992，第121页。

四十里兼过山，名思良岭。

又到佛光寺四十里宿。二十七日夜见圣灯，一十八遍现。兼有大佛殿七间，中间三尊两面文殊、普贤菩萨。弥勒阁三层七间，七十二贤、万菩萨、十六罗汉、解脱和尚真身塔、锁子骨和尚塔，云是文殊、普贤化现。常住院大楼五间，上层是经藏，于下安众，日供僧五百余人。房廊殿宇更有数院，功德佛事极多，难可具载。

二十九日从佛光寺起，至又至圣寿寺，尼众所居，受斋食，相去十里。斋竟，又行十里至福圣寺，寺有（后缺）。[1]

其中有关于五台山弥勒阁的记录："弥勒阁三层七间，七十二贤、万菩萨、十六罗汉、解脱和尚真身塔、锁子骨和尚塔，云是文殊、普贤化现。"可知，五台山佛光寺有弥勒阁，弥勒阁三层七间，有七十二贤、万菩萨、十六罗汉、解脱和尚真身塔、锁骨子和尚塔。七十二贤在圆仁《入唐求法巡礼行记》中记载为国家功德七十二贤，在文殊堂中也有七十二贤像。

弥勒阁为五台山佛光寺法兴所建。宋代赞宁撰《宋高僧传》之《唐五台山佛光寺法兴传》记：

释法兴，洛京人也。七岁出家不参流俗，执巾提盥罔惮勤苦。讽念法华，年周部帙，又诵净名经，匪逾九旬，戒律轨仪有持无犯。来寻圣迹，乐止林泉，隶名佛光寺。节操孤颖，所露利物，身不主持，付属门人。即修功德，建三层七间弥勒大阁，高九十五尺，尊像七十二位圣贤、八大龙王鳌从严饰。台山海众异舌同辞，请充山门都焉。盖从其统摄，规范准绳和畅无争故也。大和二年春正月，闻空有声云："入灭时至，兜率天众今来迎导。"于是洗浴梵香端坐入灭。建塔于寺西北一里所。[2]

1　中国社会科学院历史研究所、中国敦煌吐鲁番学会敦煌古文献编辑委员会、英国国家图书馆、伦敦大学亚非学院：《英藏敦煌文献（汉文佛经以外部分）》第1册，四川人民出版社，1990，第184页；郑炳林：《敦煌地理文书汇辑校注》，甘肃教育出版社，1989，第312、313页，有录文。

2　《大正藏》第50册，第882页。

宋代延一重编也记有其事，《广清凉传》云：

> 释法兴，本西京人也。七岁出家，与时流不杂。承侍师长，策励忘疲。讽妙法莲华经，暮年成诵。又念净名金偈，不盈九旬。二本戒经，仅蹄一月。日常一过，讽味精通。律轨精严，秉持无犯。来礼圣迹，志乐林泉，隶名佛光，遂有终焉之志。四方供利，身不主持，付嘱门人。修弥勒大阁，凡三层九间，高九十五尺，尊像庄严，靡不周备。已至七十二位圣贤，八大龙王，五台山诸寺圣象，万有余尊，绘塑悉具。僧徒称赞，众口一辞，列上所属，请充山门都纲。规矩准绳，为后世法。大和二年正月，闻空中有声云："入灭时至，兜率天众，今即来迎。"师乃澡浴焚香，端坐而灭。建塔在寺西北一里。[1]

赞宁的记述里，法兴所建弥勒大阁内有七十二圣贤、八大龙王。延一重编《广清凉传》里的释法兴所建弥勒大阁，有七十二位贤圣、八大龙王、五台山诸寺圣像万余尊。上两则文献记载并无万菩萨的内容，与敦煌文献S.397号的记载有出入。

我们从莫高窟第61窟的五台山图来看，"大佛光之寺"中，仅有二层楼阁的建筑，无三层楼阁。佛光寺受到了武宗灭佛的影响，后在857年进行了重建[2]。第61窟五台山图中的二层楼阁也许是重建之后的现状，也或许有其他原因，如仅为示意而已。

位于云蒙山南麓的北京房山区万佛堂村，有万佛堂遗址。万佛堂门楣上嵌有石匾，匾上有"大历古迹万佛龙泉宝殿，大明万历己丑（1589年）春吉日重建"题刻。万佛堂内现有唐代石雕"万菩萨法会图"，此石雕长23.8、高2.47米，可谓皇皇巨制。画面正中浮雕倚坐弥勒佛，头上螺髻，着袈裟，内着僧祇支，左手置于腹前左膝上，右手作说法印。

1　《大正藏》第51册，第1121页。
2　梁思成：《梁思成全集》第八卷，中国建筑工业出版社，2001，第59页。

　　佛右侧为文殊骑狮像与侍从像，文殊双手合十，前方有执如意菩萨、执幡菩萨等，后方有天王及天龙八部等，狮子之侧有驭狮人；左侧为普贤骑像及侍从像，普贤右手前伸，托宝珠，左手置于身侧，前方有执幡菩萨等，后方有天王及天龙八部等，大象侧有牵象人。

　　弥勒佛正上方为金翅鸟王，其上侧左、右为日月，下侧左、右为两身用力拽拉丝带的天人，丝带从金翅鸟脚下穿过。金翅鸟王图整幅画面绘于祥云之上。金翅鸟王图右侧为说法图，居中一结跏趺坐的菩萨，具有圆形头光，头戴宝冠，双手合十，坐于莲花座上；左、右两侧各一身菩萨，具桃形身光，双手捧物（图6-2-12）。

　　画面其余部分为万菩萨，多仅雕出头部，头戴宝冠，排列整齐，与莫高窟第161窟的万菩萨相同，组菩萨陈列中具有上首大菩萨，大菩萨结跏趺坐，

图6-2-12　房山万佛堂万菩萨法会图（弥勒、文殊、普贤及万菩萨）

具圆形或桃形头光，束"丫"形髻或高髻，披天衣，帛带下垂，下着长裙，或双手合十，或作手印，或持物。万菩萨群其间云气缭绕，香云阵阵，众多菩萨驾云其间。祥云被涂成各种颜色，有红、绿、蓝等色，以示五色祥云或为庆云。宋志磐《佛祖统纪》卷42，穆宗条：

> 河东节度使裴度奏：五台佛光寺庆云见，文殊大士乘师子于空中，从者万众。上遣使供万菩萨，是日，复有庆云见于寺中。[1]

画面中也夹杂一些伎乐菩萨，有的弹琵琶，有的奏竖琴、有的吹竖笛，有的弹古筝，有的吹排箫，等等，还有作舞蹈状的（图6-2-13）。

这幅图有题名"万菩萨法会图"，万菩萨石刻中有"唐大历五年（770年）三月"的石刻题记，也即此万菩萨法会图为唐代大历五年的石刻。

敦煌最早出现的万菩萨在中唐时期，房山的万菩萨图显然时间更早。

从万佛堂的万菩萨法会图的图像出发，可知，此万菩萨法会指的是弥勒法会，万菩萨赴的是弥勒会。再考虑到P.397中五台山佛光寺弥勒大阁中也有万菩萨，启发我们关注万菩萨与弥勒佛的关系。另外，圆仁在五台山竹林寺见到了斋礼佛式中，将弥勒与文殊、普贤、万菩萨置于一起，作为礼拜的对象。

圆仁《入唐求法巡礼行记》记载，

图6-2-13　房山万佛堂万菩萨法会图中"唐大历五年三月"题记

1　《大正藏》第49册，第384页。

圆仁唐开成五年（840年）五月五日于五台山竹林寺见到了斋礼佛式，其过程如下：

[五月]五日　寺中有七百五十僧斋，诸寺同设。并是齐州灵岩寺供主所设。

竹林寺斋礼佛式：

午时，打钟。众僧入堂。大僧、沙弥、俗人、童子、女人依次列坐了。表叹师打槌，唱"一切恭敬礼常住三宝，一切普念。"次寺中后生僧二人手把金莲，打螺钹。三四人同音作梵。供主行香：不论僧俗男女，行香尽遍了。表叹先读施主设供书。次表赞了。便唱"一切普念。"大僧同音唱"摩诃般若波罗密"。次唱佛菩萨名。大众学词，同礼"尺迦牟尼佛、弥勒尊佛、文殊师利菩萨、大圣普贤菩萨，一万菩萨、地藏菩萨、一切菩萨摩诃萨"……

暮际……更有法师登座，表叹念佛，劝请诸佛菩萨云："一心奉请大师尺迦牟尼佛，一心奉请当来下生弥勒尊佛、十二上愿药师琉璃光佛，大圣文殊师利菩萨、大圣普贤菩萨、一万菩萨。"首皆云："一心奉请"，次同音唱散花供养之文，音曲数般。次有尼法师，又表叹等一如僧法师。次僧法师与诸僧同音唱赞了。便打螺钹，同音念"阿弥陀佛"，便休。次尼众替僧亦如前。如是相替赞欢佛，直到半夜。事毕，俱出道场归散。[1]

敬礼的对象依次为尺（释）迦牟尼佛、弥勒佛、文殊师利菩萨、普贤菩萨、一万菩萨等。在晚课中，法师登座，念佛时有"一心奉请大师尺（释）迦牟尼佛，一心奉请当来下生弥勒尊佛、十二上愿药师琉璃光佛，大圣文殊师利

1　〔日〕释圆仁原著，〔日〕小野胜年校注，白化文、李鼎霞、许德楠修订校注：《入唐求法巡礼行记校注》，花山文艺出版社，1992，第271—273页。

菩萨、大圣普贤菩萨、一万菩萨"更增加了十二上愿药师琉璃光佛。在敦煌所知的万菩萨图中，莫高窟第138窟主室西壁，左、右两侧分别是文殊与万菩萨、普贤与万菩萨方阵图，居中则为托钵立姿药师佛；莫高窟第196窟的万菩萨位于主室东壁门两侧，莫高窟第12窟则位于前室南、北两壁，这两窟的主尊为释迦佛，第196窟东壁门上是三观音；莫高窟第158窟与十方佛、千佛一起绘于盝形顶上，窟内主尊为释迦涅槃像[1]。我们可以看出，万菩萨赴会中主尊可以是释迦，可以是药师，可以是观音，也可以是弥勒佛。在敦煌，文殊、普贤为大菩萨的万菩萨图，不仅仅具有与五台山瑞现特指的主题意义，而且在后来已发展为绘于窟门两侧的赴会性质的文殊、普贤赴会图形式，具有与传统文殊、普贤赴会图相同的意义。

《佛祖统纪》卷43记载，宋太宗时，在五台山造金铜文殊与万菩萨像：

[太平兴国] 五年正月。敕内侍张廷训，往代州五台山造金铜文殊万菩萨像，奉安于真容院。[2]

宋代赞宁等撰《宋高僧传》《唐五台山竹林寺法照传》有云：

暨四年夏于衡州湖东寺内有高楼台，九旬起五会念佛道场。六月二日未时，遥见祥云弥覆台寺，云中有诸楼阁。阁中有数梵僧，各长丈许，执锡行道。衡州举郭咸见弥陀佛与文殊普贤一万菩萨俱在此会，其身高大。见之者皆深泣血设礼，至酉方灭。[3]

通过以上分析，笔者认为莫高窟第156、161及其上方塔作为一个整体建筑，其洞窟与塔的设计是围绕弥勒佛会来进行的，上层塔内与下层洞窟第156窟的倚坐弥勒佛相对应，中间的万菩萨具有赴弥勒会的性质，上、中、下三层在佛教义理上也是一个整体。

1　参见郭俊叶：《敦煌石窟中的万菩萨图》，《艺术史研究》第17辑，中山大学出版社，2015，第309—329页。

2　《大正藏》第49册，第397页。

3　（宋）赞宁撰，范祥雍点校：《宋高僧传》（下），中华书局，1987，第539页。

五、莫高窟第161窟中心坛上现存二身塑像为童子像

莫高窟第161窟中心佛坛，原有三身塑像，可惜中间一身已毁，仅存覆莲莲花台座及塑像的两截残余木桩。坛上南、北两侧现存塑像各一身，但均残损，头部与双臂尽毁，存身躯，衣着保存完好（图6-2-14、图6-2-15）。两侧残塑像均着交领右衽服，上部饰团花图案，下部纯浅蓝色；腰系带，于腹前打结，带端于腹前左右垂下；袍服下为饰有大团花纹的浅色罗裙（或为内衫），裙裾较高；双腿着白色印花长裤；脚穿浅圆口系带鞋。服饰整体显得典雅、精致、简练，与传统菩萨装不同。

这两身残塑像，学界现有三种观点，一种认为是天童[1]，另一种认为是吐

图6-2-14　莫高窟第161窟中心坛上南侧塑像

图6-2-15　莫高窟第161窟中心坛上北侧塑像

1　张大千：《漠高窟记》，台北故宫博物院，1985，第618页；谢稚柳：《敦煌艺术叙录》，上海古籍出版社，1996，第407页。

蕃装供养人像[1]，还有一种认为是吐蕃世俗装菩萨胁侍像[2]，也即着吐蕃世俗服装的菩萨像，但均认为两身像着吐蕃世俗人服装。其实不管是俗人像或是菩萨像，首先要从塑像本身出发，搞清楚是哪个民族的服饰。吐蕃人服装左衽，翻领，左、右侧开衩，袍服长，裙裾较低，几欲曳地。通过仔细观察，我们发现塑像服饰右侧有清晰折线，右衽很明显，也没有出现吐蕃人服饰的翻领，特别是坛上南侧一身，交领处花纹明显，无翻领痕迹，故两身塑像的服装为右衽、交领。另外，吐蕃贵族或者有身份者腰系金属带或革带类，前部不打结，普通吐蕃人腰部系帛布带，腹前也不打结，可参见敦煌壁画中各国王子中的吐蕃人以及藏经洞出土纸绢画中的吐蕃人装束（图6-2-16、图6-2-17）。由此可见，两身塑像并未着吐蕃服装，不能据此判断其为吐蕃人像，建窟年代不必划为吐

图6-2-16　莫高窟第159窟主室东壁门北吐蕃赞普礼佛图中的吐蕃人

1　敦煌研究院：《敦煌石窟内容总录》，文物出版社，1996，第63页。
2　沙武田：《敦煌吐蕃译经三藏法师法成功德窟考》，《中国藏学》2008年第3期，第40—47页。
另见敦煌研究院：《敦煌吐蕃文化学术研讨会论文集》，甘肃民族出版社，2009，第161页。

图6-2-17　敦煌纸画P.4524号中的吐蕃人

蕃时期。

中国的少数民族服装大多为左衽，孔子《论语·宪问》有："管仲相桓公，霸诸侯，一匡天下，民到于今受其赐。微管仲，吾其被发左衽矣。"[1]但西夏例外，西夏的妇女着交领、右衽、窄袖衫，常见腰不系带，且左、右都开衩，有若今天的旗袍；男子则着圆领窄袖长袍，腰系带。回鹘人女着圆领、窄袖、曳地袍服；男着圆领、窄袖服，常见腰系两重带，一为蹀躞带，一为普通帛布带，带端下垂较长。所以曾经活跃于敦煌的少数民族吐蕃、回鹘、西夏服饰皆与莫高窟第161窟的两身塑像服饰不符。

很明显的是两身塑像的衣服为右衽，而非左衽，如此，首先应该考虑的是汉装。

第161窟两身塑像明显有三个特征：其一，腰系带，并于腹前打短结，是敦煌石窟塑像中少见的一类服饰现象。这种腰系带并打短结的方法，多见于侍从、童子的装扮，也偶见于西夏成人男装，是一种较为随意的打结方式，在绢画、壁画中的实物例子较多。其二，团花图案的服饰常见于童子服装，如榆林窟第19窟曹元忠身后的曹延禄少年像，莫高窟第205窟东壁门北两身童子像。其三，袍服下着长裤的形式是童子常见的服饰，也是区别于其他身份的最明显特征。以上三个方面，都非常符合童子服装，直接将第161窟两身塑像指向童子形象。

1　（清）阮元校刻：《十三经注疏》，中华书局，1980，第2512页。

　　童子形象在敦煌壁画中，常见于供养人行列，其身份有的为家族中的未成年人，有的则为侍从，数量较多，在此不一一列举，如前述莫高窟第205窟东壁门北，榆林窟第19窟等窟中可见，另外还见于莫高窟第147窟主室龛内屏风画中的两身侍从像等。

　　敦煌绢画中的数身童子着装与第161窟两身塑像服装颇为相似。敦煌绢画Ch.xxxvi.001号，观音一面两臂，头戴化佛冠，左手下垂持长茎莲花，右手托宝瓶；两侧善恶童子，观音左侧童子右手持花一朵，黑发分两侧扎髻，着翻领右衽短袄，短袄下着齐膝裙，再下为齐脚罗裙，腰系带，脚穿浅口鞋（这类服饰与莫高窟第147窟屏风画中的侍从像相同）；右侧童子双手合十，持一长茎花，扎双髻，着圆领短袄，短袄下为齐膝印花裙，下着裤，脚穿浅口鞋。右侧童子袄下着裙，裙下又着裤的装扮与第161窟坛上的塑像着装如出一辙（图6-2-18）。Ch.lvii.004号绢画右下部底层供养人像，后面两身为未成年男童供养像，题名"孙丑见、孙长兴供养"，童子两手于胸前相拢于袖内，头顶结童子结，上身着圆领红色半长衣，下接草绿色裙，腰系白色布带，并于腹前打结，下着白色长裤，脚蹬浅圆口鞋（图6-2-19）。此类服装，除了上衣为圆领外，其余与第161窟的塑像着装相同。另如MG.17778绢画左下侧男供养人程恩信身后的一身童子像，着装也大致相同。总之，从服饰来看，这两身塑像应为汉族童子塑像。当时张大千先生与谢稚柳先生将两身塑像定为"天童"，可能注意到了其童装因素吧。

图6-2-18　Ch.xxxvi.001号观世音菩萨像中的童子

图6-2-19　Ch.lvii.004号绢画右下部底层供养人像

六、莫高窟第161窟中心坛上主尊为两臂或多臂观音像

第161窟坛上的两身残塑像也是解开坛上主尊的关键所在。石璋如先生记载坛上"塑像：三尊式。主像为坐佛，胁侍二像有身无头"[1]。而与石先生同一时期做调查的张大千、谢稚柳二位先生仅记"天童二区（躯），残毁，晚唐塑"[2]。同一时期，坛上塑像的记录一为三身，一为二身，其中一则应有问题，查罗寄梅先生于1943—1944年拍摄的照片，坛上塑像也仅存二身（图6-2-20），可知，石璋如先生的记录有误。考虑到窟内藻井中的千手千眼观音，以及四披、西壁中心及东壁门上均为密教观音，因此我们推测坛上主尊塑像应为观音像。

前文从两身残塑像的服饰分析，我们赞同张大千、谢稚柳两位先生所初

1　石璋如：《莫高窟形》（一），历史语言研究所，1996，第608、609页。
2　张大千：《漠高窟记》，台北故宫博物院，1985，第618页；谢稚柳：《敦煌艺术叙录》，上海古籍出版社，1996，第407页。

识的天童像，认为是两身童子像。而佛教神祇中左、右两侧拥有两童子的是两臂观音或多臂观音菩萨，两身童子应为善恶童子。有善恶两童子的观音像，在敦煌壁画与敦煌绢画中为数不少，有两臂、六臂，也有八臂的。

敦煌壁画中有三身多臂观音，分别是莫高窟第437窟甬道顶的八臂观音，莫高窟第355窟西壁的六臂观音，莫高窟第454窟前室甬道顶龛内西壁的多臂观音[1]，这三铺观音两侧的善恶童子均着宽袖袍服，下系罗裙（图6-2-21）。

敦煌藏经洞出土，观音为主尊、善恶童子绘于两侧的绢画有Ch.xxxvi.001、Ch.lvii、EO.3581、EO.1175、EO.1398、EO.1147、

图6-2-20　罗寄梅1943年拍摄的第161窟坛上照片

（采自Visualizing Dunhuang: The Lo Archive Photographs of the Mogao and Yulin Caves,161-4）

MG.17674、Ch.00124（Stein 330）、Ch i.0017（Stein 415）号等。这些绢画中的观音有立姿也有坐姿，有两臂也有多臂。善、恶童子大多数手执善、恶宝卷，有题记，少数无宝卷、题记（这部分有的是善恶童子，有的为观音的眷属，如EO.1398、EO.1175号）。发髻均梳童子发型，以双丫髻居多，有的两侧饰步摇，《新唐书·车服志》："未冠者……双童髻，去革带……未冠者童子髻。"[2]服饰有两类，宽袖罗裙式服饰及世俗童子服装，其中以前者居多，如MG.17674、EO.3581、EO.1398（P.179）、Ch.lvii.001、

1　郭俊叶：《敦煌莫高窟第454窟研究》，甘肃教育出版社，2016，第98页。
2　（北宋）欧阳修、宋祁：《新唐书》卷24《车服志》，中华书局，1975，第522页。

图6-2-21　莫高窟第437窟甬道顶的八臂观音

Ch.lvii.004、Ch.00124（Stein 330）、Ch i.0017（Stein 415（图6-2-22—图6-2-25），着世俗童子装的有Ch.xxxvi.001、EO.1175号，EO.1175号则为两身幼童（表6-2-1）。着世俗童子装的敦煌绢画Ch.xxxvi.001号前文已述，以下就MG.17674号宽袖罗裙式童子服装略作说明。

MG.17674号，这幅纸画中绘九面六臂观音像，观音上两手手持日月；中间两手，一手持杨柳枝，另一手持花；下两手一手提净瓶，另一手持花。菩萨左、右两侧为善恶童子，左侧童子双手捧一捆卷帙，右侧童子双手持一卷卷宗。两身童子扎双髻，着绿底红花宽袖袍服，下着裙，脚蹬云头履。另外，EO.3581、EO.1398（P.179）、Ch.lvii.001、Ch.lvii.004中的童子也均着此类宽袖罗裙式服饰（图6-2-26、图6-2-27）。

图6-2-22　敦煌藏经洞绢画Ch.xxxvi.001号《观世音菩萨像》

　　善恶童子最常见的是与地藏菩萨的组合，这时童子也通常与十王绘于一起，如藏经洞绢画MG.17794、MG.17662、MG.17664、MG.17793、EO.3644、Ch.lxi.009号等。其中MG.17662、MG.17794、MG.17793、Ch.lxi.009号中的童子捧善恶宝卷，梳双丫髻，着宽袖袍服；MG.17664中的童子则手捧宝卷，双丫髻，着两侧开衩圆领直衫，腰系带，下着白色长裤，脚穿浅口鞋，俨然童子装扮（图6-2-28）。地藏菩萨图中的善恶童子也有两种装扮，一种为宽袖长袍罗裙式，另一种为童子式，这与观音菩萨两侧的善恶童子着装一致。

图6-2-23 敦煌藏经洞绢画MG.17674号
《九面观音与善恶童子》

图6-2-24 EO.3581藏经洞绢画两臂
观音坐像

图6-2-25 EO.1398（P.179）藏经洞纸画六臂观音坐像

图6-2-26 Ch.lvii.001藏经洞绢画四臂
观音坐像

图6-2-27 Ch.lvii.004藏经洞绢画两臂观音坐像

图6-2-28 MG.17664号披帽地藏菩萨图

表6-2-1 敦煌观音与（善恶）童子一览表

窟号与卷号	时代	观音形象	童子发髻与服饰	有无宝卷
莫高窟第437窟甬道顶	宋	一面八臂，立姿	双丫髻，两侧步摇；宽袖袍服，罗裙，高头履	有
莫高窟第355窟西壁	宋	六臂，立姿	双丫髻，两侧步摇；宽袖袍服，罗裙，高头履	有
莫高窟第454窟前室龛内西壁	宋	一面多臂（六或八臂），立姿	双丫髻，两侧步摇；宽袖袍服，罗裙，高头履	有
Stein painting21. Ch.xxxvi.001	唐（9世纪后半）藏经洞绢画《观世音菩萨像》（《西域美术》大英博物馆Ⅱ，图版2）	一面两臂，立姿	一身双丫髻，另一身双垂髻；童子装	无
Stein painting28. Ch.lvii.001	五代（10世纪中顷）《法华经普门品变相图》（《西域美术》大英博物馆Ⅱ，图21）	一面四臂，游戏坐	双垂髻；宽袖袍服，罗裙，高头履	有
Stein painting54. Ch.lvii.004	北宋太平兴国八年（983年）藏经洞绢画《观世音菩萨像》（《西域美术》大英博物馆Ⅱ，图版27）	一面两臂，游戏坐	双丫髻；宽袖袍，罗裙，高头履	有
EO.3581	北宋（10世纪后半）藏经洞绢画《观音菩萨坐像と善恶童子》（《西域美术》吉美美术馆Ⅰ，图版52）	一面两臂，结跏趺坐	双丫髻；宽袖袍服，罗裙，高头履	有
EO.1175	五代（10世纪前半）藏经洞绢画《救苦观音菩萨と眷属》（《西域美术》吉美美术馆Ⅰ，图版61）	一面两臂，结跏趺坐	双丫髻；童子装	无
EO.1398（P.179）	五代—北宋（10世纪）藏经洞纸画《三面六臂の观音菩萨と善恶童子像》（《西域美术》吉美美术馆Ⅰ，图版84）	三面六臂，结跏趺坐	双丫髻；宽袖袍服，罗裙，高头履	无

续表

窟号与卷号	时代	观音形象	童子发髻与服饰	有无宝卷
EO.1147麻布《九面观音菩萨と善恶童子像》	五代—北宋（10世纪）（《西域美术》吉美美术馆Ⅰ，图版86）	十一面六臂，立姿	双丫髻；宽袖袍服，罗裙，高头履	有
MG.17674纸本《九面观音菩萨と善恶童子像》	五代—北宋（10世纪）（《西域美术》吉美美术馆Ⅰ，图版85）	九面六臂，立姿	双丫髻；宽袖袍服，罗裙，高头履	有
波士顿艺术博物馆藏NO.201570	开宝八年藏经洞绢画《六臂观音经变相》（《燉煌畫の研究》图43a）	六臂，坐姿	双丫髻；宽袖袍服，罗裙，高头履	有
Ch.00124（Stein 330，新德里）	待定，《观音菩萨与善恶童子像》（Buddhist paintings of Tun-Huang in the national museum, New Delhi图版25）	一面两臂，坐姿，左手托净瓶	双丫髻；宽袖袍服，罗裙，高头履	有
Ch i.0017（Stein 415，新德里）	待定，《六臂观音与善恶童子像》（Buddhist paintings of Tun-Huang in the national museum, New Delhi图版53）	三面六臂，立姿	双垂髻；宽袖袍服，罗裙，高头履	有
中国国家博物馆藏十一面观音变相	五代	十一面八臂，立姿	双丫髻；宽袖袍服，罗裙，高头履	有

　　以上分析表明，不管是观音还是地藏菩萨，善恶童子的着装都有两种形式，一种为着宽袖袍服、罗裙的青少年型童子，以此类服饰居多；另一种为着世俗童装的儿童，上衣为斜领或圆领服，着内衫（长于或短于外服），或着裙，腰系带，并于腹部打结，下着裤，脚蹬浅口鞋。

　　第161窟的壁画的主题内容与地藏菩萨不符，而与观音菩萨契合，因而中心佛坛上的主尊为观音菩萨，观音两侧是两身着世俗童子装的善恶童子。

　　通过与敦煌壁画、绢画的图像对比、分析，笔者认为第161窟坛上两身塑像的着装明显不属于菩萨类着装，也不属于吐蕃世俗装，而为汉族童子世俗着装，第161窟坛上的三身塑像应是两臂或多臂观音及善恶童子像。王惠民先生认为第161窟坛上主尊为千手千眼观音像，是独煞神堂[1]，但千手千眼观音两侧无童子像，故可排除。传世的两臂或多臂观音眷属中有童子像，所以坛上主尊非千手千眼观音像，而是两臂或多臂的观音像。

第161窟壁画主要内容为万菩萨。观音与万菩萨的组合，也曾出现于莫高窟第196、61窟。第196窟东壁门上为三观音，门两侧为文殊、普贤及万菩萨；莫高窟第61窟五台山图中上方，万菩萨赴会前方有观音。因而万菩萨与观音的组合并非孤例。

莫高窟第161窟位于崖面的最高层，如临云端，就其位置而言与万菩萨所处位置相符。甘肃境内，麦积山石窟中据记载有万菩萨堂，也位于高处，记曰："将及绝顶，有万菩萨堂。"此记载见北宋时李昉所著《太平广记》，其"山"条目"麦积山"：

> 古记云：六国共修。自平地积薪，至于岩巅，从上镌凿其龛室佛像。功毕，旋旋折薪而下，然后梯空架险而上。其上有散花楼、七佛阁、金蹄银角犊儿。由西阁悬梯而上，其间千房万屋，缘空蹑虚，登之者不敢回顾。将及绝顶，有万菩萨堂，凿石而成，广若今之大殿，其雕梁画栱，绣栋云楣，并就石而成；万躯菩萨，列于一堂。自此室之上，更有一龛，谓之天堂。空中倚一独梯，攀缘而上。[2]

麦积山是否存在万菩萨堂，或是当时的记载有误，我们且不去追查，但有一点可以肯定，万菩萨堂处于高处，是彼时之人对万菩萨堂的认识。莫高窟第161窟位居崖面第四层，也是最上层，位置与万菩萨云现契合，同时壁画内容也以万菩萨为主[3]，因此，第161窟作为万菩萨堂从内容到形式应是成立

1　王惠民：《独煞神与独煞神堂考》，《敦煌研究》1995年第1期，第131页。
2　（宋）李昉等：《太平广记》卷397，中华书局，1961，第3181页。
3　郭俊叶：《敦煌石窟中万菩萨图》，《艺术史研究》第17辑，中山大学出版社，2015，第309—329页。

的。概而言之，莫高窟第161窟中心坛上的塑像为两臂或多臂观音与善恶童子像，由观音统领整个洞窟，具有万菩萨堂的性质。

宋代志磐撰《佛祖统纪》记载端拱二年时，宋太宗时建开宝寺宝塔，内安置千佛与万菩萨，塔下作奉安阿育王舍利塔的天宫。《佛祖统纪》记载：

> ［端拱］二年，开宝寺建宝塔成。八隅十一层，三十六丈，上安千佛万菩萨，塔下作天宫奉安阿育王佛舍利塔。皆杭州塔工喻浩所造，凡八年而毕，赐名福胜塔院。安舍利日，上肩舆微行，自手奉藏。有白光起小塔一角，大塔放光洞照天地。士庶焚香献供者盈路，内侍数十人求出家扫塔[1]。

莫高窟第158窟顶上绘有千佛与万菩萨，其下主尊为佛涅槃像，开宝寺塔则上为千佛与万菩萨，下为佛舍利，二者性质相同。第158窟建于中唐时期，早于第161窟的营建，且位于第161窟斜下方，与之相邻，前者会影响到后者的营建。

长安的两街诸寺中，有一宣阳坊，位于左街。宣阳坊有个静域寺，寺里有万菩萨堂。据唐代段成式《寺塔记》记载：

> 宣阳坊静域寺，本太穆皇后宅。寺僧云："……万菩萨堂内有宝塔，以小金铜塔数百饰之。大历中，将作刘监有子，合手出胎，七岁念《法华经》。及卒，焚之，得舍利数十粒，分藏于金铜塔中。"[2]

巧合的是，张议潮归阙长安后的宅第建在宣阳坊。根据《张淮深碑》记载："宣阳赐宅，廪食九年 司徒宅在左街宣阳坊，天子所赐粮料，可支持九年之实。"[3]

悟真进京，巡访两街诸寺，敦煌第161窟的兴建，也可能受到当时宣阳坊静域寺的影响。

---

1 《大正藏》第49册，第400页。
2 （唐）段成式撰，秦岭云点校：《寺塔记》，人民美术出版社，1964，第23、24页。
3 马德：《敦煌莫高窟史研究》，甘肃教育出版社，1996，第299页，有录文。

七、莫高窟第161窟的时代、功德主及其性质

摆脱塑像着吐蕃服装这一束缚，接下来，应该考虑的就是关于第161窟的窟主及其与第156窟的关系等问题。第161窟是以万菩萨为主要内容，并以观音为主尊统领万菩萨众，观音两侧有善恶童子。

童子也称作拘摩罗、鸠摩罗伽等，主要是从年龄和身份来界定，其年龄各经说法不一。龙树造、鸠摩罗什译《大智度伦》将其定为4—20岁，经文曰："复次，又如童子过四岁以上，未满二十，名为鸠摩罗伽。"[1]宋代道诚集《释氏要览》卷上"童子"条将童子的年龄定在7—15岁，经曰："自七岁止十五皆称童子，谓太和未散故。"[2]唐慧琳撰《一切经音义》卷27认为是未婚、未冠之称："幼童（徒红反，古童谓仆，今谓童子，古僮谓童子，今谓仆隶。《玉篇》童子者，谓幼童，未昏（婚）、未冠之称，无角牛谓之撞牛，今应为童，僮古字耳）。"[3]唐慧琳撰《一切经音义》卷44认为是沙弥的别名，其中8岁以上的童子称究磨罗："童真（是沙弥别名，式叉，此言学，亦云随顺无违。梵言究磨啰、浮多，究磨罗者是彼土八岁以上未冠者童子总名也。浮多此云真，亦言实也）。"[4]宋代法云编《翻译名义集》（二）以未冠为童："拘摩罗，《西域记》云：唐言童子；《释名》云：十五曰童。故礼有阳童，牛羊之无角曰童，山无草木曰童，言人未冠者似之云耳。"[5]

年龄区分之外，童子还指修行者所处的修行阶段。这一阶段为住鸠摩罗伽地或为初始地，有断淫欲、行菩萨道、入法正位、世世童男、出家行道、如婴儿离诸恶事等几种情况，龙树造、鸠摩罗什译《大智度伦》：

1　《大正藏》第25册，第275页。
2　《大正藏》第54册，第266页。
3　《大正藏》第54册，第486页。
4　《大正藏》第54册，第600页。
5　《大正藏》第54册，第1083页。

"欲得鸠摩罗伽地"者，或有菩萨从初发心断婬欲，乃至阿耨多罗三藐三菩提，常行菩萨道，是名鸠摩罗伽地。复次，或有菩萨作愿：世世童男，出家行道，不受世间爱欲，是名为鸠摩罗伽地。复次，又如王子名鸠摩罗伽，佛为法王，菩萨入法正位，乃至十地故，悉名王子，皆任为佛，如文殊师利，十力、四无所畏等悉具佛事故，住鸠摩罗伽地，广度众生……若菩萨初生菩萨家者，如婴儿，得无生法忍，乃至十住地，离诸恶事，名为鸠摩罗伽地。[1]

另，广义上讲，凡诵读佛典、发愿修行的白衣，亦可为童子，如唐代义净《南海寄归内法传》卷3载："凡诸白衣诣苾刍所，若专诵佛典，情希落发，毕愿缁衣，号为童子。"[2]

善恶童子主要职责是记录善恶之事，属于特殊的一类童子，强调年龄与身份、职责，无明显修行阶段上的意义。唐代成都府藏川述《佛说地藏菩萨发心因缘十王经》之"第四五官王宫（普贤菩萨）"中有：

双童子形弉偈曰。

证明善童子　　时不离如影　　低耳闻修善

无不记微善　　证明恶童子　　如响应声体

留目见造恶　　无不录小恶[3]

同经"第五阎魔王国（地藏菩萨）"又有：

阎魔王国（自人间地去五百史善那）名无佛世界，亦名预於国，亦名阎魔罗国……尔时世尊告大众言：谓诸众生有同生神魔奴阇耶（同生略语），左神记恶形，如罗刹常随不离，悉记小恶；右神记善形，如吉祥常随不离，皆录微善；总名双童。亡人先身若福、若罪诸业，皆书尽持奏与阎魔法王，其王以簿推问亡人，算计

1　《大正藏》第25册，第275页。

2　《大正藏》第54册，第220页。

3　《新纂卍续藏》第1册，第405页。

所作随恶、随善而断分之。[1]

据此文献善恶童子又名魔奴阇耶，是同生神，微善、小恶无不记录在册。

除此，善恶童子还主要出现于以下文献之中。唐代宗密述《圆觉道场禅观法事礼忏文》卷5：

> 今现有十方诸佛，诸大菩萨，诸天神仙，何曾不以清净天眼，见于我等所作罪恶，又复幽显灵祇。善恶童子，注记罪福，纤毫无差。夫论作恶之人，命终之后，牛头、狱卒录其精神。在阎罗王所，办覈是非……是故弟子等，稽首十方尽虚空界一切诸佛（尊法圣僧），唯愿十方三宝，本尊卢舍那佛，忏悔主普贤菩萨，由证明我忏悔，忏悔烦恼郣竟，今当次忏业彰郣。[2]

唐代慧觉依经录《大方广佛华严经海印道场十重行愿常徧礼忏仪》卷13：

> 善恶童子，一切功曹狱使，罪报忏悔。[3]

唐代般剌蜜帝译《大佛顶如来密因修证了义诸菩萨万行首楞严经》（一名《中印度那兰陀大道场经》）卷8：

> 八者见习交明，如萨迦耶见戒禁取，邪悟诸业，发于违拒出生相返，如是故有王使主吏证执文藉；如行路人来往相见，二习相交，故有勘问、权诈、考讯、推鞫、察访、披究、照明，善恶童子手执文簿，辞辩诸事。是故十方一切如来，色目恶见，同名见坑；菩萨见诸虚妄、遍执，如入毒壑。[4]

另如：《道安法师念仏赞文》"善恶童子每知□，好事恶事皆惣录，未肯临时放一分"[5]；唐代善无畏译《阿咤薄俱元帅大将上佛陀罗尼经修行法仪轨》卷中"天曹天府、太山府君、五道大神、阎罗大王、善恶童子……今皆

1　《新纂卍续藏》第1册，第405页。
2　《新纂卍续藏》第74册，第404页。
3　《新纂卍续藏》第74册，第213页。
4　《大正藏》第19册，第144页。
5　国家图书馆善本佛典第63册。

明听"[1]；《佛说大轮金刚总持陀罗尼经》"日天、月天、星宿天、善恶童子、护戒善神，证知弟子发露忏悔，所有罪障悉令消灭"[2]；失译《瑜伽集要焰口施食仪》"善恶童子一切功曹狱吏，骥马执鎗一切罗叉"[3]等。

敦煌藏经洞出土的数件文献《结坛散食回向发愿文》《启请文》《散食文》，如国家图书馆8953号、S.1924《回向发愿文》、S.3875《启请文》、S.5957《启请文》、S.5456《启请文》、S.2144《结坛散食迥向发愿文》、S.3427《结坛散食迥向发愿文》、S.5589《散食文》、北图7677《结坛散食迥向发愿文》等之中皆有发愿启请善恶童子的内容，是作为被启请的神祇之一。试举例如下：

S.2144《结坛散食迥向发愿文》

　　奉请清净法身毗卢遮那佛……来就敦煌群（郡）东南角结坛道场，五日天（五）夜……奉请三界九地……善恶童子……诸如是等杂类鬼神皆有不思议大威神力；并愿空飞雨骤，电击雷奔并诸眷属来降道场，证明弟子所修功德；并愿发欢喜心，誓当忏悔。敬礼常住三宝。[4]

综上，从经文来看，善恶童子主要出现于《中印度那兰陀大道场经》《佛说大轮金刚总持陀罗尼经》《阿咤薄俱元帅大将上佛陀罗尼经修行法仪轨》《楞严经》注疏、佛教法事礼忏文、施食仪、念佛文、结坛散食回向文之中，这其中大部分适用于礼忏、念佛、结坛散食及密教道场等法事活动中，可知，善恶童子是佛教一些仪式、法事活动中启请的对象。另外，善恶童子还出现于道教文献之中，在此不再赘述。

具体到地藏或观音身旁出现善恶童子的文献记载较少。

1　《大正藏》第21册，第195页。
2　《大正藏》第21册，第162页。
3　《大正藏》第21册，第483页。
4　黄征、吴伟编校：《敦煌愿文集》，岳麓书社，1995，第562—564页。

丁福保《佛学大辞典》记：

《延命地藏经》谓："时佛住伕罗陀山，告帝释曰：有一菩萨
名延命地藏，见此菩萨体，闻此菩萨名，众病悉除，寿命长。尔时
帝释白佛曰：世尊！何故名延命地藏？佛告天帝释：心无生灭，故
名延命。时二童子侍立左右，一名掌善，在左，调御法性；一名掌
恶，在右，降伏无明。"[1]

现存图像中，善恶童子主要出现于地藏十王的图像之中，在地狱审判
时，善恶童子对有关亡者生前所做善恶之事的记录是判决其去向的重要依
据，所以二童子常与地藏菩萨与地藏十王绘于一起。善恶童子也出现于观音
菩萨的图像之中，这种情况据研究认为是受到了地藏十王的影响[2]。凡藏经
洞出土的绘画作品，如有供养人及发愿文者，多是为国家、亡者荐福，为病
者、生者祈福。以下为辑录的观音或地藏与善恶童子组合的佛画题记：

中国国家博物馆藏《十一面观音变相》发愿文："其斯绘者，厥有节度
押衙吴勿昌奉为故父早辞人□，未赴泉台，不知诞质于何方？贵要荐酬于福
力，今届盆半之日，遂□良之谧依织之间，乃造观世音菩萨并侍从一铺。伏
愿无上菩萨引灵□北幽暗之中，妙觉佛……拯拔于真途之内，然后合州信
众，□忧乐于晨昏，诸派平安□福，因于晓夕……岁次□子七月十五日题
记。"题记表明，此像乃吴勿昌于七月十五日时，为使其亡父出于幽暗、归
于真途而造。

Ch.lvii.001中的榜题为"故母六娘子一心供养""故父……""男张仏
奴一心供养"。此像虽无发愿文，但从榜题可知是张仏奴为其亡父母而造。

MG.17662主要内容绘披帽地藏菩萨及十王厅，下方左侧绘"南无引路菩
萨"一身，正中发愿文（自左至右）：

1　丁福保：《佛学大辞典》，文物出版社，1984，第537页。
2　李翎：《国家博物馆藏〈十一面观音变相的阐释〉》，《中国国家博物馆馆刊》2012年第2期，第
86—100页。

（1）□宋故清河郡娘子张氏绘佛邈真赞　并序

（2）　　　　　　　　　□司院上

（3）娘子者，前河西一十一州节度使曹公之贵派矣。　天垂异质□

（4）……诞河隍神假注姿，□天星以临紫，□□气而温良守道□□□□

（5）……筭年而节俭柔和，帷幄之高风匪□，□芳名于后世，播□□于前文

（6）□兰桂以驰芳，将松筠而挺拔。同为钟鼎，比龟兆以适良贤……

（7）□婚贵望三□，剋（克）己每陈举案以谦恭□□□遵不失□宾之声眉开

（8）□月之半月颊，呈红浪之双莲。可谓云众无屠侣之心，□下负宽□之气；

（9）理家图轨范广扇于□□，诫子课□□练别彰于□（谋）训；□□□林

（10）□□阅德誉于翡，翠箫可资貌长寿，抱雍容于真珠堂内，岂期浙

（11）□□道二鼠兴灭魄散流光，六天降祸亲戚伤悼。耆婆之秘术奚施，族望

（12）□榆附之神，方何效子媳痛切，抽割心肠，姊（姐）妹噢（嚎）哭，恨不死灭，自□□逝。

（13）□□□于何方掩弃人寰，难明前路之黑白。遂减资□□绘真容，用盖亡灵所

（14）……龙花会下……前速授菩提……城□

（15）□功德之无穷，劫石拂终斯胜因之莫泯，然后先亡远代、七世灵魄，赖

（16）……之极苦　法崇等伏奉

（17）……芳声将存纪远其词曰：天降仙□貌，芳姿经代稀，

（18）□□灵异□英誉宝魄奇□岁存箴诚，笄年蕴礼仪，三从恒□□，四德未尝亏。

（19）□□□□史，英风流□□，闺门选贤智，方乃出宫帏，举案世宾敬，何殃□□□

（20）住心垂下问，宽猛共相依；方保松筠茂，丘山与作期；何图逝波逐（近），魄散□□□

（21）九戚怀哀恋，六姻例总悲；□题绵帐下，用记□（福）来□。

（22）于时太平兴国八年岁次癸未十一月癸丑朔十四日丙寅题纪（记）[1]

由此发愿文题记可知，绢画是为已故张氏而作的邈真赞，目的是祈愿亡者龙华会下，速授菩提。

MG.17793绘披帽地藏、善恶童子、十王及六道，画面右上方题记"奉为亡过女弟子郭氏永充供养"。

从敦煌有善恶童子的菩萨（包括地藏、观音菩萨）绢画题记可知，这些绢画的主要目的是为亡者荐福。除此之外，也有一幅为国家、为生者祈福的绢画，即Ch.lvii.004号绢画《观世音菩萨像》：

施主清信佛弟子，知敦煌都园官兼大行园家录事米员德发心敬画大慈大悲救苦观世音菩萨一躯，国安仁泰，社稷恒昌，人民安乐，莫逢灾祸，子孙昌晟，万年千岁，富贵□昌。香烟净灯，永充

1　据马德《敦煌绢画题记辑录》补校，《敦煌学辑刊》1996年第1期，第145、146页。

供养。于时太平兴国八年七月十七题记。

这幅绢画绘制的主尊是大慈大悲救苦观世音菩萨，乃现世救度。

另外，敦煌文献P.2055号是翟奉达为其妻马氏做"七七""百日""周年""三周年"的写经荐福功德，尾题中有"右件写经功德，为过往马氏追福。奉请龙天八部、救苦观世音菩萨、地藏菩萨、四大天王、八大金刚以作证盟。一一领受福田，往生乐处，遇善知识，一心供养"。其中的地藏菩萨与龙天八部、救苦观世音菩萨、四大天王、八大金刚一起是为马氏领受福田，往生乐处，作为见证者而出现。由此可知，地藏菩萨、救苦观世音菩萨可作为亡者领受福田、往生乐处的见证者。

地藏菩萨的职能主要是救度亡灵，使不堕恶道。唐代实叉难陀译《地藏菩萨本愿经》卷上：

> 佛告文殊师利："……地藏菩萨证十地果位已来，千倍多于上喻。何况地藏菩萨在声闻、辟支佛地。文殊师利！此菩萨威神誓愿，不可思议。若未来世，有善男子、善女人，闻是菩萨名字，或赞叹，或瞻礼，或称名，或供养，乃至彩画、刻镂、塑漆形像，是人当得百返生于三十三天，永不堕恶道。"[1]

因见佛相好，地藏菩萨乃发愿言，为罪苦六道众生，广设方便，尽令解脱，方成佛道：

> 文殊师利！是地藏菩萨摩诃萨，于过去久远不可说不可说劫前，身为大长者子。时世有佛，号曰师子奋迅具足万行如来。时长者子，见佛相好，千福庄严，因问彼佛："作何行愿，而得此相？"时师子奋迅具足万行如来告长者子："欲证此身，当须久远度脱一切受苦众生。"

---

1 《大正藏》第13册，第778页。

文殊师利！时长者子，因发愿言："我今尽未来际不可计劫，
为是罪苦六道众生，广设方便，尽令解脱，而我自身，方成佛
道。"以是于彼佛前，立斯大愿，于今百千万亿那由他不可说劫，
尚为菩萨。[1]

地藏菩萨主管地狱，救度亡灵，观音则在西方净土，主要救度现世生
灵，二者都有救苦救难的职能，如果说供养地藏主要目的是为亡者荐福，以
脱离六道之苦，那么供养观音则就更有另一层含义在内，即希望亡者除了可
以脱离苦海，还可身生净土，这显然是受到净土思想的影响。Ch.liv.006天复
十年《观世音菩萨像》，是为亡父母及亡弟神生净土而舍施荐福所绘，题记
中有"为亡考妣神生净土""唯愿亡者生净土"之语。敦煌EO.3644号绢画
上方绘六臂观音与地藏菩萨并排而坐，下方绘地藏十王并善恶童子、道明和
尚等的图像组合，笔者认为其意义也在于此。

善恶童子主要职能是记录亡者生前所做善恶之事，以为地狱审判之参
照。因此第161窟坛上的观音与善恶童子组合具有为亡者荐福，祈其离难于地
狱、往生净土之意。此窟建于张议潮功德窟之上，且又具有为亡者祈福性质
的洞窟，其功德主必为张议潮无疑。

莫高窟第156窟东壁门上，即绘有张议潮已故父母的画像，其中张议潮
已故母亲画像旁边有一则保存清楚的题记"亡母赠宋国太夫人陈氏一心供
养"[2]第161窟恰位于第156窟上方，位置关系上二者互为呼应。由此推知，
莫高窟第161窟具有为张议潮已故父母荐福的性质。

不仅如此，万菩萨堂还具有护国性质。不空《请抽化度寺万菩萨堂三长
斋月念诵僧制一首》中列"化度寺文殊师利护国万菩萨堂三长斋月念诵僧
二七人"并附言：

1　《大正藏》第13册，第778页。
2　敦煌研究院：《敦煌莫高窟供养人题记》，文物出版社，1986，第73页。

右特进试鸿胪卿大兴善寺三藏沙门大广智不空奏。伏以化度寺护国万菩萨堂，并依台山文殊所见，乘云驾象凌乱榱梁，光明满堂不异金阁。奉去年十二月二十三日　恩命，赐香兼宣　口敕，命不空简择念诵大德，及命寺主智藏专捡挍道场。其前件大德等，或业茂真言，学通戒律，或敷宣妙旨，转读真乘。望抽住于此中，每年三长斋月，精建道场，为国念诵。必有事故，随阙续填。其堂内外施及功德一物已上，兹请三网专句，当冀不遗漏。

中书门下　牒大广智不空三藏

牒奉　敕宜依牒至准　敕故牒

大历二年二月十六日　牒[1]

大历二年（767年），不空在化度寺万菩萨堂组织法会，为国念诵祈福，明言其为"护国万菩萨堂"。

宿白先生根据窟内图像推测第161窟极似一处密教观音道场[2]，其说甚有道理。第161窟兼具为国祈福、为父母祈福的双重含义在内，极有可能曾作为一个祈福道场。

综上所述，笔者认为莫高窟第161窟的兴建应有两层含义，其一护国护民，护持新建的归义军政权；其二张议潮为已故父母荐福、往生净土。又因上方塔内为弥勒佛，故往生的应是弥勒净土。第161窟曾是为国家、为父母祈福的一个观音坛场。

八、结语

莫高窟第161窟上方塔，在2004年的考古发掘中，没有发现重修的痕

1　《大正藏》第52册，第834—835页。
2　宿白：《敦煌莫高窟密教遗迹札记》（上）（下），《文物》1989年第9、10期，第45—53、68—86页；同作者著《中国石窟寺研究》，文物出版社，1996，第279—310页。

迹，在考古发掘清理中出土了一块题名残片，残片中的"郎衙押"很具有时代特征，我们通过分析认为，这是归义军时期塔主对其儿子的称谓，在第156窟张议潮功德窟之上修建宝塔，必是张议潮本人，张议潮有两子，这身题名为"郎衙押"的，可能是其中一子。

从文献出发，考察第156窟的内容与窟形结构都与文献记载中的张族寺院不同，因而第156窟不可能是张族寺院，文献记载是张族庆贺其家族寺中故塔重修而作的庆寺文，与张议潮功德窟无关。

第156、161窟及其上方塔是典型的一组垂直塔窟组合建筑，通过对洞窟内容以及洞窟考古发掘出土残片的探讨，我们认为这一组塔窟是经过整体严密设计的，其窟主即张议潮，参与设计者中有悟真。

如果将张议潮功德窟莫高窟第156窟与此窟上方的莫高窟第161窟及第161窟上方的塔看作一体的话，刚好三层，并且以弥勒为主尊，与五台山中的三层弥勒阁一致，也就是说，莫高窟的第156、161窟及其上方塔，二窟一塔组成了三层的弥勒阁，最下层第156窟主尊为弥勒，最上层塔内主尊亦为弥勒，中层窟为万菩萨堂。

敦煌僧人悟真是张议潮的随军幕僚，到达过中原。据文献记载曾受张议潮派遣作为入朝使入京奏事，受到唐宣宗的较高礼遇，并准巡游两街诸寺，与诸寺大德互赠诗酬答。其中两街诸寺中有个静域寺，寺中有万菩萨堂。此寺位于左街宣阳坊，后来张议潮归阙长安后的宅第即建在宣阳坊。悟真参与了张议潮功德窟的设计，其中有具护国安邦的万菩萨堂，也有可"黑业之歼扫""护国匡邦"的佛顶尊胜陀罗尼经变。悟真是否参拜过五台山，我们不知，但是敦煌的一份僧人巡游五台山的游记，让我们注意到五台山弥勒阁与张议潮功德窟的关系，或者在设计上受其影响。塔、窟门在一条垂直线上，这一组塔窟应当为有统一规划、含有一定佛教义理的塔窟组合。

第161窟残存的两身塑像，以前学界一般认为塑像着装为吐蕃服装，但经过仔细调查比对后，笔者认为其非吐蕃装。塑像着右衽、齐膝、团花袄，袄下罗裙，裙下着团花裤，腰系带，脚蹬浅口系带鞋，这与世俗童子的装扮相同或者相似，塑像实质上应为童子，而以童子作为侍从的神祇有观音和地藏菩萨，结合洞窟壁画内容，推断第161窟中心佛坛上的塑像应是两臂或多臂观音及善恶两童子像。中心佛坛上观音与善恶童子的组合，含义在于为亡者祈福，愿其往生净土。第161窟正下方为敦煌首位归义军节度使张议潮功德窟，正上方为一座塔，塔、窟门在一条垂直线上，这一组塔窟应当为有统一规划、含有一定佛教义理的塔窟组合。

鉴于以上分析，笔者认为第161窟也是张议潮修建的功德窟，目的主要是为其父母祈福，祈愿摆脱地狱六道，上升兜率，往生净土，值遇弥勒，同时，此窟具有万菩萨堂性质，建于张议潮功德窟之上，也具有护国护民、护持新建的归义军政权的含义。第161窟修建于晚唐张氏归义军时期，应与其上方塔一起，是张议潮修建的一组塔、窟组合的建筑。

第三节　于阗皇室与敦煌涅槃寺

涅槃寺建于崖面之上，在往返敦煌与莫高窟的古道侧旁，位于"窟头"的地方，通地调查，我们识读出了一些新榜题，这些榜题对于解读涅槃寺提供了新材料。

一、涅槃寺内东壁门上的发愿文

通过比较前辈诸家录文，我们发现发愿文的第一行里，石璋如与谢稚柳先生的录文是"敦煌王曹□□姬圣天公主……建□□□功德……"，宿白先生的录文是"敦煌王曹□□姬圣天公主□□□□□□□达昆□□□功德记"，敦煌研究院的录文是"敦煌王曹□□圣天公主□□□□□□建□□寺功德记"，两相比较，前三者曹□□多了一个"姬"，宿先生多了"达昆"二字，后者"建□□"后多一个"寺"，最末多一个"记"字。笔者在识读中发现"姬"字现已很难认出，但从笔迹上看，应为"姬"字。最后一个字虽然模糊，但可以确定是"记"字，并且根据敦煌题记的常理，此字为"记"应无大碍。笔者在录文中新识读出四个字，即"建□□"之前的"莫高窟"三字，建字之后的"涅槃"二字。其中涅槃的"槃"字写成左右结构的形式，与敦煌文书中曾出现的书写体相同（图6-3-1—图6-3-3）。另，"曹"字后面有一字，隐约见笔迹，发愿文第8行"曹"字后也有同样的笔迹，似"公"字，但不能确定；"曹"字后第二字，现无任何笔迹。为慎重起见，在此只以"□□"表示。

　　如果将两者录文与笔者的录文进行合并，并据常识进行补充，则这方发愿文的第一行录文就是：敦煌王曹延禄姬圣天公主□□莫高窟建涅槃寺功德记。由这条残缺的题记推测，此发愿文表达可有三层意思：一是曹延禄与圣天公主建寺功德记；二是圣天公主建寺功德记，而非曹延禄与圣天公主一起建寺功德记；三是为圣天公主建寺功德记。涅槃寺塔内东壁门两侧绘有曹延

图6-3-1　涅槃寺东壁门上
发愿文："高窟建"三字

图6-3-2　涅槃寺东壁门上
发愿文："建涅槃寺"

图6-3-3　S.3966
《大乘经纂要义》末尾四字

禄与于阗公主的供养像，因此学术界一般认为此塔为曹延禄与于阗公主所建，但由以上分析，可有更多解释。为了更好地解读这一问题，我们接下来识读塔内供养人的题名。

二、涅槃寺东壁门两侧的供养人题记

涅槃寺东壁门两侧的两身俗人供养像，榜题题名现已不清，以前学者也未曾识读出来，历来学者们都以塔东壁门上发愿文记中的敦煌王曹延禄以及圣天公主为参照，认为是曹延禄与于阗公主，这两身供养人的身份应该没有问题。笔者进行了识读，只识得若干字，录文如下：

东壁门北南起第二身于阗公主供养像题名：

故施……故姬？（女字）□天公主……

东壁门南北起第二身曹延禄供养像题名：

施主……

从于阗公主的榜题题记来看，此时的于阗公主已经亡故。对于寺主来说，称于阗公主为姐或者妹或者姬，榜题中只识读出一个字的半边"女"字，另一半从笔画走势分析，笔者更偏向于"姬"字（图6-3-4、图6-3-5）。

涅槃寺东壁门两侧的第一身均为僧尼供养人，题记也未曾识读，以前均认为门北为尼，门南为僧，与其身后的男、女供养人对应。谢稚柳先生的记录中记"东壁：比丘尼一身……""比丘一身"[1]；宿白先生的记录是："东壁（即前壁）门南绘一僧和一着幞头的男供养像，门北一尼与一女供养像，门上署敦煌王衔的曹延禄与圣天公主发愿文。"[2]

在考察中，通过仔细识读，笔者发现门两侧的两身僧尼供养像题记还是可以辨识的，识读出的题记内容如下（图6-3-6、图6-3-7）：

1 谢稚柳：《敦煌艺术叙录》，上海古籍出版社，1996，第418页。
2 宿白：《敦煌莫高窟密教遗迹札记》，《文物》1989年第9、10期，另见《中国石窟寺研究》，文物出版社，1996，第296页。

图6-3-4　东壁门北南起第二身于阗公主
供养像顶端题名："故施"二字

图6-3-5　东壁门北南起第二身于阗公主
供养像题名中的："故姬（？）"字

图6-3-6　塔内东壁门北侧第一身僧人
供养人题名："施主皇太子广济大师"

图6-3-7　于阗皇太子广济大师与于阗公主供养像

涅槃寺塔内东壁门北侧第一身僧人供养人题名：

　　□主皇太子广济大师……

涅槃寺塔内东壁门南侧第一身僧人供养像题名：

　　故师主□□大……

从以上识读出的供养人题记可知，涅槃寺塔内东壁门北侧第一身僧人供养人为僧人，是皇太子广济大师，涅槃寺塔内东壁门南侧第一身也是一位僧人。这些题记的识读为我们进一步的研究提供了重要的材料。

三、皇太子广济大师考

通过涅槃寺东壁供养人题名的识读，我们发现东壁门北位于于阗公主之前的是广济大师，是位僧人，非女尼。广济大师之名也曾出现于敦煌文献中，涅槃寺这方供养人题记的发现，为历史上敦煌出现的广济大师揭开了神秘面纱。S.6178《太平兴国四年（979年）七月皇太子广济大师请僧为男太子中祥追念疏》：

　　（前缺）

　　（1）僧正、索法师、开大阁法律、阴法律、大周僧正……

　　（2）贰人，莲台李僧正、法律拾人，显翟僧正、法律七人，汉大师二人。

　　（3）右今月十八日，就宅奉为男太子中祥追念，伏乞

　　（4）慈悲，依时早赴。 谨疏。巾钵。

　　（5）太平兴国四年七月　日皇太子广济大师　谨疏。

这也是唯一一条目前所知出现广济大师的文献。由文献可知，广济大师是一位出家皇太子，出家前曾有家室，"就宅奉为男太子中祥追念"，即为其儿子的二周年忌日追福一事，请敦煌的各位僧正、法律、大师等人参加祈福会。从中，我们也可看出，太子的儿子也为太子，还有"汉大师二人"，

以与非汉大师区别，说明这位皇太子是非汉大师。敦煌文献中有很多关于于阗太子的活动记载，所以这位广济大师应是出家为僧的于阗太子，在涅槃寺他的供养像绘于于阗公主之前，说明与于阗公主的关系非同一般。涅槃寺这身太子广济大师身份的辨识，有助于我们更多地了解这位大师，同时也有助于对涅槃寺有更深层次的认识。

上述S.6178号与涅槃寺题记中出现的都是皇太子广济大师，称谓统一。这位广济大师生活于曹延禄时期，荣新江先生通过考证认为，曹延禄称太师令公敦煌王的时间至少在984—995年[1]。S.6178号卷子所记为太平兴国四年（979年）发生的事，曹延禄继节度使位在976年。涅槃寺中曹延禄的称号中有敦煌王，另外两件曹延禄有"敦煌王"称号的卷子是S.4400《敦煌王曹镇宅疏》与P.2649《曹延禄祷文》，这两份卷子均写于太平兴国九年（984年），贺世哲先生据此认为涅槃寺建于984年前后[2]。从题记来看，皇太子广济大师并未故去，出现于涅槃寺的供养像列之中，其与曹延禄、于阗公主为同时代人。

于阗自古崇信佛教，喜建塔。据东晋法显记："彼国人民星居，家家门前皆起小塔，最小者可高二丈许。作四方僧房，供给客僧及余所须。国主安堵法显等于伽蓝。僧伽蓝名瞿摩帝，是大乘寺，三千僧共犍槌食。"[3]

于阗人在敦煌修建佛教建筑早有先例，在文献中也有记载，如英国印度事务部图书馆藏Ch i.0021a《壬午年于阗使张金山供养文》记有公元982年12月21日，于阗使臣张金山在敦煌"窟头燃灯"，并开展"发心造塔"等礼佛活动[4]。另如，P.3713V中提到了"东窟上仰大太子看天子窟地用"，可见，

1　荣新江：《归义军史研究》，上海古籍出版社，1996，第126页。

2　贺世哲：《从供养人题记看莫高窟部分洞窟的营建年代》，《敦煌莫高窟供养人题记》，文物出版社，1986，第230页。

3　（东晋）释法显撰，章巽校注：《法显传校注》，中华书局，2008，第12页。

4　张广达、荣新江：《关于敦煌出土于阗文献的年代及其相关问题》，《于阗史丛考》，上海书店出版社，1993，第117、118页。

当时建有天子窟，有学者专门对天子窟做了研究[1]。《钢和泰卷子》中有于阗使张都督在敦煌修建了高过6米的瞿摩寺佛塔[2]，而在中兴五年（982年）七月，尉迟达磨派往敦煌的使臣，曾去此寺礼佛[3]。

　　于阗有数位太子曾前来敦煌，比如莫高窟盛唐第444窟东壁门上绘"见宝塔品"，在二佛并坐的塔身两侧后代题写供养题记，分别为"南无释迦牟尼佛说妙法华经，大宝于阗国皇太子从连供养""南无多宝佛为听法故来此法会，大宝于阗国皇太子琼原供养"（图6-3-8）。另如P.3184V题名："甲子年（964年）八月七日，于阗太子三人来到佛堂内，将《法华经》第

图6-3-8　莫高窟第444窟东壁门上"见宝塔品"两侧题写于阗皇太子供养题记

1　沙武田：《敦煌石窟于阗国王"天子窟"考》，《西域研究》2004年第2期，第60—68页。
2　H. W. Bailey. The Staël-Holstein Miscellany. Asia Major, newseries, 1951, 2.1: 44.
3　P. O .Skjærvø. Khotanese Manuscripts from Chinese Turkestan in the British Library: 524.

四卷。"[1]第244窟甬道也有于阗太子的题名"甬道南壁：□□太子；甬道北壁：德从子 □德太子"[2]。

以上材料中具有皇太子题名的是莫高窟第444窟的皇太子从连与皇太子琮原，其余为太子。贺世哲、孙修身先生认为第444窟的皇太子就是P.3184V中出现的太子，并认为文书中的甲子年为宋乾德二年即公元964年[3]。荣新江先生同意此观点，并将太子三人中的另一位太子补考为于阗太子德从[4]。向达先生在《西征小记》中记载：

> 又见一木塔，六面俱绘佛像，彩色如新，描绘极精，不失五代宋初规模。木塔中空，据说明书云，内中原有小银塔一，银塔上镌"于阗国王大师从德"云云。原出敦煌千佛洞，今银塔为马步青攫去，而以木塔存武威民众教育馆。五代时于阗与瓜沙互为婚姻，则此当是于阗国供养千佛洞之物。银塔所镌铭文虽未窥其全，然其有裨于瓜沙曹氏与于阗关系之研究则无疑也。[5]

张广达、荣新江先生据此银塔上的题铭，并根据P.3510和244窟题名等史料中的"从德太子"，推测从德应是继李圣天之后的尉迟输罗王[6]。从德为长子，后为于阗国王尉迟输罗，从连与琮原为其弟。笔者认为皇太子广济大师可能是第444窟题名中的一位，皇太子从连或者皇太子琮原，公元964年三位于阗太子来敦煌后，从德赴汴梁，有一位则留于此娶妻生子，后又出家，号广济

1　上海古籍出版社、法国国家图书馆：《法藏敦煌西域文献（法国国家图书馆藏）》（22），上海古籍出版社，2002，第105页。

2　敦煌研究院：《敦煌莫高窟供养人题记》，文物出版社，1986，第108页。

3　贺世哲、孙修身：《〈瓜沙曹氏年表补正〉之补正》，《甘肃师大学报（哲学社会科学版）》1980年第1期，第78页。

4　张广达、荣新江：《关于唐末宋初于阗国的国号、年号及其王家世袭问题》，《于阗史丛考》，上海书店出版社，1993，第37页。

5　向达：《西征小考》，《唐代长安与西域文明》，河北教育出版社，2001，第331页。

6　张广达、荣新江：《关于敦煌出土于阗文献的年代及其相关问题》，《于阗史丛考》，上海书店出版社，1993，第107—108页。

大师。前述S.6178号中有太平兴国四年（979年）广济大师为其男二周年忌日请敦煌僧人参加荐福法会，从时间上来说，也比较契合。

敦煌文献S.980《金光明最胜王经》卷2、P.3668号《金光明最胜王经》卷9及龙谷大学《金光明最胜王经》卷8末尾有皇太子晅的写经题记（图6-3-9）：

> 辛未年二月四日，弟子皇太子晅为男弘忽染痾疾，非常因重，遂发愿写此《金光明最胜王经》，上告一切诸佛大菩萨摩诃萨及太山府君、平等大王、五道大神、天曹地府、司命司录、土府水官、行病鬼王、疫使、知文籍官院长、押门官、专使可蓝官，并一切幽明官典等，伏愿慈悲救护，愿弘病苦早得痊平，增寿益命，所造前件功德。为愿过去未来见在数生已来，□有冤家债主，负财负命，各愿领受功德，速得升天。[1]

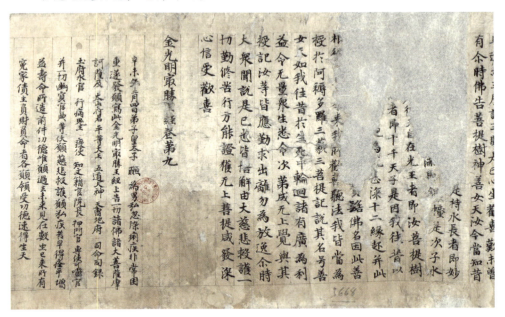

图6-3-9　P.3668号《金光明最胜王经》卷第九末尾皇太子写经题记（IDP）

1　黄永武主编：《敦煌宝藏》第8册，新文丰出版公司，1981，第95页；上海古籍出版社、法国国家图书馆：《法藏敦煌西域文献（法国国家图书馆藏）》（26），上海古籍出版社，2002，第278页。

另，敦煌文献北藏48有写于乙丑年的李暅写经题记一条：

弟子李暅敬写此金光明经一部十卷[1]

皇太子暅与李暅应为同一人，陈国灿先生认为两部写经写于五代金山国时期。金山国时期，于阗国皇太子长住敦煌[2]。从时间上来看，皇太子暅与皇太子广济大师是生活于不同时代的于阗皇太子。

在涅槃寺的榜题题记中，曹延禄与其姬于阗公主均题名为施主，于阗公主的题名是故施主，那么于阗公主已然故去。绘于曹延禄供养像之前的僧人，由题记可知也已故去，是"故师主"。皇太子广济大师并未故去，和曹延禄与于阗公主一样，也是作为施主出现，也即皇太子广济大师作为施主修建了此涅槃寺。这样，涅槃寺的主要功德主为敦煌王曹延禄与皇太子广济大师。从供养人画像的位置来看，皇太子广济大师绘于于阗公主之前，表明二者关系非同一般，可能是亲兄妹。

这位广济大师也许与来自中天竺的天息灾、施护等人过往较密。"即相与从北天竺国诣中国，至敦煌，其王固留不遣数月，因弃锡杖瓶盂，惟持梵夹以至"[3]，天息灾、施护等人被敦煌王曹延禄固留数月，其中的原因可能还与当时的僧界如广济大师等人的挽留有关，极有可能广济等人与其学习探讨中、北印度流行的密教艺术，这为以后天王堂穹隆顶壁画中采用天息灾的译本埋下了伏笔。

敦煌文献中还多次出现太子大师，那么这位太子大师与皇太子广济大师有何关系？S.4700《甲午年（994年）五月十五日阴家婢子小娘子荣亲客目》中记有（图6-3-10）：

1　《国家图书馆遗书》第30册，北京图书馆出版社，2006，第134页。

2　季羡林主编：《敦煌学大辞典》，上海辞书出版社，1998，第458页。

3　（清）徐松：《宋会要辑稿·道释二》，中华书局，1957，第7891、7892页。

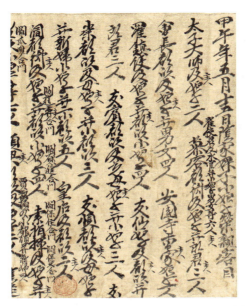

图6-3-10　S.4700《甲午年（994年）五月十五日阴家婢子小娘子荣亲客目》部分（IDP）

太子大师及娘子二人，慕容都衙及娘子并郎君三人……皇后及
都头二人……[1]

P.3942《荣亲客目》中有（图6-3-11）：

皇后及都头……慕容都衙娘子……太子大师及娘子……[2]

P.3440《丙申年（996年）三月十六日见纳贺天子物色入绫绢历》（图
6-3-12）中记：

张僧统白小绫子一匹……慕容都衙楼绫一匹……太子大师楼绫
一匹。[3]

1　中国社会科学院历史研究所、中国敦煌吐鲁番学会敦煌古文献编辑委员会、英国国家图书馆、伦敦大学亚非学院：《英藏敦煌文献（汉文佛经以外部分）》第6册，四川人民出版社，1992，第241页。

2　上海古籍出版社、法国国家图书馆：《法藏敦煌西域文献（法国国家图书馆藏）》（30），上海古籍出版社，2003，第264页。

3　上海古籍出版社、法国国家图书馆：《法藏敦煌西域文献（法国国家图书馆藏）》（24），上海古籍出版社，2002，第211页。

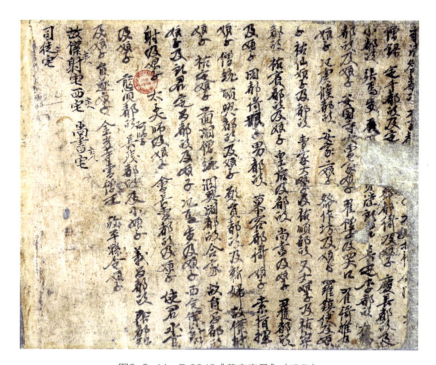

图6-3-11　P.3942《荣亲客目》（IDP）

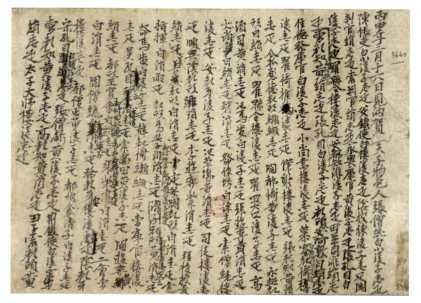

图6-3-12　P.3440《丙申年（996年）三月十六日见纳贺天子物色入绫绢历》（IDP）

S.447V《太子大师告紫亭副使
等帖》中太子大师帖告的对象有紫亭
副使孟喝悉鸡、监使杨□丹、都衙暮
（慕）容丹□等人（图6-3-13）：

　　太子大师　　贴告紫亭副使孟

喝悉鸡、监使杨竹丹、都衙暮

（慕）容丹□等……[1]

S.6981/3《某年八月太子大师上
法奖和尚启》：

　　（1）太子启上闻，　法奖
和尚伏垂听允。

图6-3-13　S.447V《太子大师告紫亭副使等帖》
（IDP）

　　（2）虽于德业，谬沾　大
师。释务之间，无人咨

　　（3）告。为开司务，语处不宽。一切自由，皆总勾□

　　（4）今望开宋僧政和尚五人，邓僧政和尚五人，永翟……

　　（5）五人。三个和尚不同诸余，限至今晨早上，各各

　　（6）纸上下名。八月日太子大师。

其后又有小字抄写前文：

　　（1）太子辄有小事上　闻，法奖和尚伏垂　听允。虽无德业，

　　（2）谬沾　大师。释务之间，无人咨告。为开司务，语处

　　（3）不宽。一切。开宋僧正和尚五人，邓僧正和尚五人，永

翟僧正和

1　中国社会科学院历史研究所、中国敦煌吐鲁番学会敦煌古文献编辑委员会、英国国家图书馆、伦敦
大学亚非学院：《英藏敦煌文献（汉文佛经以外部分）》第1册，四川人民出版社，1990，第193页。

（4）尚五人。三个和尚不同诸余。[1]

上述文献中的"太子大师"应为同一人，主要活动在曹延禄统治敦煌后期，同时代的还有皇后、都衙慕容丹□等人。方广锠先生认为"太子大师"分指于阗太子与法奖和尚，太子是"于阗国太子李德从，也可能他为德从之子。时居住敦煌，因佛事需要，索僧人备顾问"[2]。荣新江先生将S.6981b定名为《某年八月太子大师上法奖和尚启》，可见他认为"太子大师"为一人[3]。沙武田、赵晓星也同意"太子大师"为一人，并认为此人可能为曹氏太子[4]。笔者认为从目前的资料来看，支撑"敦煌曹氏节度使的儿子被尊称为太子"这种观点的论据尚不充分，归义军时期文献中的"太子"多数仍当为于阗太子。太子大师应该是来自于阗的一位太子，在敦煌出家为僧后，被尊称为"太子大师"。他经常和"娘子"一起参加社交活动，说明他可能并不在寺院居住，而是在家与家人一起生活。《荣亲客目》中出现的"皇后"应也是于阗皇后。P.3440《丙申年（996年）三月十六日见纳贺天子物色入绫绢历》，文书中有张僧统。张僧统任僧统的时间在钢惠之后，约在10世纪末，文书中有"丙申年"，可将此卷定为996年。以上文书中仅有太子大师，未出现皇太子广济大师，笔者认为以广济大师的身份，在很多重要场合都应是被邀请的对象，而且文中也未出现第二身太子大师，也就是说唯一的可能是皇太子广济大师一般简称为太子大师，而在自称或正式场合则称为皇太子广济大师。所以我们认为太子大师与皇太子大师应为一人。

1　中国社会科学院历史研究所、中国敦煌吐鲁番学会敦煌古文献编辑委员会、英国国家图书馆、伦敦大学亚非学院：《英藏敦煌文献（汉文佛经以外部分）》第12册，四川人民出版社，1995，第3页。

2　方广锠：《英国图书馆藏敦煌遗书目录（斯06981号—斯08400号）》，宗教文化出版社，2002，第2页。

3　荣新江：《英国图书馆藏敦煌汉文非佛教文献残卷目录（S.6981—13624）》，新文丰出版公司，1994，第56页。

4　沙武田、赵晓星：《归义军时期敦煌文献中的太子》，《敦煌研究》2003年第4期。

四、涅槃寺塔内东壁门南侧第一身供养僧人

涅槃寺塔内东壁门南第一身为一僧人供养像，通过题记识读，供养像题名为"故师主□□大……"由题记可知，此僧人已亡故，身份可能是施主的师傅类人物，也有可能是"施主"误写成了"师主"，后残存一"大"字。这位已故僧人不知是谁，但绘于敦煌王曹延禄供养像之前，地位、身份应非同一般。

五、曹延禄姬于阗公主

塔内东壁门北南向第二身供养人，从其服饰及与曹延禄在壁画中所处的位置关系可知应为曹延禄姬于阗公主，其题名是"故施……姬（？）天公主……"可以理解为故施主敦煌王曹延禄故姬圣天公主一心供养。于阗公主在莫高窟第61窟的题名是"大朝大于阗国天册皇帝第三女天公主李氏为新受太傅曹延禄姬供养"[1]，这条题名将这位于阗公主的身份说得很清楚，即天册皇帝的第三个女儿。另还有两条确切的曹延禄姬于阗公主的题名，榆林窟第35窟甬道北壁第一身供养像题记"大朝大于阗金玉国皇帝的子天公［主］……"[2]，南林蒋氏藏敦煌绢画《于阗公主供养地藏菩萨画像》中题记"故大朝大于阗金玉国天公主李氏供养"[3]（图6-3-14）。从而至少可以确认两点：第一，曹延禄姬于阗公主为于阗皇帝的第三女；第二，于阗当时国号金玉国。

关于曹延禄姬于阗公主是于阗哪位皇帝的女儿问题，现有两种观点，

1　敦煌研究院：《敦煌莫高窟供养人题记》，文物出版社，1986，第22页。

2　谢稚柳：《敦煌艺术叙录》，上海古籍出版社，1996，第488页。

3　荣新江：《叶昌炽——敦煌学的先行者》（Ye Changchi, Pioneer of Dunhuang Studies），《国际敦煌学信息通讯》（IDP NEWS）No.7, Spring 1997，第5页；张广达、荣新江：《关于唐末宋初于阗国的国号年号及其王家世系问题》，《敦煌吐鲁番文献研究论集》，中华书局，1982，第186、187页；又见同作者《于阗史丛考》，上海书店出版社，1993，第22页。

图6-3-14　美国弗利尔美术馆藏地藏菩萨像
绢画（F1935.11号）（IDP）

杨森先生认为是李圣天之女[1]，荣新江、朱丽双两位从P.T.1284藏文文献与P.2826号归义军节度使与于阗国王之间来往书信中的称谓关系以及于阗公主前的"金玉国"国号问题出发，认为曹延禄姬为尉迟达磨王之女[2]，并推测"尉迟达磨以与尉迟苏罗王同父异母的兄弟之子的身份而登上皇位"，因为没有血缘关系，嫁女给曹延禄为妻是可以接受的[3]。后一观点有充分的证据，缺憾是曹延禄与于阗公主的辈分出了问题，另外，"金玉国"也可以是对当时国家名称的称呼。

莫高窟第61窟题名中提到的天册皇帝，笔者觉得应是李圣天，但是由于史料的缺乏，我们不知于阗皇帝中还有没有其他被册封的皇帝，或者是否天册可以由下一位皇帝继承？就目前所知材料，李圣天在后晋天福三年被册封为于阗国王，《册府元龟》卷965《外臣部·封册》载：

> 晋高祖天福三年（938年）十月，制曰："于阗国王李圣天境控西陲，心驰北阙。顷属前朝多事，久阻来庭。今当宝历开基，乃勤述职。请备属籍，宜降册封。将引来远之恩，俾乐无为之化。宜

1　杨森"于阗公主"条，《敦煌学大辞典》，第366页。
2　荣新江、朱丽双：《于阗与敦煌》，甘肃教育出版社，2013，第167—169页。
3　荣新江、朱丽双：《于阗与敦煌》，甘肃教育出版社，2013，第93页。

册封为大宝于阗国王。仍令所司择日备礼册命。"[1]

这样，于阗公主可能就是李圣天的女儿，而与从德太子一起来敦煌的莫高窟第444窟的皇太子从连、琮原为李圣天的儿子，他们是兄妹关系。从敦煌壁画我们知道，曹元忠的姐姐嫁给了李圣天，即曹延禄姬、皇太子从德、从连、琮原均为曹元忠的外甥，曹延禄是曹元忠的儿子，从而于阗公主与曹延禄原是表兄妹关系，后嫁给曹延禄，为其夫人，从辈分上来讲，是合适的。

六、涅槃寺的性质与修建年代

分析了塔内东壁功德记及供养人题记之后，我们发现塔内供养人为曹延禄、于阗公主、于阗皇太子广济大师，还有一位未知的高僧。于阗公主与曹延禄供养像前的未知僧人均已故去，剩余敦煌王曹延禄与广济大师应是真正的施主。因为于阗公主已故，且东壁门上方的功德记第一行的标题是"敦煌王曹□□姬圣天公主□□□高窟建涅槃寺功德记"，其意自明，即为曹延禄姬圣天公主建涅槃寺功德记，建寺的目的是纪念公主或为其追福。另外，发愿文中先有"大朝大于阗"，后有"皇考大王"，我们认为涅槃寺的修建以于阗为尊，因而主角主要是于阗圣天公主与皇太子广济大师。于阗公主的画像除了手捧花朵，在花朵旁边上侧还有香、花、灯、涂四供养具，即公主以外四供养的形式供养于佛，似乎公主也加入了此坛场，并成为神祇中的一员，也因而理解此塔的性质。

再回到涅槃寺的修建时间上，涅槃寺的修建，从寺内功德记及供养人题记可知，是为已故的于阗公主追福而建，那么于阗公主故去的时间是解决这一问题的关键，当然还要同时满足其他的条件，如曹延禄任敦煌王的时间，以及壁画所依据佛经译出的时间等。根据阮丽的研究，涅槃寺的主要壁画内

1　（宋）王钦若等编纂，周勋初等校订：《册府元龟卷965〈外臣部（十一）·封册第三〉》，凤凰出版社，2006，第11184页。

容系依据天息灾所译《佛说瑜伽大教王经》的同本梵文原典《幻化网大恒特罗王》所绘，图像的传入很可能与天息灾（法贤）、施护在曹延禄执政时期"从北天竺诣中国，至敦煌，其王固留不遣数月"事件有关，并认为天王堂的修建是在天息灾离开以后、曹延禄执政时期的某年[1]。

《宋会要辑稿·道释二》记：

> ［雍熙］二年（985年）帝览所译经，诏宰相曰：译经辞义圆好。天息灾等三人及此地数僧，皆深通梵学，得翻传之体。遂诏天息灾、法天、施护并朝散大夫试鸿胪少卿，又诏译经月给酥、酪、钱有差。法贤年十二，依本国密林寺达声明学，从父兄施护亦出家。法贤语之曰：古圣贤师皆译梵从华而作佛事。即相与从北天竺国诣中国，至敦煌，其王固留不遣数月，因弃锡杖瓶盂，惟持梵夹以至，仍号明教大师……雍熙四年诏改名法贤，累加试光禄卿朝奉大夫。[2]

从这条文献记载可知，法贤、施护在敦煌被敦煌王曹延禄固留数月。关于天息灾等人的信息，据志磐撰《佛祖统纪》卷43载：

> ［太平兴国五年（980年）］二月，北天竺迦湿弥罗国三藏天息灾、乌填曩国三藏施护来，召见赐紫衣，敕二师同阅梵夹。时上盛意翻译，乃诏中使郑守均，于太平兴国寺西建译经院，为三堂，中为译经，东序为润文，西序为证义。[3]

同书卷44载：

> ［咸平］三年八月，试光禄卿天息灾亡，谥慧辩法师，勒有司具礼送终。[4]

---

1 阮丽：《莫高窟天王堂图像辨识》，《敦煌研究》2013年第5期，第40—50页。

2 （清）徐松：《宋会要辑稿·道释二》，第7891—7892页。

3 《大正藏》第49册，第398页。

4 《大正藏》第49册，第402页。

宋代杨亿等编修的《大中祥符法宝录》卷6也记载：

　　　　［雍熙四年（987年）］诏天息灾改名法贤。[1]

　　据志磐撰《佛祖统纪》卷43的记载，太平兴国五年（980年）二月天息灾（雍熙四年改名法贤）、施护到达中原，再考虑留在敦煌的数月，那么他们到达敦煌的时间应是979年。荣新江先生根据现有史料，认为曹延禄称敦煌王的时间至少在984—995年[2]，那么这段时间都可为涅槃寺的修建时间。由于史料的缺乏，曹延禄称敦煌王的时间可能会更久。

　　《宋会要辑稿·蕃夷五》记：

　　　　至道元年（995年）……十月，延禄遣使上表，请以圣朝新译诸经降赐本道，从之。[3]

　　《宋会要辑稿·道释二》也记：

　　　　至道元年（995年），沙州曹延禄乞赐新译经，给之。[4]

　　曹延禄请赐的诸经为新译佛经，宋朝新译的佛经主要源自印度而来的梵夹经，这些梵夹主要由天息灾、法天、施护等人译成汉文。宋初在宋太祖与宋太宗的推动下，掀起了去印度获取舍利与梵夹的热潮，宋太宗曾"因敕造译经院于太平兴国寺之西偏，续敕搜购天下梵夹"[5]。在太平兴国寺西建译场，翻译这些搜购或者进献而来的梵夹，宋太宗认为这是"翻贝叶之真诠，续人天之圣教。芳猷重启，偶运当时"[6]。时天息灾、法天、施护等人及两街明义学僧在译场新译经文一批，经文多译自中天竺梵本，内容也多属于密教范畴。这一时期的译经被赞宁评论为"译经之务，大宋中兴也"[7]。中国佛教

1　《金藏》第111册，第736页。
2　荣新江：《归义军史研究》，上海古籍出版社，1996，第126页。
3　（清）徐松：《宋会要辑稿·蕃夷五》，第7767页。
4　（清）徐松：《宋会要辑稿·道释二》，第7892页。
5　（宋）赞宁等：《宋高僧传》卷3，《大正藏》第50册，第725页。
6　《帝制新译三藏圣教序》，《佛祖历代通载》卷18，《大正藏》第49册，第659页。
7　（宋）赞宁：《大宋僧史略》卷上，《大正藏》第54册，第240页。

典籍的汉译，从唐宪宗元和六年（811年）译成《本生心地观经》之后就已中断，直到宋太宗太平兴国七年（982年）才复兴，这不仅与宋初皇帝的倡导有关，也与主持翻译工作的天息灾、法天、施护等人有关。

据宋代祖琇撰《隆兴佛教编年通论》卷21载：

> 本朝太平兴国初有梵僧法贤、天息灾、施护三人自西竺来，雅善华音。太宗凤承佛记，建译场于太平兴国寺。悉取国库所贮梵夹，令三梵僧择未经翻者，集两街义学僧详定译之。[1]

无独有偶的是，法贤也是在至道元年（995年）[2]，即曹延禄请赐新译佛经这一年译出了《佛说瑜伽大教王经》，宋廷赐予曹延禄的新译诸经里应有这一经文。更为巧合的是，曹延禄请赐新译诸经的时间为十月，正值法贤等人为祝贺宋太宗诞辰循例进献新译佛经的时间。曹延禄此时遣使，一则献寿，二则请经。

所以我们认为，当时曹延禄请赐的新经里应有《佛说瑜伽大教王经》。如果说至迟在请经之后的次年《佛说瑜伽大教王经》传至敦煌，那么将此经转为壁画的形式，最早也在这一年即至道二年（996年）。

阮丽根据松长有庆对《瑜伽大教王经》的研究并做了补充："汉译本与新译本内容基本一致，较之新译本，汉译本缺译、音译较多，特别是对性行为修法和与之相关的譬喻，以及涉及以血、人骨做降伏法等无上瑜伽色彩浓厚的内容都有回避的倾向。例如大日如来、阿閦、无量寿三尊在藏译经典中作双身像，其中一左手持（或译为触摸）明妃的乳房，汉译经典中却均改为持般若经，这一点也是汉译本与藏文本在图像上的最大区别。"[3] 藏译本有

1　《新纂卍续藏》第75册，第211页。

2　法贤译《佛说瑜伽大教王经》的译出时间记载在宋代杨亿等编修的《大中祥符法宝录》卷九之中，但此卷已佚，根据前后卷所收佛经的译出时间推算，卷九所收经的译出时间在宋太宗淳化五年（994年）后半年至道三年（997年）前半年之间。参考史书所载至道元年（995年）十月曹延禄请赐新译佛经一事，可将《佛说瑜伽大教王经》的译出时间定在公元995年10月之前。

3　阮丽：《莫高窟天王堂图像辨识》，《敦煌研究》2013年第5期，第40—50页。

两个版本，吐蕃时有一译本（这一译本与新译属于不同系统），而后仁钦桑布又进行了翻译，为新译本，她将是否持乳房认定为藏译本与汉译本在图像表现上的最大区别。涅槃寺壁画中所有尊像都不是双身像，且只有持般若经，无持明妃乳房的画像。在法贤译《佛说瑜伽大教王经》中，我们可以看到这样的译文"变成大遍照如来，身真金色有其三面，善相圆满，顶戴宝冠垂于发髻身有六臂，二手结禅定印，左第二手持般若经"；"阿字变成无量寿佛，其身白色六臂三面，面各三目顶戴宝冠，冠有遍照如来而垂发髻，一切装严二手开莲花，右第二手持金刚杵，第三手持数珠，左第二手持般若经"[1]；"阿閦佛，身翡翠色八臂三面，面各三目顶戴宝冠，色相妙善一切装严，右第一手持金刚杵，第二手持利剑，第三手持钩，第四手持箭，左第一手持铃，第二手持般若经"[2]。另外，菩萨与明王也有持般若经的，在此不一一列举。这种手持般若经的画法与法贤译经文完全一致。

因而我们认为，天王堂穹隆顶壁画不是根据《佛说瑜伽大教王经》的同本梵文原典《幻化网大恒特罗王》所绘，而是根据汉译《佛说瑜伽大教王经》绘制而成，涅槃寺修建于此经传入敦煌之后，也即至道元年（995年）之后，考虑到佛经的传入及绘成壁画的时间等问题，更应在996年或之后。涅槃寺中的于阗公主题记中显示其已故去，塔堂为纪念于阗公主为其祈福而建，那么曹延禄姬于阗公主去世时间当在996年或前后一年时间为宜。另外，《宋会要辑稿·蕃夷五》记："至道元年（995年）……五月，延禄遣使来贡方物，乞赐生药、腒茶、供帐、什物、弓箭、饶钹、佛经及赐僧圆通紫衣，并从之"[3]，其中有乞赐生药一项，不知是否与于阗公主生病有关。前述美国弗利尔美术馆所藏藏经洞出土的曹延禄姬于阗公主的忌日画像，荣新江先生推

1　《大正藏》第18册，第564页。
2　《大正藏》第18册，第564页。
3　（清）徐松：《宋会要辑稿·蕃夷五》，第7767页。

测于阗公主可能是和丈夫曹延禄一起在咸平五年（1002年）自尽的[1]，马德先生认为"李氏去世的时间当与曹延禄被其侄威逼自杀的1002年相近"，并认为"此画的绘成时间当在1003年前后的一个李氏忌日"[2]，笔者认为塔与画像可能为同一时期建成与绘制，或者画像较晚，绘于于阗公主去世三周年忌日时[3]。相应地，曹延禄称敦煌王的时间也应延至996年或之后。

如此，涅槃寺则建于曹延禄向宋廷请赐新译佛经之后，与于阗公主的去世有关，时间大概在996年及之后，下限在1002年曹延禄自尽之前。

七、涅槃寺与天王堂的关系考

天王堂，应建于莫高窟北头，这一点毫无疑问。前文我们已经通过考证否定了原来认为是天王堂的涅槃寺，那么天王堂究竟在何处？有关天王堂及天王堂寺的文献如下。

上引在S.5448号《敦煌录》中有：

州南有莫高窟，去州二十五里，中过石碛带山坡，至彼斗下谷中。其东即三危山，西即鸣沙山……其谷南北两头，有天王堂及神祠，壁画吐蕃赞普部从。

敦煌研究院藏敦煌文书DY.322号题名为《庚戌年十二月八日夜□□□社人遍窟燃灯分配窟龛名数》中有关于天王堂点灯的记载："安押衙、杜押衙：吴和尚窟至天王堂，卅六窟。吴和尚窟三盏，七佛七盏，天王堂

1　张广达、荣新江：《关于唐末宋初于阗国的国号、年号及其王家世系问题》，《敦煌吐鲁番文献研究论集》，第187页；又见同作者《于阗史丛考》，上海书店出版社，1993，第23页。

2　马德：《散藏美国的五件敦煌绢画》，《敦煌研究》1999年第2期，第170—175页。

3　笔者注意到画像中地藏前仅绘出了地藏十王中的一王即第十五五道将军（五道转轮王），五道将军主管亡人去世三年时过的一殿，敦煌本《佛说十王经》有："第十，三年过五道转轮王"，而三周年斋额外受到重视，规模超过以前任何一个斋日，有的还请和尚、道士念经，作"道场"，以超度亡灵。（参见杜斗城：《〈敦煌本佛说十王经〉校录研究》，甘肃教育出版社，1989，226、227页。）因而，此画像也有可能是于阗公主去世三周年忌日作斋时的画像。

两盏。"[1]

P.5579（1）V《丙戌年官私福田施入历》有关于天王堂寺的记载：

　　合从丙戌年（866年）悉齿天宫籍以后，更己亥年（879年）十二月卅日以前，承前帐旧，及累年官私福田，施入佛法天王唐（堂）寺旧物，及荡（宕）泉赤岸窟，兼酉年（877年）籍上破金银、□绫绢、金银器皿等，总一百一十八事。绫绢等。[2]

从《腊八燃灯分配窟龛名数》中有"吴和尚窟至天王堂，卅六窟"，吴和尚窟即今16、17窟，天王堂即在其北端。原来我们将涅槃寺称作天王堂，主要是因此文书的记载而来，因为涅槃寺是目前莫高窟南区崖面上存在的最北端的一座塔堂形建筑。从S.5448号《敦煌录》来看，天王堂在莫高窟宕泉河谷两头，至于在谷底还是在崖面之上，或者天王堂是否为天王堂，学者们都提出了不同的观点。马德先生指出天王堂是现存崖面南区北头坡上的残土塔[3]，是在崖面上方。张先堂先生指出原认为的天王堂就是文献中记载的天王堂，吐蕃时已经存在[4]。沙武田根据S.5448号《敦煌录》中的"谷南北两头"，认为其在谷底两头，而不是在崖顶上[5]。以上学者都从不同角度提出了很有见地的看法。

S.5448号《敦煌录》中关键的一句即"其谷南北两头，有天王堂及神祠，壁画吐蕃赞普部从"。涅槃寺地处莫高窟的西北方向，又在高处，地形上讲适合毗沙门天王守护，因此为建天王堂的首选之地。天王堂应以北方毗沙门天王为主，也可包括其他天王。

1　段文杰：《甘肃藏敦煌文献》第2册，甘肃人民出版社，1999，第14页。
2　上海古籍出版社、法国国家图书馆：《法藏敦煌西域文献（法国国家图书馆藏）》（34），上海古籍出版社，2005，第266页。
3　马德：《敦煌莫高窟史研究》，甘肃教育出版社，1996，第150页。
4　张先堂：《唐宋时期敦煌天王堂寺、天王堂考》，《法门寺研究通讯》1998年第13期，第94—103页。
5　沙武田：《莫高窟"天王堂"质疑》，《敦煌研究》2004年第2期，第23—27页。

在考察时，我们在莫高窟南区北头坡上残塔（即马德先生认为是天王堂的塔）的北侧发现一建筑遗迹（图6-3-15）。此遗迹与南区北头坡残塔恰好隔路相望，一南一北。我们知道此路是原莫高窟通往敦煌城的古道，也是近道，塔所在的位置也正是莫高窟的入口处。也就是说，在莫高窟的入口处，一南一北有两建筑，南侧已知是塔，北侧应该也是一座塔。这也与天王堂燃灯两盏的燃灯数相符。中国寺院或者是山门两侧，都有天王把守。若将莫高窟看作一个整体，这里就是山门，那么这两座塔就是天王塔，北侧的即北方毗沙门天王，南侧可能是南方增长天王——毗楼勒叉天王。莫高窟窟门两侧或前室西壁两侧往往绘这两身天王像，以示护持，山门两侧的天王塔性质也应一样。

因此，我们认为古道北侧，与现存南区北头坡上残塔相对的建筑遗迹有可能就是天王堂。天王堂寺也许就在此天王堂附近。在涅槃寺东侧（前方，距离涅槃寺约30米）及东北侧（距离涅槃寺约75米）还有两处建筑遗迹，但不邻近崖面，推测也是塔堂类建筑，是否与涅槃寺或天王堂有关系，尚需更多材料来证明（图6-3-16）。仅就位置而言，涅槃寺东北侧的建筑遗迹更为偏北，应是莫高窟崖面上方现存最为北侧的遗迹。前述文献中有公元982年于阗使臣张金山在敦煌"窟头燃灯"，并举办"发心造塔"等礼佛活动[1]。涅槃寺所在地应为当时莫高窟的窟头，那么，涅槃寺附近的建筑遗迹之一有可能是张金山发心所造塔。P.5579（1）背面将天王堂寺与赤岸窟列于一起，提醒我们是否两者相邻或地域比较相近，靠近天王堂最近的洞窟就是北区洞窟，是否北区洞窟当时被称作赤岸窟？笔者在此仅提出疑问和推测。

曹延禄与广济大师在天王堂附近选址为于阗公主建涅槃寺，一方面是因为法贤译《佛说瑜伽大教王经》卷1《序品》第1中有关于如来说法处，在净

1　张广达、荣新江：《关于敦煌出土于阗文献的年代及其相关问题》，《于阗史丛考》，上海书店出版社，1993，第91页。

图6-3-15　莫高窟古道口北侧土遗址（左侧）

图6-3-16　涅槃寺周边遗迹图（金良摄）

光天大楼阁中，涅槃寺建于莫高窟的崖面高处，符合这一要求。经文曰：

> 如是我闻，一时世尊大遍照金刚如来，在净光天大楼阁中。彼之楼阁众宝装严清净严饰，金刚宝柱金刚铃铎，微风吹动出微妙音，复有种种殊妙供养，以金刚轮宝等而为装严。[1]

另一方面，此地附近有天王堂及天王堂寺，有建塔、建窟的条件。还有一个原因，即天王堂内有北方毗沙门天，而毗沙门天又是于阗的保护神，有为于阗公主祈福的性质。

八、结语

涅槃寺是莫高窟宋代的塔形建筑，不管是在建筑方面，壁画、塑像的内容方面，还是在功德主方面，都意义非凡，在敦煌石窟营建史、宋代佛教史上具有重要地位。特别是在曹氏统治后期文献严重缺失的情况下，在研究当时敦煌的佛教发展状况和敦煌与于阗的关系等方面都有着重要作用，可弥补当时文献的不足，重新建构这段历史。

涅槃寺中的供养人题记和东壁门上的功德记是解开涅槃寺之谜的钥匙。虽然前贤已作过录文，但这些录文还不足以解决相关问题。学者们通过这些录文进行了相关的研究探讨，但仍有很多问题没有解决，很多疑点无法解答。笔者在考察中对榜题进行了重新识读，有较大的收获，了解到此塔的更多信息。从对东壁门上的功德记及供养人题记的识读中我们得知，塔应为涅槃寺，而非天王堂，涅槃寺的真正施主为敦煌王曹延禄与皇太子广济大师，曹延禄姬于阗公主已故去，此塔主要为已故公主荐福而建。皇太子广济大师题记的发现，为敦煌文献中出现的广济大师的身份做出诠释，其与曹延禄姬于阗公主的关系密切，可能是兄妹。

---

1 《大正藏》第18册，第559页。

涅槃寺修建于曹延禄称敦煌王时，其称敦煌王的时间可从984—995年推迟至996年及之后。因兵变，曹延禄于1002年被其族子所逼自尽，而天王堂题记中曹延禄健在，于阗公主已故去，可知于阗公主的仙逝时间在曹延禄之前，并不是学界此前认为的在1002年与曹延禄一起被害。在于阗公主去世时，其兄长广济大师在世，并作为施主之一修建了为于阗公主祈福的涅槃寺。涅槃寺壁画的内容应是法贤（天息灾）译的汉文《佛说瑜伽大教王经》，而非梵本，此经是至道元年十月曹延禄遣使向宋廷请赐的新译佛经。

第四节　莫高窟涅槃寺内十方赴会佛

前文已知，有关涅槃寺的研究成果较多，然而综合所有研究成果，不管是从涅槃寺的修建时间、涅槃寺的名称，还是涅槃寺的内容出发所进行的研究，都忽略了涅槃寺内的十方佛内容，阮丽博士的论文虽然开创性地对涅槃寺的壁画内容做了一个透彻的解读研究，但也没有对其中的十方佛有过多的关注和更深的研究。

一、涅槃寺内的十方佛

莫高窟涅槃寺南、北壁及东壁上部绘出十铺赴会佛图，南、北壁各绘出四铺，东壁门南北各绘出一铺，合为十铺，且均具有榜题，虽有的漫漶不清，但我们还是可以从有题名十方佛的方位特征顺序，推断出其余几身的分布位置（图6-4-1）。

南壁西起第一铺。佛居中而坐，右手上举作说法印，左手置于胸前，前有供案，案上香炉一、香宝子二；左、右各一大菩萨，坐莲花座，各各双手合十；佛左边有一年长弟子——伽叶。佛前遥遥领先一胡跪菩萨，双手合十于云端，这一菩萨绘于西壁。榜题题于北壁："南无西方无量寿佛来会时。"

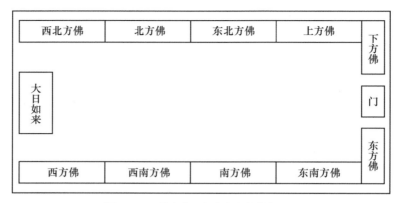

图6-4-1　莫高窟涅槃寺内十方佛布局图

南壁西起第二铺。佛居中而坐，左、右手均上举作说法印，前有供桌，桌上香炉一、香宝子二；左、右各一大菩萨，坐莲花座，各各双手合十；佛左边一身年轻弟子——阿难，右边一身较年长弟子——迦叶；佛前遥遥领先一胡跪菩萨，双手合十于云端。榜题："南无西南方旃檀佛来会时。"

南壁西起第三铺。佛居中而坐，左、右手均上举作说法印，前有供桌，桌上香炉一、香宝子二；左、右各一大菩萨，坐莲花座，各各双手合十，其中左侧一身菩萨作回望状；佛左、右二弟子立，双手合十。榜题："南无南方宝胜？佛来会时。"

南壁西起第四铺，画面同上。榜题："南无东南方无有德佛来会时。"

北壁西起第一铺，画面同上。榜题题于北壁："南无……"

北壁西起第二铺，画面同上。漫漶不清。

北壁西起第三铺，画面同上。"南无……"

北壁西起第四铺，画面同上。"南无上方广种德佛来会时。"

东壁门北一铺，画面同上。"南无下……"

东壁门南一铺，画面同上。"南无东□善德佛来会时。"

从现存的榜题情况来看，十方佛中的西方无量寿（明）佛、西南方旃檀佛、南方宝胜佛、东南方无有（忧）德佛、上方广种德佛、东方善德佛，这六方佛都已知榜题名并知其在塔中绘出的位置。从分布位置来看，与方位大致相合，西方佛绘在南壁西起第一铺，但榜题题于西壁，可将其看作是绘于西南角的位置，东方佛绘在东壁门南，南方佛绘于南壁西起第三铺，西南佛绘于西方佛与南方佛之间，即南壁西起第二铺。根据这一方位原则，我们可以推出其他四铺漫漶不清的十方佛的位置，当无大谬：西起第一铺为西北方佛、第二铺为北方佛、第三铺东北方佛，门北一铺为下方佛（见图6-4-1）。

从已知的榜题题名可知，涅槃寺内所绘的十方佛为十方现在诸佛。刘宋畺良耶舍译《佛说观药王药上二菩萨经》云：

> 尔时释迦牟尼佛告大众言："我曾往昔无数劫时，于妙光佛末法之中出家学道，闻是五十三佛名。闻已合掌心生欢喜，复教他人令得闻持。他人闻已，展转相教，乃至三千人。此三千人异口同音，称诸佛名，一心敬礼。以是敬礼诸佛因缘功德力故，即得超越无数亿劫生死之罪。其千人者，花光佛为首，下至毗舍浮佛，于庄严劫得成为佛，过去千佛是也；此中千佛者，拘留孙佛为首，下至楼至如来，于贤劫中次第成佛；后千佛者，日光如来为首，下至须弥相，于星宿劫中当得成佛。"佛告宝积："十方现在诸佛善德如来等，亦曾得闻是五十三佛名故，于十方面各皆成佛。若有众生欲得除灭四重禁罪，欲得忏悔五逆十恶，欲得除灭无根谤法极重之罪，当勤诵上药王药上二菩萨咒，亦当敬礼上十方佛，复当敬礼过去七佛，复当敬礼五十三佛，亦当敬礼贤劫千佛，复当敬礼三十五佛，然后遍礼十方无量一切诸佛……"[1]

1　《大正藏》第20册，第664页。

经文所述，三千人因为听闻五十三佛名，而得成佛（按：五十三佛为过去佛，经文云："善哉！善哉！善男子，汝所宣说五十三佛，乃是过去久远旧住娑婆世界，成熟众生而般涅槃。"[1]）其中一千人，以花光佛为首，下至毘舍浮佛，为过去庄严劫千佛。另一千人以拘留孙佛为首，下至楼至佛，为现在贤劫千佛。其余一千人以日光如来为首，下至须弥相佛，为未来星宿劫千佛。不仅有过去、现在、未来千佛，十方现在诸佛因闻是五十三佛名，于十方面也各皆成佛，其中一佛为善德佛，因而提出了十方佛中现在佛的概念。

现在十方佛起源于一比丘及其九弟子。据东晋佛陀跋陀罗译《佛说观佛三昧海经》卷9《本行品》第8记载：

> 东方善德佛告大众言："汝等当知我念过去无量世时，有佛世尊，名宝威德上王如来应正遍知，彼佛出时亦如今日说三乘法，时彼佛世有一比丘有九弟子，与诸弟子往诣佛塔礼拜佛像。见一宝像严显可观，既敬礼已，目谛视之，说偈赞叹。随寿脩短各自命终。既命终已生于东方宝威德上王佛国土，在大莲华结加趺坐忽然化生。从此已后，恒得值遇无量诸佛，于诸佛所净修梵行，得念佛三昧海。既得此已，诸佛现前，即与授记，于十方面随意作佛。东方善德佛者，则我身是，南方栴檀德佛、西方无量明佛、北方相德佛、东南方无忧德佛、西南方宝施佛、西北方华德佛、东北方三乘行佛、上方广众德佛、下方明德佛，如是等十佛世尊，因由礼塔一赞偈故，于十方面得成为佛。岂异人乎，我等十方佛是。"[2]

因而涅槃寺四壁上方的十方佛是现在十方佛，但其与经文中的十方佛比较，存在一些不同。其中，涅槃寺的西方佛为无量寿佛，经文中及《礼忏

---

1 《大正藏》第20册，第664页。
2 《大正藏》第15册，第688页。

文》中是"无量明佛";涅槃寺的西南方为栴檀佛,南方佛为宝胜佛,而经文中恰恰西南方与南方对调,西南方是"宝胜佛",南方是栴檀佛,有的经文中西南方为宝施佛,南方是栴檀德佛。另外,个别字存在着差异,涅槃寺的"东南方无有德佛""忧"写作"有";涅槃寺的"上方广种德佛",在经文中作"上方广众得佛",存在着"种"与"众"的不同。从以上分析可以看出,除了西南方佛与南方佛互相对调及个别字不同之外,涅槃寺四壁中绘出的十方佛基本与经文相同,而个别字的不同是榜题题写中常出现的问题,可以忽略。

以东方善德佛为首的现在十方佛还见于《十住毗婆沙论》《佛说佛名经》等经文之中。现列举如下:

龙树造、后秦鸠摩罗什译《十住毗婆沙论》卷5《易行品》第9:

善德者,其德淳善但有安乐,非如诸天龙神福德惑恼众生。栴檀德者,南方去此无量无边恒河沙等佛土有世界名欢喜,佛号栴檀德,今现在说法,譬如栴檀香而清凉,彼佛名称远闻如香流布,灭除众生三毒火热令得清凉。无量明佛者,西方去此无量无边恒河沙等佛土有世界名善,佛号无量明,今现在说法,其佛身光及智慧明焰无量无边。相德佛者,北方去此无量无边恒河沙等佛土有世界名不可动,佛名相德,今现在说法,其佛福德高显犹如幢相。无忧德者,东南方去此无量无边恒河沙等佛土有世界名月明,佛号无忧德,今现在说法,其佛神德令诸天人无有忧愁。宝施佛者,西南方去此无量无边恒河沙等佛土有世界名众相,佛号宝施,今现在说法,其佛以诸无漏根力觉道等宝常施众生。华德佛者,西北方去此无量无边恒河沙等佛土有世界名众音,佛号华德,今现在说法,其佛色身犹如妙华其德无量。三乘行佛者,东北方去此无量无边恒河沙等佛土有世界名安隐,佛号三乘行,今现在说法,其佛常说声闻行辟支佛行诸菩萨行。有人言："说上中下精进故，号为三乘行。"明德佛者，下方去此无量无边恒河沙等佛土有世界名广大，佛号明德，今现在说法，明名身明智慧明宝树光明，是三种明常照世间。广众德者，上方去此无量无边恒河沙等佛土有世界名众月，佛号广众德，今现在说法，其佛弟子福德广大故号广众德。今是十方佛善德为初，广众德为后，若人一心称其名号，即得不退于阿耨多罗三藐三菩提。[1]

《佛说佛名经》卷1中也有以东方善德佛为首的十方佛，但此十方佛与以上十方佛又有所不同，参见以下经文：

> 南无东方善德佛，南无南方宝相佛，南无西方普光佛，南无北方相德佛，南无东南方网明佛，南无西南方上智佛，南无西北方华德佛，南无东北方明智佛，南无下方明德佛，南无上方香积佛。
>
> 归命如是等十方尽虚空界一切三宝。[2]

从经文可以看出，《佛说佛名经》中以东方善德佛为首的十方佛，除了东方善德佛、北方相德佛、西北方华德佛、下方明德佛外，其余均与涅槃寺及《佛说观药王药上二菩萨经》《佛说观佛三昧海经》《十住毗婆沙论卷》中的十方佛不同。

二、涅槃寺内十方佛的意义

根据前文考证，涅槃寺穹隆顶为依据法贤译《佛说瑜伽大教王经》所绘，涅槃寺下部主要表现的是以胎藏界大日如来为中心的八大菩萨与四天王像。

法贤译经中关于八大菩萨的经文有《佛说最上根本大乐金刚不空三昧大教王经》《佛说八大菩萨经》《佛说大乘八大曼拏罗经》，可见法贤对

1　《大正藏》第26册，第41、42页。
2　《大正藏》第14册，第189页。

于八大菩萨的垂爱。涅槃寺穹隆顶绘依据法贤译《佛说瑜伽大教王经》的壁画，涅槃寺下部则表现绘塑结合的以胎藏界大日如来为中心的八大菩萨与四天王像，这样就集中体现了法贤的佛教理念。法贤译经中关于八大菩萨的译经。一为《佛说最上根本大乐金刚不空三昧大教王经》中的"大慈悲大毘卢遮那如来，与八俱胝大菩萨俱，其名曰：金刚手菩萨摩诃萨、观自在菩萨摩诃萨、虚空藏菩萨摩诃萨、金刚拳菩萨摩诃萨、妙吉祥菩萨摩诃萨、同心生转法轮菩萨摩诃萨、諴諴那㘑惹菩萨摩诃萨、降诸魔菩萨摩诃萨"[1]。

二为《佛说八大菩萨经》中的"如是我闻，一时佛在舍卫国祇树给孤独园，与大苾刍众千二百五十人俱，复有八大菩萨摩诃萨，其名曰：妙吉祥菩萨摩诃萨、圣观自在菩萨摩诃萨、慈氏菩萨摩诃萨、虚空藏菩萨摩诃萨、普贤菩萨摩诃萨、金刚手菩萨摩诃萨、除盖障菩萨摩诃萨、地藏菩萨摩诃萨，以为上首"[2]。

三为《佛说大乘八大曼拏罗经》中的八大菩萨：圣观自在菩萨、慈氏菩萨、虚空藏菩萨、普贤菩萨、金刚手菩萨、曼殊室哩菩萨、除盖障菩萨、地藏菩萨[3]。

三部经文中的八大菩萨名各不相同，但从已知的涅槃寺八大菩萨来说，其中有西壁北侧手执金刚杵的金刚手菩萨，北壁西起第三身莲花上置宝瓶、宝冠上有塔的慈氏菩萨。法贤译经《佛说最上根本大乐金刚不空三昧大教王经》中有金刚手菩萨，无慈氏菩萨，而后两部经中均有金刚手菩萨与慈氏菩萨，因而可能是依据后两部经绘制。其中的《佛说大乘八大曼拏罗经》，前有唐代不空译《八大菩萨曼荼罗经》，另还有失译本《八曼荼罗经》，皆为

1　《大正藏》第8册，第786页。
2　《大正藏》第14册，第751页。
3　《大正藏》第20册，第676页。

同本异译，可见此经的流行程度与重要性。

　　查阅涅槃寺穹隆顶上及四壁两方面密教内容的相关经文中都未出现十方佛，因而笔者认为此十方佛不出于前两部分经文，而是新增的内容，十方佛内容的加入显示出此塔的礼忏性质。也就是说，除了以上密教结坛内容外，还增加了礼忏的具体实践内容。

　　现在十方佛在涅槃寺四壁上部出现，除了密教的结坛之外，还有传统佛教中的礼忏性质。此类十方佛出现在《慈悲道场忏法》（《梁皇忏》）、《法华三昧忏仪》、《集诸经礼忏仪》，以及敦煌本《礼忏仪》中，并见于《佛说观佛三昧海经》《佛说佛名经》《摩诃般若波罗蜜经》《十住毗婆沙论》《佛说观药王药上二菩萨经》等经文之中。

　　最早的礼忏仪《梁皇忏》中就已出现了现在十方佛，位列未来弥勒佛与现在释迦牟尼佛之后。梁诸大法师集撰《慈悲道场忏法》卷1《断疑第2》：

　　　　南无弥勒佛，南无释迦牟尼佛，南无善德佛，南无无忧德佛，南无栴檀德佛，南无宝施佛，南无无量明佛，南无华德佛，南无相德佛，南无三乘行佛，南无广众德佛，南无明德佛，南无师子游戏菩萨，南无师子奋迅菩萨，南无无边身菩萨，南无观世音菩萨。

　　　　又复归依如是十方尽虚空界一切三宝。[1]

　　隋代智顗的《法华三昧忏仪》第六明礼佛方法中，十方佛位于现在释迦牟尼佛、过去多宝佛与十方分身释迦牟尼佛之后。经文如下：

　　　　一心敬礼本师释迦牟尼佛。

　　　　一心敬礼过去多宝佛。

　　　　一心敬礼十方分身释迦牟尼佛。

1　《大正藏》第45册，第926页。

一心敬礼东方善德佛，尽东方法界一切诸佛。

一心敬礼东南方无忧德佛，尽东南方法界一切诸佛。

一心敬礼南方栴檀德佛，尽南方法界一切诸佛。

一心敬礼西南方宝施佛，尽西南方法界一切诸佛。

一心敬礼西方无量明佛，尽西方法界一切诸佛。

一心敬礼西北方华德佛，尽西北方法界一切诸佛。

一心敬礼北方相德佛，尽北方法界一切诸佛。

一心敬礼东北方三乘行佛，尽东北方法界一切诸佛。

一心敬礼上方广众德佛，尽上方法界一切诸佛。

一心敬礼下方明德佛，尽下方法界一切诸佛。[1]

智升撰《集诸经礼忏仪》与中村不折氏藏敦煌本No. 2854《礼忏文一本》中也出现了现在十方佛名。唐代智升撰《集诸经礼忏仪》卷上叹佛祝愿中有：

叹佛咒愿：

天上天下无如佛，十方世界亦无比。

世界所有我尽见，一切无有如佛者。

敬礼释迦牟尼佛

敬礼当来弥勒尊佛

敬礼东方善德如来一切诸佛

敬礼东南方无优德如来一切诸佛

敬礼南方旃檀功德如来一切诸佛

敬礼西南方宝施如来一切诸佛

敬礼西方无量明如来一切诸佛

敬礼西北方花德如来一切诸佛

敬礼北方相德如来一切诸佛

敬礼东北方三乘行如来一切诸佛

敬礼上方广众德如来一切诸佛

敬礼下方明德如来一切诸佛[1]

敦煌本No. 2854《礼忏文一本》：

敬礼毘卢遮那佛，敬礼卢舍那佛，敬礼释迦牟尼佛，敬礼东方善德佛，敬礼东南方无忧得佛，敬礼南方旃檀佛，敬礼西南方宝胜佛，敬礼西方无量明佛，敬礼西北方花得佛，敬礼北方相得佛，敬礼东北方三胜行佛，敬礼上方广众得佛，敬礼下明得佛，敬礼当来下生弥勒尊佛，敬礼过现未来十方三世一切诸佛，敬礼舍利形像无量宝塔，敬礼十二部尊经甚深法藏，敬礼诸大菩萨摩诃萨众，敬礼声闻缘觉一切贤圣一切恭敬为龙八部诸善神王……

显德二年乙卯岁四月二十二日

大玄寺僧辛愿进记[2]

智顗的《法华三昧忏仪》是根据刘宋昙无蜜多译《佛说观普贤菩萨行法经》与《妙法莲花经》两部经文制作而成，前者经文中有关于五体投地遍礼、忏悔此十方佛的内容。在行者礼十方佛的忏悔过程里，其中的十方佛提到了东方善德佛与南方栴檀德佛，因而推断此十方佛为以东方善德佛为首的现在十方佛。经文如下：

是时行者闻是语已，复更合掌五体投地而作是言："正遍知世尊现为我证，方等经典为慈悲主，唯愿观我、听我所说。我从多劫乃至今身，耳根因缘闻声惑着如胶着草，闻诸恶时起烦恼毒，处处

1　《大正藏》第47册，第457、458页。

2　《大正藏》第85册，第1304页。

惑着无暂停时。坐此窍声，劳我神识坠堕三涂。今始觉知，向诸世尊发露忏悔。"

……

既忏悔已，当作是语："南无释迦牟尼佛！南无多宝佛塔！南无十方释迦牟尼佛分身诸佛！"作是语已，遍礼十方佛、南无东方善德佛及分身诸佛。如眼所见，一一心礼，香华供养。供养毕已，胡跪合掌，以种种偈赞叹诸佛。……

作是语已，五体投地遍礼十方佛，合掌长跪……

作是念时，空中有声："南方有佛名栴檀德，彼佛亦有无量分身，一切诸佛皆说大乘除灭罪恶。"

"如此众罪，今向十方无量诸佛大悲世尊发露黑恶，诚心忏悔。"说是语已，五体投地复礼诸佛。是时，诸佛复放光明照行者身，令其身心自然欢喜，发大慈悲普念一切。[1]

经文同时说此忏悔法为十方诸佛、诸大菩萨所忏悔法：

佛告阿难："如是行者，名为忏悔。此忏悔者，十方诸佛、诸大菩萨所忏悔法。"[2]

通过以上分析，我们发现涅槃寺的十方佛名在礼忏文中与《慈悲道场忏法》《佛说观普贤菩萨行法经》《法华三昧忏仪》《集诸经礼忏仪》以及中村不折氏藏敦煌本No. 2854《礼忏文一本》相同。因而我们认为，涅槃寺的十方佛榜题题名是来自于佛经经文及一些礼忏文，经文中的十方佛是行者礼拜、忏悔的对象，佛经中的内容也涉及忏悔的方法，其中的《佛说观普贤菩萨行法经》明确提出"此忏悔者，十方诸佛、诸大菩萨所忏悔法"。而礼忏文中更是制定出详细的礼忏仪轨次第，其中的十方佛都是出现于请佛、叹佛

1　《大正藏》第9册，第392页。
2　《大正藏》第9册，第393页。

环节之中，隋代智𫖮的《法华三昧忏仪》中，在现在释迦牟尼佛、过去多宝佛与十方分身释迦牟尼佛之后为十方佛；智升撰《集诸经礼忏仪》中先礼现在释迦牟尼佛、与未来弥勒佛，然后为现在十方佛；《梁皇忏》中是未来弥勒佛、释迦牟尼佛，后为现在十方佛；敦煌本No. 2854《礼忏文一本》中先为三身佛、法身毗卢遮那佛、报身卢舍那佛、化身释迦牟尼佛，然后是现在十方佛。由此可知，涅槃寺中的十方佛的绘入使得此塔具有了礼忏的功用。

同时，十方佛为受戒时所延请的对象，作为证明师出现。宋元嘉年昙无蜜多于杨州译《佛说观普贤菩萨行法经》：

> 尔时，行者若欲具足菩萨戒者，应当合掌在空闲处遍礼十方佛，忏悔诸罪，自说己过。然后静处白十方佛而作是言："诸佛世尊常住在世，我业障故，虽信方等见佛不了。今归依佛……十方诸佛现为我证……以是因缘功德力故，今释迦牟尼佛为我和上、文殊师利为我阿阇黎、当来弥勒愿授我法、十方诸佛愿证知我、大德诸菩萨愿为我伴，我今依大乘经甚深妙义，归依佛、归依法、归依僧。"如是三说。[1]

道世撰《法苑珠林》卷89《受戒篇·三聚部》有请师一节：

> 第二请师者……请云："弟子某甲等，普及法界众生奉请释迦如来以为和尚，奉请文殊师利菩萨为阿阇梨，奉请弥勒菩萨为教授师，奉请十方诸佛为证明师，奉请十方菩萨以为己伴。我今依大乘甚深妙义，归依佛，归依法，归依僧（如是三说）。"既请得师……谓从戒师听可之后，或三年、或百日、或一日，于道场内偏袒右肩，礼三世十方一切诸佛，礼一切大地菩萨。礼佛、菩萨已，念彼诸佛乃与菩萨三聚功德，及礼戒师长跪曲身，作是言："唯愿

1　《大正藏》第9册，第393页。

大德授我菩萨戒（三说）"作是言已，长养净心，惟在得戒，无余念也。[1]

在《法苑珠林》卷20《述意部》第1中更明确说道：

> 故使大圣慈悲适悲适化陶诱，行中要切无过礼忏行道。故龙树十住论云：菩萨昼夜各有三时，于此六时礼拜十方诸佛，忏悔劝请随喜回向。菩萨来至阿惟越地，依此修行速成不退，如念东方善德佛等，十方诸佛本愿力故。[2]

密教中十方佛可延请来为行者灌顶。唐代般剌蜜谛译《大佛顶如来密因修证了义诸菩萨万行首楞严经》卷7：

> 戒成已后，着新净衣，然香闲居，诵此心佛所说神咒一百八遍，然后结界建立道场，求于十方现住国土无上如来，放大悲光来灌其顶……[3]

总之，现在十方佛在礼忏仪及受菩萨戒中或在密教灌顶中担当着相当重要的角色。

涅槃寺西壁主尊，塑像已毁，圆形头光与舟形背光留存，背光上对称地绘有莲花4朵、莲蕾2朵、莲瓣若干，这种背光较为特别，在敦煌其他背光中未见。在《佛说瑜伽大教王经》经文中有"诵伽陀已，令弟子抛花。花落之处，当为本尊"。因而，主尊背光中的花朵、花瓣等是表现经文中的抛花为本尊处的仪轨。

在涅槃寺东壁门北，于阗公主头戴满饰珠玉的凤冠，身着宽袖礼服，肩披帛带，双手捧大花一朵。公主左侧，又绘出四朵莲花，花上置香、花、灯、涂四供养具。《佛说瑜伽大教王经》"以阏伽水洒净诸众生，然后献

香、花、灯、涂，及种种饮食出生供养"[1]，"以香、花、灯、涂，衣服、幢幡、伞盖、印尘等殊妙供养"[2]。

在《瑜伽大教王经》中有关于归依、忏悔、灌顶的仪轨描述：

> 佛告金刚手大菩萨："汝今谛听，金刚手。此《瑜伽大教王经》大曼挐罗王，一切曼挐罗中最上最尊，其名大智光明藏金刚能成曼挐罗。若复有人，于此曼挐罗中受灌顶者，彼人当受一切曼挐罗中灌顶法。"[3]

> 时阿阇梨出曼挐罗外于十方出生。然后，弟子经宿入于曼挐罗中，依法作拥护以香水灌顶，复用涂香涂于心中，想已心中羯磨杵，右手系拥护线，与齿木揩牙，地铺吉祥草，加持已，安座而坐。时阿阇梨与弟子受三归依，忏悔罪障回向发愿，乃至弟子以身命布施发大菩提心。[4]

> 如是作大曼挐罗已，然后为弟子受灌顶法。[5]

> 诵伽陀已，令弟子抛花。花落之处，当为本尊。以香、花、灯、涂，衣服、幢幡、伞盖、印尘等殊妙供养，复用微妙音乐吉祥偈赞。时阿阇梨先用最胜阏伽瓶，与弟子灌顶销除尘垢，后与四亲近阏伽瓶灌顶已，复诵吉祥偈赞……[6]

宋代文冲重校编集的《慧日永明寺智觉禅师自行录》中有关于礼拜十方佛大作佛事的记录，足见十方佛是法事活动中的重要礼拜对象。参见以下经文：

1　《大正藏》第18册，第561页。
2　《大正藏》第18册，第562页。
3　《大正藏》第18册，第560页。
4　《大正藏》第18册，第561页。
5　《大正藏》第18册，第561页。
6　《大正藏》第18册，第562页。

次执炉云，严持香花，如法供养。愿此香花云，以为光明台，供养一切佛、经、法、诸菩萨、声闻缘觉众，及一切天仙，受用作佛事。普愿一切法界众生，悉入我供养法界海中，同证无生一实境界。一心擎炉，观此香烟，变为珍珠、璎珞、香台、宝楼、天衣、妙乐、异果、华云，种种供具，供养十方诸佛，大作佛事。

礼十方佛。

一心敬礼东方善德佛，尽东方法界一切诸佛。

一心敬礼东南方无忧德佛，尽东南方法界一切诸佛。

一心敬礼南方栴檀德佛，尽南方法界一切诸佛。

一心敬礼西南方宝施佛，尽西南方法界一切诸佛。

一心敬礼西方无量明佛，尽西方法界一切诸佛。

一心敬礼西北方华德佛，尽西北方法界一切诸佛。

一心敬礼北方相德佛，尽北方法界一切诸佛。

一心敬礼东北方三乘行佛，尽东北方法界一切诸佛。

一心敬礼上方广众德佛，尽上方法界一切诸佛。

一心敬礼下方明德佛，尽下方法界一切诸佛。[1]

三、结语

莫高窟涅槃寺内壁画内容可以分为四部分，穹隆顶绘以宋代法贤译《佛说瑜伽大教王经》的同本梵文原典《幻化网大怛特罗王》为内容的壁画，四壁则以绘塑结合的形式绘以大日如来为主尊的八大菩萨与四大天王，四壁上部绘现在十方佛，塔门两侧绘供养人像，门北一身比丘、曹延禄供养像，门南一身广济大师、于阗公主供养像。

1　《新纂卍续藏》第63册，第160页。

从涅槃寺整体壁画内容来讲，其属于以密教为主要内容的塔，且是宋代曹延禄时期，法贤传自印度的密教风格，但现在十方佛的绘入，却给密教风格增加了一些礼忏与授菩萨戒的因素。

曹延禄与其夫人于阗公主都笃信佛教，因而有将法贤固留敦煌数月之举。涅槃寺的于阗公主手捧鲜花，花上还另有香、花、灯、涂，作为四供养首次出现于世俗供养人手中，可见，于阗公主在此塔中具有参与或者融入塔中神祇佛事活动的举措。

敦煌文献P.3576《宋端拱二年（989年）三月归义军节度使曹延禄设斋施舍回向疏》记载了曹延禄为设斋施舍的物品，有绢、袈裟带以及纸等（图6-4-2）。录文如下：

（1）绢壹疋充经槛。

（2）袈裟带缠玖拾副，充见前僧槛。纸壹贴充法事。

（3）右件设斋舍施所申意者，伏为弟子

（4）常年心愿，坚福穰灾。伏乞

（5）法慈，甫垂

（6）回向，谨疏。

（7）端拱二年三月日弟子归义军节度使检校太师兼中书令敦

煌王曹延禄疏。

宋代是忏法的全盛时代，当时天台僧人四明知礼、慈云遵式、东湖志磬等，都继承智顗的遗法，认为礼忏是修习止观的重要行法，所以专门从事礼忏，并且制作了许多忏法。现在十方佛不仅是礼忏的对象，也是授菩萨戒时延请的证明师和灌顶时的灌顶师。

图6-4-2　敦煌文献P.3576《宋端拱二年（989年）三月归义军节度使曹延禄设斋施舍回向疏》（IDP）

第七章
莫高窟宕泉河东岸藏传佛教塔

第一节　莫高窟第16号塔相关问题

莫高窟的塔堂建筑是莫高窟石窟建筑不可分割的一部分，一些与洞窟融为一体，建于洞窟崖面之上，一些分布于崖面前的宕泉河两岸，还有一些则建于成城湾、老君堂等一些佛教遗址之中。宕泉河东岸的方形塔目前保存有三座，自北向南分别为第12、16、17号塔，前辈们一般笼统地将其称作喇嘛塔或塔婆[1]。这些塔建于莫高窟大量集中埋藏僧人的塔林之处，其附近是为数众多的僧人墓塔，与礼佛的石窟群距离较远。到目前为止，只有一些前辈作过一些零星的简单调查工作，未见有学者进行过专门的研究，应该说对于这些塔的研究工作还处于起步阶段。笔者试对塔的内容、时代等方面进行探讨。

据唐代义净撰《浴佛功德经》："善男子！诸佛、世尊具有三身，谓法身、受用身、化身。我涅槃后，若欲供养此三身者，当供养舍利。然有二种：一者、身骨舍利；二者、法颂舍利。"[2]即将舍利分为生身舍利与法身舍利，生身即佛或高僧的舍利、肉身、骨灰等，而法身者为佛经、佛像及其他一些法物。因而塔也因塔内所藏物的不同而有区别，分为生身塔与法身塔。

1　刘玉权：《本所藏图解本西夏文〈观音经〉版画初探》，《敦煌研究》1985年第3期，第41—48页。

2　《大正藏》第16册，第800页。

莫高窟第16号塔，是西夏时期的佛塔，壁画内容反映的是藏传佛教的内容。在塔内中央是松软的沙土，笔者推测此塔曾埋有塔藏，但也许已经后代挖掘。在莫高窟的成城湾塔中，马步青就从其中一塔中掘得陶塔一座。

莫高窟第16号塔外部帐形，西向开圆拱门，内部平面方形，上为穹隆顶。穹隆顶绘华盖，正中为大日如来，四披绘四方佛，四角安置四天王，并香、花、灯、涂四供具。南、北壁绘四身菩萨，西壁门两侧绘文殊、普贤菩萨。东壁开小窗，两侧绘金刚萨埵与文殊菩萨。

一、莫高窟第16号塔的年代

第16号塔的年代，学术界现有几种观点，一种认为是西夏时期，这也是普遍的观点，另一种认为是宋、吐蕃[1]，还有一种认为是宋代[2]，但都没有进行具体论述。笔者认可前者，认为建于西夏。塔内的壁画具有明显的藏传佛教的特色。塔顶绘五方佛，佛之发髻均为尖锥状高髻，着袒右半袖袈裟。这种尖锥状发髻，是藏传佛教独有的特色（图7-1-1）。壁画属于藏传佛教的内容和风格，与宋代壁画风格截然不同，宋代说显然不成立。

西夏与吐蕃在诸多方面都有很深厚的渊源关系。西夏人的祖先曾居住于藏地，是青藏高原东北部的一个古老部族，而后在西夏灭亡之后，西夏一部分人又迁于藏地，两个民族杂居又融合。松赞干布曾经征服党项，党项人归属吐蕃王朝，史书记载，吐蕃在唐太宗贞观八年攻打党项，"太宗贞观八年……弄赞怒……又攻党项、白兰羌，破之"[3]。河西地区在西夏统治时期，也居住着吐蕃人。由于地域及民族上的密切关系，二者在政治、经济、文化上交往频繁，因而在信仰方面，西夏佛教受到了藏传佛教的很大影响。西夏

1　谢秩柳：《敦煌艺术叙录》，上海古籍出版社，1996，第419页。
2　赖鹏举：《敦煌石窟造像思想研究》，文物出版社，2009，第283、284页。
3　（宋）欧阳修、宋祁：《新唐书》第216卷《吐蕃传》，中华书局，1975，第6073页。

图7-1-1　莫高窟第16号塔之东方阿閦佛

在仁宗时引入了藏传佛教[1]。

第16号塔内的壁画内容表现出的西夏风格，我们从几个方面进行分析。

1. 八菩萨的衣饰与西夏山嘴沟三面八臂尊胜佛母的衣饰比较

第16号塔内南、北两壁的菩萨造型优美，动感十足，均不持法器。菩萨的特色在于衣饰上：上身斜披络腋，帛带外飘末端又回卷，视觉上具有很强的动感。菩萨腰部系长裙，裙边下翻形成花边状装饰，腰带在腹前垂下，长及长裙下边缘。更有特色的是披帛，在肩部覆盖整个肩膀，而在肩部垂下之后又成为带状（图7-1-2）。西夏山嘴沟石窟中的八臂佛顶尊胜佛母的帛带也表现出如此风格（图7-1-3）。因此，莫高窟第16号塔的建窟时间应与山嘴沟相差不远。

1　牛达生：《藏传佛教是夏仁宗时期传入西夏的——〈西夏佛教三论〉之三》，《西夏学》第13辑，甘肃文化出版社，2016，第190—200页。

2. 金刚萨埵的表现方式

正壁北侧的金刚萨埵菩萨，坐"工"字形金刚宝座，宝座底部绘五具三脚台几，几上置物，为香、花、灯、涂及香山子（或供果）等供具（图7-1-4）。这种供养方式在黑水城出土画中常见。

如X.2374、X.2375、X.2376、X.2371、X.2537、X.2393、X.2364，其中X.2374、X.2537、X.2393、X.2364、X.2371号皆为五色空行母所托供物。X.2375、X.2376号唐卡主尊是不动明王，下部的供物均盛放于盘

图7-1-2　莫高窟第16号塔北壁第1身菩萨

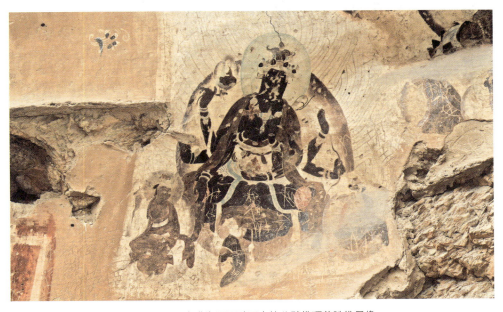

图7-1-3　山嘴沟西夏壁画中的八臂佛顶尊胜佛母像

图7-1-4　莫高窟第16号塔金刚萨埵菩萨金刚座下之五供具

图7-1-5　黑水城出土麻布彩绘唐卡X.2375号
不动明王像（采自《俄藏黑水城艺术品》Ⅱ，
第218页）

中，置于三脚台几之上，其供物形式与第16号塔内的金刚萨埵下的供物形式基本一致（图7-1-5）。与金刚萨埵菩萨相对绘于同壁南侧的文殊菩萨，宝座及以下壁面漫漶严重，隐约可见宝座一角，应与北侧的金刚萨埵菩萨相同，存在着同样的五具供物。

同时，我们注意到，金刚萨埵菩萨头戴三叶宝冠，上身着贯钱纹为底，上有花朵图案的紧身衣。贯钱纹，就是将方孔钱叠压形成的环环相套的图案形式。贯钱纹为西夏常见的纹饰之一。

3. 文殊、普贤的头冠及其正面绘画技法

塔门两侧的文殊、普贤菩萨均戴桶状扇面五佛宝冠，且冠为三层（图7-1-6）。三层的桶状扇面宝冠出现较晚，流行于西夏后期及之后。第16号塔门两侧的文殊骑狮与普贤骑象均作正面像，也即两身菩萨正面坐姿与佛同，狮子、大象也作正面（图7-1-7）。敦煌的文殊、普贤菩萨早期一般作侧身像，在宋、西夏时期才出现这种正面像，如莫高窟第164窟，榆林窟第13、14窟窟门两侧，文殊与普贤像等，究其原因，笔者认为可能是随着五台山文殊信仰的发展，以及密教的影响，文殊、普贤信仰由最初的赴佛会这种辅助型尊格，转变为可以独立作为主尊尊格的形式有关。

图7-1-6　莫高窟第16号塔西壁门南普贤菩萨

图7-1-7　莫高窟第16号塔文殊菩萨

4. 塔顶华盖的飞龙装饰

敦煌石窟中的藻井在五代、宋时就已出现盘龙图案。龙、凤图案为皇家专用，民间在婚嫁时可以僭越使用。而西夏对于龙凤的使用更为严格，西夏《天盛律令》明令规定："节亲主、诸大小官员、僧人、道士等一律敕禁男女穿戴鸟足黄、鸟足赤、杏黄、绣花、饰金、有日月，及原已纺织中有一色花身，有日月，及杂色等上有一团身龙，官民女人冠子上插以真金之凤凰龙样一齐使用。倘若违律时，徒二年，举告赏当给十缗现钱，其中当允许女人穿红、黄各种衣服。"[1]第16号塔中的飞龙形象与洞窟的盘龙形象不同，是西夏时期出现的一种龙形。龙头绘制似虎头，头部花纹似豹纹，有两耳，无角，两眼圆睁，大部分眼珠白色凸出，仅一身为黑色，嘴大张，伸出红色长舌，呈鱼鳞状鳞甲遍布龙身，暗红色锯齿状龙脊，长尾，腹下为条纹，龙爪三趾、短粗，四肢有力作腾跃状，身前、身下各一颗白色火珠，火珠卷携红色火焰（图7-1-8）。飞龙躯体短，兽形，更像虎。这种龙似西夏王陵7号陵龙纹石碑残块中出现的龙形，有学者将其定为奔龙类[2]，榆林窟第10窟窟顶的四披外框居中各有一身龙（东披残损），龙身较短（图7-1-9），在西夏东千佛洞第2窟甬道顶两披各绘出一身身躯较短的龙（图7-1-10）。可见，西夏时期出现的一种龙具有身躯较短、似兽形的特点。

综合以上几种因素，莫高窟第16号塔应建于西夏中后期，具体说应是夏仁宗继位（1124年）的天盛十一年（1159年，这一年藏传佛教正式传入西夏）之后，与西夏时期山嘴沟佛教遗迹年代相当。

1　史金波、聂鸿音、白滨译注：《天盛改旧新定律令》卷7《敕禁门》，法律出版社，2000，第282页。
2　岳健：《西夏寿陵残碑龙纹复原研究》，《西夏学》第十三辑，甘肃文化出版社，2016，第278页。

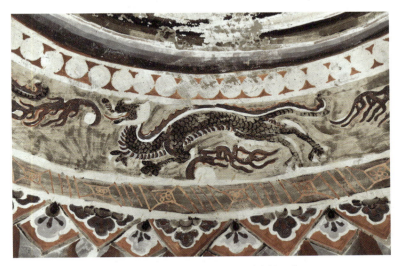

图7-1-8　莫高窟第16号塔华盖中的飞龙

图7-1-9　榆林窟西夏第10窟窟顶北披正中的龙

图7-1-10　东千佛洞第2窟甬道顶龙

二、莫高窟第16号塔反映的密教思想

第16号塔，塔内方形，正壁（东壁）下层绘连续的几何纹，未曾间断，靠近正壁地面坚实、平整，未见有佛台痕迹。塔内中心地面现堆满细沙，较为松软。

整个塔内壁画内容显示此塔为一密教坛场，窟顶的五方佛以及四角的四大天王，还有西壁上方两侧的香、灯供养，都显示出具有四方坛场的性质。唐卡一般将五方佛绘于上方，中间绘密教坛主主尊，下方正中则绘五供具，左、右两侧绘上师像或供养人像。第16号塔将密教神祇绘制于四方塔内，塔顶穹隆顶绘五方佛，四角绘四大天王，天王下绘香、花、灯、涂四供具，东壁绘金刚萨埵以及文殊，南、北两侧绘八大菩萨，西壁门南、北绘文殊与普贤菩萨，是一个立体的以大日如来为主尊的金刚界密教坛场画。

塔内南、北两壁各绘4身立姿菩萨，手中无法器，应为密教八大菩萨。八大菩萨有多种组合，一般指观音、金刚手、文殊、弥勒、虚空藏、地藏、除盖障和普贤8尊。东壁绘金刚萨埵菩萨与文殊菩萨。西壁绘骑坐骑的文殊与普贤菩萨正面像，并各有侍从两身。其中金刚萨埵菩萨为普贤菩萨的化身，因此，东、西两壁均绘文珠与普贤菩萨，只是表现方式不同，一种为密教的，一种则为显教形式。

2020年，敦煌研究院保护研究所对第16号塔进行了加固维修。据保护研究所所长于宗仁先生告知，在维修过程中，发现塔顶使用了牛粪类材料。牛在印度地位相当高，被视为神物，而牛粪在佛教中常用于净地，在密教坛场中使用牛粪涂地，如不空译《毗沙门仪轨》中有"坛作法：牛粪涂地上，用香泥涂上"[1]。还有用牛粪为材质做塔的记载，杨衒之《洛阳伽蓝记》卷第五有："佛入涅槃后二百年来，果有国王字迦尼色迦，出游城东，见四童子累牛粪为塔，可高三尺，俄然即失。"[2]第16号塔顶使用了牛粪，也与佛教坛场中使用牛粪相契合。

三、余论

莫高窟第16号塔，是西夏时期的佛塔，壁画内容反映的是藏传佛教的内容，据夏鼐《夏鼐日记》7月31日："下午赴戈壁上观佛塔及小佛龛。佛塔已经马步青军队掘过，不知曾获何物。"[3]这一条记载常被学者与下文的8月5日的记载混为一谈，但实际上两日所赴地方不同，这个"戈壁"指的就是河东岸上的这一片塔林所在的戈壁。河东岸可以进入的塔有三座，塔内空间最大者当属第16号塔，第12号塔内地面平整，第17号塔内有马蹄形佛床（按：此塔内曾出土2件西夏文佛经，一是《金刚般若波罗密多经》，另一件为图解本

1　《大正藏》第21册，第228页。
2　（北魏）杨衒之著，范祥雍点校：《洛阳伽蓝记校注》，上海古籍出版社，1978，第327页。
3　夏鼐：《夏鼐日记》，华东师范大学出版社，2011，第210页。

《妙法莲花经·观世音菩萨普贤门品》，现藏敦煌研究院，详见下文），最有可能的是第16、17号塔。在那个军阀战乱的年代，在塔内挖宝似乎是一个风气，也反映出当时人们认为塔内存有宝物。至于马步青军队在塔内挖掘是否获取塔藏，由于历史记载缺乏，不甚清楚。

莫高窟第16号塔平面方形，内、外部形制为帐形，其内部形制有如莫高窟的一些早期洞窟，如莫高窟西魏第285窟，上有华盖，四壁绘壁画。从某种意义上来讲，塔是开窟造像的另外一种表现形式，将在崖面上凿窟改作在空旷地建塔，并在塔内塑像和绘制壁画。在后期崖面日益饱和的情况下，在崖外建塔造像，不失为一种很好的尝试。

第二节　莫高窟第17号塔相关问题

莫高窟第17号塔为宕泉河东岸最南边的一座方形塔，坐南朝北。此塔，前贤做过一些简单的记录，对于塔的年代，有吐蕃、五代、宋、西夏四种观点。

第17号塔，塔内平面方形，上部为穹隆顶，下部四方形，东、南、西三面设倒"凹"字形双层佛坛（南壁佛坛毁），坛上塑像尽毁。穹隆顶上绘一华盖，华盖正中为十字交杵，外圈为十瓣卷瓣莲花。塔四披东、南、西、北绘一佛二菩萨说法图，四角各绘一双层莲座三珠火焰宝珠。塔四壁绘密教五方佛中的三方。

一、第17号塔的修建年代

第17号塔内壁画明显存在两种风格，穹隆顶壁画为一种风格，包括塔顶的华盖和周围的四组说法图，塔内四壁壁画又属于另一种。前一种壁画，具有宋代风格。穹隆顶的卷瓣交杵莲花最早出现于隋窟宋画的第243窟藻井中

（图7-2-1），莫高窟第291、326、328等窟也出现相同的构图（图7-2-2）。

　　第243窟莲花12瓣，交杵白色，方形藻井中四角也绘四分之一的卷瓣莲花。第17号塔中的莲花10瓣，交杵为红色。华盖所用纹饰，其中的连珠纹、回形纹、卷草纹，二者相同。莫高窟第291窟的交杵卷瓣莲花井心16瓣，交杵白色，空隙处有花瓣，藻井中的纹饰也有连珠、回形、卷草纹。另外在莫高窟第326、328窟窟顶藻井，以及第307窟后部平顶也出现了团龙卷瓣莲花图案。第243窟为北宋洞窟。第307窟刘玉权先生认为是北宋回鹘式洞窟[1]，关友惠先生认为是回鹘早期窟[2]，赵晓星认为是北宋至回鹘的过渡窟[3]，可以看出，第307窟回鹘风格较为明显。而291、326、328窟刘玉权认为属西夏前期[4]，而后关友惠先生对此提出质疑[5]，赵晓星则认为是曹氏归义军晚期洞窟[6]，笔者同意后者的观点，因而与莫高窟相同图案比较，笔者认为第17号塔塔内藻井卷瓣交杵莲花应为宋代所绘。

　　一佛二菩萨的说法图风格多见于宋代。四壁壁画则属于密教风格，确切地说是藏密内容。塔内东壁金刚座壸门内的三珠火焰纹，具有西夏特色，我们在榆林窟第29窟可以看到这种形式的纹饰（图7-2-3），火焰纹中的火焰比较直，没有涡旋。

　　塔内四壁墙体明显凸出，这与涅槃寺及成城湾大华塔相似，即穹隆顶建于塔四壁较为厚实的墙体上。在调查时，笔者特别留意壁画的残破处，在东壁北

　　1　刘玉权：《关于沙州回鹘洞窟的划分》，《敦煌研究文集·敦煌石窟考古篇》，甘肃民族出版社，2000，第311页。

　　2　关友惠：《敦煌宋西夏石窟壁画装饰风格及其相关问题》，《2004年石窟研究国际学术会议论文集》（下），上海古籍出版社，2006，第1123页。

　　3　赵晓星：《关于敦煌莫高窟西夏前期洞窟的讨论——西夏石窟考古与艺术研究之五》，《敦煌研究》2021年第6期，第8、9页。

　　4　刘玉权：《敦煌西夏洞窟分期再议》，《敦煌研究》1998年第3期，第3页。

　　5　关友惠：《敦煌宋西夏石窟壁画装饰风格及其相关问题》，《2004年石窟研究国际学术会议论文集》（下），上海古籍出版社，2006，第1119页。

　　6　赵晓星：《关于敦煌莫高窟西夏前期洞窟的讨论——西夏石窟考古与艺术研究之五》，《敦煌研究》2021年第6期，第17页。

图7-2-1　莫高窟第243窟交杵卷瓣莲花藻井

图7-2-2　莫高窟第291窟交杵卷瓣莲花藻井

侧孔洞处的下侧发现有重层壁画，这就
说明塔经过了后期重修（图7-2-4）。

尤为重要的是，第17号塔内曾出土
塔藏。1959年在此塔内发现的两件西
夏文佛经，其中一件是图解本《妙法莲
花经·观世音菩萨普贤门品》，保存完
整，编号D.0670。这本西夏文佛经，编
号D.0670，用一块米色方绢包裹，尺寸
为40厘米×50厘米，绢一角缀一带，带
端系一枚北宋"元丰通宝"钱。经为木
刻本梵夹装，页面高20.5、宽9厘米。
扉页版画水月观音图，为双面通栏。经
文及图解部分，上下为双栏，无界，天
头3、地脚2厘米。版面分为上下两栏，

图7-2-3 榆林窟第29窟北壁宝珠

上栏约4厘米，安排版画，下栏约11.3厘米，排印文字。经末有三行通栏发
愿文[1]。

塔内壁画绘有男女供养人像，而塔内又出土了图解本西夏文佛经，这为
判断塔的修建年代提供了方便。以下就从出土的佛经以及塔内的供养人两方
面进行比较考证。

梵夹装的经文外包裹经绢，经绢之一角系元丰通宝。元丰为北宋神宗赵
顼在位后期的年号，在1078—1085年间。由此可知，此件经文的制作年代上
限在1078年，也即经文印成于1078年及之后。另外，一般认为西夏文字的
创制是李元昊时期，在其称帝前的1036年（大庆元年），命臣下野利仁荣创

---

1 刘玉权：《本所藏图解本〈观音经〉版画初探》，《敦煌研究》1983年第3期，第41—48页。

图7-2-4　第17号塔东壁北侧孔洞北侧的重层壁画

制，三年始成。《宋史》卷485《夏国上》记载："元昊自制蕃书，命野利仁荣演绎之，成十二卷，字形体方整类八分，而画颇重复。"[1]可见，1078年，西夏文也已创作完成，完全有可能制作完成缀有元丰通宝包裹的西夏文佛经。因此，我们可以将D.0670号西夏文图解本《妙法莲花经·观世音菩萨普贤门品》的制作上限定为1078年。

塔内绘女供养人共4身，位于北壁门东侧，均梳高髻，发髻两侧佩莲蕾珠冠，戴大圆耳环，着团花图案或点状图案的圆领侧开长袍，腰系带。东向第一身手持花枝，其余三身双手合十，第一身戴圆形大耳珰，第三身可见一侧的圆形耳珰，其余两身头部模糊，不清，但推测也佩戴同样的耳饰。这种大耳环见于少数民族的装饰，如回鹘、西夏的妇女皆佩戴这种较大的耳环。从女供养人的服饰特征来看，也具有少数民族的风格。但是这种女供养人的着装与西夏常见的交领、右衽、窄袖、开衩长袍，袍上小团花图案，袍内细裥

1　（元）脱脱等：《宋史》，中华书局，1977，第13995页。

百褶裙，裙两侧及前方系绶带[1]的西夏贵族妇女不同，一方面，具有西夏服装特色，如团花、点状图案，但又有不同，如圆领、腰系带等。腰系带的西夏妇女装饰少见，但我们在莫高窟第395窟西壁龛外北侧见到一身西夏妇女，两手抱一圆形盒，腰系长带（图7-2-5）。这种圆领、系带着装可能是西夏低级官员的家属或平民妇女着装，也可能是西夏时汉族妇女的着装。

图7-2-5　莫高窟第395窟西壁女供养人像

塔中的男供养人全部腹部系带，带于腹前打结，这种打结法除了童子之外，也常见于西夏普通男子的衣着。另还有一个特点，即此塔中的男供养人有几身着绿装，《宋史》卷485《夏国上》载"民庶则衣青绿，以别贵贱"[2]。所以着绿色袍服者应为平民百姓。男供养人中还有穿红色衣服者，西夏文官"文资则幞头、靴、笏、紫衣、绯衣"[3]，绯衣即红色衣服，也就是说，塔中的供养人有西夏的文职官员与平民百姓，这与榆林窟第29窟的武职官员不同。

接下来，我们要明确的是塔与佛经的关系。佛经的出土状况不十分明确，发现者已故，也没有留下详细的记录，这给研究工作带来了较大的不便。塔内

1　谢静：《敦煌石窟中西夏供养人服饰研究》，《敦煌研究》2007年第3期，第29页。
2　（元）脱脱等：《宋史》，中华书局，1977，第13993页。
3　（元）脱脱等：《宋史》，中华书局，1977，第13993页。

出土物不能作为判断建塔具体年代的依据，分析可能有两种情况：一种如果是来自于塔内泥沙或塞于塔壁缝隙之中，则塔可建于佛经写作之前；而另一种，如果佛经出自佛像、塔壁或佛坛之内，则说明塔建成于佛经制作之后，或同时修建。

塔中同时出土了两部西夏文佛经《金刚般若波罗蜜多经》与《观世音菩萨普门品》。陈炳应先生对此图解本西夏文经卷做了翻译，其中对后三行的发愿文的翻译是"《妙法莲华经·观世音菩萨普门品》愿以是功德，一切皆回向，我等与众生，具皆共成佛"[1]。

《天盛律令》卷11"为僧道修寺庙门"中规定了剃度在家僧与出家僧的条件。度为出家僧人条件是：

> 番、汉、羌行童中有能晓诵经全部，则量其业行者，中书大人、承旨中当遣一二□，令如下诵经颂十一种，使依法诵之。量其行业，能诵之无障碍，则可奏为出家僧人。
>
> 番、羌所诵经颂：
>
> 仁王护国、文殊真实名、普贤行愿品、三十五佛、圣佛母、守护国吉祥颂、观世音普门品、竭陀般若、佛顶尊胜总持、无垢净光、金刚般若与颂全。
>
> 汉之所诵经颂：
>
> 仁王护国、普贤行愿品、三十五佛、守护国吉祥颂、佛顶尊胜总持、圣佛母、大□□、观世音普门品、孔雀经、广大行愿颂、释迦赞。[2]

其中《金刚般若波罗密多经》是番、羌行童试经所诵经颂，《观世音菩萨普门品》则是番、羌、汉所有行童试经出家必须晓诵的经文，可以看出，两部

1　陈炳应：《图解本西夏文〈观音经〉译释》，《敦煌研究》1985年第3期，第54页。

2　史金波、聂鸿音、白滨译注：《天盛改旧新定律令》，法律出版社，2000，第404、405页。

经典在西夏时普遍流行。

藏传佛教非常推崇般若经，认为般若法门最为殊胜。西夏文文献中的《般若经》数量较多，有的译自汉文，有的则译自藏文。藏传佛教在修习方法上主张先显后密，《般若波罗蜜经》是大乘显教经典，把《般若波罗蜜经》作为修习密宗必要的过程，是在佛教理论上为理解密宗深奥教义打下基础。

佛塔内装藏习俗起源于印度，称之为法舍利。唐玄奘《大唐西域记》卷9《胜军故事》记载：

> 印度之法，香末为泥，作小窣堵婆，高五、六寸，书写经文以置其中，谓之法舍利也。数渐盈积，建大窣堵婆，总聚于内，常修供养。[1]

西夏佛塔中有埋藏佛教圣物的传统。黑水城"著名的塔"中出土了很多文物，西夏文佛经自是不在少数。西夏宏佛塔塔身槽室内出土了大量的西夏文字木雕版、残页、木简以及绢质彩绘佛画，另塔内还出土了西夏彩塑像残件，有的塑像腹内藏西夏文经卷[2]。宁夏贺兰县拜寺沟方塔遗址中也清理出了一批文物，其中就有西夏文佛经较完整者9本[3]。

两部佛经出自塔内，与西夏佛塔内一贯埋藏佛教圣物相一致，也说明塔与西夏的关系。因而笔者认为两件西夏文佛经是在塔重修时作为塔藏而存在的。

归纳起来，笔者认为第17号塔初建于宋代，在西夏时重修，供养人中有孩童像，考虑是家族所修。

此塔内绘有两种风格的壁画，塔顶与四披为汉传风格的华盖和说法图，

1　（唐）玄奘、辩机原著，季羡林等校注：《大唐西域记校注》，中华书局，2000，第712页。

2　宁夏回族自治区文物管理委员会办公室、贺兰县文化局：《宁夏贺兰县宏佛塔清理简报》，《文物》1991年第8期，第1—13、26页。

3　宁夏回族自治区文物管理委员会办公室、贺兰县文化局：《宁夏贺兰县拜寺沟方塔废墟清理纪要》，《文物》1994年第9期，第10页。

而四壁则绘有藏传波罗艺术风格的五方佛中的三方佛。

四披的四铺一佛二菩萨式说法图前有凭栏，后有远山树木，表现出十方赴会佛的性质，从绘画风格来讲，是典型的汉传佛教风格，与敦煌主流的五代、宋时期的佛教艺术相契合。佛着通肩"U"领形袈裟，圆顶肉髻，圆形蝙蝠形头光以及圆形花瓣纹身光；菩萨有圆形花瓣纹头光与身光，头戴花冠，项饰项链，耳戴耳珰，肩披帔，帛带在身前呈"U"形下垂。这些都是传统的佛与菩萨的服饰和装置，接近于宋代的石窟壁画风格。另外，远山用淡色渲染，突显一种朦胧意境，这是中国画山水画的表现手法，树枝、菩提宝盖等的处理方法也是传统的汉式技法与风格。

藏传密教风格的壁画主要体现在塔内四壁的绘画上。佛体态健壮，脸圆宽肩，具有尖锥形肉髻，肉髻顶端饰以宝珠，斜披袒右袈裟或斜披络腋，三佛皆有装饰用的白色宽带臂钏与手镯。菩萨均跣足立于莲花上，头戴五叶宝冠，冠上装点各色宝石，冠身有花朵形图案装饰，冠顶上束成花朵状，冠两侧系结宝缯，冠结处呈横向扇形，宝缯较长，垂于身后；裸上身，斜披络腋；一条长帛带从肩部成"S"形绕身而下，颇具动感；下身着长裙。佛与菩萨都具有波罗艺术风格特征。

此塔坐南朝北，北向开门，塔内佛坛为马蹄形，塑像已毁，可以看出是以南壁为主尊。主尊为西方无量寿佛，东壁的大日如来退居次要位置。西夏时西方无量寿佛的信仰比较兴盛，在黑水城出土的佛教画中，有西方净土图，而更多的是阿弥陀来迎图。

二、结语

第17号塔位于宕泉河塔林较南处，是礼拜塔中最南端的一座，坐南朝北，有向洞窟方向聚拢的含意。塔外部方形，方形塔檐；塔内平面方形，穹隆顶。

塔内穹隆顶华盖中心绘十字交杵，华盖外围正方向居中绘一佛二菩萨说法图，四角绘双层莲座三珠火焰宝珠。塔南壁绘西方无量寿佛（阿弥陀佛），两侧的菩萨一身提净瓶，为观世音菩萨，另一身应为大势至菩萨，构成西方三圣——阿弥陀三尊像。塔东壁绘大日如来及胁侍两菩萨。塔西壁绘南方宝生佛及两胁侍菩萨。塔北壁开门，门上有土红底的发愿文框，门两侧各绘一株蜀葵。

密教五方佛中仅绘出了三佛，即大日如来、西方无量寿佛、南方宝生佛，缺少东方阿閦佛与北方不空成就佛，并且将大日如来绘于东壁，似将东壁作为主尊。

塔顶的十字交杵卷瓣莲花，这种纹样最早出现于敦煌的宋代石窟中。穹隆顶四方绘四铺一佛二菩萨说法图，说法图前有凭栏，后有远山树木，表现出十方赴会佛的性质。这种说法图具有北宋归义军时期的绘画风格。塔西、北、东三壁下层绘供养人像，男女供养人的服饰都表现出西夏人的服饰特色，金刚座上的三珠火焰纹具有西夏后期的特色，另外，塔内曾出土一卷西夏文《金刚般若波罗蜜多经》与一卷西夏文图解本《妙法莲花经·观世音菩萨普贤门品》。综合以上因素分析，第17号塔建于北宋曹氏归义军时期，重修于西夏时期。

第三节　历代帝王对舍利的追捧和宋、西夏佛塔的兴建

一、　历代帝王对舍利的追捧

礼拜佛塔即礼拜舍利，佛灭后舍利则代表佛身和法身，并让众生有归依处。唐代若那跋陀罗译《大般涅盘经后分》上卷有云：

　　佛告阿难及诸大众："我涅槃后，天上、人间一切众生，得我舍利，悲喜交流，哀感欣庆，恭敬、礼拜、深心供养，得无量无边功德。阿难！若见如来舍利即是见佛、见佛即是见法、见法即是见僧、见僧即见涅槃。阿难！当知以是因缘，三宝常住，无有变易，能为众生作归依处。"[1]

　　尔时，天人、一切大众悲哀流泪，不能自裁。尔时，世尊普告四众："佛般涅槃，汝等天人莫大愁恼。何以故？佛虽涅槃，而有舍利常存供养。复有无上法宝——修多罗藏、毘那耶藏、阿毘达磨藏——以是因缘，三宝、四谛常住于世，能令众生深心归依。何以故？供养舍利即是佛宝，见佛即见法身，见法即见贤圣，见贤圣故即见四谛，见四谛故即见涅槃，是故当知三宝常住，无有变易，能为世间作归依故。"[2]

经文可见，舍利是佛涅槃之后留于世间的另一种存在，与经藏一样，是佛与佛法的再现，能让众生有所归依，如佛在世。这也是前往印度的高僧们除了佛经之外，还要追求舍利的原因之一。

《魏书·释老志》卷114云：

　　佛既谢世，香木焚尸。灵骨分碎，大小如粒，击之不坏，焚亦不焦，或有光明神验，胡言谓之"舍利"。弟子收奉，置之宝瓶，竭香花，致敬慕，建宫宇，谓为"塔"。[3]

在高僧的追捧下，舍利具有光明与灵异力，这又使得舍利具有神秘性和超凡的能力，因而更增强了信徒们的信仰。《魏书》卷114《释老志》记载了一段魏明帝与舍利的故事：

1　《大正藏》第12册，第902页。
2　《大正藏》第12册，第903页。
3　（北齐）魏收：《魏书》卷114，第8册，中华书局，1974，第3028页。

魏明帝曾欲坏宫西佛图，外国沙门乃金盘盛水，置于殿前，以佛舍利投之于水，乃有五色光起，于是帝叹曰：自非灵异，安得尔乎！[1]

对于佛舍利的追逐，帝王、高僧表现出异常的热情。梁武帝萧衍笃信佛法，曾四次入寺舍身，对于舍利信仰也表现出了极大的热情。天监十一年（512年）曾敕令扶南国人僧伽婆罗重译《阿育王经》，初译日亲赴寿光殿笔受，这为其效仿阿育王崇奉佛舍利奠定了基础。《梁书》卷54《诸夷扶南国传》记载："（大同）二年（536年），改造会稽鄮县塔，开旧塔出舍利，遣光宅寺释敬脱等四僧及舍人孙照暂迎还台，高祖礼拜竟，即送还县，入新塔下，此县塔亦是刘萨诃所得也。"[2]大同四年（538年）八月，梁武帝又下令改造建康长干寺阿育王塔，从塔基发现了佛舍利和发爪，因此举办无碍大会，同时赦免天下所有罪犯。梁武帝《出古育王塔下佛舍利诏》见载于唐道宣撰《广弘明集》卷15：

大同四年（538年）八月，月犯五车，老人星见，改造长干寺阿育王塔，出舍利佛发爪。阿育铁轮王也，王阎浮一天下，一日夜役鬼神造八万四千塔，此其一焉。乘舆幸长干寺，设无碍法喜食。诏曰：天地盈虚与时消息，万物不得齐其蠢生，二仪不得恒其覆载……凡天下罪无轻重皆赦除之。[3]

佛舍利是帝王所追逐和礼拜供养的对象，早自八王分舍利，到阿育王建八万四千舍利塔，再到中国历史上的梁武帝萧衍改造阿育王塔，隋文帝建塔，唐代帝王对于法门寺佛骨舍利的礼敬，后周吴越王钱俶于显德二年（955年）仿阿育王造塔，铸八万四千小塔，这些无不显示出帝王对舍利的尊崇。

1　（北齐）魏收：《魏书》卷114，第8册，中华书局，1974，第3029页。
2　（唐）姚思廉：《梁书》卷54，中华书局，1974，第792页。
3　《大正藏》第52册，第203页。

拥有舍利，似乎是拥有王权的象征。北凉昙无谶译《大方等无想经》（又名
《大云经》）借梨车之说来喻舍利难得，有云：

> 尔时，梨车即说偈言：
>
> "假使恒河中，驶流生莲花，拘扠罗鸟白，舍利乃可得；
>
> 假使龟生毛，任作僧伽梨，冬日能消氷，舍利乃可得；
>
> 假使蚊子脚，堪任作桥梁，能度一切众，舍利乃可得；
>
> 假使水中蛭，忽然生白齿，大如香象牙，舍利乃可得；
>
> 假使兔生角，堪任作梯橙，高至净居天，舍利乃可得；
>
> 假使鼠、虫等，缘于兔角梯，在上而食月，舍利乃可得；
>
> ……"[1]

尽管舍利难得，但是如护持正法，为法流布时，则可大得舍利。北凉昙
无谶译《大方等无想经》卷4有：

> 佛言："善哉天女！至心谛听谛听！吾当为汝，分别解说。尔
> 时大臣，即今善德婆罗门是。是婆罗门，于我灭后百二十年，王阎浮
> 提，字阿叔迦，住于波梨弗罗城中，姓无邪氏，得转轮王所有福德二
> 分之一，于阎浮提得大自在；护持正法，大师子吼，为法流布，大得
> 舍利，供养、恭敬、尊重、赞叹，见恶比丘，治令修善。"[2]

隋文帝仁寿元年建塔的舍利来源于婆罗门所献，《广弘明集》卷17《舍
利感应记》记载：

> 皇帝昔在潜龙，有婆罗门沙门来诣宅，出舍利一里曰："檀越
> 好心，故留与供养。"沙门既去，求之不知所在。其后皇帝与沙门昙
> 迁，各置舍利于掌而数之，或少或多，并不能定。昙迁曰："曾闻婆
> 罗门说，法身过于数量，非世间所测。"于是始作七宝箱以置之。

---

1 《大正藏》第12册，第1097页。

2 《大正藏》第12册，第1097页。

……

皇帝于是亲以七宝箱，奉三十舍利，自内而出置于御座之案，与诸沙门烧香礼拜："愿弟子常以正法护持三宝，救度一切众生"，乃取金瓶瑠璃各三十，以瑠璃盛金瓶，置舍利于其内，薰陆香为泥，涂其盖而印之。三十州同刻十月十五日正午入于铜函石函，一时起塔。[1]

《唐会要》卷48记：

光宅寺，光宅坊，仪凤二年，望气者言此坊有异气。敕令掘，得石碗，得舍利万粒，遂于此地立为寺。[2]

武则天时则有光宅寺舍利颁布四天下之举，敦煌文献S.2658、S.6502《大云经疏》有云：

神皇先发弘愿，造八百四万舍利宝塔。以光宅坊中所得舍利，分布于四天下，此则显八表一时，下舍利之应。斯乃不假人力所建，并是八表神功共成。此即显护持正法，大得舍利之验也。[3]

舍利在佛教中被看作是镇守一方土地的宝物，在敦煌文献S.1438《献舍利表》中有"金棺银椁，葬于九地之中；月殿星宫，镇乎一州之内"之句，并从文献可知，吐蕃统治敦煌时，敦煌将沙州寺舍利骨一百卅七粒尽献吐蕃高僧。将舍利献于吐蕃，这一举动，旨在表明沙州土地归于吐蕃、人民臣服于吐蕃统治，可见当时的舍利俨然是一方州镇的象征。

前往印度取经的僧人，不仅获取佛经，还热衷于获取舍利。《法苑珠林》记载，迦毕试国有古王寺，寺中有佛顶骨一片，后由王玄策带回宫内供养：

1　《大正藏》第52册，第213页。
2　（宋）王溥：《唐会要》（上册），中华书局，1955，第846页。
3　黄永武主编：《敦煌宝藏》第22册，新文丰出版公司，1986，第49页；黄永武主编：《敦煌宝藏》第47册，新文丰出版公司，1986，第501页。

[迦卑试国] 又此东南往古王寺，有佛顶骨一片，广二寸余，色黄白发孔分明。至大唐龙朔元年春初，使人王玄策从西国将来，今现宫内供养。[1]

据《西域志》，王玄策还带回了菩提寺主所赠象牙佛塔、舍利宝塔等物：

西域志云：王玄策至大唐，显庆五年九月二十七日，菩提寺寺主名戒龙，为汉使王玄策等设大会。使人已下各赠华氍十段并食器，次伸呈使献物龙珠等，具录：大真珠八箱，象牙佛塔一，舍利宝塔一，佛印四。[2]

以上可见，不仅是僧人，帝王也在追寻舍利，以期达到王统与佛教思想的一致。中国历史上，北宋初年更是掀起往印度西行求法的热潮，而且更为重要的是，这些僧人在求法回国时与梵经同时带来的还有舍利。其中最有影响力、人数最为庞大的要数宋太祖时僧行勤等157人组成的宠大西行取经团队。这在《宋史》卷2《本纪二》有记载：

[乾德四年] 癸未，僧行勤等一百五十七人，各赐钱三万，游西域。[3]

宋志磐撰《佛祖统纪》卷43记载宋太祖时，沙门道圆献舍利、贝页梵经：

[乾德] 三年（965年），沧州沙门道圆，游五天竺往反十八年，及还偕于阗使者至京师，献佛舍利、贝叶梵经。上召见便殿，问西土风俗，赐紫方袍、器、币。[4]

又，宋太宗时有开宝寺沙门继从，中天竺沙门钵纳摩等人敬献舍利等物：

[太平兴国] 三年三月（978年）……开宝寺沙门继从等，自西天还，献梵经、佛舍利塔、菩提树叶、孔雀尾拂，并赐紫方

1　《大正藏》第53册，第497、498页。
2　《大正藏》第53册，第597页。
3　（元）脱脱等：《宋史》，中华书局，1977，第1册，第23页。
4　《大正藏》第49册，第395页。

袍……中天竺沙门钵纳摩来，献佛舍利塔、牦牛尾拂。[1]

又：

> ［宋太宗端拱］二年（989年），太原沙门重达自西天还，往
> 反（返）十年，进佛舍利、贝叶梵经，赐紫服住西京广爱寺……中
> 天竺那烂陀寺沙门补陀吃多来朝，进佛舍利、梵经，赐紫服。[2]

又：

> ［宋太宗］至道元年（995年），中天竺沙门迦罗扇帝来朝，
> 进佛顶舍利、贝叶梵经。[3]

另《宋史》卷490记载，太平兴国七年（982年）益州僧光远向宋太宗进
献没徙曩王表及舍利事：

> 太平兴国七年，益州僧光远至自天竺，以其王没徙曩表来上。
> 上令天竺僧施护译云："近闻支那国内有大明王，至圣至明，威力
> 自在……今以释迦舍利附光远上进。"[4]

又：

> 乾德三年，沧州僧道圆自西域还，得佛舍利一、水晶器、贝叶
> 梵经四十夹来献。[5]

将舍利进献，以示臣服的另一个例子。吴越国最后一位国王钱俶，在降
宋时，不仅带来了吴越国的版图，还有阿育王舍利塔，以示臣服。这座阿育
王舍利塔，根据唐代道世撰《法苑珠林》卷38《故塔部》的记载是："西晋
会稽鄮县塔。"杭州属古会稽郡，其辖地鄮县（今浙江宁波）有阿育王在华
夏建塔。关于此舍利塔，唐代道宣撰《广弘明集》卷15有曰：

1　《大正藏》第49册，第397页。
2　《大正藏》第49册，第400页。
3　《大正藏》第49册，第401页。
4　（元）脱脱等：《宋史》，中华书局，1977，第40册，第14104页。
5　（元）脱脱等：《宋史》，中华书局，1977，第40册，第14103页。

　　越州东三百七十里鄮县塔者，西晋太康二年沙门慧达感从地
出，高一尺四寸。广七寸，露盘五层，色青似石而非，四外彫镂异
相百千。梁武帝造木塔笼之。[1]

太平兴国三年（978年）吴越王钱俶奉吴越国的版图降宋，并令时任两浙
僧统的赞宁奉阿育王寺真身舍利来到汴京（今河南开封）。南宋志磐撰《佛
祖统纪》卷43记载其事：

　　[太平兴国] 三年三月……吴越王俶奉版图归朝，令僧统赞宁
奉释迦舍利塔，入见于滋福殿。[2]

将国家版图与舍利塔一起进献于北宋王朝，可见此舍利塔不再仅仅是镇
州之宝，而是镇国之宝。

从前述文献我们还可以看出，宋初在进献舍利的同时，还进献贝叶经，
"开宝后，天竺僧持梵夹来献者不绝"[3]。

北宋时，法贤曾翻译《佛说八大灵塔名号经》以及《八大灵塔梵赞》，
经文说到，若有人修建承画供养八大灵塔，可以获大果报，得大利益："如
是八大灵塔，若有婆罗门及善男子善女人等，发大信心修建塔庙承事供养，
是人得大利益，获大果报，具大称赞，名闻普遍甚深广大。"[4]这类佛经的翻
译以及经变的流行，也是当时追逐、崇奉舍利及塔的反映。

宋代对于舍利的追逐，上自皇帝下至僧人对于舍利的追捧，在当时形成
一种风气，这种风气自然会影响到周边少数民族，尤其是全民信仰佛教的
辽、西夏等地。元昊建国之初对于舍利的追捧，在于效仿中原帝王，在佛教
上取得君权神授的合法性，为其建国的合法、合理性在思想上做理论依据和
舆论支持。

1　《大正藏》第52册，第201页。
2　《大正藏》第49册，第397页。
3　（元）脱脱等：《宋史》，中华书局，1977，第40册，第14104页。
4　《大正藏》第32册，第773页。

二、北宋、西夏佛塔的兴建

北宋，敦煌正值曹氏归义军、回鹘、西夏统治敦煌时期。在北宋敦煌营建的佛塔有涅槃寺，其壁画内容与北宋初年的密教译经有关（详见前文），成城湾大、小华塔也建于此时（曹宗寿时期，详见下文），莫高窟第76窟壁画中出现八大灵塔壁画，是宋新出现的样式，经文依据是宋代法贤（天息灾）曾翻译《佛说八大灵塔名号经》以及《八大灵塔梵赞》，这两部经均为梵夹，是密教经典。根据谢继胜先生研究，二经的汉译对八塔信仰在辽、夏的传播有着重要作用，第76窟八大灵塔的塔形则受到了插图本贝叶经中塔的影响，特别是与新式贝叶经佛典《般若波罗蜜多经》引入中土有关，具有东印度波罗样式的风格[1]。因而，宋、西夏时期的一部分佛塔曾受到了宋初密教复兴的影响。

西夏佛教兴盛，历代皇帝及帝后都信奉佛教，其佛教受到了宋及回鹘的很大影响，建塔之风也风靡一时。据《大夏国葬舍利碣铭》，开国皇帝李元昊曾建舍利塔，位于西夏都城兴庆府附近有众多佛塔，如宁夏贺兰县拜寺沟方塔、拜寺口双塔（东、西塔）、宏佛塔，同心县康济寺塔，青铜峡市一百零八塔等。在河西地区，西夏也广建佛塔，据《重修护国寺感通塔碑》记载，乾顺与母梁氏于天祐民安甲五年（1094年）重建了凉州感应塔及大云寺木塔，马蹄寺现存数量众多的龛内塔，内蒙古额济纳旗黑水城现存20余座覆钵塔，莫高窟现存的一些西夏塔，以及敦煌石窟西夏窟内绘有大量的佛塔，等等。这些数量庞大的佛塔的兴建，反映了西夏人对于佛教的信仰及建塔、礼拜塔的崇尚之风。

1　谢继胜、于硕：《"八塔经变画"与宋初文化交流——莫高窟七六窟八塔变图像的原型》，《法音》2011年第5期，第37—43页。

西夏李元昊"晓浮图学，通蕃汉文字，案上置法律"[1]，《宋史》卷485《夏国上》记载其曾"自诣西凉府祠神"[2]，并建塔安置舍利。现保存有李元昊在建国前的大庆三年（1038年）八月十日立有大夏国葬舍利碣，其汉文《大夏国葬舍利碣铭》如下：

大夏国葬舍利碣铭

右仆射兼中书侍郎平章事臣张陟奉制撰

臣闻如来降兜率天宫，寄迦维卫国，剖诸母胁，生□□灵，逾彼王城，学多瑞气，甫及半纪，颇验成功。行教□□衍之年，入涅槃仲春之月。舍利丽黄金之色，齿牙宣白玉之光。依归者云屯，供养者雨集。其来尚矣，无得称焉。我圣文英武崇仁至孝皇帝陛下，敏辩迈唐尧，英雄□汉祖，钦崇佛道，撰述蕃文，奈苑莲宫，悉心修饰，金乘宝界，合掌护持。是致东土名流，西天达士，进舍利一百五十颗，并中指骨一节，献佛手一枝及顶骨一方。鏊以银椁 金棺、铁匣、石匮，衣以宝物，□以毗沙，下通掘地之泉，上构连云之塔。香花永馥，金石周陈。所愿者，保佑邦家，并南山之坚固，维持胤嗣，同春葛之延长。百僚齐奉主之诚，万姓等安家之恩。边塞之干戈偃息，仓箱之菽麦丰盈。□于万品之瑞，靡息一□之□。谨为之铭曰：

□者降神兮，开觉有情。肇登西印兮，教化东行。涅槃之后兮，舍利光明。一切众生兮，供养虔诚。我皇圣主兮，敬其三宝。五百尺修兮，号曰塔形。□□□兼兮，葬于兹壤。天长地久兮，庶几不倾。

1　（元）脱脱等：《宋史》，中华书局，1977，第13993页。
2　（元）脱脱等：《宋史》，中华书局，1977，第13993页。

大夏大庆三年八月十日建　　右谏义大夫羊□书。[1]

《大夏国葬舍利碣铭》，末尾署"大夏大庆三年（1038年）八月十日建"，说明此碣立于大夏大庆三年八月十日，这一日期恰在西夏建国之前，因此，这一事件其实反映了元昊在建国之前在佛教上为自己称帝所做的努力。铭文曰："东土名流，西天达士，进舍利一百五十颗，并中指骨一节，献佛手一枝及顶骨一方。"即塔中瘗埋舍利150粒，佛中指骨一节，佛手指，佛顶骨一方，这些舍利为东土名流与西天达士所进献。建塔的目的也很清楚："所愿者，保佑邦家，并南山之坚固，维持胤嗣，同春葛之延长。百僚齐奉主之诚，万姓等安家之恳。边塞之干戈偃息，仓箱之菽麦丰盈。"愿望除了百姓安家、免于干戈、五谷丰登、仓廪盈实之外，主要是保佑国家、胤嗣延长、百官齐心奉主，体现了其建国安邦的雄心。充分说明此次安葬舍利是在佛教上为其建国为君做的相应措施。

在西夏毅宗谅祚在位、没藏讹宠时的福圣承道三年（1055年），又有西夏没藏皇太后在承天寺建塔瘗埋佛顶骨舍利之事，其汉文碑文有：

夏国皇太后新建承天寺瘗佛顶骨舍利碑

……皇太后承天顾命，册制临轩。厘万物以缉绥，严百官而承式。今上皇帝，幼登宸极，凤秉帝图。分四叶之重光，契三灵而眷祐，粤以潜龙震位，受命册封。当绍圣之庆基，乃继天之胜地。大崇精舍，中立浮屠，保圣寿以无疆，俾宗祧而延永。天祐纪历，岁在摄提季春廿五日壬子。建塔之晨，崇基叠于碱砆，峻级层乎瓴瓯。金棺银椁瘗其下，佛顶舍利阅其中。至哉，陈有作之因□，仰金仙之垂范，□□无边之福祉，□符□□之钦崇，日叨奉作之纶

1　（明）胡汝砺编，（明）管律重修，陈明猷校刊：《嘉靖宁夏新志》卷8，宁夏人民出版社，1982，第153、154页；史金波：《西夏佛教史略》，宁夏人民出版社，1988，第231、232页，有录文。

言。获扬圣果，虔抽鄙思。谨为铭曰：……[1]

现藏于武威市西夏博物馆的《重修护国寺感通塔碑》汉文碑铭（1094年）记：

> 今　二圣临御，述继先烈，文昭武肃，内外大治。天地禋祀，必庄必敬，宗庙祭享，以时以思。至于释教，尤所崇奉，近自畿甸，远及荒要，山林溪谷，村落坊聚，佛宇遗址，只椽片瓦，但仿佛有存者，无不必葺，况名迹显敞，古今不泯者乎？[2]

西夏时期的佛塔，莫高窟有宕泉河东岸新建或重修三座有壁画的方塔，莫高窟第328窟建有一座窟内塔，同时壁画中也有西夏佛塔。

在莫高窟第285窟北壁西起第1个禅窟之内，绘有一幅西夏人手持鲜花礼拜佛塔的情况，并有发愿文题记。这一画像，反映出西夏人礼拜佛塔的情况。西夏人礼拜佛塔成风，也是西夏佛教一大特色。西夏人在莫高窟、榆林窟留下了大量的巡礼题记[3]，慈氏塔有以回鹘文书写的巡礼题记，这也反映出北宋、回鹘、西夏这一时期的普遍现象。佛经说，礼拜、持花供养佛塔可得福报。唐代实叉难陀译《右绕佛塔功德经》[4]，这是一部专门讲述右绕佛塔的经文，主要内容为在舍卫国祇树给孤独园，由舍利弗发起，佛用偈的形式回答绕塔的各种功德。宋代天息灾译《分别善恶报应经》卷下记有礼拜塔与施花供养塔的功德：

> 若复有人，于如来塔合掌礼拜，获十功德。何等为十？一言辞柔软，二智慧超群，三人天欢喜，四福德广大，五贤善同居，六尊贵自在，七恒值诸佛，八亲近菩萨，九命终生天，十速证圆寂；如

1　（明）胡汝砺编，（明）管律重修，陈明猷校刊：《嘉靖宁夏新志》卷8，宁夏人民出版社，1982，第153、154页；史金波：《西夏佛教史略》，宁夏人民出版社，1988，第233页，有录文。

2　史金波：《西夏佛教史略》，宁夏人民出版社，1988，第251、252页，有录文。

3　史金波、白滨：《莫高窟榆林窟西夏文题记研究》，《考古学报》1982年第3期，第367—386页。

4　《大正藏》第16册，第801—802页。

是功德，礼拜佛塔获如斯报。[1]

若复有人，于如来塔施花供养，功德有十。何等为十？一色相如花，二世间无比，三鼻根不坏，四身离臭秽，五妙香清净，六往生十方净土见佛，七戒香芬馥，八世间慜重得大法乐，九生天自在，十速证圆寂。如是功德，以花供养佛舍利塔获如斯果。[2]

佛陀跋陀罗共法显译《摩诃僧祇律》卷33有云：

尔时世人闻世尊作塔，持香华来奉世尊。世尊恭敬过去佛故，即受华香，持供养塔。诸比丘白佛言："我等得供养不？"佛言："得。"即说偈言：

百千车真金，持用行布施，不如一善心，华香供养塔。[3]

塔整体为锥形或为金字塔形，塔顶叠涩而成（参图2-1-13）。此类叠涩而成的塔，在宁夏贺兰山韭菜沟西崖上也有发现，共有7例，雕于崖面之上，有两类，一类较繁，与285窟相同；另一类较简，即层数上相对较少，并且可以看出中心的刹柱贯穿其间，直通宝盖。这种塔宿白先生认为似与莫高窟第76窟东壁八塔变中所绘之单层叠涩塔有一定的渊源关系[4]。

无独有偶的是，在甘肃境内又发现了一座与其塔形相同的实物遗迹。在甘肃金昌市永昌县北海子乡金川西村圣容寺旁，1978年发现了一座千佛阁遗址。千佛阁属于西夏时期的建筑，阁中有一方塔。方塔与莫高窟第285窟禅窟西夏所绘的下大上小的方塔塔形相似。

塔为正方形叠涩层土塔（金字塔形），高约11层（14.2米），沿塔外围建面宽、进深均六间（12.55米）的佛阁，阁四面设绕廊，塔罩于阁内。除了塔形相似之外，这座塔还建于楼阁之中，阁中四壁尽绘千佛。千佛阁残壁

1　《大正藏》第1册，第899页。

2　《大正藏》第1册，第900页。

3　《大正藏》第22册，第497页。

4　宿白：《西夏佛塔的类型》，《中国古代建筑·西夏佛塔》，文物出版社，1995，第1—15页。

上有西夏文、汉文、汉藏文题记，以及大德、天盛纪年。其中千佛阁东壁有汉文题记："大德已未五年二月二十九日灵务人巡礼到千佛阁。"这是灵务（武）人来此巡礼而写的题记。根据研究，中国历史上"大德"、干支"已未"的是西夏崇宗乾顺纪年，大德五年即1139年，说明这是一座被掩埋了800多年的西夏建筑遗址。从题记来看，西夏时来千佛阁拜谒的信士弟子很多，其中不少是党项族人。千佛阁和方塔的建造和使用时间在西夏崇宗1114年至西夏灭亡的1227年之间[1]，千佛阁是一座规格较高的、独特的塔阁式僧人塔葬，葬法少见[2]（图7-3-1）。有研究认为此类塔形与青藏高原岩画的塔形图一致，具有苯教祭坛的建筑特色[3]。

甘肃肃南马蹄寺南寺、千佛洞、中观音洞、下观音洞等处都在龛内建塔，塔形似莫高窟第285窟的窟内禅窟门塔（图7-3-2）。清代智观巴·贡却

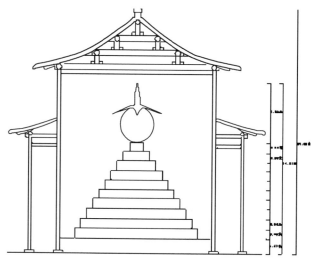

图7-3-1　甘肃金昌千佛阁推定立面图
（采自《被埋没的西夏千佛阁遗址》图3）

1　党寿山：《被埋没的西夏千佛阁遗址》，《西夏学》第七辑，上海古籍出版社，2011，第226页。

2　孙寿龄：《金昌花大门石刻是西夏塔龛悬葬》，《金昌时报》2013年6月2日第2版。

3　张亚莎：《西藏岩画中的"塔"形图》，《中国藏学（英文版）》2008年第2期，第70—79页。

图7-3-2　甘肃肃南马蹄寺千佛洞龛内塔

乎丹巴绕吉著《安多政教史》内有记载马蹄寺的佛教建筑情况："石崖上有二十五处佛窟、许多雕刻在石岩上的佛陀像，一座大石崖上有两座新佛窟、大经堂及称为西夏王的大塔，崖面光滑得象粉刷过的墙壁。"[1]这条材料说明，除了佛窟、大经堂之外，西夏王的大塔也建在大石崖上，这与马蹄寺崖上凿龛、龛内建塔的状况相同。因而我们认为这种龛内建塔应肇始于西夏时期。

　　西夏仁宗曾经到过马蹄寺，见黑水城文献ИНВ.NO121V[2]，西夏文宫廷诗集中的《御驾巡行烧香歌》反映的是西夏仁宗李仁孝与其母巡游河西时的情

　　1　（清）智观巴·贡却乎丹巴绕吉著：《安多政教史》，吴均、毛继祖、马世恔译，甘肃民族出版社，1989，第143页。
　　2　《俄藏黑水城文献》（第十册），上海古籍出版社，1997，第297—289页。

况[1]。其中有：

（25）国母□丘帐如暖日 本西□［中缺］云阶轩举月几

［中缺］

（26）德□□除不争列 （27）□□□杂言已停前引导

（28）忠大臣无奸佞后相从 （29）条法不明不区分

（30）已往经凉州□ （31）巧匠手贤做塔庙

（32）佛之中性眼舍利生 （33）"盘禾山"雕做梵王玉身佛

（34）栩栩如生有神力 （35）弥勒佛红孺衣

（36）□□□卧千尺身 （37）过去未来皆人师

（38）以变涅槃做方便 （39）所灭良智敦其谓

（40）马蹄山圣境界 （41）超出父辈往昔之所作

（42）旧寺舍何庄严 （43）新精舍如此美

（44）外面所看，七节楼阁云所绕 （45）大风一起折不断

（46）内部遍置，万重佛身穿金衣

（47）大雨将来仪不断

（48）陆地震动屹然立 （49）劫火至何朽坏

（50）今圣君

（51）每有寺舍，长寿灯夜夜明 （52）塔庙立年，祈福香日

日燃

（53）住师生赐衣服 （54）从禅定齐食仪

（55）所有道场已具备 （56）种种善事皆了毕[2]

---

1 梁松涛、杨富学：《西夏圣容寺及其相关问题考证》，《内蒙古社会科学》2012年第5期，第66—69页。

2 梁松涛、杨富学：《西夏圣容寺及其相关问题考证》，《内蒙古社会科学》2012年第5期，第66—69页。

诗歌中提到了"马蹄圣境"，皇帝亲临，当时的马蹄寺应是西夏一个重要寺院。

马蹄寺的很多塔都雕于龛内，还有相当一部分龛内塔后凿有禅窟，禅窟之门开于塔侧，这些塔后禅窟可供修行者禅修，或者僧人直接在内坐化。

另外，甘肃省金昌市永昌县圣容寺花大门附近有一处悬崖石刻，是覆钵式喇嘛塔浮雕，共有53座，塔基下刻一石龛，石龛用来专门安置僧人骨灰。一般塔高100—150、宽60—90厘米。龛高、宽、深在25—35厘米之间，为西夏时期的塔龛悬葬[1]。这些花大门石刻，又据于光建等人研究，认为是西夏至明代的石刻塔群，"是一处集安置圣容寺僧侣骨灰之石刻舍利塔、瘗窟以及圣容寺僧侣和佛教信徒所刻画的功德石刻塔为一体的藏传佛教石刻遗址"[2]。

1977年武威西郊林场的西夏单室砖墓中出土了四个木缘塔，其中一件保存较为完整的塔，通高76厘米，由塔基、塔身、塔刹组成。塔基四层八面，向上叠涩渐收；塔身八面，塔身每面书写梵文陀罗尼并用汉文注明陀罗尼经名；塔身上部八檐，檐棱呈优美的波状曲线，每一檐面各绘一个梵文字和纹饰，塔刹自下而上，有八边形围栏的刹基、圆形的相轮、覆钵、刹顶[3]。

木缘塔是西夏人保存骨灰的葬具，这座塔明显受到了佛教塔的影响，塔的组成及塔上的佛教陀罗尼以及塔顶的梵文字母，无不表明此塔具有佛教性质。党项人实行火葬，《通典·边防》记载党项人："老死者以为尽天年，亲戚不哭，少死者则仰天云枉而悲哭，焚之，名为火葬。"[4]西夏笃信佛教，木缘塔的出现，则表明西夏人火葬之后的埋葬方式是借用佛教塔的形式，显

1　《甘肃金昌发现国内首处塔龛悬葬遗址》，《光明日报》2013年03月25日第9版；孙寿龄：《金昌花大门石刻是西夏塔龛悬葬》，《金昌日报》2013年6月2日第2版。

2　于光建、张振华、黎大祥：《甘肃永昌县花大门藏传佛教石刻塔群遗址考论》，《西藏研究》2014年第1期，第65—68页。

3　宁笃学、钟长发：《甘肃武威西郊林场西夏墓清理简报》，《考古与文物》1980年第3期，第63—65、67—69页。

4　（唐）杜佑撰，王文锦、王永兴、刘俊文、徐庭云、谢芳点校：《通典》卷190《边防》6，中华书局，1988，第5169、5170页。

图7-3-3　宁夏宏佛塔出土绢质《塔龛千佛图》
（采自《中国古代建筑·西夏佛塔》，
图37）

然是受到了佛教埋葬舍利的影响，也许，墓主就是虔诚的佛教徒。

1990年宁夏宏佛塔出土《塔龛千佛图》，画面中心绘一坐佛，身着朱红袈裟，施降魔印，结跏趺坐，有头光、身光。身光靠背上绘有摩羯鱼和怪兽。主尊像上方绘一座覆钵式塔。坐佛周围分布三十五个长方形小塔龛。每个塔龛内绘一尊结跏趺坐佛像，身披朱红袈裟，面部与身体外露部分为黄色，手印有降魔、说法、禅定、转法轮几种（图7-3-3）。

"画幅纵123、横82.5厘米。绢薄而柔软，表面光滑。整个画面色泽深沉，以朱红、黄、蓝色为主，并有描金。"[1]

由于佛教的兴盛，僧人的增加，大量塔林的出现也在必然。据甘肃省金昌市永昌县有圣容寺唐塔题记"番僧一千五百人"可知，僧众人数非常可观。而在寺西约1.5千米处就有西夏塔林遗址。在西夏贺兰山拜寺口双塔附近，也有塔林遗址，西夏佛教的兴盛，以及对塔的尊崇，也促成了僧院塔林的兴建。

我们认为西夏出现的塔龛悬葬与《塔龛千佛图》等都是西夏建塔之风兴盛的表现，也是对舍利尊崇的表现。

1　宁夏回族自治区文物管理委员会办公室、贺兰县文化局：《宁夏贺兰县宏佛塔清理简报》，《文物》1991年第8期，第4页。

第八章
敦煌执扇弥勒菩萨与慈氏塔的修建年代

第一节　敦煌执扇弥勒菩萨考

　　弥勒，梵文Maitreya，音译为梅呾丽耶、梅怛丽药、弥帝隶等，意译作慈氏，是菩萨之姓，其名为阿逸多，意译为无胜、无能胜，弥勒为最常见称呼。弥勒生于南天竺婆罗门家，为一生补处菩萨，未来将继释迦如来之佛位。原为佛弟子，先佛入灭，生于兜率天内院，经四千岁（即人中五十六亿七千万岁），在未来世儴佉转轮圣王时，下生人间，于华林园龙华树下成正觉。弥勒下生于王之大臣妙梵家，一如释迦佛的出生，也有右胁出生、步步生莲、指天指地、九龙灌顶、三十二相八十种好等。弥勒因值遇佛而修得慈心三昧，故称为慈氏，乃至成佛，犹立是名。

　　在敦煌，十六国时期北凉修建的第268、275窟就出现了交脚弥勒像，第268窟的弥勒着袒右袈裟；第275窟的弥勒是菩萨造像，头戴三珠宝冠，颈部挂项圈，腰系罗裙，旁边两瑞兽，象征狮子座。云冈石窟出现了较多的交脚弥勒菩萨像，其中第18窟的弥勒戴化佛高冠，冠顶上部以圆圈纹装饰，第17、35窟的弥勒也戴高冠，现藏法国赛努奇博物馆（Musee Cernuschi）的一尊云冈弥勒菩萨，交脚坐，头戴三叶莲花宝冠。就经变画来说，河南北齐天保年间建造的小南海石窟，在中窟与东窟中均雕刻有弥勒说法图，弥勒结跏趺坐，画面较简单，是国内现存最早的弥勒经变画。敦煌的弥勒经变最早出

现于隋代洞窟之中，自隋至西夏没有间断。经统计，敦煌石窟中弥勒经变有
104铺，另有纸画或绢画两幅，共106铺，其中隋代壁画8铺，初唐11铺，盛
唐14铺，中唐26铺，晚唐20铺，五代13铺，宋代10铺，西夏2铺。西夏两铺
分别绘于五个庙石窟第1、2窟[1]。

　　慈氏塔中的主尊菩萨仅有少数学者作过关注，郭祐孟先生在《西北考察
结报》中描述了此菩萨图像，并认为其为弥勒菩萨[2]。从有限的记录中，我们
得到不少启发。这尊菩萨在坐姿、头冠、持物、组合关系等方面都与传统的
弥勒菩萨大不相同。因为不同，对此类弥勒菩萨在认知上也存在错误，有的
还将其定名为帝释天[3]。笔者认为这种图像是佛教在后期发展中出现的并具有
创新性的一种弥勒菩萨造型，源于北宋画家高文进的创作，具有宫廷文人画
的性质。敦煌石窟第237、363窟，慈氏塔，五个庙石窟第1窟，昌马下窖石
窟第2窟都有此类造型的菩萨像。本节就此类执扇弥勒菩萨图像作一考释。

一、弥勒菩萨造像仪轨回顾

　　在讨论执扇弥勒菩萨图像之前，我们先对弥勒早期的或者说是传统的造
型及仪轨略作回顾，以方便更好地对比研究。

　　弥勒菩萨一般头戴宝冠，冠中宝塔，手持军持，交脚或倚坐。在刘宋沮
渠京声译《佛说观弥勒菩萨上生兜率天经》中如是描述弥勒菩萨：

　　　　佛告优波离：弥勒先于波罗捺国劫波利村波婆利大婆罗门家
　　生，却后十二年二月十五日，还本生处，结加趺坐如入灭定，身紫
　　金色，光明艳赫如百千日，上至兜率陀天。其身舍利如铸金像不动

　　1　敦煌研究院：《敦煌石窟内容总录》，文物出版社，1996，第291、292页；王惠民：《敦煌石窟
全集·弥勒经变卷》，（香港）商务印书馆，2002，第250—253页。
　　2　郭祐孟：《2006中国西北考察结报·石窟寺院考察篇》，《圆光佛学学报》2007年第十一期，第
198页。
　　3　敦煌研究院：《敦煌石窟内容总录》，文物出版社，1996，第93页。

不摇……时兜率陀天，七宝台内，摩尼殿上师子床座忽然化生，于莲华上结加趺坐，身如阎浮檀金色长十六由旬，三十二相八十种好皆悉具足，顶上肉髻发绀瑠璃色……百千万亿甄叔迦宝以严天冠。其天宝冠有百万亿色，一一色中有无量百千化佛，诸化菩萨以为侍者；复有他方诸大菩萨，作十八变随意自在住天冠中。弥勒眉间有白毫相光，流出众光作百宝色……与诸天子各坐花座，昼夜六时常说不退转地法轮之行，经一时中成就五百亿天子，令不退转于阿耨多罗三藐三菩提。如是处兜率陀天昼夜恒说此法，度诸天子。[1]

据经文将弥勒形象总结如下：结跏趺坐于狮子莲花座上，具三十二相、八十种好，顶上肉髻，头戴天冠，冠中有化佛、化菩萨，眉间有相光。在敦煌壁画中，不管是上生或下生，弥勒一般作交脚坐，或倚坐，上生中常见为菩萨装，也有佛装，如莫高窟第275窟主尊塑像为交脚菩萨形象，莫高窟第39窟中心柱东向面龛内塑像及龛顶弥勒均为佛装，但龛顶的上生弥勒虽身着佛装，却头戴宝冠，项饰项圈，第329窟西壁龛内壁画中的上生弥勒也是着佛装，戴花冠，项饰项圈，第33窟的上生弥勒菩萨则俨然是佛像。

弥勒菩萨造像在古代印度各地十分流行。从唐代玄奘的记述亦可见一斑。据玄奘《大唐西域记》记载，乌仗那国有刻木慈氏菩萨像[2]，恭建那补罗国有刻檀慈氏菩萨像[3]，摩揭陀国有白银弥勒像[4]。在敦煌壁画中也绘有天竺白银弥勒瑞像[5]，着白色通肩袈裟，是属于佛装的弥勒造像。中国早期弥勒菩萨像应该受到了古代印度相关佛教造像的影响。

密教中，弥勒菩萨是八大菩萨之一，也是金刚界曼荼罗中贤劫十六尊之

1　《大正藏》第14册，第419、420页。
2　玄奘、辩机原著，季羡林等校注：《大唐西域记校注》（下），中华书局，2000，第295、296页。
3　玄奘、辩机原著，季羡林等校注：《大唐西域记校注》（下），中华书局，2000，第889页。
4　玄奘、辩机原著，季羡林等校注：《大唐西域记校注》（下），中华书局，2000，第673页。
5　张小刚：《敦煌佛教感通画研究》，甘肃教育出版社，2015，第28—30页。

一。其具体的形象是：头冠中有宝塔，或为五智如来冠，结跏趺坐，或半跏坐，手中持物又各不相同。

唐代不空译《八大菩萨曼荼罗经》曰：

> 想慈氏菩萨，金色身，左手执军持，右手施无畏，冠中有窣堵波，半跏坐。[1]

唐代善无畏译《慈氏菩萨略修愈誐念诵法》卷上《慈氏菩萨略修愈誐入法界五大观门品第一（并）序》云：

> 其中圆明慈氏菩萨白肉色，头戴五智如来冠，左手执红莲花，于莲花上画法界塔印，右手大拇指押火轮甲上，余指散舒微屈风幢，种种宝光，于宝莲花上半跏而坐，种种璎珞天衣白带镮钏庄严。[2]

同经卷下《慈氏菩萨修愈誐法画像品第五》又有：

> 中心置本尊慈氏菩萨，首戴五如来冠，左手持莲华，于华上置法界塔印，右手作说法印，结跏趺坐。[3]

唐代菩提流志译《一字佛顶轮王经》卷1《一字佛顶轮王经画像法品第二》载：

> 佛左侧画弥勒菩萨，面目熙怡，结跏趺坐，手执白拂。[4]

同经卷4《大法坛品第八》弥勒菩萨的形象又有如下记载：

> 北第二隔画弥勒菩萨，左手把莲华，于花台上画澡罐，右手扬掌。[5]

宋代法贤译《佛说大乘观想曼拏罗净诸恶趣经》卷上载：

> 第一先安慈氏菩萨，身作黄色光焰炽盛，右手执龙花树枝，左

1　《大正藏》第20册，第675页。
2　《大正藏》第20册，第591页。
3　《大正藏》第20册，第595页。
4　《大正藏》第19册，第230页。
5　《大正藏》第19册，第248页。

手执军持，于莲华月上跏趺而坐。[1]

同作者译《佛说瑜伽大教王经》卷2载：

> 复说三摩地法。时阿阇梨观想伊昧字变成大智，大智化成慈氏菩萨，四臂三面，面各三目，于莲花上结跏趺坐，二手结说法印，右第二手作施愿印为利众生故，左第二手持龙花杖。[2]

宋代天息灾《大方广菩萨藏文殊师利根本仪轨经》卷7：

> 彼佛右边复有八大菩萨具种种庄严。第一慈氏菩萨最近佛坐，作梵行相头戴宝冠，身真金色，体着红衣，复挂红仙衣，身相端严，具三种幖帜：左手持瓶杖，于肩上挂黑鹿皮，右手执数珠，顶礼如来，瞻仰世尊心如在定。[3]

从以上佛经可以看出，弥勒菩萨通常的执物是军持（澡罐），但也有的执白拂、莲花、龙华树枝、宝塔、数珠等，宝冠中或为化佛，或为宝塔，或为五智如来。我们在敦煌石窟中还发现了手执宝扇的弥勒造像，这种造像出现较晚，是佛教发展到后期出现的一种弥勒造像新样式，因其最明显特点是手执宝扇，笔者将其称为执扇弥勒菩萨。

二、敦煌石窟中的执扇弥勒菩萨

原建于三危山老君堂，现搬迁至莫高窟的敦煌慈氏塔中绘有执扇弥勒菩萨一幅。此塔外为八角形，坐东朝西，西向安装木门，木门之上浮塑双龙戏珠图案，双龙正上方墨书题写"慈氏之塔"。塔内方形，东壁绘居主尊地位的弥勒菩萨，南北两壁分别绘文殊与普贤菩萨。弥勒结跏趺坐于八面金刚莲花座上，菩萨装，具圆形头光、身光，头戴桶形扇面化佛宝冠，双手执扇，

1　《大正藏》第19册，第90页。

2　《大正藏》第18册，第565页。

3　《大正藏》第20册，第861页。

图8-1-1 敦煌慈氏塔内东壁执扇弥勒菩萨图

扇面长方形。弥勒头部左右各一飞天。飞天手托花盘，胡跪于莲花之上，自上乘云而下。弥勒下方，左侧立一天子，具圆形头光，头戴圆帽，身着条纹宽袖袍服，手执长杆拂子；右侧为一天女，具圆形头光，头戴花冠，着宽袖袍服，双手托花盘（图8-1-1）。

这身弥勒菩萨的造像与传统的弥勒造像大不相同。其不同主要体现在5个方面：首先是坐姿，弥勒为结跏趺坐，与敦煌石窟交脚或倚坐不同，却与密教中的弥勒菩萨坐姿相同；其次宝冠不同于以往，这种桶形扇面宝冠是后期出现的一种冠型；再次弥勒手中所执持的法器为宝扇，与前述执宝瓶、白佛、龙华树枝、宝塔等器物不同；再其次是弥勒左右下方的侍从很有特点；最后是组合关系，弥勒与文殊、普贤菩萨同时出现，这种组合关系也是一种新的图像模式。

慈氏塔中的弥勒结跏趺坐，戴化佛冠，执扇，但这种形象并非孤例。到目前为止，我们已发现莫高窟第237、363窟，肃北五个庙第1窟，昌马下窖石窟第2窟都绘有执扇弥勒图，均与慈氏塔中的弥勒图颇为相似。在此，一并作一比较研究。

莫高窟第237窟的执扇弥勒绘于前室西壁门上。主尊弥勒菩萨具圆形身光与头光，结跏趺坐于金刚座之仰莲上；头戴桶形宝冠：冠上缘波浪状起伏，饰有火珠；冠侧上方边缘处挂串珠，居中有一如意钗，下方步摇，各各对称出现；戴项圈、臂钏、手镯、耳珰，帛带呈"S"形两侧外翻；双手持长方形长柄扇（左手托柄，右手扶柄）。弥勒上方两侧是自空中而来的乐器。弥勒左、右下方二侍从：左侧站一梵天形人，具圆形头光，头戴"业"字形头冠，着宽袖衣，双手持白佛；右侧一天女，圆形头光，头戴花冠，着宽袖衣，双手持扇，如弥勒所持之扇。外两侧各绘一身水月观音（图8-1-2）。此窟为中唐窟，在后期重修。《敦煌石窟内容总录》将其定名为帝释天及二天女[1]。需要说明的是，莫高窟第237窟甬道南、北两壁分别绘回鹘国王与王后像，所以此窟应为回鹘时期重修的洞窟，而非学界认为的西夏重修。

　　莫高窟第363窟为中唐时期开凿洞窟，在后期重修壁画。主室覆斗形顶，西壁开龛，龛内倒"凹"形佛床，佛床上塑像共7身，皆为中唐原塑。主尊为一身倚坐弥勒佛，右臂、右手残，左手抚于左膝上。弥勒左右两侧各一身弟子，阿难和迦叶。佛床南北两侧各塑一身菩萨，一身天王像，天王脚下均踩一小鬼。

图8-1-2　莫高窟第237窟前室西壁门上执扇弥勒菩萨图

1　敦煌研究院：《敦煌石窟内容总录》，文物出版社，1996，第93页。

　　龛外两侧后期各绘一身执扇弥勒菩萨，两身弥勒造型基本相同。《敦煌石窟内容总录》记录："龛外南、北两侧西夏各画菩萨一身（趺坐，手执麈尾）。"[1]仅将其定为菩萨。龛外南侧：弥勒菩萨结跏趺坐于八边形须弥座上，须弥座下为双层覆莲，莲瓣上饰蓝色与绿色宝珠，上为双层仰莲，上下向须弥座束腰处各内收三层，每层均有装饰图案。束腰处各面绘大象，象背上是大莲花。弥勒菩萨具圆形头光、身光，头光两侧各有一枝连枝花。头戴五佛桶形宝冠，宝冠下小，上略外敞，冠顶边缘波状起伏，并饰以火珠，冠侧左右各插2枝如意钗，钗端垂珠串，宝缯垂于肩后；项戴项圈，耳着耳珰；上身着衣，袖口外翻，下着裙，饰以花朵，帛带从肩部呈"S"形从双臂穿过，又搭于双腿外侧；双手执扇，左手在下托起扇柄一端，右手抚扇柄，扇斜向菩萨右肩；宝扇主体为长方形，两侧为羽毛。弥勒菩萨头顶为华盖，华盖由4朵连枝大花朵组成，周围饰火焰纹。华盖两侧各有一身裸体童子飞天，南侧童子左手拿莲蕾，右手拽一条红色长飘带，脚蹬黑色短靴，脚下祥云，作驾云奔跑状。北侧童子左手拽一条红色长飘带，右手拿莲蕾，脚蹬黑色蓝边短靴，脚下祥云，作驾云奔跑状。两身童子于华盖两侧相对驾云奔跑。

　　龛外北侧的弥勒菩萨与南侧的造型基本相同，局部略有变化，如宝扇斜向菩萨左肩等，在此不赘。二者对称绘于龛外两侧，互相照应。龛外两铺执扇弥勒菩萨为后代重绘，却与龛内原塑倚坐弥勒有呼应之势，前者为菩萨在兜率天宫，后者为弥勒下生人间（图8-1-3）。

　　肃北五个庙第1窟内也绘有执扇弥勒图像。五个庙石窟第1窟坐北朝南，弥勒绘于该窟主室南壁门上。居中弥勒菩萨具圆形头光及外缘为云气纹的身光，结跏趺坐，坐于仰莲八面金刚座上；头戴宝冠，无化佛，桶状扇面高冠，呈"山"字形，冠顶饰宝珠，冠侧有花钗装饰，缯带下垂；上着青绿色

1　敦煌研究院：《敦煌石窟内容总录》，文物出版社，1996，第147、148页。

图8-1-3　莫高窟第363窟主室西壁龛内塑像与龛外两侧执扇弥勒菩萨像

披肩衣，袖口呈火焰形外翻，下着裙；戴项圈、耳珰；双手持扇，扇为椭圆形，外缘羽毛状。金刚宝座前置一束腰形假山台几，上供花卉。弥勒下方两侧各一侍从，左侧一天女，具圆形头光，发髻束头巾，后垂带，身着宽袖衣，双手合十；右侧一天子，具圆形头光，头戴黑色云缕冠，冠后系带，身着宽袖袍服，脚蹬高头履，双手合十。双侍从身后均绘有一棵大树。画面左、右两侧对称绘一身罗汉，均有圆形头光，坐于石上，身后假山，罗汉身旁各有一身童子。左侧一身罗汉左手持经卷，右手前伸，作讲说状；右侧一身罗汉左手持经，右手似拿笔（图8-1-4）。

　　玉门昌马下窖石窟第2窟中的执扇弥勒菩萨绘于主室东壁门上。菩萨具圆形头光、身光，结跏趺坐于金刚莲花座上；头戴桶状扇面宝冠，冠顶边缘起伏，上有火珠，冠身上层嵌宝珠，下层有圆圈纹及大花纹，冠侧左、右各

图8-1-4　肃北五个庙石窟第1窟主室南壁门上执扇弥勒菩萨图

插一如意钗，钗端挂串珠；戴项圈、臂钏、手镯、耳珰；身着护胸天衣；双手执长柄宝扇，扇面呈长方形。弥勒头顶为一花蔓状花盖，花盖左、右侧也各有一向外延伸的花枝。东壁门南、北分别为文殊与普贤菩萨。文殊骑狮，手执如意，左、右各一持花侍从菩萨；普贤骑象，手执莲花，花上置梵夹，左、右各一持花侍从菩萨。

三、执扇弥勒菩萨相关问题研究

1. 弥勒菩萨执扇

较早的执扇弥勒菩萨可追溯到北宋时期，现存实物在日本，是由僧人奝然于公元986年携往日本的。

日本国僧人奝然曾在中国留学求法四年，他带回日本的法物中，最为有名的是一尊模刻的优填王释迦旃檀瑞像，现藏于清凉寺。就是在这尊瑞像装藏内，在1954年发现了一批版画，其中有北宋太宗雍熙元年（984年）

所雕的弥勒菩萨像、文殊菩萨像、普贤菩萨像单幅版画，从雕刻手法及布局等考虑，这三幅像可看作是一组。《弥勒菩萨像》版画中，慈氏结跏趺坐于莲花之上，莲花下为工字形金刚座，具以云气纹装点的桃形头光和圆形背光。头戴宝冠，绀发垂肩，戴项圈、圆形胸饰、耳珰，下着裙，左手执羽毛团扇，右手掌心向上自然放于腿上。慈氏菩萨头上华盖，华盖两侧各一身飞天，左侧一身向上飞，右侧一身向下飞，一上一下，互相照应，动感强烈。慈氏前放置一多棱假山支座，座上莲花，花上置一金轮。慈氏下方左、右两侧各一造型相同的侍者，头梳双环髻，身着华服，脚蹬高头履，手执白拂（图8-1-5）。

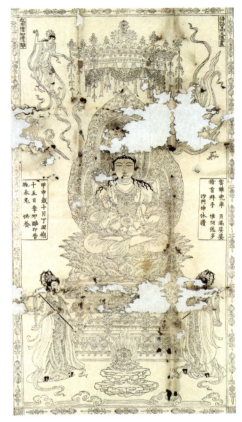

图8-1-5　日本清凉寺藏高文进画执扇弥勒版图（采自《世界美术大全集·东洋编》第5卷，08-1图262）

弥勒菩萨像版画右上署"待诏高文进画"，左上署"越州僧知礼雕"，可知为北宋名画家高文进绘稿，并在越州（今浙江省绍兴市）由天台宗知名僧人知礼雕版。其右侧中部刻有赞文"云离兜率，月满娑婆；稽首拜手，惟阿逸多。沙门仲休赞"；左侧中部刻日期"甲申岁十月丁丑朔十五日辛卯雕印普施永充 供养"。版画右侧题记中的"阿逸多"为弥勒之名，故此像正是弥勒菩萨，并从左侧题记可知，是雕印而成，即非独本，具有普遍性和广泛流传性。

弥勒执扇不见有经文记载，也不见于宋代之前的佛教作品，是一种新出的弥勒菩萨造型样式。扇本为纳凉之器物，佛弟子、侍从或转轮王在天气炎热时即以扇侍佛，或者高僧在讲论时手执扇，以示威仪。刘宋求那跋陀罗译《杂阿含经》卷38："尔时，尊者罗睺罗住于佛后，执扇扇佛"[1]，又如唐义净译《根本说一切有部毗奈耶杂事》卷35"妙花婆罗门事"中有言："时阿难陀，于世尊后执扇招凉。"[2]北凉昙无谶译《悲华经》中也有转轮王手执宝扇，以扇如来及声闻的经文描述：

> 善男子！时转轮王清旦出城向于佛所，既至林外，如法下车步至佛所。至佛所已，头面礼足右遶三匝，自行澡水，手自斟酌上妙肴馔佛及大众。饮食已讫，舍钵漱口。时转轮王手执宝扇，以扇如来及一一声闻。时王千子及八万四千诸小王等，悉皆供养一一声闻，如转轮王供养世尊。[3]

宋代道诚集《释氏要览》卷中总结了几个比较典型的用扇例子："西天多用，如《阿含经》云：'阿难、罗云，皆执扇侍佛'。优波离结集律藏时，波斯匿王与象牙装扇，令执诵律。古高僧慧荣，讲时执扇。隋炀帝赐高僧敬脱大竹扇，阔三尺，入内讲经论。"[4]而我们所熟知的维摩诘居士手持之扇为麈尾。

最初佛不许比丘用扇，后因比丘患热，才始许用之，只用竹或叶做成的扇，但如是僧伽受取，则除外，可用金银琉璃等宝物做成的扇。唐代义净译《根本说一切有部毗奈耶杂事》卷6：

> 时属春阳，苾刍患热，身体黄瘦羸劣无堪。俗旅见时问言："圣者，何故身体黄瘦羸劣无力？"答言："时属春阳，我苦于热。"彼言："圣者何不持扇？"答言："贤首世尊不许。"答

---

1 《大正藏》第2册，第280页。
2 《大正藏》第24册，第379、380页。
3 《大正藏》第3册，第175页。
4 《大正藏》第54册，第280页。

曰："仁之大师性怀慈愍，若知苦热许扇无疑。"苾刍白佛，佛言："我今听许苾刍持扇。"六众苾刍闻佛听许，便以金银琉璃，或紫矿揩拭，及种种庄彩而为扇柄。俗旅来见便生讥耻，六众傲慢广说如前。乃至佛言："不用宝等而作扇柄。应知扇有两种：一以竹作，二用叶成。"时有众多敬信俗旅，便持种种庄彩之扇，来施苾刍。苾刍不受。佛言："若为僧伽受取无犯。"[1]

后来扇在密教中作为供养具，布列于道场之中。唐代阿地瞿多译《佛说陀罗尼集经》卷3云：

> 各诵印下真言七遍，当设二十一种供养之具，作般若波罗蜜多法会，随力堪能惟好精妙。何等名为二十一种？一者严饰道场安置尊像，复以种种香，所谓龙脑丁香、欝金沈水，香汤浴像还置本处；二者像前当作水坛……十六宝扇……二十一白拂。以如是等胜妙之具，至心供养，能令人王等及一切众生无始已来十恶五逆诸罪消灭，复令现在所求随意。[2]

到了宋代，法天译《佛说圣宝藏神仪轨经》卷下更有关于制扇仪、作扇印法及扇真言：

> 复说扇仪则，用无虫匹帛作扇，其扇白色制度合仪，扇柄端直以金宝庄画二柄。作如是言："我今献扇。"即以左手屈小指于掌内，竖臂摇手作扇印。复诵扇真言七遍……[3]

佛经中有关于摩利支天执宝扇如维摩诘前天女所持宝扇的记载。唐代不空译《佛说摩利支天经》云：

> 若欲供养摩利支菩萨者，应用金或银或赤铜，或白檀香木或紫檀木等，刻作摩利支菩萨像，如天女形，可长半寸，或一寸二寸已

1　《大正藏》第24册，第229页。
2　《大正藏》第18册，第810页。
3　《大正藏》第21册，第352页。

下，于莲花上或立或坐，头冠璎珞种种庄严，极令端正。左手把天
扇，其扇如维摩诘前天女扇。右手垂下扬掌向外，展五指作与愿
势。有二天女各执白拂侍立左右。作此像成，戴于顶上或戴臂上或
置衣中。[1]

佛教中还有大梵天王执扇的造像，如榆林窟第16窟前室西壁南侧的大梵
天王即右手执团扇。

唐代道宣撰《广弘明集》卷12有曰：

概闻中国者三千日月万万三千天地之中央也，故有轮王迭出、
圣主继兴，御七宝而王四天，行十善而被万国，开平等之化，和怨
以睦亲。扇慈悲之风，胜残而去杀，故得不威不怒，物以之行；不
役不劳，民以之治。[2]

唐代道世撰《法苑珠林》卷13《念佛部》也有：

或扇广大之慈风，洒滂沱之法雨，能使身田被润，即吐无上
之牙。[3]

慈氏本在过去值佛而修得慈心三昧，故称为慈氏，又弥勒菩萨常作为转
轮王的代名词，转轮王拥有七宝，中国历史上女皇帝武氏就曾自诩为弥勒下
世，为金轮圣神皇帝。转轮王曾执扇侍佛，"轮王迭出、圣主继兴"扇子可
以"扇慈悲之风，胜残而去杀"，"或扇广大之慈风，洒滂沱之法雨"。慈
氏执扇甚为恰当。

慈氏菩萨居兜率陀天时"与诸天子各坐花座，昼夜六时常说不退转地法
轮之行，经一时中成就五百亿天子，令不退转于阿耨多罗三藐三菩提。如是
处兜率陀天昼夜恒说此法，度诸天子"[4]。在这幅慈氏菩萨图中绘入金（法）

1　《大正藏》第21册，第261页。
2　《大正藏》第52册，第173页。
3　《大正藏》第53册，第381页。
4　《大正藏》第14册，第420页。

轮，意在表明昼夜六时恒说法，慈氏执扇也为说法增添了威仪。当然金轮也有实指金轮宝之意。

总而言之，宝扇作为佛具是佛弟子、转轮王等侍佛，为其纳凉之用，或者为摩利支天、大梵天王、维摩诘居士、高僧等所持，以示威仪之法器用，或者密教中作为供养具，布列于道场之中。高文进创作执扇弥勒手持宝扇，不仅赋予菩萨一定的威仪，而且还具有在兜率天宫讲经说法、广扇慈风、度诸众生之意。

执扇弥勒除了敦煌发现的五铺之外，在陕西药王山的摩崖石刻18号龛中也有一铺执扇弥勒。这身弥勒戴冠，着交领袈裟，右手执椭圆形团扇，左手置于腹前，结跏趺坐于莲花座，旁有题记"弥勒佛"。这是一身执扇弥勒佛，而非弥勒菩萨。此铺弥勒佛的组合关系是："毗卢佛"居中，"地藏菩萨"居左，"弥勒佛"居右。这三身像一字排开，均着交领袈裟，结跏趺坐于金刚莲花座上，毗卢佛作智拳印，地藏菩萨双手于袖中平放，应作禅定印。陕西省考古研究院、陕西省铜川市药王山管理局编《陕西药王山碑刻艺术总集》将此铺摩崖石窟定为宋金时期的作品，与执扇弥勒的流行时间相符，又认为弥勒佛持扇有道教造像的因素[1]。这身弥勒虽持扇，戴冠，却着佛装，题记为佛，与本书所述的弥勒菩萨不尽相同。

2. 执扇弥勒菩萨的侍从

日本清凉寺藏弥勒菩萨左、右侧各一身持白拂的天女，由《佛说观弥勒菩萨上生兜率天经》经文可知是兜率陀天宫的天女。敦煌早期的弥勒菩萨两边就已出现了执白拂的天女，如莫高窟第275窟南壁阙形龛内的交脚弥勒菩萨（图8-1-6）。

1　陕西省考古研究院、陕西省铜川市药王山管理局：《陕西药王山碑刻艺术总集》第5卷《唐代造像碑及历代雕像和壁画》，上海辞书出版社，2013，第21页。

图8-1-6　莫高窟第275窟南壁阙形龛内的交脚弥勒菩萨

日本清凉寺藏的弥勒菩萨像版画，由题记可知是高文进创作，而高氏创作的另一幅慈氏画，据宋代郭若虚《图画见闻志》卷6《近事·慈氏像》记载：

景祐中，有画僧曾于市中见旧功德一幅，看之，乃是慈氏菩萨像：左边一人执手炉，裹幞头，衣中央服；右边一妇人捧花盘，顶翠凤宝冠，衣珠络泥金广袖。画僧默识其立意非俗，而画法精高，遂以半千售之，乃重加装背，持献入内阁都知。阁一见且惊曰："执香炉者实章圣御像也；捧花盘者，章宪（献）明肃皇太后真容也。此功德乃高文进所画，旧是章宪阁中别置小佛堂供养，每日凌晨焚香恭拜。章宪（献）归天，不意流落一至于此。"言讫于悒，乃以束缣偿之。复增华其标轴，即日进于澄神殿。仁庙对之，瞻慕戚容，移刻方罢，命藏之御府，以白金二百星赐答之。[1]

1　（宋）郭若虚撰，黄苗子点校：《图画见闻志》，人民美术出版社，1963，第142、143页。

　　《图画见闻记》记载高文进创作的慈氏菩萨左、右胁侍，其一为裹幞头、着皇帝服、持香炉的宋真宗御像（宋真宗赵恒谥号：应符稽古神功让德文明武定章圣元孝皇帝），另一为手托花盘的真宗皇后刘娥像（宋真宗皇后刘娥谥号：庄献明肃皇后，后改章献明肃皇后），与日本清凉寺的慈氏版画中为两天女有所不同。

　　在敦煌壁画中出现的几尊弥勒菩萨像，其左右侍从也各不相同。前文已述，慈塔中的弥勒菩萨下方左、右侍从，左侧为一头戴花冠、着宽袖袍服、双手托花盘的天女；右侧立一头戴帽、身着竖条纹宽袖袍服、手执长杆拂子的天子。

　　莫高窟第237窟弥勒菩萨左、右下方二侍从：左侧站一头戴"业"字形头冠、着宽袖衣，双手持白拂梵天形人物；右侧一天女，头戴花冠，着宽袖衣，双手持扇，如弥勒所持之扇。

　　肃北五个庙第1窟弥勒下方两侧各一侍从，左侧为一头戴黑色起云镂冠、后垂带、身着宽袖交领袍服、脚穿高头云履、双手合十的天子；右侧为一发髻束头巾，后垂带、身着云肩宽袖衣、双手合十的天女。天子戴云缕冠，天女扎头巾，是标准的西夏服饰，但衣服却是宽袖，与一般所见西夏人着窄袖不同，可能体现的是皇帝、皇后。昌马下窖石窟第2窟中的持扇弥勒没有绘出侍从。

　　以上资料表明，执扇弥勒两侧有的为两身天女，如清凉寺的执扇弥勒；有的为一身天子与一身天女，如敦煌慈氏塔、莫高窟第237窟、肃北五个庙第1窟中的弥勒菩萨。弥勒两侧一身天子与天女是《佛说观弥勒菩萨上生兜率天经》中的天子与天女的代表。经文说，兜率陀天上有五百亿的天子，五百亿的天女，兜率陀天宫的大神牢度跋提为弥勒所造善法堂宫中又化生出九亿天子，五百亿天女。如此众多的天子、天女，在壁画中各绘一身作为代表。

　　在敦煌壁画弥勒上生经变中，弥勒两侧也绘天子与天女，但数量较多，如莫高窟第454窟天宫中弥勒两侧各绘3身菩萨，外两侧则绘戴小冠的天子与戴卷梁冠的天子各4身[1]。

敦煌壁画中执扇弥勒菩萨一侧的天子形象，基本绘成当时国王的形象。而上文引用郭若虚《图画见闻志》中记载的宋真宗与明肃皇太后作为慈氏菩萨的两身侍从，直接将皇帝、皇后代替天子与天女，这一点与中国传统的帝王观念相一致。

将现实中的已故人物绘于慈氏菩萨两侧，更有上升兜率天值遇弥勒之意。值得注意的是，敦煌除了慈氏塔以及莫高窟第363窟中的执扇弥勒菩萨之外，其余均绘于洞窟窟门之上。这一位置，自中唐开始，有绘供养人的惯例，如莫高窟231、144、156、138、12窟等。第231窟东壁门上绘阴伯伦夫妇画像[2]，莫高窟第156窟东壁门上绘张议潮父母及张议潮兄弟二人供养像[3]，莫高窟第138窟东壁门上绘阴季丰夫妇及智慧性供养像[4]，莫高窟第12窟东壁门上绘索义辩祖父母供养像[5]。这些供养人的中心人物为已逝的家族长者。而在东壁门上绘供养人及执扇弥勒，也契合祈愿逝者上升兜率，值遇弥勒的思想。

3. 慈氏与文殊、普贤菩萨的组合

慈氏菩萨的胁侍左侧应为法音轮菩萨，右为大妙相菩萨。唐代金刚智译《吽迦陀野仪轨（中）》载，作随心曼荼罗，中央为弥勒，两侧各为法音轮与大妙相，四方则有四大天王。经文如下：

1　郭俊叶：《莫高窟第454窟研究》，甘肃教育出版社，2016，第337页。

2　贺世哲：《从供养人题记看莫高窟部分洞窟的营建年代》，《敦煌莫高窟供养人题记》，文物出版社，1986，第207、208页。

3　贺世哲：《从供养人题记看莫高窟部分洞窟的营建年代》，《敦煌莫高窟供养人题记》，文物出版社，1986，第209页。

4　张景峰：《莫高窟第138窟及其影窟的几个问题》，《2004年石窟研究国际学术会议论文集》，上海古籍出版社，2006，第410—424页。

5　范泉：《莫高窟第12窟供养人题记、图像新探》，《敦煌研究》2007年第4期，第87页。

是即请召请尊成就法相，若是行法时，经日无验。又作随心曼
茶罗，中央弥勒菩萨，左方法音轮菩萨，右大妙相菩萨，四方四大
天王。[1]

慈氏之塔，塔内南侧绘文殊菩萨，下壶门。文殊具圆形头光、背光，头
顶有花盖，双手执如意，于狮背上坐大莲花座，头戴桶状扇面宝冠，宝冠中
前有化佛，两侧面各有上下两如意钗，钗端挂串珠。文殊左下方为牵狮人于
阗国王，国王头戴帽，着斜领衫，腰系抱肚，脚穿黑色高筒靴，双手一前一
后执绳，动感十足。文殊两侧为两身立姿菩萨，手持花幡。

塔内北侧绘普贤菩萨，下壶门。普贤菩萨具圆形头光、背光，头顶有花
盖，双手执莲花，莲花上放置梵夹，于象背上坐大莲花座，头戴桶状扇面宝
冠，宝冠中前有化佛，两侧面各有一如意钗，钗端挂串珠。普贤右下侧为牵
象人，力士状，仅着短裤，右手执缰，回首仰望状。普贤两侧各一身菩萨，
右侧一身双手合十，左侧一身双手各执一锣。

弥勒与文殊、普贤菩萨的组合，不仅仅在慈氏塔内出现。五个庙第1窟、
昌马下窖石窟中的弥勒菩萨绘于门上方，文殊与普贤绘于门两侧。另外，日
本清凉寺与弥勒版画藏于一起的文殊、普贤版画，与弥勒菩萨属于一组。其
中文殊版画，文殊骑狮游戏坐于莲花坐上，手执如意，头戴尖锥状宝冠，顶
为写有文殊五字真言的云朵，一侧为戴高帽的于阗国王，另一侧为善财童子
（图8-1-7）。普贤版画中，普贤骑象游戏坐于象背之莲花上，手执长茎莲
花，宝冠残缺，头上为写有五字真言的云朵，两侧童子各一身（图8-1-8）。

文殊、普贤菩萨作为弥勒菩萨的胁侍出现，推测可能与上生礼忏有关。
在俄藏Дх.0144号中有"我今各发志诚心，愿见慈尊亲顶礼""念普贤菩萨摩
诃萨四遍""念文殊菩萨摩诃萨四遍"，汪娟认为此件写本与《上生礼》有

1　《大正藏》第21册，第245页。

图8-1-7　日本清凉寺藏高文进绘文殊菩萨像版画（采自《世界美术大全集·东洋编》第5卷，08-1图123）

图8-1-8　日本清凉寺藏高文进绘普贤菩萨像版画（采自《世界美术大全集·东洋编》第5卷，007-1图122）

密切关系[1]，可见《上生礼》中除了念慈氏菩萨名号外，还有念文殊、普贤名号的。因而，笔者认为慈氏菩萨与文殊、普贤的组合方式受到了上生礼忏仪的影响。慈氏塔原建于三危山中，塔本身象征弥勒菩萨所在的兜率陀宫，塔内又有方形可容身之地，从所处位置及塔形来讲，作为念佛、礼忏、值遇弥勒之地甚为合适。

1　汪娟：《唐宋古逸佛教忏仪研究》，文津出版社，2008，第188页。

塔中北壁普贤侍从中有一菩萨持钹。钹在佛教中常作为礼仪用具，圆仁《入唐求法巡礼行记》记载，圆仁在唐开成五年（840年）五月五日于五台山竹林寺见到了斋礼佛式，斋礼佛式上就用到了钹。原文如下：

〔五月〕五日　寺中有七百五十僧斋，诸寺同设。并是齐州灵岩寺供主所设。

竹林寺斋礼佛式：

午时，打钟。众僧入堂。大僧、沙弥、俗人、童子、女人依次列坐了。表叹师打槌，唱"一切恭敬礼常住三宝，一切普念。"次寺中后生僧二人手把金莲，打蠡钹。三四人同音作梵……

暮际，雷鸣雹雨。阁院铺设道场……便打蠡钹，同音念"阿弥陀佛"，便休。[1]

另外，在日本国成寻写的《参天台五台山记》中，有五台山打钹僧迎接成寻一行的记录：

从岑渐下，十里，诸僧来迎。以都维那为首。坂口小堂副僧正乘马来，次诸僧烈（列）行，捧幡——八流（疏），五色也。宝幢二。打钹僧八人。总数百人许来。[2]

故而，普贤侍从中持钹菩萨可能与佛事活动如礼忏仪等有关。弥勒菩萨与文殊、普贤菩萨的组合可能是出于礼忏的需要。

四、画家高文进与执扇弥勒菩萨像

日本发现的执扇弥勒菩萨像上创作署名是高文进，此人应是创作此类弥勒菩萨像的始祖，开执扇弥勒菩萨像之先河，因而在此将高文进作一专门

1　〔日〕释圆仁原著，〔日〕小野胜年校注，白化文、李鼎霞、许德楠修订校注：《入唐求法巡礼行记校注》，花山文艺出版社，1992，第271—273页。

2　〔日〕释成寻原著，白化文、李鼎霞校点：《参天台五台山记》，花山文艺出版社，2008，第157页。

介绍。

据宋代郭若虚《图画见闻志》卷3记载：

> 高文进，从遇之子。工画佛、道，曹、吴兼备。乾德乙丑岁，蜀平，至阙下。时太宗在潜邸，多访求名艺。文进遂往依焉。后以攀附授翰林待诏。未几，重修大相国寺，命文进做高益旧本画行廊变相，及太一宫、寿宁院、启圣院、暨开宝塔下诸功德墙壁，率皆称旨。又敕令访求民间图画，继蒙恩奖。相国寺大殿后《擎塔天王》，如出墙壁，及殿西《降魔变相》，其迹并存。今画院学者咸宗之，然曾未得其彷佛耳。[1]

宋代刘道醇《宋朝名画评》卷1云：

> 高文进，蜀中人。太宗时入图画院为祗候（祗候）。上万几（机）之暇，留神绘画。文进与黄居寀常列左右，赐予优牒。相国寺有高益画壁，经时圯剥。上惜其精笔，将营治之。诏文进曰："丹青谁如益者？"对曰："臣虽不及，请以蜡纸摸其笔法，复移于壁，毫发较益无差矣。"遂与李用及李象坤翻传旧本于壁，得益之骨气。文进自画后门里东西二壁五台、峨眉文殊、普贤变相及后门西壁神、大殿后北方天王等。以其能迁待诏，仍赐所居在相国寺东。年老卧病，上遣医往疗之，仍戒曰："文进之命，实系卿手，不可缓也！"上为注意如此。后果愈。敕同画东太乙宫贵神列位。大中祥符初，督群工计度玉清昭应宫壁，今景德寺后九曜院罗汉及东壁药师琉璃光王佛，皆文进所画也……高文进笔力快健，施色鲜润，皆其所长。[2]

1　（宋）郭若虚撰，黄苗子点校：《图画见闻志》，人民美术出版社，1963，第75页。

2　（宋）刘道醇：《宋朝名画评》，《四库全书》（影印文渊阁）第812册，台湾商务印书馆股份有限公司，1986，第456、457页。

北宋黄庭坚《山谷集》卷27"书士星画"条亦云：

> 国初有卖药叟高益，涿州人，因缘南衙事，太宗作搜山图，极工，遂待诏翰林中，画相国寺行廊及崇夏寺殿壁，是名大高待诏。后有蜀人高文进，以蜀俘至阙，亦待诏翰林中。时新作相国寺，命文进仿高益旧本画四廊佛变化相。大率都下佛宫、道馆，多文进笔，号为兼备曹吴采墨，是名小高待诏。今为翰林画工之宗。此画多蜀人笔法，亦传是小高所作，落笔高妙，名不虚得也。[1]

另外，元代夏文彦撰《图绘宝鉴》卷3，明代曹学佺撰《蜀中广记》卷107，清代王原祁等编纂的《佩文斋书画谱》卷50等著作中都收录了有关高文进的事迹。

高文进是五代宋初时的画家，蜀地人，擅长绘佛教与道教题材的图画，笔力快健，施色鲜润，兼有曹不兴与吴道子的风格。北宋太祖乾德三年（965年）灭蜀后，高文进被俘获送到宋京开封，得太宗赵光义看重，授官翰林待诏，曾在相国寺等寺院绘制壁画。高文进作为宋初知名的宗教题材画家，有宋一代为翰林画工们所师法效仿，在中国绘画史上产生了深远影响。

中国历史上画过慈氏菩萨像的画家较多。唐代的吴道子就曾画有慈氏菩萨图，在宋代邓椿《画继》卷8《铭心绝品》中记载蜀僧智永房有《吴道子慈氏菩萨图》[2]。北宋《宣和画谱》卷2《道释二》也记北宋宫廷内府藏有吴道子作品《慈氏菩萨像》[3]。另外，《宣和画谱》还记载唐代的辛澄，五代至北宋的杜龂龟、曹仲元、王齐翰、韩虬、周文矩等人都曾绘有慈氏菩萨像[4]，但这些慈氏菩萨像的具体形象如何，我们不得而知。唐代张彦远《历代名画

1　（宋）黄庭坚：《山谷集》，《四库全书》（影印文渊阁）第1113册，台湾商务印书馆股份有限公司，1986，第288页。

2　（宋）邓椿撰，黄苗子点校：《画继》，人民美术出版社，2003，第111页。

3　（宋）俞剑华标点注译：《宣和画谱》，人民美术出版社，1964，第47页。

4　（宋）俞剑华标点注译：《宣和画谱》，人民美术出版社，1964，第60、73、74、83、88、124页。

记》卷3记载敬爱寺："佛殿内菩萨、树下弥勒菩萨塑像，麟德二年（665年）自内出，王玄策取到西域所图《菩萨像》为样。"[1]敬爱寺的弥勒菩萨是王玄策图西域样式，可能为龙华树下之弥勒。

幸运的是，北宋时期高文进所创作的执扇慈氏菩萨形象却保存了下来，我们因此得以知晓其所绘菩萨的具体形象和风格。

五、结语

弥勒信仰是佛教最重要的信仰之一。敦煌早自北凉三窟，晚至西夏都有弥勒造像，最具代表性的弥勒造像是唐代建造的莫高窟北大像与南大像。

严格意义上讲，在兜率天宫的弥勒为菩萨，而下生到阎浮提世界，在龙华树下讲法的弥勒则已成佛，如前述，敦煌壁画中兜率天宫的弥勒也未必全是菩萨形，虽以菩萨装居多，但也有佛装，佛装有的戴宝冠，项饰项圈。不管是上升兜率天的弥勒菩萨，还是下生阎浮提的弥勒佛，其共同的特征是倚坐或交脚。

敦煌慈氏塔内的执扇弥勒，不仅是菩萨形，而且还结跏趺坐。刘宋沮渠京声译《佛说观弥勒菩萨上生兜率天经》记载弥勒菩萨结跏趺坐，"时兜率陀天七宝台内，摩尼殿上，师子床座，忽然化生，于莲华上结加趺坐"[2]，敦煌慈氏塔中弥勒菩萨不同于壁画中的倚坐或交脚，而更接近于经文。慈氏菩萨的居所宫殿为兜率天宫，慈氏之塔便象征着兜率天宫。敦煌慈氏塔为一八角形塔，塔檐下三正面绘天王，四斜面塑四大天王，这也是弥勒兜率天宫常见的表现内容，如莫高窟第231窟北壁弥勒经变中的兜率天宫外，正面绘四天王，莫高窟第454窟东披的弥勒经变中，兜率天宫门外也守护着四大天王[3]。

---

1 （唐）张彦远撰，秦仲文、黄苗子点校：《历代名画记》，人民美术出版社，1963，第67页。
2 《大正藏》第14册，第419页。
3 郭俊叶：《敦煌莫高窟第454窟研究》，甘肃教育出版社，2016，第337页。

前述经文中提到的天宫中有天子与天女，弥勒菩萨造像左、右两侧的天子与天女也说明弥勒菩萨是在兜率天宫。

弥勒菩萨常见的造型是手持军持，宝冠中有宝塔。根据佛经，弥勒菩萨的法器除了军持，还有白拂、莲花、龙华树枝、宝塔等，但未见有将宝扇作为法器的经文。宋代之前，不见有执扇的弥勒菩萨造像，而在北宋时，御用画家高文进创作了执扇慈氏菩萨像。宋代版画业发达，此画一经创作，即被刻成版画的形式，雕印成品，广为流传，当时有一幅被日本僧人奝然于公元986年携至日本，保存了下来，成为珍品。敦煌的执扇弥勒像是在宋、西夏时期出现的一种新的菩萨样式，慈氏塔中的执扇弥勒菩萨，并与文殊、普贤菩萨的组合，与高文进创作的执扇弥勒菩萨及文殊、普贤组合相同。只是因为时代不同，风格稍异，如清凉寺藏弥勒菩萨手持短柄羽扇，而敦煌石窟中的弥勒菩萨大多手持长柄扇。同时出现执扇弥勒菩萨的还有莫高窟第237、363窟，五个庙第1窟，昌马下窖石窟第2窟，这些都属于回鹘、西夏时期的作品。笔者认为敦煌的执扇弥勒像及其组合文殊、普贤菩萨像，其粉本应都是来源于北宋画家高文进的创作。

执扇弥勒菩萨与文殊、普贤菩萨的组合则与礼忏仪有关。

慈氏本在过去值遇佛而修得慈心三昧，故称为慈氏，宝扇有喻"扇慈悲之风，胜残而去杀"，"或扇广大之慈风，洒滂沱之法雨"的内涵。弥勒为一生补处菩萨，佛教认为在释迦涅槃后如有疑问，佛弟子可禅观神往兜率天宫请弥勒答疑，或将来往生兜率净土，请弥勒答疑。弥勒信仰曾广为流行，佛教徒希望往生弥勒净土，超越生死之罪，值遇弥勒。刘宋沮渠京声译《佛说观弥勒菩萨上生兜率天经》中说：

> 佛告优波离：佛灭度后，比丘、比丘尼、优婆塞、优婆夷，天龙、夜叉、乾闼婆、阿修罗、迦楼罗、紧那罗、摩睺罗伽等，是诸大众，若有得闻弥勒菩萨摩诃萨名者，闻已欢喜，恭敬礼

拜。此人命终如弹指顷即得往生，如前无异。但得闻是弥勒名者，命终亦不堕黑闇处，边地邪见，诸恶律仪，恒生正见，眷属成就，不谤三宝。佛告优波离，若善男子、善女人，犯诸禁戒造众恶业，闻是菩萨大悲名字，五体投地，诚心忏悔，是诸恶业，速得清净。未来世中诸众生等，闻是菩萨大悲名称，造立形像、香花，衣服、缯盖、幢幡，礼拜系念，此人命欲终时，弥勒菩萨放眉间白毫大人相光，与诸天子雨曼陀罗花，来迎此人。此人须臾即得往生，值遇弥勒，头面礼敬，未举头顷便得闻法，即于无上道得不退转，于未来世得值恒河沙等诸佛如来。[1]

唐代白居易《白氏长庆集》卷71《画弥勒上生帧记》曰：

常日日焚香佛前，稽首发愿，愿当来世与一切众生同弥勒上生，随慈氏下降，生生劫劫与慈氏俱。永离生死流，终成无上道[2]。

郭若虚《图画见闻志》记载的高文进所绘弥勒菩萨像，将天子像绘成章豫皇帝，天女像绘成皇后像，正是希冀上升兜率天宫、值遇慈氏的反映。

西夏为党项人建立的一个国家，地处西陲，前期与北宋、辽相抗衡，后期与南宋、金相对峙，其文化深受汉文化影响，北宋时高文进创作的执扇弥勒菩萨像，通过版画的形式广为传播，自然传到了西北地区，包括当时的回鹘、西夏，敦煌现存的执扇弥勒像就是实证。

在中国古代绘画史中，前有唐人周昉创水月观音体，《历代名画记》卷10《唐朝下》"（周昉）菩萨端严，妙创水月之体"。后有北宋画家高文进创执扇弥勒像，这是继周昉创制水月观音像之后的又一次创新。二者在佛教绘画史上都留下了精彩的一笔，为后世所模仿，是宝贵的艺术财富。

1　《大正藏》第14册，第420页。

2　（唐）白居易著，朱金城笺校：《白居易集笺校》，上海古籍出版社，1988，第3804页。

第二节　敦煌慈氏塔的修建年代

敦煌慈氏塔现位于莫高窟第61窟前约80米的河岸台地上，原建于敦煌三危山内老君堂正殿右前方。当时出于更好保护的目的，于1981年由敦煌文物研究所人员勘察后将其搬迁至莫高窟宕泉河西岸台地上，现已成为莫高窟窟前的一道建筑风景。

慈氏塔为木构八角中空单檐塔。塔身用土坯砌成，塔身外有木檐一周，八边形檐柱八根，柱上有斗栱，柱下有锃脚，檐下有木椽一周；塔顶为八角攒尖顶，塔刹底端覆钵，覆钵上有相轮7层，刹顶有露盘，上有宝珠。锃脚下原无基座，移建后加建了块石结构的塔基，当时进行改建设计的是孙儒僩先生。夏鼐先生在其《敦煌考古漫记》中就注意到该塔[1]；萧默先生称赞它"精巧玲珑如亭"[2]；宿白先生在《西夏佛塔的类型》中将此塔列为Ⅲ型单层亭榭式，并有较为详细的描述[3]；郭祐孟先生的《西北考察结报》也有考察记录[4]。

慈氏塔，萧默先生将其定为宋代，具体到"最晚的一年到西夏占领敦煌以前即公元980—1035年之间。具体年代可能更靠近上限，可大致定为公元1000年前后，系北宋早期"，并认为慈氏塔是运用普柏枋出头最早的实例[5]（图8-2-1）。孙儒僩先生在《敦煌学大辞典》中编撰的词条"慈氏塔"将其定为五代至宋初[6]。宿白先生据塔上普柏枋出头认为建于西夏时期，具体到西

1　夏鼐著，王世民、林秀贞编：《敦煌考古漫记》，百花文艺出版社，2002，第78页。

2　萧默：《敦煌莫高窟附近的两座宋塔》，《敦煌研究》1983年创刊号，第95—101页。

3　宿白：《西夏佛塔的类型》，《中国古代建筑·西夏佛塔》，文物出版社，1995，第1—15页。

4　郭祐孟：《2006中国西北考察结报·石窟寺院考察篇》，《圆光佛学学报》2007年，第十一期，第147—204页。

5　萧默：《敦煌莫高窟附近的两座宋塔》，《敦煌研究》1983年创刊号，第95—101页。

6　季羡林主编：《敦煌学大辞典》，上海辞书出版社，1998，第25页"慈氏塔"条。

图8-2-1　慈氏塔中出头的普柏枋

夏占领沙州的后半期[1]。郭祐孟先生也持同样观点[2]。

　　以上诸位先生大多是从建筑角度思考来进行的研究，萧默先生主要从建筑角度，也大致提到了壁画问题，他认为西夏尚绿，慈氏塔内的壁画则不然，应属于宋代。这一问题是值得推敲的，因为莫高窟壁画第256窟壁画千佛多用绿色而绘，但其供养人为头戴直脚幞头、身着官服的宋代官员，显系宋代。萧默与宿白两先生都注意到慈氏塔普柏枋的出头问题，前者认为是现存最早的普柏枋出头的例子，后者据此认为是晚于现存于莫高窟宋初不用普柏枋的窟檐建筑，时间为西夏占领沙州的后半期，虽然论据相同，但得出的观点不同，是两个截然不同的结论。到目前为止，学界还没有主要从壁画自身角度去探讨塔的时代问题，因而笔者不揣冒昧，在此从壁画本身来寻求答案。

一、慈氏塔内部分壁画内容

　　慈氏塔，塔内方形，穹隆顶。穹隆顶中心绘大莲花，花内一盘龙，外圈为垂幔，垂幔由三朵倒串起来的花朵组成（图8-2-2）。

　　1　宿白：《西夏佛塔的类型》，《中国古代建筑·西夏佛塔》，文物出版社，1995，第1—15页。
　　2　郭祐孟：《2006中国西北考察结报·石窟寺院考察篇》，《圆光佛学学报》2007年，第十一期，第147—204页。

图8-2-2　慈氏塔内穹隆顶边缘的花朵垂幔

塔内西壁绘弥勒菩萨，结跏趺坐，头戴桶形扇面化佛宝冠，双手执扇，扇面长方形。弥勒下方，左、右侧立一天子与天女。

塔内南侧绘文殊菩萨，驭狮者于阗国王。北侧为普贤菩萨，牵象奴着短裤，右手持棒、执缰绳。

判断慈氏塔的年代问题，塔内西壁的天子像是一个关键信息。这身天子像位于弥勒菩萨右侧，身为天子，一般来说要戴冠，但是由于壁画的脱落，慈氏塔中的天子冠已残缺不全，现仅存冠的下部，冠白色，下方有一条红色的线条。执扇弥勒菩萨身侧的天子有时会绘成当时天子的形象，具有强烈的现世性，如前文所述五个庙石窟第1窟，弥勒身侧的天子头戴金缕冠，直接体现出西夏的时代特色，另如，高文进创作的弥勒菩萨还将时任天子直接绘进图画中。但由于壁画残损的原因，我们无从知道宝冠的具体造型，这样只能从壁画的其他方面进行探讨。

二、壁画内容特征分析

以上慈氏塔中的壁画内容，通过研究，我们发现具有一些比较鲜明的特色，一是慈氏、文殊、普贤菩萨戴的桶形扇面宝冠；二是菩萨着喇叭袖、护胸衣衫；三是壁画的颜色大面积使用了醒目的蓝色；四是华盖中心的团龙图案；五是球纹。以下就这五个方面的特征进行分析，以期为慈氏塔的断代提供依据。

1. 桶形扇面宝冠

慈氏塔中的主尊慈氏菩萨，南、北壁的文殊、普贤菩萨均戴桶形宝冠，宝冠切面呈扇形，冠身正面有一尊化佛，化佛头光为蓝色。慈氏宝冠冠顶边缘呈外弧形起伏，上有火珠装点；宝冠上部是深红色底、以宝珠镶嵌的圈带；冠身有两朵浅绿色花形镂空图案，其余部分饰以如意形云纹；冠侧左右居中各有一如意形钗，钗端缀串珠（图8-2-3）。南壁文殊菩萨与北壁的普贤菩萨宝冠基本与弥勒菩萨的宝冠相同，不同的是南壁文殊菩萨的宝冠冠顶边缘平齐，无弧形，且冠侧各有两支如意形钗（图8-2-4、图8-2-5）。弥勒菩萨紧身衣，袖口处很有特色，呈喇叭花瓣形外敞，其着装与两侧的文殊、普贤菩萨不同，这种衣服具有时代性。

作为未来将要成佛的菩萨，弥勒菩萨上升到兜率天宫为诸天子、天女昼夜说法。在敦煌石窟，弥勒菩萨最早出现于莫高窟北凉第275窟，此窟主尊塑像交脚弥勒菩萨头戴三珠宝冠（图8-2-6），这种宝冠也是早期菩萨造像中常见的一种宝冠样式。随着唐密的传入，唐代之后弥勒菩萨的宝冠，冠中有塔，手持军持；或者头戴五佛冠（经文参见前述唐代不空译《八大菩萨曼荼罗经》与唐代善无畏译《慈氏菩萨略修愈誐念诵法》卷下《慈氏菩萨修愈誐法画像品第五》）。

桶形宝冠在敦煌出现的种类较多，但慈氏塔中的宝冠冠身较高。经笔者调查比较，慈氏塔与藏经洞出土E0.3588、以P.4514为代表的版画（参见下文）及榆林窟第13、14、21窟中的五代、宋时期的宝冠相比，其冠上都有花

图8-2-4　敦煌慈氏塔内南壁文殊宝冠

图8-2-3　敦煌慈氏塔西壁的弥勒菩萨宝冠

图8-2-5　敦煌慈氏塔内北壁普贤菩萨宝冠　　　图8-2-6　莫高窟第275窟交脚弥勒菩萨像

朵装饰，但华丽程度略显不及，与莫高窟回鹘时期的第164、237、245、363等窟中出现的宝冠相比，回鹘时期洞窟[1]中的宝冠又少了一些花形装饰，换言之，回鹘时期的桶形宝冠更为质朴，华丽程度不及宋代宝冠，而慈氏塔中的宝冠介于二者之间，因为冠上有较大的花朵，更偏向于宋代。在此我们对这

1　早在20世纪80年代，森安孝夫就提出了敦煌曾受到西州回鹘控制的观点："也许1023年过后不久，西回鹘人的直接影响远及沙州，取代了曹氏家族"，参见〔日〕森安孝夫著，梁晓鹏译：《沙州回鹘与西回鹘国》，《敦煌学辑刊》2000年第2期，第140页；刘永增先生在此基础上提出了敦煌的回鹘洞窟"是在外来的西州回鹘佛教文化的影响下，西州回鹘和沙州回鹘共同创造的有别于高昌佛教的新型石窟"。参见刘永增：《敦煌"西夏石窟"的年代问题》2020年第3期，第10页。

一时期的宝冠试作分析。

榆林窟第13、14、21窟西壁门南、门北的文殊、普贤菩萨所戴宝冠，冠上部边缘呈连弧状，上有宝珠装点，冠正中一颗硕大的宝珠，冠侧各嵌一朵大花，冠身还有小花镶嵌其中，冠顶左、右两侧各垂一串饰，中间又一分为三，直至肩部。坐骑狮子、白象均为正面，脚踩莲花，地面铺饰贯钱纹（图8-2-7、图8-2-8）。

莫高窟第164窟原为盛唐窟，经后期重修。此窟东壁门两侧的文殊与普贤均头戴桶状扇面冠。二菩萨的宝冠冠顶边缘外弧起伏，上有宝珠；宝冠上部是深红色底、以宝珠镶嵌的圈带；冠身正面有五佛；冠侧居中各插一如意形钗，钗端缀串珠。菩萨内着圆领窄袖衣，袖口饰白色花纹，外罩护胸衣，两胸有如明光铠类的黑底饰花装饰；下系点缀小团花的长裙，膝盖上有凤鸟图案护膝（图8-2-9、图8-2-10）。刘玉权先生将164窟的重修归入西夏第二期石窟[1]，后来经过调整，将此窟的重修年代归入西夏前期石窟[2]。此窟的壁画为绿壁画，赵晓星将壁画中净土变的样式归入Ⅰ型，其特点是"以简单建筑为背景的净土变"，又因为此窟主室东壁文殊、普贤上方出现的"五线谱式"的云中化现图，将其归入回鹘前期的北宋回鹘式洞窟[3]。笔者同意后一观点。

莫高窟第245窟为回鹘时期洞窟，主室东壁门两侧文殊、普贤菩萨戴桶形宝冠，宝冠上缘外弧、饰火珠；冠身底纹为红色线条的云纹，正中一身化佛。菩萨身着衣领处略呈"W"形的衣衫，袖口处外翻喇叭状花瓣形。第

1　刘玉权：《敦煌莫高窟、安西榆林窟西夏洞窟分期》，《敦煌研究文集》，甘肃人民出版社，1982，第295页。

2　刘玉权：《敦煌西夏石窟分期再议》，《敦煌研究》1998年第3期，第2、3页。

3　赵晓星：《关于西夏前期洞窟的讨论——西夏石窟考古与艺术研究之五》，《敦煌研究》2021年第6期，第2、9页。

图8-2-7　榆林窟第13窟西壁北普贤像

图8-2-8　榆林窟第13窟门南文殊像

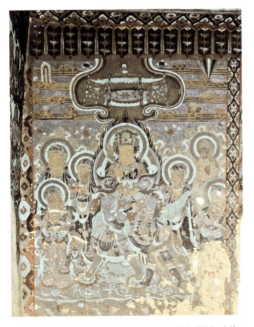

图8-2-9　莫高窟第164窟东壁门北新样文殊像

图8-2-10　莫高窟第164窟东壁门南普贤菩萨像

图8-2-11 莫高窟第245窟东壁文殊门北普贤像

245窟刘玉权先生将其定为沙州回鹘窟，归入回鹘后期的"高昌回鹘式"[1]（图8-2-11）。

莫高窟第363窟始建于中唐，经后代重修，西壁龛南、北的弥勒菩萨为重修壁画。菩萨头戴桶状扇面高冠，冠顶边缘内弧，饰宝珠；冠身正中五佛，蓝色头光与身光；冠侧各有上下两支如意形步摇。披帛，上身着"W"形衣衫，袖口在肘部外翻成花朵形；下系裙，上饰小团花（图8-2-12、图8-2-13）。菩萨的头光以及整铺画面底色为明亮的蓝色。此窟的重修时间，刘玉权先生将其从原来的西夏二期洞窟中分离出来，划为沙州回鹘前期洞窟[2]，也就是北宋回鹘式。

通过以上桶形宝冠的装饰比对，回鹘时期及以后的宝冠基本不装饰大花朵，而五代、宋的桶形宝冠则有，因而桶形宝冠中有无大花朵装饰可作为一个时代判定条件。

2. 护胸衣式的衣衫

慈氏塔中弥勒菩萨着护胸衣式的衣衫，同样除了上述164、245、363窟的菩萨之外，还有藏经洞出土的EO.3588、版画P.4514等，莫高窟第237窟，昌马石窟第2窟，五个庙石窟第1窟。

1 刘玉权：《关于沙州回鹘洞窟的划分》，《敦煌研究文集·敦煌石窟考古篇》，甘肃民族出版社，2000，第299页。

2 刘玉权：《敦煌西夏石窟分期再议》，《敦煌研究》1998年第3期，第2页；刘玉权：《关于沙州回鹘洞窟的划分》，《敦煌研究文集·敦煌石窟考古篇》，甘肃民族出版社，2000，第299页。

图8-2-12 莫高窟第363窟弥勒菩萨头冠 图8-2-13 莫高窟第363窟弥勒菩萨头冠
（龛南） （龛北）

　　藏经洞出土的五台山文殊化现图，编号EO.3588，现藏于法国集美美术馆，时代在北宋（10世纪末至11世纪初）。文殊戴宝冠，冠上部边缘作三莲瓣，每一外向尖角处嵌三珠宝珠，冠两侧各缀以两条长串饰，从冠顶直至菩萨耳部；冠身中部排列三身坐佛，冠侧嵌两颗大宝珠；冠底以一圈叶片承托，并以红带束之，红带正中饰宝珠，两侧花蕾，花蕾上又各缀一红色长绵带，垂于肩后。冠身底纹为云纹。文殊所着衣有类盔甲衣，绿地，紧身，披云肩，胸部有明光铠式的护胸装饰，衣袖上臂束饰品，肘部外敞成喇叭花瓣形；下系红色卷草纹裙，两膝处有圆形护膝（图8-2-14）。

　　以P.4514为代表的版画，文殊菩萨戴桶形冠，上身着衣衫，胸部也有类明光铠的装饰，袖口在肘部收紧后外敞，右臂向上，袖口外翻形成喇叭状花形（图8-2-15）。

图8-2-14　EO.3588五台山文殊化现图
（采自《西域美术》Ⅱ，讲谈社，图B.6-2）

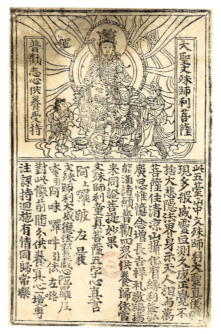

图8-2-15　P.4514（2）新样文殊三尊像
印版画

　　昌马下窖石窟第2窟，主室窟门上弥勒菩萨与门两侧的文殊、普贤菩萨均戴桶状宝冠。冠顶呈外弧形起伏，上沿饰宝珠，冠身底纹为云纹，冠正面上、下两朵大花，冠侧各饰一朵大花，冠侧花朵处各插一如意形步摇。菩萨着如明光铠式的护胸衣，袖口在肘部呈花瓣状（图8-2-16）。窟门两侧的菩萨也戴同样的宝冠，着同样的服饰。

　　莫高窟第237窟前室门上的弥勒菩萨，宝冠桶形。冠顶边缘内弧，饰卷云纹，尖角处缀火珠；冠身底纹为卷云纹，正中一化佛；冠侧上、下各一步摇，中间各一如意钗。宝冠中未见有花朵装饰。菩萨身着略呈"V"领形饰花紧身衣，衣袖外翻成喇叭状花瓣形；下系裙，膝盖处有圆形护膝（图8-2-17）。此窟甬道两侧绘有着团龙服的回鹘国王像与王妃像，可以确定是回鹘时期的洞窟。

图8-2-16　昌马下窖第2窟窟门上弥勒菩萨　　　图8-2-17　莫高窟第237窟前室门上的弥勒菩萨

　　五个庙石窟第1窟为西夏时期洞窟，洞窟主室门上的执扇弥勒菩萨也着这类衣衫。

　　因此说，这种袖口外翻、护胸衣式的衣衫，流行于宋末、回鹘、西夏时期，慈氏塔弥勒菩萨的衣衫属于此类。

3. 蓝色颜料的使用

　　慈氏塔中壁画的颜色，底色是蓝色，除了大面积的黑色（由原红色氧化变色而来），些许绿色，剩余的就是醒目的蓝色。在第164、245、363等窟，我们注意到大量使用了蓝色颜料，第164窟的底色是灰蓝色，在主室东壁门上的佛说法图中包括佛、弟子的发髻，菩萨的披帛等处也使用了鲜亮的蓝色；第245窟整窟的底色是深蓝色，在佛的头光、身光以及僧祇支等处局部小范围使用了鲜亮的蓝色。第418窟也是回鹘窟，佛的蓝色也比较醒目，这与我们一贯认为的大量使用绿色的绿壁画不同。相较而言，第418窟大面积地使用了蓝色，佛、菩萨的头光、身光以及衣纹，西壁龛两侧、南北壁的经变画底色均为蓝色，这种颜色与慈氏塔相同，有类早期石窟中常见的来自阿富汗的青金石颜料。因而从用色情况看，慈氏塔的年代更接近于回鹘时期的洞窟。

杨富学先生认为崇尚蓝（绿）色是回鹘文化的典型特征之一，尚蓝与回鹘的敬天习俗息息相关，另外回鹘还崇尚红色[1]。根据赵晓星的研究绿壁画最早可追溯到北宋曹元忠末期，四种类型的绿壁画绝大多数都属于北宋曹氏归义军晚期至沙州回鹘时期[2]。根据众多学者的研究，曹氏归义军晚期出现了回鹘化现象[3]，其中莫高窟第130、256窟现存大量的绿壁画，贺世哲先生认为其重修时间都在曹宗寿当权时期[4]，应该说，这些绿壁画就是曹氏晚期回鹘化的一种体现。事实上，在绿壁画中，也使用了这种醒目的蓝色颜料，特别是佛的头髻等处。

4. 华盖中心的团龙图案

团龙是窟顶井心常见的题材，关友惠先生认为蟠龙藻井是五代、宋以来的传统纹样，而回鹘洞窟中出现的蟠龙藻井是其延续："就是五代、北宋曹氏百余年来石窟壁画装饰的传统纹样……回鹘，北方的契丹辽也都崇拜龙，但回鹘洞窟中的'蟠龙藻井'实际上是五代、北宋窟'蟠龙藻井'的延续。"[5]刘玉权先生认为团龙是回鹘时期流行的图案，根据他的调查研究"蟠

1　杨富学：《莫高窟第409窟的营建时代与民族属性——兼评西夏说与西州回鹘说》，《美术大观》2022年第2期，第45页。

2　赵晓星：《关于西夏前期洞窟的讨论——西夏石窟考古与艺术研究之五》，《敦煌研究》2021年第6期，第17页。

3　杨富学：《回鹘与敦煌》，甘肃教育出版社，2013，第256、266页；沙武田：《五代宋敦煌石窟回鹘装女供养像与曹氏归义军的民族属性》，《敦煌研究》2013年第2期，第74—86页。

4　贺世哲：《从供养人题记看莫高窟部分洞窟的营建年代》，《敦煌莫高窟供养人题记》，文物出版社，1986，第232页。

5　关友惠：《敦煌宋西夏石窟壁画装饰风格及其相关问题》，《2004年石窟研究国际学术会议论文集》（下），上海古籍出版社，2006，第1125、1126页。

龙纹藻井图案，在敦煌五代宋窟中虽已有之，但并非流行纹样，而在回鹘窟中却屡见不鲜。据调查统计，14个有藻井图案的回鹘窟中，就有9个窟是蟠龙纹藻井图案，占64%，表明回鹘洞窟盛行这种纹样"[1]。慈氏塔穹隆顶华盖中心绘十六瓣卷瓣莲花，莲花中心一团龙，龙身较长、贴金，龙爪有四，身前、后段各二，龙爪三趾。可资比较的是莫高窟第237窟前室窟顶浮塑莲花团龙，莲花为31瓣卷瓣莲花，龙身较长，龙头团于中心，有两角，瞪双眼，张口露牙，四爪，爪有三趾，龙身、龙爪的造型以及整体表现出来的灵动、迅捷与慈氏塔的龙完全相同（图8-2-18）。如前所述，第237窟前室、甬道为回鹘时期重修，因而我们从团龙的形象分析，龙更接近于回鹘早期。另外，慈氏塔门上为浮塑双龙戏珠，成城湾大华塔门上方及两侧的也是相同的图案，二者在修建年代上也可做比较。

图8-2-18　莫高窟第237窟前室窟顶团龙图案

1　刘玉权：《关于沙州回鹘洞窟的划分》，《敦煌研究文集·敦煌石窟考古篇》，甘肃民族出版社，2000，第306页。

5. 关于球纹

在慈氏塔塔内南壁文殊坐骑狮子脚下，出现了球纹，这种纹饰民间又称联泉纹、钱纹、贯钱纹，笔者注意到榆林窟第13、14、21窟西壁门两侧，莫高窟第165窟东壁门两侧的文殊与普贤坐骑脚下也为这种纹饰。《营造法式》中将之称为球纹，我们从其说，主要有"四斜毬文""挑白毬文""四直毬文""簇六毬文""簇六填华毬文""簇六重毬文""簇六雪华""簇四毬文""填瓣车钏毬文"等不同种类[1]。《营造法式》在宋崇宁二年（1103年）出版，也就是说在此之前球纹已普遍出现。榆林窟第13、14、21窟中的文殊、普贤绘于五代、宋时期，莫高窟第165窟的两菩萨也为宋代重绘，慈氏塔中狮子采用了这种纹饰，可以看出，二者之间有着传承与连续性。

通过以上从宝冠、衣饰、用色、团龙、球纹等方面对慈氏塔内的壁画进行比较研究，从桶形宝冠来说，塔中的宝冠较回鹘时期的华丽，但略逊于宋代的宝冠；衣饰方面，塔中弥勒菩萨的袖口喇叭形、护胸式衣衫流行于宋、回鹘、西夏时期；用色方面，慈氏塔鲜亮蓝色的使用与回鹘人崇尚蓝色有关；塔顶藻井的团龙与回鹘时期重修的第237窟前室顶相同；而球纹在狮子脚下的出现更符合宋代的特色。综合以上因素，笔者认为慈氏塔应营建于北宋曹氏归义军晚期，接近于回鹘早期。

三、慈氏塔与弥勒信仰

弥勒信仰在宋、回鹘、西夏时期比较兴盛。敦煌文献S.86《宋淳化二年（991年）四月廿八日回施疏》有关于"奉为亡女弟子马氏名丑女，从病至终，七日所修功德数"其中有转"观弥勒菩萨上生兜率天经八十部""慈氏

1　（宋）李诫：《营造法式》（四）卷32《小木作制度图样·门窗格子门等第一》，商务印书馆，1954，第67—88页。

真言三千遍"，最后希望"速得往生兜率内院，得闻妙法"。杨富学先生的
《回鹘弥勒信仰考》一文，认为9—15世纪，回鹘的弥勒信仰非常流行，超脱
轮回之苦，达到涅槃彼岸，往生弥勒净土，与弥勒佛相会，是佛教徒虔诚信
佛的终极目的[1]；王红梅《宋元时期高昌回鹘弥勒信仰考》认为回鹘人相比于
净土往生更侧重于弥勒往生[2]。

　　《弥勒会见记》是回鹘特有的佛教文献，篇幅大，现保存数量也最多，
此文献不见于汉文大藏经。其中有一则发愿文体现了回鹘人希望能与未来佛
弥勒相会的祈愿：

　　　　羊年闰三月二十二日，我对三宝虔诚的优婆塞曲·塔什依甘都
　　统和我的夫人托孜娜一起为了能与未来佛弥勒相会，特造弥勒尊像
　　一躯，并使人书写《弥勒会见记》一部。[3]

　　另外回鹘文的文学作品中还有《弥勒颂》《弥勒赞诗》《圣尊弥勒赞》
等，北庭回鹘佛寺中大量存在弥勒造像与经变画[4]，也反映了回鹘人弥勒信仰
的兴盛。

　　刘永增先生在其《敦煌"西夏石窟"的年代问题》一文中，明确提出了
"宋代末年到西夏占领敦煌前后，敦煌曾受到西州回鹘统治，敦煌石窟亦受
到西州回鹘佛教的影响。不仅如此，西州回鹘的可汗及达官显贵们，曾在敦
煌开窟造像"[5]。作为高昌西州回鹘王的皇家佛寺，北庭西大寺E.204号佛殿
南壁绘有弥勒上生经变[6]，西夏的佛教向汉、回鹘学习，其佛教受回鹘影响很
大，西夏曾请回鹘僧人翻译佛经，并请为国师，回鹘的弥勒信仰也为西夏所

　　1　杨富学：《回鹘弥勒信仰考》，《佛学研究》2018年第1期，第129—137页。
　　2　王红梅：《宋元时期高昌回鹘弥勒信仰考》，《世界宗教文化》2021年第4期，第56—63页。
　　3　伊斯拉菲尔·玉素甫、多鲁坤·阚白尔、阿不都克由木·霍加研究整理：《回鹘文弥勒会见记》
I，新疆人民出版社，1988，第18页。
　　4　王红梅：《宋元时期高昌回鹘弥勒信仰考》，《世界宗教文化》2021年第4期，第60、61页。
　　5　刘永增：《敦煌"西夏石窟"的年代问题》，《故宫博物院院刊》2020年第3期，第6页。
　　6　中国社会科学院考古研究所：《北庭高昌回鹘佛寺遗址》，辽宁美术出版社，1991，第171—173页。

接受。

黑水城汉文《观弥勒菩萨上升兜率天经》（TK-58）后"施经发愿文"中反映了在乾祐二十年（1189年）在大度民寺举行的弥勒法会。

黑水城汉文《观弥勒菩萨上升兜率天经》（TK-58）后"施经发愿文"：

> 朕闻莲花秘藏，总万法以指迷；金口遗言，示三乘而化众。世传大教，诚益斯民。今《观弥勒菩萨上生经》者，义统玄机，道存至理。乃启优波离之发问，以彰阿逸多之前因；具阐上生之善缘，广说兜率之胜境。十方天众，愿生此中。若习十善而持八斋，及守五戒而修六事，命终如壮士伸臂，随愿力往升彼天。宝莲中生，弥勒来接；未举头顷，即闻法音。令发无上不退坚固之心，得超九十亿劫生死之罪。闻名号，则不堕黑暗边地之聚；若归依，则必预成道授记之中。佛言未来修此众生，以得弥勒摄受。感佛奥理，镂板斯经。谨于乾祐巳（己）酉二十年九月十五日（1189年10月26日），恭请宗律国师、净戒国师、大乘玄密国师、禅法师、僧众等，就大度民寺，作求生兜率内宫弥勒广大法会，烧结坛，作广大供养，奉广大施食。并念佛诵咒，读西番、番、汉藏经及大乘经典，说法作大乘忏悔，散施番、汉《观弥勒菩萨上升兜率天经》一十万卷，汉《金刚经》《普贤行愿经》《观音经》等各五万卷。暨饭僧，救生，济平，设囚诸般法事，凡七昼夜。所成功德，伏愿　一祖　四宗，证内宫之宝位；崇考　皇妣，登兜率之莲台。历数无疆，宫闱有庆，不谷享黄发之寿，四海视升平之年。福同三轮之体空，理契一真而言绝。谨愿。

奉天显道耀武宣文神谋睿智制义去邪惇睦懿恭皇帝（仁宗）谨施[1]

1　《俄藏黑水城文献》（第二册）（汉文部分），《附录·叙录》，上海古籍出版社，1996，第47、48页。

　　在法会上散施蕃、汉《观弥勒菩萨上生兜率天经》10万卷，可见皇帝以至西夏皇室对此经的推崇。

　　综合以上材料，我们认为将慈氏塔定为北宋归义军晚期还是比较妥当。

　　前贤有的将慈氏塔的年代定为宋代，有的将其定为西夏，而他们所定慈氏塔年代的主要证据都是塔体建筑本身，即普柏枋的应用。前者认为，是现存出现最早普柏枋出头的例子，而后者认为是晚于莫高窟现存宋初的不用普柏枋的窟檐建筑，时间为西夏占领沙州的后半期，同样的证据出现两个截然不同的结论。我们通过塔内壁画本身信息的研究，认为此塔建于北宋归义军晚期，具有回鹘文化特征。宋、回鹘、西夏、辽都信仰佛教，这一时期文化交融，文化因素的互相影响不可避免。

第九章
成城湾大小华塔相关问题考证

第一节　成城湾与仙岩寺、讲堂

从文献来看，成城湾与仙岩寺、讲堂、普净塔、弥勒书院等有着不可分割的联系，在此，我们有必要对仙岩寺与讲堂相关进行梳理。

一、关于仙岩寺

仙岩寺与莫高窟齐名，出现于敦煌石窟或文献之中，那么仙岩寺与莫高窟又有什么关系？是莫高窟之异名，或是另有所指？马德先生推测仙岩寺是现在的成城湾[1]。

仙岩寺或作先岩寺、仙严寺、大圣仙岩寺。莫高窟第156窟前室北壁的墨书《莫高窟记》及同文文献P.3720中提到"晋司空索靖题壁号仙岩寺"（图9-1-1—图9-1-3），P.4640《吴僧统碑》中有"虫书记司空之文，像迹有维摩之室"，S.3929《董保德功德颂》云："石壁刀削，虫书记仙岩之文"，P.4640中的司空即索靖，因此这三则文献将仙岩与晋代司空索靖相联系。

莫高窟第156窟前室及P.3720《莫高窟记》，前者从左往右书写，后者从右往左书写，且行文文字也略有不同。笔者据前人录文重新校录如下：（"/"与"〔 〕"号为P.3720的换行处与文字）

1　马德：《〈董保德功德颂〉述略》，《敦煌研究》1996年第3期，第14—20页。

图9-1-1　莫高窟第156窟前室北壁的墨书
《莫高窟记》

□□□□□□□通六年正□十五日記
曆三年戊申□百□四年又至今大唐庚午即四百九十
六像高一百尺開皇時中僧善喜造講堂徒初□□至大
大像高一百世又開元年中僧處諮與鄉人馬思忠等造南
可有五百餘龕又至延載二年禪師靈隱共居士陰□等造北
二僧晉司空索靖題壁号仙嵒寺自茲以后焉□□不絕
多諸神異復於傳師龕側又造一龕伽藍之□肇扵
之狀遂架空消嵒大造□龕儀次有法良禪師從
門樂傳伏錫西遊至此巡礼其山見金光如千仏
右在州東南廿五里三危山上秦建元之世有沙

莫高窟記

图9-1-2　莫高窟第156窟前室《莫高窟记》
欧阳琳临摹

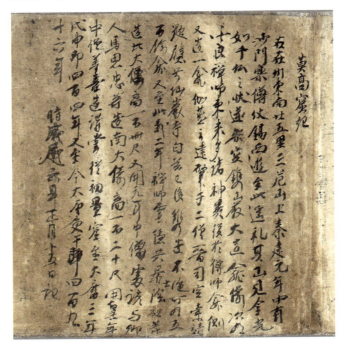

图9-1-3　敦煌文献P.3720《莫高窟记》（IDP）

（1）莫高窟记

（2）右在州东南廿五里三危山上。秦建元之世［年中］，有/沙

（3）门乐僔仗锡西游至此，巡［遶］礼其山，见金光/如千佛

（4）之状，遂架空镌岩，大造龛像。次有/法良禅师东来，

（5）多诸神异，复于僔师龛侧/又造一龛。伽蓝之建肇於

（6）二僧。晋司空索靖/题壁号仙岩寺。自兹以后，镌造不绝，

（7）可有五/百余龛。又至延载二年，禅师灵隐共居士阴祖等/造北

（8）大像，高一百画卅尺；又开元年中僧处谚与乡/人马思忠等造南

（9）大像，高一百廿［二十］尺。开皇时［年］/中僧善喜造讲堂。从初凿窟至大

（10）历三年/戊申岁即四百四年，又至今大唐庚午即四百九/十六［年］。

（11）□□□□□□［时］咸通六年正月十五日记。[1]

敦煌文献P.2668中夹杂有翟奉达诗（图9-1-4），从诗文来看，五代时人翟奉达认为宕谷为仙岩寺，也名莫（漠）高窟。诗文如下：

乙亥年（915年）四月八日布衣翟奉达，因施主请来，故造短句而述七言，如男庆丰，同来执砚：

三危圣迹实嵯峨，至心往礼到弥陀。

宕谷号为仙岩寺，亦言漠高异名多。

1　敦煌研究院：《敦煌莫高窟供养人题记》，文物出版社，1986，第72、73页，有录文；马德：《〈莫高窟记〉浅议》，《敦煌学辑刊》1987年第2期，第129页。

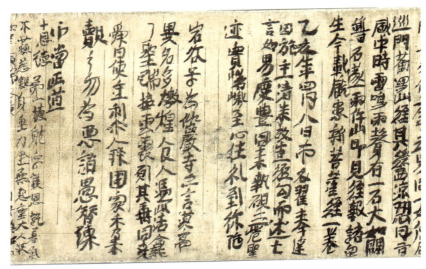

图9-1-4　敦煌文献P.2668号翟奉达诗（IDP）

敦煌文书P.2963《净土念佛诵经观行仪》卷下末尾题记（图9-1-5）云：

> 时乾祐四年（951年）岁次辛亥蕤宾之月（五月）冥十三叶（二十八日）于宕泉大圣先（仙）岩寺讲堂后弥勒院写故记

现藏大英博物馆的敦煌文献Ch.00207《宋乾德四年重修北大像记》中有大王、夫人住于"南谷"的记载。文曰（图9-1-6）：

> 大宋乾德四年岁次丙寅（966年）五月九日敕归义军节度使特进检校太师兼中书令托西大王曹元忠与　敕受凉国夫人浔阳翟氏为斋月届此仙岩，避炎天宰煞之恶，因趣幽静祯祥之善处……大王、夫人于南谷住，至廿四日拆了。夜间，大王、夫人从南谷回来。至廿五日便缚棚阁，上林

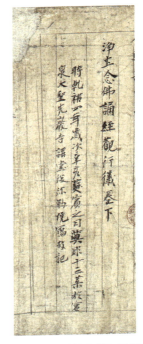

图9-1-5　敦煌文书P.2963
《净土念佛诵经观行仪》
卷下末尾题记（IDP）

木缔构。

成城湾之名不知起于何时。从Ch.00207号文献可知，曹元忠与夫人届此仙岩，又住于南谷。"南谷"即成城湾，是因其位于莫高窟之南。也就是说，成城湾是属于仙岩之南谷。又敦煌文献P.2668中的翟奉达诗"宕谷号为仙岩寺，亦言漠高异名多"也可印证这一点。宕泉河谷即宕泉河流经的河谷区域，宕谷应指莫高窟及其以南的地段，包括成城湾。因此，仙岩寺可能当时指宕谷，包括莫高窟和成城湾一带有洞窟及寺院的地方。

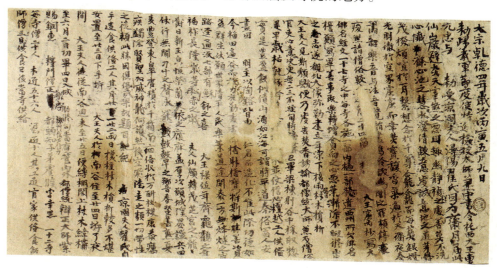

图9-1-6　敦煌文献Ch.00207《宋乾德四年重修北大像记》（IDP）

二、关于讲堂

敦煌文献中多次提到讲堂，这一讲堂先后有马德先生、王惠民先生、李刘女士关注并做过研究。马德先生认为可能讲堂、普净塔在成城湾，普净塔即华塔[1]，在其《敦煌本P.t.993《僧院图》与莫高窟城城湾遗址》一文中，通过与现在成城湾的地形相比对，进一步认为P.t.993所描绘的正是莫高窟成

1　马德：《〈董保德功德颂〉述略》，《敦煌研究》1996年第3期，第14—20页，又见《敦煌莫高窟史研究》，甘肃教育出版社，1996，第75页。

城湾的风景图，又因为藏文题记中提到了讲堂，因而敦煌的讲堂就建在成城湾，华塔即为董保德所修建的普净塔[1]；王惠民先生认为董保德所修缮的普净塔可能为隋崇教寺舍利塔，其地位于莫高窟崖顶，并认为莫高窟第292、427窟与崇教寺有关联[2]；李刈女士认为普净塔可能建于莫高窟第96窟（北大像）前的上、中寺一带[3]。以下我们就有关讲堂的文献进行梳理。

讲堂，建于隋开皇年间，由僧人善喜建造。《莫高窟记》记有其事：

开皇时［年］中，僧善喜造讲堂。[4]

敦煌文献S.3929V为《董保德功德记》（图9-1-7），其中记有：

又于窟宇讲堂后，建此普净之塔，四壁图绘云云[5]。

敦煌文献P.2032V《净土寺入破历》（图9-1-8）中有关于讲堂上用面、油、粟的记录：

面一石，粗面一石三斗，油九升，粟一石八斗五升卧酒，窟上

讲堂上赤白及众僧食用。

前述敦煌文书P.2963号乾祐四年（951年）抄写的《净土念佛诵经观行仪》卷下尾题中也有讲堂："于宕泉大圣先（仙）岩寺讲堂后弥勒院写，故记。"

这则文献中不仅有仙岩寺、讲堂，还有弥勒院，弥勒院位于讲堂后。从S.3929V《董保德功德记》可知，董保德又在讲堂后建有普净塔。因此，仙岩寺、讲堂、弥勒院、普净塔为一个整体。

1　马德：《敦煌本P.t.993〈僧院图〉与莫高窟城城湾遗址》，http://www.dha.ac.cn。

2　王惠民：《〈董保德功德记〉与隋代敦煌崇教寺舍利塔》，《敦煌研究》1997年第3期，第69—83页。

3　李刈：《敦煌写本〈董保德功德颂〉的年代及有关问题》，《敦煌研究》2007年第6期，第80、81页。

4　莫高窟第156窟前室墨书；另P.3720号为其底稿。

5　马德：《董保德功德颂》述略，《敦煌研究》1996年第3期，第14—20页；王惠民：《〈董保德功德记〉与隋代敦煌崇教寺舍利塔》，《敦煌研究》1997年第3期，第69—83页。

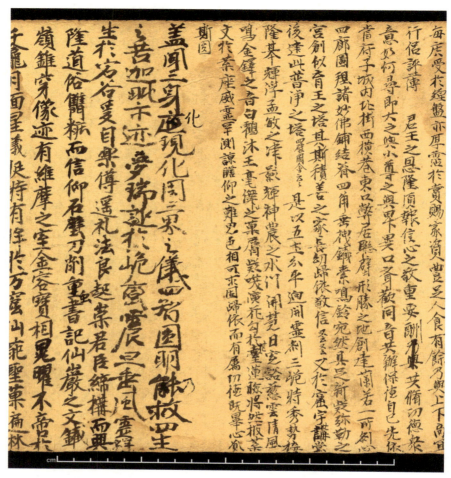

图9-1-7　S.3929V《董保德功德记》局部（IDP）

　　敦煌纸画P.t.993《僧院图》（图9-1-9），图中有藏文题记，是吐蕃时期的作品。藏文题记翻译成汉文即为：Shod（下面、山下、低处）kyi（的）bshad kang（讲堂）dang（和）dge vdun（僧伽）gyi（的）knas khang（住处）[1]，这也是一则关于讲堂的记载材料。赵晓星女士将P.t.993《僧院图》中的藏文译成"下部的讲堂和僧舍"，并推测可能所绘为莫高窟窟区北区一带

1　马德：《敦煌本P.t.993《僧院图》与莫高窟城城湾遗址》，http://www.dha.ac.cn。

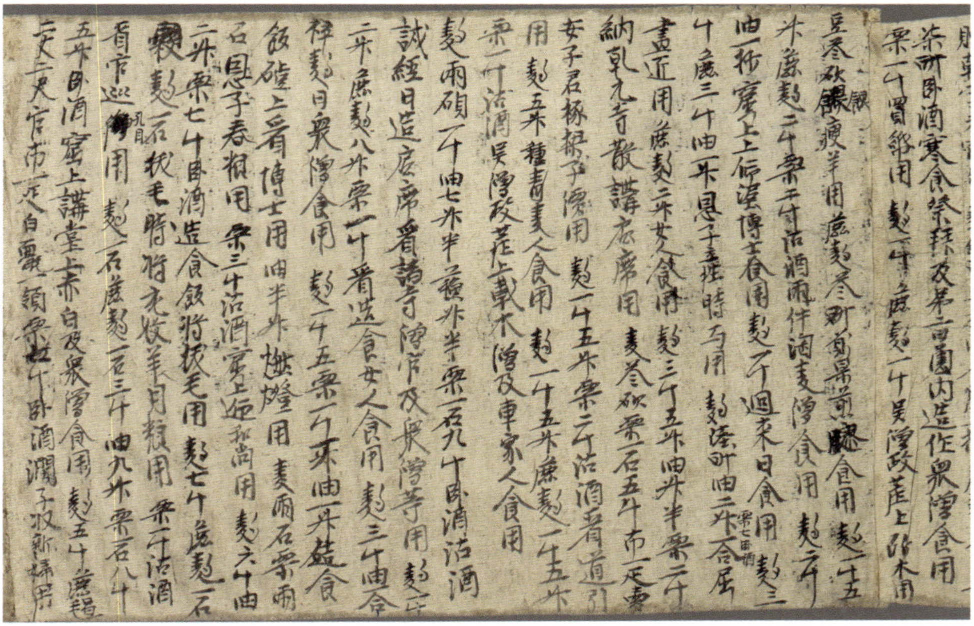

图9-1-8　P.2032V《净土寺入破历》局部（IDP）

图9-1-9　P.t.993《僧院图》

的地形，图中河岸对面的塔为天王堂[1]，由于天王堂（涅槃寺）为土坯塔，塔檐叠涩而成，而图中的塔檐较长，与天王堂不符。另，天王堂建于北宋，时间上也不符。因此我们附从马德先生的观点，认为所绘是成城湾的地貌及寺塔。

通过分析P.t.993《僧院图》，我们发现，寺院正中有一座三层塔，塔两侧都有建筑，一侧为钟楼，另一侧根据寺院布局的原则，左钟楼，右经藏，推测可能是经藏楼。讲堂应该位于寺院的主要位置，寺院右侧经藏旁边有一个较大的建筑，可能为讲堂。僧房应该是寺院左侧或者后方的一排建筑。我们在这幅图中寺院后方，仅看到有一果园，看不到讲堂后另有建筑，那么讲堂后弥勒院可能为中唐之后修建。寺院一侧及后方分布着大大小小七座单层塔。

三、小结

晋代司空索靖题壁仙岩寺，这是关于仙岩寺的最早记录。隋代僧人善喜建造讲堂，五代时董保德又于讲堂后建普净塔。根据敦煌文书P.2963《净土念佛诵经观行仪》卷下末尾题记可知仙岩寺、讲堂、弥勒院是一个整体，大圣仙岩寺内有讲堂，讲堂后有弥勒院，而且在乾祐四年（951年）时大圣仙岩寺之名仍在使用。

从敦煌文献Ch.00207《宋乾德四年重修北大像记》与P.2668中的翟奉达诗，我们推测仙岩寺当时指的是宕谷，包括莫高窟和成城湾一带有洞窟及寺院的地方。

P.t.993《僧院图》中又绘出了讲堂概貌及其附近的地貌，这与成城湾的地貌一致。

1　赵晓星：《莫高窟吐蕃时期塔、窟垂直组合形式探析——吐蕃统治敦煌时期的密教研究之五》，《中国藏学》2012年第3期，第94—98页。

第二节　成城湾大华塔为舍利塔

成城湾现存两座华塔，一座大华塔，塔刹顶部的莲花很明显；一座较小，塔刹顶部的莲花不明显。马德先生认为大华塔可能是敦煌历史上董保德所建的普净塔[1]。据记载，华塔内曾出土有天禧陶塔，伴随陶塔的出土，还有一块石碑，上有碑文《天禧塔记》。这些资料都有助于我们解开华塔的历史真面目。

一、天禧塔

天禧塔现藏于甘肃省博物馆，原出土于敦煌莫高窟，因陶塔顶部有墨书"天禧三年"等字样而得名。

20世纪40年代，数位考古学家、金石学家都曾对此塔有过片断记录，如夏鼐《夏鼐日记》《〈陇右金石录〉补正》，张维《〈陇右金石录〉补》，吕钟《重修敦煌县志》等。这些著作中有关于陶塔的记录，提供了陶塔的来源及流转等信息。据夏鼐《夏鼐日记》8月5日："下午与向、阎二君赴千佛山南2里之破城子，系清代之卡房。长宽约15米，墙垣尚完整，房屋已圮，其中筑炕之花砖，似由侧旁一古庙遗址中检拾来者。古庙遗址有塑像残片及花砖，附近有二小佛堂，中有宋元之壁画。闻马步青军队曾于此掘得一天禧间庙社名单。"[2]夏鼐《〈陇右金石录〉补正》第19条记载："宋天禧三年塔记：在敦煌，今存。按此塔纪（记）共三百三十三字，乃刻于一高约尺许之塔上，吕钟《敦煌新县志稿》云：此塔乃民国三十年冬青海马团长由千佛洞

1　马德：《敦煌莫高窟史研究》，甘肃教育出版社，1996，第75页；马德《敦煌本P.t.993《僧院图》与莫高窟城湾遗址》，http://www.dha.ac.cn。

2　夏鼐：《夏鼐日记》，华东师范大学出版社，2011，第212页。

掘去；塔即藏于马团长处。所谓马团长即马步青也。"[1] 从以上著述可知，陶塔于民国三十年（1941年）由马步青在莫高窟成城湾盗掘而得。

此塔后来流落辗转至武威民众教育馆。张维《陇右金石录补》中记："天禧陶器。在武威民教馆，今存。"[2] 夏鼐《〈陇右金石录〉补正》第18条记："宋天禧三年陶器：出土地未详，今藏武威民众教育馆。天禧三年三月廿四日众社等廿六人重发誓愿，于此地上建塔子一所，不得别人妄生搅扰。有若如此之徒，愿生生莫逢好事者。按此陶器系灰陶，其上墨书十一行，共五十字。乃驻河西之军阀马步青令士兵盗掘所得以赠武威民教馆者。其出土地点，或谓在张掖黑水国，或谓在敦煌，未能确定。"[3] 向达《西征小记》武威纪事中也记有其事：

> 文庙在城东南隅，今改为民众教育馆。三十一年（1942年）西行及三十二年东归两过其处，识王凤元、郝仁甫二先生。在陈列室见到有天禧三年题识之陶器一件，系三十年张掖西三十里古城所出。据历史语言研究所傅乐焕先生云，此是西夏李得明时物，其时西夏尚奉宋正朔，故题识云耳。[4]

时兰兰《甘肃省博物馆藏敦煌宋代天禧塔资料辨析》，对天禧陶塔及造塔碑《天禧塔记》的出土地点及内容进行了考察，纠正了一些误判，并推测董保德发现的古塔可能是隋代舍利塔[5]。王惠民先生《敦煌宋代天禧塔资料辨析》一文，对天禧塔的来龙去脉及其与小银塔、木塔的关系有较为详尽的考

1　夏鼐：《〈陇右金石录〉补正》，《向达先生纪念论文集》，新疆人民出版社，1986，第55、56页。
2　张维：《陇右金石录补》，甘肃省文献征集委员会校印，1948年，第31页。
3　夏鼐：《〈陇右金石录〉补正》，《向达先生纪念论文集》，新疆人民出版社，1986，第55页。
4　向达：《唐代长安与西域文明》，生活·读书·新知三联书店，1957，第340页。
5　时兰兰：《甘肃省博物馆藏敦煌宋代天禧塔资料辨析》，《敦煌研究》2015年第6期，第63—67页。

证[1]，杨永生《酒泉古塔存佚现状及价值述略》[2]也有涉及。

天禧塔为灰陶质塔，高33.8、底部直径20.4厘米，中空，塔顶、塔身、塔底浑然一体，柱状塔刹略残，塔顶为覆钵形，上有圆孔三个，圆柱形塔身下部内收，正面开一桃形壶门（图9-2-1）。

天禧塔塔顶有墨书十一行，共五十字，录文如下：

图9-2-1　天禧陶塔
（采自《庄严妙相——甘肃佛教艺术展》，
第128页）

> 天禧三年三月廿四日，众社等二十六人重发誓愿，于此地上建塔子一所，不得别人妄生搅扰，若有如此之徒，愿生生莫逢好事者。[3]

同时、同地出土的还有碑一方，上有碑文，记载结社建塔的敦煌永安寺、龙兴寺、金光明寺、报恩寺、灵图寺、三界寺、大乘寺、莲台寺、圣光寺九寺僧名及造塔塑匠等人名。此碑现已下落不明，有幸的是在张维所著《陇右金石录补》中有录文，现将其文移录如下：

天禧塔记

维大宋天禧叁年岁次已未□月二十七日，辄有结义社邑：盖缘真如觉体，非少性而能规，善逝全躯，岂凡庸而得睹？所以刻檀起信，尽标宗义，犹证果而获因，尚超凡而入圣，当本我佛世纪

1　王惠民：《敦煌宋代天禧资料辨析》，《锁阳城遗址与丝绸之路历史文化学术研讨会论文集》（下），2015，第697—702页。

2　杨永生：《酒泉古塔存佚现状及价值述略》，《锁阳城遗址与丝绸之路历史文化学术研讨会论文集》（下），2015，第596—613页。

3　张维：《陇右金石录补》，甘肃省文献征集委员会校印，1948，第31页，有录文。

八万四千之宝塔。厥有舍（社）人足二十六数之释子，具名以后，一一参罗。

社官永安寺法律兴受、社老龙兴寺法律定慧、录事金光明寺法律福荣、报恩寺释门僧正赐紫绍真、团头龙兴寺法律戒荣、团颐（头）金光明寺法律福祥、灵图寺法律弘彰、法律三界寺法海、法律大乘寺福惠、灵图寺法律知都司判官弘辩、三界寺法律知福田判官善惠、金光明寺法律福兴、同寺法律福通、同寺法律福藏、三界寺法律法盈、莲台寺法律善集、灵图寺法律惠藏、大乘寺法律惠明、永安寺法律戒辩、圣光寺法律法兴、大乘寺法律法显、龙兴寺法律福惠、报恩寺法律绍聪、莲台寺法律善贵、同寺法律绍明。已上社众，并是释门贵子，梵苑良材，各各怀克□之心，速速负柔和之意，加以倾诚三宝，注想五乘。于家行谦敬之心，在众有恭和之志，遂乃齐心合意，上教下随，选此良田，共成塔一所者，故记之尔。

造塔塑匠王安德、李存遂。[1]

张维在录文后又注："《敦煌新志稿》：此《塔记》共三百三十字，高一尺有余，民国三十年冬在千佛洞掘得，旋即为人携去。"[2]

以上是碑文全文，从此碑文记载我们可以了解当时建塔的诸多信息。

二、天禧塔及安置天禧塔的华塔是舍利塔

王惠民、时兰兰等人根据前人的记述，对天禧塔的来龙去脉基本有了详细的考证，但对于天禧塔的性质，仅从塔内的圆形痕迹推测其为舍利塔。笔者注意到《天禧塔记》碑文已明确告诉我们此塔为舍利塔，试从以下几个方面进行分析。

---

1 张维：《陇右金石录补》，甘肃省文献征集委员会校印，1948，第31页。
2 张维：《陇右金石录补》，甘肃省文献征集委员会校印，1948，第31页。

从《天禧塔记》可以看出，存放天禧塔的塔是发愿做功德的塔。首先，我们对这次结邑的原因和主旨进行剖析。"盖缘真如觉体，非少性而能规，善逝全躯，岂凡庸而得睹？"其中的"真如觉体"，在明代洪莲撰《金刚经注解》卷1《如理实见分》第5，对于佛问须菩提的问题："于意云何，可以身相见如来不？"宝积如来如是回答："若见诸相非相，即见如来。颂曰：凡相灭时性不灭，真如觉体离尘埃。了悟断常根果别，此名佛眼见如来。"[1]

而在唐六祖慧能对鸠摩罗什译《金刚般若波罗蜜经》卷上的解义中有关于身相得见如来可否的阐释：

> "须菩提，于意云何，可以身相见如来不？""不也。世尊！不可以身相得见如来。"
>
> 色身即有相，法身即无相。色身者，四大和合，父母所生，肉眼所见；法身者，无有形段，非有青黄赤白，无一切相貌，非肉眼能见，慧眼乃能见之。凡夫但见色身如来，不见法身如来，法身量等虚空。是故佛问须菩提："可以身相见如来不？"须菩提知凡夫但见色身如来，不见法身如来。故言："不也，世尊！不可以身相得见如来。"[2]

"凡相灭时性不灭，真如觉体离尘埃"，如来凡相即色相灭时，真如觉体不灭，他是如来之法身，只是离开尘埃而已。"凡夫但见色身如来，不见法身如来，法身量等虚空。"也就是说，凡夫只能目睹色身，不能见法身，这与碑文中的"岂凡庸而得睹"句意相同。从而可知，"真如觉体"之意即佛之法身，或谓法身如来。

其中的"善逝"，是梵语sugata的意译。隋代慧远撰《大乘义章》卷20《十号义》：

1　《新纂卍续藏》第24册，第770页。

2　《新纂卍续藏》第24册，第520页。

言善逝者，此从德义以立其名。善者名好，逝者名去。如来好去，故名善逝。[1]

宋代天息灾译《佛说十号经》对于善逝的解释是：

云何善逝？

佛言："即妙往之义，如贪、瞋、痴等引诸有情往彼恶趣，非名善逝。如来正智能断诸惑，妙出世间，能往佛果，故名善逝。"[2]

上两则佛经说善逝能断诸种疑惑，引导众生前往净土或者得到佛果。

善逝是如来十号之一，姚秦凉州沙门竺佛念译《菩萨璎珞本业经》卷下曰：

佛子！佛义功德身者，诸佛道同果法不异，所谓十号：一如来、二应供、三正遍知、四明行足、五善逝、六世间解、七无上士、八调御丈夫、九天人师、十佛陀。具向十德故，为一切众生所供养。[3]

刘宋求那跋陀罗译《过去现在因果经》卷1，在普光如来为善慧授记时说：

于是普光如来，以无碍智，赞善慧言："善哉，善哉！善男子！汝以是行，过无量阿僧祇劫，当得成佛，号释迦牟尼如来、应供、正遍知、明行足、善逝、世间解、无上士、调御丈夫、天人师、佛、世尊。"[4]

唐法崇述《佛顶尊胜陀罗尼经疏并释真言义》卷下：

素誐多，唐云善逝。解曰：善逝者，十号之中一名称也，能引

1　《大正藏》第44册，第864页。
2　《大正藏》第17册，第720页。
3　《大正藏》第24册，第1020页。
4　《大正藏》第3册，第622页。

众生皆归净土故名善逝也。[1]

善逝亦有睡眠、灭度之意，如西晋白法祖译《佛般泥洹经》卷下：

> 国有耆年，字曰须拔，年百二十，时在城中。夜卧觉寤，见佛光明，照一城中，家无一人即出城，疾到佛所，向阿难曰："以吾启闻，吾有疑心于世尊。"阿难曰："夜以且半，佛当善逝，且莫烦扰。"须拔对曰："不可以闻乎，吾闻无数世乃有一佛耳，今诣质疑，而不以闻。吾之所疑，唯佛而释，余莫能也。"阿难曰："且止！不须问矣。"佛知须拔在外欲质所疑，呼阿难问："何以不启须拔疑事？"阿难对曰："见夜且半，佛当灭度，惧其来入语言烦扰，佛今当弃三有欲界就无为道。"[2]

从以上经文可知，善誓，为佛十号之一，具有正智、能断诸惑、妙出世间、能往佛果等意。那么碑文中的"盖缘真如觉体，非少性而能规，善逝全躯，岂凡庸而得睹"其意为佛色身已灭，法身凡夫不能目睹。

接下来我们再来看第二句："所以刻檀起信，尽标宗义，犹证果而获因，尚超凡而入圣，当本我佛世纪八万四千之宝塔。"刻檀者，与优填王造旃檀瑞像有关。

旃檀佛像，最初为优填王下令制作，因此也称作优填王像，即优填王造释迦牟尼像，材质是旃檀木。造这尊像的起因，是释提恒因请佛至三十三天为佛母摩耶夫人说法。当时世尊心念四部之众，多有懈怠不听佛法者，欲使四众渴仰于法，便不告而别至三十三天。人间长久不见如来，优填王等至阿难所问询如来所在，阿难也不知如来所在。优填王与波斯匿王，思睹如来遂得苦患。是时，王便敕令国界之内，诸奇巧师匠以"牛头栴檀"木，制作如来形象，高五尺。这便是最早的释迦像，后来波斯匿王因见优填王造如来

1　《大正藏》第39册，第1030页。
2　《大正藏》第1册，第171页。

象，也以紫磨金作如来象，高五尺。

这一事件在《增一阿含经》《观佛三昧经》《法显传》《大唐西域记》《大慈恩寺三藏法师传》《法苑珠林》《经律异相》《释迦谱》等均有记载，内容相类。东晋瞿昙僧伽提婆译《增一阿含经》卷28《听法品》对此事进行了详细记载：

> 是时，人间四部之众不见如来久，往至阿难所，白阿难言："如来今为所在？渴仰欲见。"
>
> 阿难报曰："我等亦复不知如来所在。"
>
> 是时，波斯匿王、优填王至阿难所，问阿难曰："如来今日竟为所在？"
>
> 阿难报曰："大王！我亦不知如来所在。"
>
> 是时，二王思睹如来，遂得苦患。尔时，群臣至优填王所，白优填王曰："今为所患？"
>
> 时王报曰："我今以愁忧成患。"
>
> 群臣白王："云何以愁忧成患？"
>
> 其王报曰："由不见如来故也。设我不见如来者，便当命终。"
>
> 是时，群臣便作是念："当以何方便，使优填王不令命终？我等宜作如来形像。"是时，群臣白王言："我等欲作形像，亦可恭敬承事作礼。"
>
> 时，王闻此语已，欢喜踊跃，不能自胜，告群臣曰："善哉！卿等所说至妙。"
>
> 群臣白王："当以何宝作如来形像？"
>
> 是时，王即勅国界之内诸奇巧师匠，而告之曰："我今欲作形像。"
>
> 巧匠对曰："如是。大王！"

是时，优填王即以牛头栴檀作如来形像高五尺。

是时，波斯匿王闻优填王作如来形像高五尺而供养。是时，波斯匿王复召国中巧匠，而告之曰："我今欲造如来形像，汝等当时办之。"时，波斯匿王而生此念："当用何宝，作如来形像耶？"斯须复作是念："如来形体，黄如天金，今当以金作如来形像。"是时，波斯匿王纯以紫磨金作如来像高五尺。尔时，阎浮里内始有此二如来形像。[1]

唐代玄奘在印度憍赏弥国时，见过此像。《大唐西域记》卷5"憍赏弥国"条有如是记载：

憍赏弥国……城内故宫中有大精舍，高六十余尺，有刻檀佛像，上悬石盖，邬陀衍那王（唐言出爱。旧云优填王，讹也。）之所作也。灵相间起，神光时照。诸国君王恃力欲举，虽多人众，莫能转移，遂图供养，俱言得真。语其源迹，即此像也。初如来成正觉已，上升天宫为母说法，三月不还，其王思慕，愿图形像。乃请尊者没特伽罗子以神通力接工人上天宫，亲观妙相，雕刻栴檀。[2]

梁代僧祐撰《释迦谱》卷3《优填王造释迦栴檀像记》则对优填王造释迦旃檀像进行了概括的描述：

释提桓因请佛，至三十三天为母说法。世尊念四部之众，多有懈怠皆不听法。我今使四众渴仰于法，不告四众复不将侍者，如屈申臂顷，至三十三天。是时人间不见如来久，优填王等至阿难所曰："如来为何所在？"阿难报曰："大王，我亦不知如来所在。"优填王、波斯匿王，思睹如来遂得苦患。是时王敕国界之内，诸奇巧师匠，而告之曰："我今欲作如来形像。"是时优填

1 《大正藏》第2册，第706页。
2 （唐）玄奘、辩机原著，季羡林等校注：《大唐西域记》（上），中华书局，2000，第468、469页。

王，即以牛头栴檀，作如来形像高五尺。[1]

首先，优填王造牛头栴檀像实际是释迦30岁的真身像，八万四千宝塔是阿育王建舍利塔之数，那么"刻檀起信，尽标宗义，犹证果而获因，尚超凡而入圣，当本我佛世纪八万四千之宝塔"之意便更加明确，意即用栴檀木刻释迦佛像，可以证果，而起塔供养舍利则是为了效仿阿育王建塔，以广兴佛教，超凡而入圣。总之，结义社邑的目的是因为佛之色身已灭，又不能目睹佛之法身，先有优填王造佛之等身栴檀像，后有阿育王建八万四千塔，而建塔则更能超凡而入圣。阿育王所建之塔是佛舍利塔，因而天禧塔就是效仿而建的舍利塔。

其次，天禧塔内有圆形似盛放舍利瓶子的痕迹，这也是前贤们推测天禧塔为舍利塔的原因。因而从碑文及塔内圆形痕迹两方面考虑，笔者认为天禧塔及安放天禧塔之华塔为舍利塔，用天禧陶塔来盛放舍利。

另外，参加建塔的社众为敦煌各寺院的僧正、法律，人数众多，共有26人，这些身份的僧人参加建塔，说明此塔绝非一般。什么样的塔能让敦煌如此众多且有身份的僧人参加建塔，除了舍利塔，应无他塔。参加建塔的组成人员是一个社邑，在这个社团里担任社官的是永安寺法律兴受，社老是龙兴寺法律定慧，录事是金光明寺法律福荣、报恩寺释门僧正赐紫绍真，另外还有团头龙兴寺法律戒荣、金光明寺法律福祥等人。天禧塔顶上墨书曰："众社等二十六人重发誓愿，于此地上建塔子一所，不得别人妄生搅扰，有若如此之徒，愿生生莫逢好事者。"这个社邑郑重其事，发了誓愿，选了良田，建塔一所，不让别人妄生搅扰。不让搅扰的又是什么？应是对僧人来说非常重要的东西，当非佛舍利莫属。

1　《大正藏》第50册，第66页。

三、天禧塔、敦煌舍利及董保德重修普净塔等相关问题

由塔上铭文及碑文《天禧塔记》可知，天禧塔建于宋真宗天禧三年（1019年），从碑文"选此良田，共成塔一所者"可知，埋藏天禧塔所在的塔也建于此时。

成城湾现有两座华塔，哪一座出土了天禧塔与塔碑呢？据前述夏鼐《夏鼐日记》："下午……古庙遗址有塑像残片及花砖，附近有二小佛堂，中有宋元之壁画。闻马步青军队曾于此掘得一天禧间庙社名单。"[1]天禧间庙社名单应指碑文《天禧塔记》，夏鼐记出于二小佛堂，二小佛堂即指成城湾的大、小华塔。如若夏鼐先生的记载无误，则大、小华塔其中之一出土了天禧塔与塔碑。就华塔的规模来讲，小华塔内直径不足1米，"塔内仅容一人跏趺禅修"[2]，因此天禧塔与塔碑应该出土于大华塔。天禧塔有确凿的修建年代，建于天禧三年，即1019年，时在北宋真宗时，那么大华塔也应建于天禧三年。

敦煌文献Ch.00207《宋乾德四年重修北大像记》记载归义军节度使托西大王曹元忠与妻翟氏于乾德四年重修莫高窟北大像窟檐的事，萧默先生根据其中的"遍谷"功德，推测可能华塔也是功德之一，因而认为华塔建于宋乾德四年（966年）[3]。笔者认为建塔之事非同一般，如果有建华塔之事，那么功德记中应有明确记载，所以这一论点难以成立。

在敦煌历史上的五代、宋时，有董保德重修普净古塔一事，这一事件在S.3929V+S.3937V《董保德功德记》中有详细记载。

马德先生、王惠民先生均认为普净塔可能是隋代帝王赐建的崇教寺舍利

1　夏鼐：《夏鼐日记》，华东师范大学出版社，2011，第212页。

2　郭祐孟：《2006中国西北石窟考察结报·石窟寺院考察篇》，《圆光大学学报》2007年第11期，第147—204页。

3　萧默：《敦煌莫高窟附近的两座宋塔》，《敦煌研究》1983年创刊号，第95—101页。

塔[1]，笔者从之。马德先生认为成城湾华塔为普净塔，笔者认为普净塔位于成城湾很有道理，但具体是哪一座还需考虑。

《董保德功德记》有甲、乙、丙三个版本。S.3929V有甲、乙两本，甲本在前，书写整齐，乙本附于甲本之后，字号较大，墨迹较重，前半部分书写整齐，后半部分书写潦草，有多处涂改。S.3937V为丙本，书写字迹潦草，有涂改，文后为十六罗汉题记。为了更好地了解董保德重修塔的情况，在前人的基础之上我们将《董保德功德记》S.3929V、S.3937V全文校录如下：

S.3929V：

（甲本）

盖闻三身化现，化周三界之仪；四智圆明，圆救四生之苦。迦毗尔（示）迹，梦瑞诞于危峦；震旦垂风，灵祥生于宕谷。爰自乐傅遥礼，法良起崇，君臣缔构而

兴隆，道俗隽（镌）妆而信仰。石壁刀削，虫书记仙岩之文；铁岭锥穿，像迹

有维摩之室。金容宝相，晃耀千龛；月面星仪，晶晖万窟。仙菌圣果，

遍林麓以馨鲜；异兽灵祥，禽满溪峦而遨跃。三贤道者，进道草

庵；十地圣人，证圣草屋。剏以修行张（长）老，寂住其中；食苦参子以充

斋，著麻莎（纱）裳而弊（蔽）体。乃有往来瞻礼，见灯炎于黄昏；去返巡

游，睹香云而白日。疑是观音菩萨，易体经行；萨诃圣人，改

1　马德：《〈董保德功德颂〉述略》，《敦煌研究》1996年第3期，第14—20页；王惠民：《〈董保德功德记〉与隋代敦煌崇教寺舍利塔》，《敦煌研究》1997年第3期，第69—83页。

行化现。由是山

　　头谷地，佛刹之精丽难名；窟宇途间，梵室之殊严莫喻。厥有节度押衙知

　　画行都料董保德等，谦和作志，温雅为怀，抱君子之清风，蕴淑人

　　之励节；故得丹青巧妙，粉墨希奇，手迹及于僧瑶，笔势邻于曹氏。

　　画蝇如活，佛铺妙似于祇园；邈影如生，圣会雅同于鹫岭。而又经文

　　粗晓，礼乐兼精，实圣代之贤能，乃明时之应世。时遇　曹王，累代道俗

　　兴平，营善事而无停，增福因而不绝。或奉　上命驱荣，或承信仕招携，每广受于缠

　　盘，亦厚沾于赏赐。家资丰足，人食有余。乃与上下商宜，

　　行侣评薄：君王之恩隆须报，信心之敬重要酬，共修功德，众

　　意如何？寻即大之与小，尊之与卑，异口齐欢，同音共办。保德自己先依

　　当府子城内北街西横巷东口弊居，联壁形胜之地，创建兰若一所，刹心

　　四廊，图塑诸妙佛铺；结脊四角，垂拽铁索鸣铃。宛然具足，新疑弥勒之

　　宫，创似育王之塔。其斯积善之家，长幼归依敬信。又云又云。又于窟宇讲堂

　　后，建此普净之塔，四壁图绘云云。是以五土分平，迥开灵刹；三危时秀，势接

隆基。辉浮孟敏之津，影辉神农之水。门开慧日，窗豁慈云；清风

鸣金铎之音，白鹤沐玉毫之舞。菓唇疑笑，演花句于花台；莲脸将然，披叶

文于叶座。威灵罕侧，谅瞻仰之难思；色相可求，固归依而有属。功德即毕，心愿

斯圆。

（乙本）

盖闻三身化现，化周三界之仪；四智圆明，乃救四生

之苦。迦毗示迹，梦瑞诞于危峦；震旦垂风，灵祥

生于宕谷。爰自乐傅遥礼，法良起崇，君臣缔构而兴

隆，道俗镌妆而信仰。石壁刀削，虫书记仙岩之文；铁

岭锥穿，像迹有维摩之室。金容宝相，晃耀不啻于

千龛；月面星仪，挺持有侔于万窟。仙葩圣果，遍林

麓以馨鲜；异兽祥禽，满溪峦而遨跃。三贤道者，

进道隘塞于茅庵；十地圣人，证圣骈填于草屋。

矧以修行张（长）老，寂住其中；食苦参子以充斋，著麻莎（纱）

裳而弊（蔽）体。乃有往来瞻礼，见灯炎于黄昏；去返巡

游，睹香云于白日。疑是观音菩萨，易体经行；萨

诃圣人，改行化现。由是山头谷地，佛刹之精丽难

名；窟宇途间，梵室之殊严莫喻。厥有节度押衙

知画行都料董保德等，廉和作志，温雅为怀，守君

子之清风，蕴淑人之励节；故得丹青巧妙，粉墨希

奇，手迹及于僧瑶，笔势邻于曹氏。画蝇如活，佛铺

妙越于前贤；邈影如生，圣会雅超于后哲。而又经

文粗晓，礼乐兼精，实佐代之良工，乃明时之应世。时

遇　曹王，累代道俗兴平，营善事而无停，修福因而

莫绝。或奉　上命驱荣，或承信士招携，每广受于缠

盘，亦厚沾于赏赐。衣资给足，粮食供余。先思仰报

于君恩，仍酬答于施；然以轻酬于信施，当来之胜福。先于当

府子城内北街西横

巷东口弊居，联壁形胜之地，创建蓝若一所，刹心四廊，图

塑诸妙佛铺；结脊四角，垂拽铁索鸣铃。菀（宛）然具足，又

于此岩，共诸施主权修窟五龛，彩绘一一妙毕。又有

信心慕召，彩绘灵龛。住箔多时，多居停日久。

因即行侣会坐，上下商宜，共修此古精蓝，报答

君恩，施主岂非好事。遂乃同音共办，异口齐欢，即日施工，

下手建造。即

于古塔下得珍珠、缨（璎）珞、一瓶子，可有贰升次米，内有

得某物。

当破上件物色，造一珠像，亦可以酬先人心愿矣。

先资国泰人安，法轮常转。　大王遐寿，以日月而齐明；永握

西开，作仓（苍）生之父母。[1]

S.3937V:

（丙本）（括号内文字为文献中夹行字）

（1）衣资给足，粮食供余。先思仰报于　君恩，然以轻酬于

（2）信施，而又托居火宅，若雷响而暂鸣。自了坏躯，等

1　黄征、吴伟编校：《敦煌愿文集》，岳麓书社，1995，第388—392页；马德：《〈董保德功德颂〉述略》，《敦煌研究》1996年第3期，第14—20页，有录文。

（3）蟾光而速耀。遂抽资产，募召良工，谨于本府子城内

（4）衙宇表外北街西横巷东口弊居，联璧形胜之地，创建

云云

（5）屋顶结脊四角，联拽铁鸣铃，宛然具足，又于此岩，共

诸施

（6）主诱引再修古龛伍所，一一彩绘妙笔。又因信心，召

邀命

（又于北方毗沙门造头冠一所，妆金

彩画，又三危山建法华塔一所。又于讲堂幄帐门两扇新著纸
布，妆师僧天王两躯。）

（7）来画仙龛。驻箔时多，居停日久，

（8）遂见普净古塔，置立年深，基宇摧残，金容色参，

（9）遂共行侣发语，上下商宜，等共修造精蓝，岂非好

（10）事，故得同音齐应，异口称欣，一诺相随，不违善事。

（11）守？乃即日下手，运土开基，则于塔下得珍珠

（12）璎珞、一瓶子，可有二升次米，当用此物，以修功德，

（麸金一瓶亦尔，内有金指环六个，银指环五个，纯金珠子一索，
又得一大石。）

（13）造珍珠像一帧，供养本处，不逾多载，廊可

（14）以忉利立成。俄匝三周，殿刹以灵山化出。

（15）西瞿陀尼卅第一尊者，迦湿弥罗国第二尊，

（16）东胜身洲第三，北俱卢洲第四尊者，

（17）南瞻部洲第五，耽没罗洲第六，

（18）钵剌拏洲第七，僧伽荼洲第八，

（19）香醉山第九尊者，三十三天第十，

（20）毕利扬瞿洲第十一，半度波山第十二，

（21）广胁山中第十三，可住山中第十四，

（22）鹫峰山中第十五，持轴山中第十六[1]。

董保德其人，为节度押衙知画行都料，为人温雅，丹青巧妙，经文粗晓，礼乐兼精。其所建功德：其一，在其北街东口居所自建兰若一所，建制为刹心四廊，结脊四角，铁索鸣铃，有类佛塔；其二，又于此岩，共诸施主修窟五龛；其三，为北方毗沙门天王造妆金头冠一顶；其四，信心募召，彩绘灵龛；其五，在三危山建法华塔一座；其六，讲堂帐门两扇新著纸布，并妆天王两躯；其七，又于窟宇讲堂后，建普净之塔。普净塔是董保德报答君恩，与行侣会坐，上下商宜，共修之古塔，为董保德所建最重要的功德。在重修此古塔之时，从塔基处得珍珠、璎璎、一瓶子，可有两升次米，以及金指环六个，银指环五个，纯金珠子一索，一大石。董保德将所得遗物当卖，造珍珠像一帧，供养在本处，以酬先人心愿。出土物中的珍珠、金指环、银指环、纯金珠子等，根据佛经记载都属于佛教七宝，璎璎应为璎珞，作为佛教供养具存在。鸠摩罗什译的《妙法莲华经》卷3，《授记品》第6中有金、银、琉璃、珍珠等：

> 尔时世尊复告诸比丘众："我今语汝，是大迦旃延，于当来世，以诸供具，供养奉事八千亿佛，恭敬尊重。诸佛灭后，各起塔庙，高千由旬，纵广正等五百由旬，皆以金、银、琉璃、车渠（砗磲）、马瑙（玛瑙）、真珠（珍珠）、玫瑰、七宝合成，众华、璎珞、涂香、末香、烧香、缯盖、幢幡，供养塔庙。……"[2]

1　王惠民：《〈董保德功德记〉与隋代敦煌崇教寺舍利塔》，《敦煌研究》1997年第3期，第69—83页，有录文。

2　《大正藏》第9册，第21页。

《摩诃般若波罗蜜经》卷27《常啼品》第88中有：

> 实时萨陀波仑菩萨与长者女，俱到其舍，在门外住。长者女入白父母："与我众妙华香及诸璎珞、涂香、烧香、幡盖、衣服、金、银、琉璃、颇梨、真珠、琥珀、珊瑚，及诸伎乐供养之具，亦听我身及五百侍女先所给使，共萨陀波仑菩萨，到昙无竭菩萨所，为供养般若波罗蜜故。昙无竭菩萨当为我等说法，我当如说行，当得诸佛法。"[1]

从佛经可知，佛教七宝是供养具，在董保德重修古塔中用作供养佛舍利。

董保德重修的古塔，于古塔中发现了一个瓶子，瓶中装物，乙、丙本中都有"贰（二）升次米"。佛教中除了佛真身舍利外，还有感应舍利或者是影骨舍利，在朝阳北塔地宫南面舍利函中，有一木塔，木塔中空，内置料瓶，瓶外包绢数层，内装沙粒，是感应舍利[2]。因而董保德重修的古塔中出现的"次米"，应是感应舍利。舍利本身有如米粒形的，如甘肃泾川发现的舍利石函中的舍利"瓶内装有'舍利'一十四粒，舍利形如米粒，质似珍珠"[3]，另如敦煌文献S.1438《献舍利表》中形容舍利骨："形圆粟粒，色映金沙。"唐代不空译《如意宝珠转轮祕密现身成佛金轮咒王经·如意宝珠品》中有："若无舍利，以金、银、琉璃、水精、马脑（玛瑙）、玻梨（璃）众宝等造作舍利。珠如上所用。行者无力者，即至大海边拾清净砂石即为舍利。亦用药草、竹木、根节造为舍利。"[4]可见，如果无舍利的情况，可用清净砂石等物代替。

1　《大正藏》第8册，第419页。

2　辽宁省文物考古研究所、朝阳市北塔博物馆：《朝阳北塔——考古发掘与维修工程报告》，文物出版社，2007，第101页。

3　甘肃省文物工作队：《甘肃省泾川县出土的唐代舍利石函》，《文物》1966年第3期，第8—14、47页。

4　《大正藏》第19册，第332页。

敦煌的舍利在吐蕃时已献于吐蕃，敦煌文献S.1438《献舍利表》[1]记载（图9-2-2），敦煌将沙州寺舍利骨一百三十七粒尽数献于远道而来的吐蕃高僧，以换取"大赫所获之邑"。其文曰：

沙州寺舍利骨一百卅七粒，并金棺银椁盛全。

臣厶言：

臣闻舍利骨者，释迦牟尼佛之身分也，化而为之，都八斛四升。在五印而成道，于双树而涅槃。龙天分之立祠，凡圣收之起塔。形圆粟粒，色映金沙。坚劲不碎于砧锤，焚漂因灭于水火。神通莫测，变化无穷。或初少而后多，或前增而末减。有福则遇，无福则消。作苍生之依徵，为王者之嘉瑞具。

沙州置经千祀，舍利出后百年，寺因莲花而建名，塔从舍利而为号。金棺银椁，葬于九地之中；月殿星宫，镇乎一州之内。昨者，官军压垒，朝见非烟之祥；人吏登陴，夜睹毫光之异。果得高僧远降，象架来仪。表以精诚，无遗颗粒。自然灵物应代，照　赞普德化之年；圣迹呈祥，明像法重兴之日。不然，希（稀）有之事，岂现于荒陬？无为之宗，流行于海内？自敦煌归化，向历八年，歃血寻盟，前后三度。频招猜忌，屡发兵戈，岂敢违天，终当致地。彷徨依拒，陷在重围，进退无由，甘从万死。伏赖宰相守信，使无涂炭之忧；大国好生，庶免累囚之苦。伏惟　圣神赞普雷泽远施，日月高悬，宽违　命之诛，舍不庭之罪。臣厶诚欢诚喜，顿首顿首，死罪死罪。

其舍利骨，先附（付）僧师子吼等三人进。伏讬大赫所获之邑，冀以永年之优；广度僧尼，用益无无疆之福。庶得上契佛意，

　　1　王惠民：《〈董保德功德记〉与隋代敦煌崇教寺舍利塔》中拟名为《献舍利表》，《敦煌研究》1997年第3期，第69—83页。

下协人心。特望　天恩。允臣所请。臣厶限以守官沙塞，不获称庆
阙庭，无任喜庆，为国祈福之至，谨附表陈贺以闻。臣厶诚欢诚
惧，顿首顿首，死罪死罪，谨言。[1]

《献舍利表》根据戴密微的研究，写于794年[2]。沙州的舍利出现后百
年，在莲花寺有个舍利塔，舍利用金棺银椁盛放，分葬于九地之中，用以镇
守沙州。"表以精诚，无遗颗粒"可见敦煌的舍利已尽数献于吐蕃，董保德
等人发现的古塔中的舍利瓶，可能仅存放感应舍利，与文献记载相合。

董保德建塔的年代，文献中有"大王遐寿，以日月而齐明"，可知，在

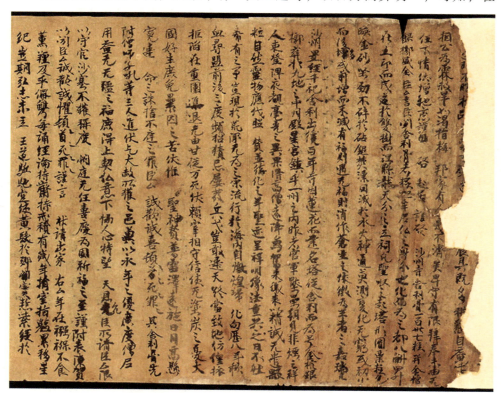

图9-2-2　敦煌文献S.1438《献舍利表》（IDP）

1　据王惠民：《〈董保德功德记〉与隋代敦煌崇教寺舍利塔》录文校。
2　〔法〕戴密微著：《吐蕃僧诤记》，耿昇译，甘肃人民出版社，1984，第347—350页。

大王在位之时。曹氏归义军时期，先后有曹议金、曹元忠、曹延禄称过大王，马德先生根据甲本文书中有"曹王累代，道俗兴平，营善事而无停，增福因而不绝"之句，认为时间应在曹元忠在位时[1]。天禧塔有明确纪年，建于宋真宗天禧三年（1019年），曹元忠统治敦煌时在944—974年[2]，所以董保德建塔与天禧塔在时间上不符。

另外，前文已述，天禧塔的建造是社众等人，碑文记载中并无董保德其人，所以在建塔人的身份上两者不同。天禧塔"社人足二十六数之释子"皆为僧人，俗人为"造塔塑匠王安德、李存遂"，并未见有董保德之名。董保德建塔中则有"因即行侣会坐，上下商宜，共修此古精蓝，报答君恩，施主岂非好事。遂乃同音共办，异口齐欢，即日施工，下手建造"之句，身份中只有"行侣"，未见有天禧塔中的众多建造者之名，因而两者的建造者不同。

再从塔下地基来看。根据冉万里的研究"目前已发掘的隋代地基之下，均发现方形或长方形的砖圹、石圹的长方形或方形的竖穴式地宫，有的还在圹内安置石条，充当护石"[3]。普净古塔塔基没有地宫室之类的描述，只是"运土开基"而来，并且在丙本中还有"又得一大石"，这与地圹内安置石条、充当护石相符，极可能是隋代的地圹，而非唐及其后的大型地宫类建筑，此时还没有形成真正的地宫形制的舍利圣物瘗埋。因此，董保德重修的普净古塔当为隋代所建舍利塔。《集神州三宝感通录》载："同至十月十五日正午入函，一时起塔。"说明隋代建塔，时间与规模一致，普净古塔应与隋文帝敕建舍利塔的模式相同。

王惠民先生根据S.3937V《董保德功德记》中重修普净塔的记录后有

1　马德：《〈董保德功德颂〉述略》，《敦煌研究》1996年第3期，第14—20页。

2　荣新江：《归义军史研究》，上海古籍出版社，1996，第113—122页。

3　冉万里：《中国古代舍利瘗埋制度研究》，文物出版社，2013，第35页。

十六罗汉题名，认为普净塔内应绘有十六罗汉，而据调查，大华塔内绘有经变画，小华塔内绘佛说法图，与董保德所记塔中绘十六罗汉不同。鉴于此，董保德重修的普净古塔不是现在的大华塔，也不是小华塔。

总之，通过以上分析，我们认为，董保德重修的普净古塔应为舍利塔，但董保德重修后的普净塔不是现在的华塔。根据马德先生的研究，董保德所重修的普净古塔在今成城湾，这就提出一个问题，既然普净塔非今天的华塔，那普净塔又是哪一座塔？是否现已塌毁？天禧塔也为舍利塔，它与董保德重修的普净塔又是什么关系？

如前所述，天禧塔出土于成城湾大华塔，而董保德重修之普净塔亦位于成城湾，天禧塔为舍利塔无疑，普净塔也曾为舍利塔，这样，成城湾就有两座舍利塔。华塔仍在，那普净塔在哪里？事实上，据文献记载，S.3929V《董保德功德记》甲本"又于窟宇讲堂后，建此普净之塔"，说明普净塔位于讲堂之后。大华塔所在的位置，邻近河道，附近似无建讲堂的条件，普净塔不会建于此。笔者注意到小华塔旁边有较为平坦的地方，并且从航拍图可以看出，小华塔旁边有长方形建筑痕迹（马德先生推测的讲堂、僧舍位置就在航拍图遗址位置旁边）（图9-2-3）和两座方形建筑遗迹（一座为清代卡房，可能也是古建筑再利用）。此建筑痕迹应该是《夏鼐日记》中记载的古庙："……其中筑炕之花砖，似由侧旁一古庙遗址中检拾来者。古庙遗址有塑像残片及花砖，附近有二小佛堂，中有宋元之壁画。"[1]可知，当时古庙尚存。故此，讲堂应建于较平坦的小华塔旁边比较合理，普净塔在讲堂之后，也应在小华塔附近。

---

1 夏鼐：《夏鼐日记》，华东师范大学出版社，2011，第212页。

图9-2-3　成城湾大华塔、方城、小华塔位置图（航拍）

四、结语

天禧塔建造的时间在天禧三年（1019年），在敦煌，正当曹氏归义军最后一任节度使曹贤顺执政时期，从还在使用宋年号看，曹贤顺尚奉宋为正朔。据《辽史·圣宗本纪》记载："〔辽开泰〕八年（1019年）春正月……封沙州节度使曹顺为敦煌郡王。"[1]这一年正月，曹贤顺还接受了辽国的赐封，成为辽国的郡王。

董保德重修的普净塔与天禧塔所载建塔人物不符，年代上及塔内壁画内容亦不相符，说明两塔不是一塔，天禧塔出自成城湾大华塔，也即大华塔与普净塔不是同一塔。

天禧塔前贤们仅是从塔内的圆形痕迹出发，推测是舍利塔，笔者从天禧

1　（元）脱脱等：《辽史》卷16，中华书局，1974，第185页。

陶塔本身、塔上的墨书题记及大华塔出土《天禧塔记》碑文分析，认为成城湾大华塔是舍利塔，但不是董保德所建的普净塔。普净塔内应绘有十六罗汉像，而大、小华塔内的壁画并未绘罗汉像，普净塔内埋藏的可能是佛感应舍利，地圹属于隋代建制，应是隋文帝在沙州所建崇教寺舍利塔。普净塔建于讲堂之后，小华塔附近较为平坦，有建讲堂的地理条件，也有寺院建筑痕迹，普净塔应该位于小华塔附近。

第十章
莫高窟及其周边土塔的类型、布局及形制探源

　　莫高窟初次建窟，一般认为是前秦建元二年（366年），距今已有1600多年的历史。唐代圣历元年（698年）李克让修《李君莫高窟佛龛碑并序》（简称《圣历碑》）记有其事："莫高窟者，厥初秦建元二年（366年），有沙门乐僔，戒行清虚，执心恬静。尝杖锡林野，行至此山，忽见金光，状有千佛，遂架空凿岩，造窟一龛。"[1] 又P.2691V《沙州城土境》记载："从永和八年癸丑岁初建窟，至今大汉乾祐二年乙酉岁，算得伍佰玖拾陆年记。"永和癸丑年即公元353年，则将莫高窟的建窟初年又提前了十多年。作为一个绵延上千年的佛教圣地，凿窟、修寺、建塔频仍不绝，窟、寺、塔并存，塔是佛教圣地的象征之一。印度早期的佛教以建塔为中心，其典型的佛教艺术建筑就是佛塔与石窟，有菩提伽耶大塔、山奇大塔、巴尔胡特大塔等，塔基四周有行道可供右旋礼拜；石窟则有闻名的阿旃陀、埃罗拉等石窟，其中有一种窟形为支提窟。支提窟内有佛塔建筑，作为僧徒礼拜的对象，是佛的象征。莫高窟早期也有中心柱式的支提窟，但这与印度的佛塔又有不同。佛教认为礼拜供养佛舍利即为供养佛本身，可得最上福田，因而，建塔来礼拜、供养佛舍利是佛教的重要活动之一。佛教历史上著名的阿育王建塔，就是一次对舍利尊崇的盛大举措。

　　1　此碑原立于莫高窟第332窟前室，现存残石，存敦煌研究院（Z.1101），碑文还见于藏经洞出土遗书P.2551号背面。

第一节　莫高窟及周边塔的类型

历史上莫高窟塔的数目应不在少数，而现今保存下来的也仅几十座而已。莫高窟窟区现有土塔遗址25座，其中崖顶有6座（包括一座佛堂遗址），窟前宕泉河两岸有19座（不包括从老君堂搬迁而来的慈氏塔），另外还有一些建筑遗迹，如崖上天王堂前不知是何种建筑的土堆遗迹。这些塔及建筑分布于莫高窟洞窟崖面上方或窟前宕泉河两岸，是莫高窟窟群大遗址的重要组成部分。

敦煌莫高窟及周边塔的类型按功能、性质，主要分为五类，第一类为供养礼拜佛祖舍利而建的塔，如成城湾的华塔；第二类是与洞窟性质相同，内有塑像、壁画，有的与洞窟融为一体，可供信徒礼拜、禅观或是礼忏等；第三类是密教塔，或埋藏有经卷等法舍利，作为密教坛场，进行密教法事活动，如莫高窟第16、17号塔，也可作为佛教寺院建筑的一部分，如涅槃寺（原称为天王堂）；第四类是为瘗埋历代高僧骨灰而建的灰身塔，包括一身坐化真身塔，这类塔有窟内与窟外之分；第五类塔兼有礼拜与高僧影堂的性质，如莫高窟第12号塔。

首先，我们来谈谈第一类。佛骨舍利塔——成城湾华塔。

隋文帝仁寿年间曾在崇教寺建塔，现已无可考，但据敦煌文献S.1438《献舍利表》[1]记载，在吐蕃统治敦煌时，敦煌将沙州寺舍利骨一百三十七粒尽献于远道而来的吐蕃高僧。其文有曰："沙州置经千祀，舍利出后百年，寺因莲花而建名，塔从舍利而为号。金棺银椁，葬于九地之中；月殿星宫，镇乎一州之内。"我们分析这段文字。

1　王惠民：《〈董保德功德记〉与隋代敦煌崇教寺舍利塔》中拟名为《献舍利表》，《敦煌研究》1997年第3期，第69—83页。

"沙州寺舍利骨一百卅七粒，并金棺银椁盛全"。金棺银椁为沙州舍利的奉安具，在隋代仁寿建塔时无此物。根据研究，金棺银椁出现于唐武则天时期，与塔下地宫的建筑同步[1]。因而，沙州向吐蕃僧人献贡的舍利完全使用的是唐代盛装舍利的器物。那么此舍利从何而来？"舍利出后百年"，对此，我们有以下解释。

阿育王建塔与隋文帝建塔在沙州各建有一座塔。"舍利出"可能指沙州两座舍利塔中的舍利曾在某时因为某种原因重新暴露在外，或因舍利塔的倒塌，或者是别的原因取出，重新瘗埋，如甘肃泾川大云寺的十四粒佛舍利，原为隋文帝仁寿元年所建古塔中的舍利[2]，或为北周宝宁寺惠明舍利[3]，后在武周兴建大云寺时重新安置，配以金棺银椁。阿育王 Asoka（公元前273—前232年在位），古代印度摩揭陀国孔雀王朝的第三代国王。如果最早从阿育王建塔始，则从公元前273—前232年开始计算，100年后，也是公元前100年左右。若从隋文帝沙州崇教寺建塔始，隋文帝沙州崇教寺建塔在仁寿元年（601年），后100年，即为公元701年，时在唐武则天时，但仁寿元年向各州赠送的舍利各自仅有一粒，《广弘明集》卷17《舍利感应记》记"皇帝于是亲以七宝箱，奉三十舍利……三十州同刻十月十五日正午入于铜函、石函，一时起塔"[4]。一百三十七粒显然数量过于宠大。当然还另有一种情况，前述《唐会要》卷48记仪凤二年光宅坊出舍利万粒：

> 光宅寺：光宅坊，仪凤二年，望气者言此坊有异气。敕令掘，
>
> 得石盌，得舍利万粒，遂于此地立为寺。[5]

1　冉万里：《中国古代舍利瘗埋制度研究》，文物出版社，2013，第35页。

2　甘肃省文物工作队：《甘肃省泾川县出土的唐代舍利石函》，《文物》1966年第3期，第8—14、47页。

3　赵超、邱亮：《甘肃泾川大云寺舍利石函铭与佛教塔基考古研究》，《考古》2016年第6期，第101—110页。

4　《大正藏》第52册，第213页。

5　（宋）王溥：《唐会要》（上册），中华书局，1955，第846页。

武则天有将光宅坊所出舍利颁布于四天下之举，敦煌文献S.2658、S.6502《大云经疏》有云：

> 神皇先发弘愿，造八百四万舍利宝塔。以光宅坊中所得舍利，分布于四天下，此则显八表一时，下舍利之应。斯乃不假人力所建，并是八表神功共成。此即显护持正法，大得舍利之验也。[1]

沙州是否有光宅寺舍利没有文献确切记载，但沙州舍利用"金棺银椁"盛放，很符合武则天时盛放舍利的方式。"金棺银椁，葬于九地之中；月殿星宫，镇乎一州之内。"表明舍利用金棺银椁，分葬于沙州的九地之中，用以镇守沙州，造福沙州。"九地"或为泛指，但也说明分葬于多地。金棺银椁是从唐代开始使用的埋葬舍利的器具，那么向吐蕃高僧献贡的舍利应是唐代重新瘗埋的舍利或者是仪凤二年出自光宅寺的舍利。

五代宋时，董保德等为修缮敦煌普净古塔，运土开基，于塔下得珍珠、金指环、璎珞、瓶子、大石等物，王惠民先生认为这些塔基下的古物是随舍利一起瘗埋之物，因为没有出土铜函或者"金棺银椁"，所以推测舍利或许在吐蕃统治之前或初期就部分或全部取出[2]，此说很有道理。S.1438《献舍利表》中有"无遗颗粒"，推测普净古塔中的舍利也献给了吐蕃。

另外，此古塔塔基下连同供养物一起出土的还有一块大石。从现已发掘的隋代舍利来看，出土物中都有塔下铭，董保德所修普净古塔下的大石是否就是石碑铭呢？根据研究"目前已发掘的隋代地基之下，均发现方形或长方形的砖圹、石圹的长方形或方形的竖穴式地宫，有的还在圹内安置石条，充当护石"[3]。《集神州三宝感通录》载："同至十月十五日正午入函，一时起

1　黄永武主编：《敦煌宝藏》第22册，新文丰出版公司，1986，第49页；黄永武博士主编：《敦煌宝藏》第47册，新文丰出版公司，1986，第501页。

2　转引王惠民：《〈董保德功德记〉与隋代敦煌崇教寺舍利塔》，《敦煌研究》1997年第3期，第69—83页；唐耕耦《敦煌社会文献真迹实录》（五）、史苇湘《吐蕃王朝管辖沙州前后》也有录文。

3　冉万里：《中国古代舍利瘗埋制度研究》，文物出版社，2013，第35页。

塔。"说明隋代仿阿育王建塔，时间与规模一致。从普净古塔塔基发现的过程来看，此塔没有唐代的塔基地宫，没有地宫室之类的描述，而是"运土开基"而来，那么极可能是隋代的竖穴式地圹。所以董保德修缮的这座普净古塔应为隋代所建。

根据王惠民先生的研究，普净塔内应绘有十六罗汉及其题名，但到目前为止，我们尚未发现内绘十六罗汉的塔。十六罗汉的使命是在佛涅槃之后，受佛嘱托，常住人间，守护佛法，利益众生。成城湾大华塔内的壁画熏黑严重，前文我们从仅存的壁画可以看出，是佛说法图或者经变画，非十六罗汉像。马德先生从敦煌本P.t.993《僧院图》出发并与莫高窟成城湾遗址的地形关系结合考察，认为《僧院图》绘的就是成城湾的僧院及周边环境，图中的大塔就是现今华塔，即普敬（净）塔[1]。

成城湾大华塔内曾出土一座陶塔，因陶塔顶部有墨书"天禧三年（1019年）"等字样而名为天禧塔。天禧塔于民国三十年（1941年）由马步青在莫高窟成城湾盗掘而得。同时出土的还有石碑一方，碑文《天禧塔记》记载了结社建塔的敦煌九寺人名及造塔塑匠等人名，人数众多，有20余人，且是来自敦煌九所寺院，此塔应来历不凡。陶塔内有圆形痕迹，推测塔内曾有存放舍利的瓶类器物。《天禧塔记》还记有："所以刻檀起信，尽标宗义，犹证果而获因，尚超凡而入圣，当本我世纪八万四千之宝塔。"塔记确切明言，塔为释迦舍利塔。

存放天禧塔的华塔并非董保德重修之普净古塔，因为天禧塔铭文中的人名记载很确切，无董保德其人；再者二者在时间上也不一致，一在曹元忠任归义军节度使时（944—974年），一在宋真宗天禧三年（1019年）。

沙州不可能仅有献给吐蕃的舍利，宋代佛教兴盛，特别是宋初，又掀起了一次西去印度求法的热潮，上至皇帝，下至百姓，似乎对舍利追求更甚，

1　马德：《敦煌本P.t.993《僧院图》与莫高窟城城湾遗址》，http:www.dha.ac.cn。

有许多僧人不仅带来了佛经，也带来了舍利。天禧塔中的舍利也许是宋代从印度带来。另外，正如敦煌文献《献舍利表》所言，舍利"坚劲不碎于砧锤，焚漂因灭于水火。神通莫测，变化无穷。或初少而后多，或前增而末减。有福则遇，无福则消。作苍生之依徵，为王者之嘉瑞具"。舍利可多可少，变化无穷。

《天禧塔记》中的八万四千宝塔者正是阿育王建塔的数目，以此表明为舍利塔。西晋安法钦译《阿育王传》卷1载：

> 作此语已向鸡头摩寺，到于上座夜舍之前，合掌而言："我今欲于阎浮提内造立八万四千宝塔。"[1]

志磐撰《佛祖统纪》卷33记载：

> 佛灭度后百年，阿育王取佛舍利，夜役鬼神碎七宝末造八万四千塔。[2]

综上所述，我们认为成城湾大华塔为舍利塔，但不是普净塔。

第二类塔与洞窟性质相同，内有塑像、壁画，有的与洞窟融为一体，可供信徒开展礼拜、禅观或是礼忏等法事活动，主要分布于莫高窟洞窟崖面上层，与洞窟合为一体。在结构上形成下窟、上塔的形式，在壁画内容上也有相互呼应的内在联系。在窟上建塔也是当时塔、窟结合的一种建筑形式，如莫高窟第143、161、234、130窟上方的塔。

莫高窟第143窟上方塔，位于143窟正上方，塔门与窟门在一条垂直线上。莫高窟第143窟由五代时期时任僧统的王僧统修建。王僧统，在933—935年任僧统[3]。P.3302V2号文书《长兴四年河西都僧统宕泉建窟上梁文》则

1　《大正藏》第50册，第102页。

2　《大正藏》第49册，第318页。

3　马德：《都僧统之"家窟"及其营建〈腊八燃灯分配窟龛〉丛识之三》，《敦煌研究》1989年第4期，第54—58页；荣新江：《关于沙州归义军都僧统年代的几个问题》，《敦煌研究》1989年第4期，第70—78页。

是王僧统在933年2月修建莫高窟第143窟窟檐或是重修第143窟的建窟上梁文[1]。当然，因为塔门处有重修壁画，这次窟上营建活动还包括重修窟上的塔。

莫高窟第161窟上方塔，位于161窟正上方。经考古发掘，塔内圆形，有佛坛，存塑像三身，主尊为倚坐弥勒像，两侧各一身游戏坐菩萨像。

莫高窟第234窟上方塔，位于234窟正上方，现仅余塔基及塔西面的半堵残墙。莫高窟第234窟为吐蕃时期所建，窟形为设有中心佛坛的覆斗顶窟，壁画大部分被后期壁画所遮盖，仅露出部分中唐画。位于第234窟下方的第237窟也是中唐窟，237、234窟及上方塔位于一条中轴线上，也应属于一组洞窟，所以234窟上方塔为中唐时期所建。

莫高窟第130窟大佛上方的佛堂类建筑遗迹以及366窟上方的塔。第130窟上方经2004年考古发掘，已发现一佛堂遗址。

第130窟建于唐开元九年（721年），由僧人处谚与乡人马思忠发起建成。《莫高窟记》有云：

开元年中，僧处谚与乡人马思忠等造南大像，高一百廿尺。

P.3721《瓜沙史事系年》则记有：

开元九年，僧处谚与乡人百姓马思忠等发心造南大像弥勒，高一百廿尺。[2]

莫高窟第130窟内塑大像为倚坐弥勒佛，是为南大像，南大像内壁画经过后期重修，其上方有建筑遗迹。这处遗迹为配合第161窟上方塔的加固工程，在2004年经过了考古发掘，发掘出佛堂遗迹一座。整个佛堂有被火烧过的痕

1　马德：《都僧统之"家窟"及其营建〈腊八燃灯分配窟龛〉丛识之三》，《敦煌研究》1989年第4期，第54—58页。又见其专著《敦煌莫高窟史研究》，甘肃教育出版社，1996，第123页。

2　上海古籍出版社、法国国家图书馆：《法藏敦煌西域文献（法国国家图书馆藏）》（27），上海古籍出版社，2020，第120页。

迹，佛堂已残破不堪，内残存有木质佛床，佛床上有泥塑像，但均已倒塌毁坏，仅残存断臂。

莫高窟第366窟以及其下的365、17窟在一条中轴线上，均为吴和尚所建窟，窟门外为清光绪三十二年（1906年）王道士主持修建的三层木构窟檐建筑，称为三层楼。第366窟上方远观也隐约有建筑遗迹。根据P.4640《吴僧统碑》："是以勤勤谛思，恳恳增修；开七佛药师之堂，建法华无垢之塔者，其惟我和尚焉。"[1]说明洪辩除了建七佛堂今莫高窟第365窟之外，还建有法华塔。从内容来看，P.4640《吴僧统碑》是洪辩为贺"迁释门都僧统"的建窟功德记，具体即修建莫高窟第365窟的功德记，文中未提及具体建法华塔或法华塔塔内的内容，因而，法华塔或与七佛堂同建或先已建成。据贺世哲先生考证，七佛堂始建于公元832年，完工于公元834年[2]。也就是说法华塔至迟在公元834年已建成，建成时间在吐蕃统治敦煌时期。吴僧统建塔，应不会远离其功德窟，如果366窟崖面之上有塔堂类建筑，那么必为吴僧统所建，也即碑文中所提到的"法华无垢之塔"，此塔与其功德窟第366、365、16窟上下组成一组洞窟。

老君堂慈氏塔、锥形顶小塔，成城湾小华塔也属于这一类。慈氏塔塔内主壁绘有弥勒菩萨像，菩萨两侧为天子与天女像，南北两壁则绘文殊与普贤菩萨像。老君堂地处三危山之中，地势相对较高，此地修建慈氏塔有兜率天宫之意，而文殊、普贤菩萨与弥勒菩萨这种新式的组合，在上升礼中出现过，也即此慈氏塔还兼有上升礼忏的功能。老君堂锥形顶小塔与成城湾小华塔，塔内均绘一组佛说法图。

第三类塔为密教塔，有密教坛场的性质，单独起塔。这类塔在宋之后兴

1　郑炳林：《敦煌碑铭赞辑释》，甘肃教育出版社，1992，第63页，有录文。
2　贺世哲：《从供养人题记看莫高窟部分洞窟的营建年代》，《敦煌莫高窟供养人题记》，文物出版社，1986。

起，脱离崖面，建于距离崖面有一定距离的戈壁上，如涅槃寺以及位于宕泉河东岸的两座宋、西夏时期的塔。

涅槃寺（原称天王堂），是一座四方形塔，以宋代曹延禄与于阗国太子广济大师为主要施主，壁画为密教内容，穹隆顶依据法贤译《佛说瑜伽大教王经》绘制。建塔之时，于阗公主已故去，塔具有为于阗公主修祈福的性质。

莫高窟第16、17号塔为宋、西夏时建的帐形方塔，内绘密教五方佛诸神祇，这类塔与密教坛场关系密切。

时代上来说，此类塔时代较晚，主要时代在宋及宋代之后。

第四类塔为僧人、道士丧葬塔，主要分布于莫高窟宕泉河两岸的台地上以及窟内，还有少量位于三危山脚下及山顶。这类塔较多。莫高窟在历史上佛教兴盛，高僧辈出，僧塔众多，远远多于现今保存下来的数目。有的塔地面部分已不存，1999年4月，莫高窟在扩修路时，在陈列中心西侧路下方曾发现骨灰盒一个。盒木质，内有骨灰及麻布碎片（应为骨灰袋）。发现时已残破，现存1块盒底木板（完整），有孔，木板上有简单墨画，长23.3、宽19.4厘米；8条盒侧边及盒盖木条（有的残断），木条上有的残存木钉，木条最长26、宽5厘米，盒侧边木条长24.5、宽3.5厘米（图10-1-1—图10-1-3）。从残木条来看，盒为底小盖大的覆斗形木盒。这应该是大部分僧塔下骨灰盒的样子，塔下埋葬骨灰，也是莫高窟僧人圆寂后的埋葬方式。在宕泉河东岸的戈壁滩沙石表面，有大面积的白灰皮存在，应是塔倒塌之后，经过风化及后代破坏而形成的现状（图10-1-4）。马德先生称其为"塔林"[1]。

高僧圆寂之后，一般要建塔，一为埋骨，二为纪念。建塔之处有的在寺院附近，有的在宗族墓地，有的则将其骨灰封藏于高僧塑像之中，如洪辩死

　　1　马德：《莫高窟新发现的窟龛与墓塔遗迹》，《敦煌佛教艺术文化论文集》，兰州大学出版社，2002。

图10-1-1　莫高窟第16、365、366窟

图10-1-2　1999年出土的僧人骨灰盒底部

后，门人弟子将其骨灰藏于影堂中的洪辩像里。生活于莫高窟及莫高窟寺院的僧人圆寂之后，大多会葬于莫高窟。如晚唐释门法律索义辩，在76岁时终于金光明寺，葬于莫高窟，在其建窟功德记P.4640号《沙州释门索法律窟铭》中记有其事："（索义辩）示疾数旬，医明无术。春秋七十有六，终于金光明寺。门人蹢踊，一郡缀（辍）舂；宗族悲哀，痛丁酷罚。其日葬于莫高窟之礼也。"[1]

1　郑炳林：《敦煌碑铭赞辑释》，甘肃教育出版社，1992，第74页，有录文。

图10-1-3　1999年莫高窟出土的僧人骨灰盒木条

图10-1-4　莫高窟宕泉河东岸塔林残存遗迹

　　而有的则葬于敦煌城附近，如任都僧统的阴海晏根据文献记载葬于莫高里大河南原。P3720号《河西都僧统阴海晏墓志铭并序》记曰："和尚俗姓阴氏，香号海晏……春秋七十有二，舍世早终。葬于本群（郡）莫高里大河南原之礼也。……道俗念悲起广塔，门人孙侄助坟哀。"[1]

　　P.3677号《刘金霞和尚迁神志铭并序》记载刘金霞和尚葬于南沙阳开渠南原："厥有桑门颖秀金霞上人，俗姓刘……时辛巳岁龙集大荒骆四月廿八日终于报恩［寺］精舍，春秋五十有七……五月一日葬于南沙阳开渠南原之礼也。"[2]

　　对于如何起塔，在何地建塔，佛教戒律中都有规定。如东晋佛陀跋陀罗共法显译《摩诃僧祇律》卷33有云：

　　　　塔事者，起僧伽蓝时，先预度好地作塔处，塔不得在南、不得在西，应在东、应在北。不得僧地侵佛地，佛地不得侵僧地。若塔近死尸林，若狗食残持来污地，应作垣墙。应在西、若南作僧坊，不得使僧地水流入佛地、佛地水得流入僧地。塔应在高显处作。不得在塔院中浣染、晒衣、着革屣、覆头、覆肩、涕唾地。若作是言："世尊贪欲瞋恚愚痴已除，用是塔为？"得越比尼罪，业报重。是名塔事。[3]

　　唐代道宣撰述的《四分律删繁补阙行事钞》卷下（三）《僧像致敬篇第二十》（造立像寺法附）中，对于建塔作了补充：

　　　　僧祇塔事者，起僧伽蓝时先规度好地作塔处。其塔不得在南、在西，应在东、在北（中国伽蓝门皆东向故，佛塔庙宇皆向东开，乃至厨厕亦在西南，由彼国东北风多故。神州尚西为正阳，不必

1　郑炳林：《敦煌碑铭赞辑释》，甘肃教育出版社，1992，第261、262页，有录文。
2　郑炳林：《敦煌碑铭赞辑释》，甘肃教育出版社，1992，第29页，有录文。
3　《大正藏》第22册，第498页。

依中土法也）。不得僧地侵佛地，佛地不得侵僧地。余如盗戒随相说。[1]

唐代道世撰《法苑珠林》卷37《兴造部》对建塔之事作了概括：

又僧祇律云：初起僧伽蓝时，先规度好地将作塔处。不得在南，不得在西，应在东，应在北，不侵佛地僧地。应在西、在南作僧房。佛塔高显处作。不得塔院内浣染、晒衣、唾地。得为佛塔四面作龛，作师子鸟兽种种彩画，内悬幡盖；得为佛塔，四面造种园林华果，是中出华应供养塔。[2]

莫高窟的僧塔，主要分布在宕泉河两岸，也有建于洞窟之内的塔。这些塔就塔形来讲，主要是西夏、元时期的塔，也有清朝、民国时期的塔。从文献记载来看，莫高窟的僧人更早就有埋葬在莫高窟的，但是现已无存。如果将莫高窟看作一个整体，一个大伽蓝，大多数塔都建于莫高窟的东面，则与《摩诃僧祇律卷》所言建于伽蓝之东相符合。而莫高窟北区存在一些僧人瘗窟，位在莫高窟之北，也与《摩诃僧祇律卷》所言塔"应在北"相一致。莫高窟崖面坐西朝东，相应地，洞窟大多也坐西朝东，塔建于窟前之东的宕泉河两岸，而河东岸则更为密集。所以我们认为莫高窟宕泉河两岸，尤其是河东岸是莫高窟的塔林所在地，而北区也兼有此类性质，这与《摩诃僧祇律卷》的规定相一致。窟内的一些西夏、元代塔，推测也是僧人塔，与唐宋时为纪念高僧将其骨灰藏于高僧塑像内、置于影堂内的性质相当，这种形式与西夏崇尚礼拜佛塔，流行龛内建塔有关，也与藏传佛教有关。

第五类塔兼有礼拜与高僧影堂的性质，即莫高窟第12号塔。

1　《大正藏》第40册，第1804页。
2　《大正藏》第53册，第580页。

第二节　莫高窟及周边塔的形制探源

从塔形上说，敦煌莫高窟及周边现存主要有八角形塔、四方形塔、十字折角覆钵式塔、宝瓶式塔、圆柱形塔（仅1座为老君堂小塔）五类，那么，这些塔的塔形如何演变？又是如何传播的？在此，我们有必要对于这些塔的形制来源及其流行情况进行梳理。

一、阿育王塔相关问题

敦煌历史上，曾有阿育王建塔，然而阿育王塔现已不存，我们仅能通过文献记载大致推其所在，至于其形制，则是未知，因此阿育王建塔的地点及其塔形都是需要重新考虑的。

古印度贵族，为亡者建塔而葬，塔即为墓。也就是说，在佛陀时代之前，古印度就有建塔的习俗。

到了佛陀时代，塔被用作埋葬佛、弟子、法物等。佛教建塔有一定的规定，是为作塔法。东晋佛陀跋陀罗共法显译《摩诃僧祇律》卷33记载："尔时世尊自起迦叶佛塔，下基四方，周匝栏楯，圆起二重，方牙四出，上施盘盖、长表、轮相。佛言：'作塔法应如是。'"[1]有的还在塔身四面建龛："佛言：'得。过去世时，迦叶佛般泥洹后，吉利王为佛起塔，四面作龛，上作师子、象种种彩画，前作栏楯安置花处，龛内悬缯、幡、盖。'"[2]吉利王为迦叶佛起塔，塔身上四面作龛，龛内悬挂缯、幡、盖，前有安置花的栏楯。四面建龛，即在塔身覆钵四面建龛。

迦叶佛是过去佛，为过去七佛中第六佛，世尊为过去佛建塔，并礼拜。

1　《大正藏》第22册，第497页。
2　《大正藏》第22册，第497页。

世尊所建迦叶佛塔由塔基、塔身、塔刹组成：下方为四方的塔基，塔基周围有栏楯；塔基上为二重的圆形塔身；塔身上方塔刹，塔刹有盘盖、长表、相轮。印度的桑奇大塔、巴尔胡特大塔，阿富汗的马尼伽拉大塔、阿玛拉瓦提大塔上的雕刻塔等都是覆钵形的，其中马尼伽拉大塔下方为四方形塔基，这与《摩诃僧祇律》记载相同。覆钵四面建龛造型的塔，一直延续到后期，如出土于斯瓦特地区，建于5—7世纪，现藏巴基斯坦国家博物馆的一座青铜佛塔即为此类造型（图10-2-1）。

图10-2-1　巴基斯坦国家博物馆藏5—7世纪的青铜佛塔

　　唐代义净译《根本说一切有部毗奈耶杂事》卷18记载了覆钵塔的结构和规制，其所记塔形，也是覆钵形，但强调塔基用砖两重做成，另外，凡夫无平头、轮盖，只有塔基与覆钵。经文曰：

　　　　佛言："应可用砖两重作基，次安塔身，上安覆钵，随意高下，上置平头，高一、二尺，方二、三尺，准量大小中竖轮竿，次着相轮。其相轮重数，或一、二、三、四乃至十三，次安宝瓶……凡夫善人但可平头无有轮盖。"[1]

　　平头"高一、二尺，方二、三尺"为方形，前引《摩诃僧祇律》"方牙"也为方形，二者应为一物，即塔身之上衔接、承托塔刹的部分。

　　玄奘《大唐西域记》卷1中记载，在到达缚喝国的提谓城及波利城时，见

1　《大正藏》第24册，第291页。

到了两座佛塔，塔内分别奉安佛发、爪。当时二长者闻佛教诲后，请佛发、爪供养，并问礼敬仪式时，佛以佛衣铺地，其上覆钵，钵上竖锡杖，示意建塔法。塔是覆钵形塔，佛衣在下象征塔基，佛钵象征塔身，锡杖象征塔刹，是佛陀时代建塔的最初塔形：

> 大城西北五十余里，至提谓城。城北四十余里有波利城。城中各有一窣堵波，高余三丈。昔者如来初证佛果，起菩提树，方诣鹿园，时二长者遇被威光，随其行路之资，遂献麨蜜，世尊为说人天之福，最初得闻五戒十善也。既闻法诲，请所供养，如来遂授其发爪焉。二长者将还本国，请礼敬之仪式。如来以僧伽胝（旧曰僧伽梨，讹也）。方叠布下，次郁多罗僧，次僧却崎（旧曰僧祇支，讹也）。又覆钵，竖锡杖，如是次第，为窣堵波。二人承命，各还其城，拟仪圣旨，式修崇建，斯则释迦法中最初窣堵波也。[1]

阿育王是古代印度摩揭陀国孔雀王朝的第三代国王，生活于公元前3世纪（公元前273—前232年在位），已是佛灭200—300年之后。阿育王建塔是佛教建塔历史上的一件大事，掀起建塔和佛塔及舍利崇拜的高潮，其影响深远。西晋安法钦译《阿育王传》卷1对阿育王建塔之事有详细的记载（见绪论）。[2]

桑奇大塔以及巴基斯坦塔克希拉的达摩拉基卡大塔和斯瓦特的布卡拉塔，基本可以确定是阿育王所建[3]，另外巴尔胡特大塔也是阿育王时所建，这些塔主体都是覆钵形。所以说，覆钵形塔应是阿育王塔的造型样式，与佛陀时代的塔形相同。

桑奇大塔，位于印度中央邦首府博帕尔附近的桑奇村，阿育王在桑奇建

1　（唐）玄奘、辩机原著，季羡林等校注：《大唐西域记校注》，中华书局，2000，第122页。
2　《大正藏》第50册，第102页。
3　常青：《中国古塔的艺术历程》，陕西人民美术出版社，1998，第11页。

塔现存有3座，其中1号塔为桑奇大塔，此塔经过了三次大的修建。最初是由阿育王兴建，塔中心的覆钵为阿育王时建的土墩；后在巽伽王朝时代扩建，在覆钵土墩外面垒砌砖石，顶上增修一个方形平台和三层伞盖，底部构筑石砌的基坛和围栏；到了安达罗王朝，又在围栏四方依次建造南、北、东、西四座砂石的塔门牌坊（图10-2-2）。桑奇大塔在巽伽王朝（约在公元前2世纪）时扩建，其重修时以砖垒砌的塔体也为覆钵，可见此时塔还是以覆钵塔为主。

巴尔胡特大塔（Bharhut）位于中印度，佛塔原址在今印度中央邦萨特纳（Satna）县以南约15千米的巴尔胡特村。佛塔也建于阿育王时，在巽伽王朝时增修栏楯与塔门。塔的覆钵体早已崩坏，只剩下断墙残垣。

文献中，塔形有所改变的是迦腻色迦王时，他在印度北部犍陀罗建的雀离浮图使用了石、木及铁柱，是一类混合建筑材料的塔。

图10-2-2　印度桑奇大塔

贵霜王迦腻色迦王（78—120年）是继阿育王之后大力宣扬佛教法王，在位时修建了迦腻色迦大塔即雀离浮图，有"西域浮图，最为第一"之称。北魏杨衒之《洛阳伽蓝记》卷5记：

> 复西南行六十里至乾陀罗城。东南七里，有雀离浮图……佛入涅槃后二百年来，果有国王，字迦尼色迦。出游城东，见四童子累牛粪为塔，可高三尺，俄然即失。……王怪此童子，即作塔笼之。粪塔渐高，挺出于外，去地四百尺，然后止。王始更广塔基三百余步……从此构木始得齐等。《道荣传》云："其高三丈，悉用文木（石）为阶，阶砌栌拱，上构众木，凡十三级。"上有铁柱，高三尺……王于四角起大高楼……微风渐发，则宝铎和鸣。[1]

玄奘《大唐西域记》记：

> 卑钵罗树南有窣堵波，迦腻色迦王之所建也。迦腻色迦王以如来涅槃之后第四百年，君临膺运，统赡部洲，不信罪福，轻毁佛法。畋游草泽，遇见白兔，王亲奔逐，至此忽灭。见有牧牛小竖，于林树间作小窣堵波，其高三尺。王曰："汝何所为？"牧竖对曰："昔释迦佛圣智悬记，当有国王于此胜地建窣堵波，吾身舍利多聚其内。大王圣德宿殖，名符昔记，神功胜福，允属斯辰，故我今者先相警发。"说此语已，忽然不现。王闻是说，喜庆增怀，自负其名大圣先记，因发正信，深敬佛法。周小窣堵波，更建石窣堵波，欲以功力弥覆其上，随其数量，恒出三尺。若是增高，踰四百尺。基趾所峙，周一里半。层基五级，高一百五十尺。方乃得覆小窣堵波。王因喜庆，复于其上更起二十五层金铜相轮，即以如来舍利一斛而置其中，式修供养。营建才讫，见小窣堵波在大基东南隅

1　（北魏）杨衒之撰，范祥雍校注：《洛阳伽蓝记校注》，上海古籍出版社，1978，第327、328页。

下傍出其半，王心不平，便即掷弃，遂住窣堵波第二级下石基中半现，复于本处更出小窣堵波。王乃退而叹曰："嗟夫，人事易迷，神功难掩，灵圣所扶，愤怒何及！"懅惧既已，谢咎而归。其二窣堵波今犹现在。[1]

《北魏僧惠生使西域记》有：

> 至正光元年四月中旬入乾陀罗国……复西南行六十里，至乾陀罗城。有佛涅槃后二百年，国王迦尼迦所造雀离浮图凡十二重，去地七百尺，基广三百余步，悉用文石为陛。塔内佛事，千变万化。金盘晃朗，宝铎和鸣。西域浮图，最为第一。[2]

由上文可知，雀离浮图塔基方形、十三级（玄奘记五级，惠生记十二重），相轮十三重、十五重（玄奘记二十五层），刹顶有宝铎。但从玄奘的记载来看，塔还是"覆钵形"。巴基斯坦白沙瓦博物馆现藏一座青铜塔，出土于查尔萨达，约建于7—8世纪，是迦腻色迦王塔的模型。此塔塔基方形，十字折角式，正面十三级，四面二十角；塔身覆钵形，覆钵体四面建龛，龛内各一身坐佛；塔刹较高，相轮十三层，上有伞盖及仰月、宝珠（图10-2-3）。因而雀离浮图还应是一座覆钵形塔，但是塔基不再只是一层圆形或是方形，而是具有多层的方形台阶。

综上，覆钵形塔应是阿育王塔至迦腻色迦王时代的造型样式，与佛陀时代的塔形相同。我们认为阿育王所建塔应该是覆钵形塔，敦煌与瓜州的塔因气候及地质原因，以土塔为主，在敦煌的阿育王塔也应是覆钵形土塔。

根据《阿育王传》记，阿育王取七所佛塔舍利建八万四千塔，其中震旦国十九所，而瓜州、沙州均建有阿育王塔，但塔已不存，塔基已不可考。唐代道世撰《法苑珠林》卷38《故塔部》记载敦煌有"周沙州城内大乘寺

1　（唐）玄奘、辩机原著，季羡林等校注：《大唐西域记校注》，中华书局，2000，第238、239页。
2　《大正藏》第51册，第867页。

图10-2-3 出土于查尔萨达，现藏白沙瓦
博物馆藏7—8世纪的青铜塔

塔"　"周瓜州城东古塔"。今敦煌及其相邻的瓜州，二地地域相接，历史上曾称瓜、沙二州，其州郡设置隶属及管辖范围多有变更，不同时期两者名称不同，并且由于城池的废弃，瓜州原遗址也多有争议[1]。瓜州之名，历史上今敦煌与瓜州两地皆曾称瓜州，只是称名时代不同。除隋代将晋昌曾改称瓜州外，唐代以前，瓜州基本上指的就是敦煌（唐沙州），治所在今敦煌市西一千米处的沙州古城。《旧唐书》卷40《地理志》记："沙州下，隋敦煌郡。武德二年（619年），置瓜州。五年，改为西沙州。贞观七年去"西"字。天宝元年，改为敦煌郡。乾元元年，复为沙州。"[2]"瓜州，下都督府，隋敦煌郡之常乐县。武德五年（622年）置瓜

州，仍立总管府，管西、沙、肃三州。八年罢都督，贞观中复为都督府。天宝元年（742年）为晋昌郡。乾元元年（758年）复为瓜州。"[3]"晋昌，汉冥安县，属敦煌郡。冥，水名。置晋昌郡及冥安县，周改晋昌为永兴。隋改为瓜州，改冥安常乐。武德七年，复为晋昌。"[4]

1　孙修身：《唐代瓜州晋昌郡郡治及其有关问题考》，《敦煌研究》1986年第3期，第11—20页；李并成：《唐代瓜州（晋昌郡）治所及其有关城址的调查与考证——与孙修身先生商榷》，《敦煌研究》1990年第3期，第24—31页。

2　（后晋）刘昫等：《旧唐书》卷40《地理志》，中华书局，1975，第1644页。

3　（后晋）刘昫等：《旧唐书》卷40《地理志》，中华书局，1975，第1642页。

4　（后晋）刘昫等：《旧唐书》卷40《地理志》，中华书局，1975，第1643页。

据唐代道宣撰《广弘明集》记瓜州城东有土塔："瓜州城东三里有土塔，周朝育王寺，今废，惟有遗基，上以舍覆四廊墙匝，时见光明，公私士女往来乞福。"[1]据李并成先生研究，唐代瓜州（晋昌郡）的治所，在今锁阳城[2]。道宣《广弘明集》撰于麟德元年（644年），当时的瓜州指的应是现在的瓜州，治所在锁阳城。

五代十国时，吴越国的国王钱俶效仿阿育王兴起了大建佛塔之事，先后于乙卯岁（955年）和乙丑岁（965年）两次仿阿育王建塔。

钱俶（929—988年），吴越国开国国君钱镠孙，第二代国王钱元瓘第九子，五代十国时期吴越国的第5代，也是最后一位国王，原名钱弘俶，避赵匡胤父赵弘殷的名讳，改名为钱俶，谥号忠懿。在位期间（948—978年在位），仿阿育王造塔，大造金铜佛塔。其所造塔，塔基方形束腰须弥座式，塔身四面开龛，塔身上方四角有山花蕉叶，正中为塔刹，塔身内藏《宝箧印陀罗尼心咒经》，名宝箧印塔，因其塔身涂金，又名金涂塔。吴越王钱俶建塔之事见载于宋志磐撰《佛祖统纪》卷43《法运通塞志》第17（参见绪论）[3]。

这时的塔已与佛陀时代的塔外形大不相同。学界对于阿育王塔的造型有颇多探讨，杨富学、王书庆认为吴越国制造的宝箧印塔为阿育王塔的式样[4]，王敏庆从各类标有阿育王的塔形分析，认为吴越国的阿育王塔只是阿育王塔的样式之一[5]，等等。金申先生认为是因为刘萨诃传说中的阿育王塔典故之

1　《大正藏》第52册，第202页。

2　李并成：《唐代瓜州（晋昌郡）治所及其有关城址的调查与考证——与孙修身先生商榷》，《敦煌研究》1990年第3期，第24—31页。

3　《大正藏》第49册，第394页。

4　杨富学、王书庆：《敦煌文献P.2977所见早期舍利塔考——兼论阿育王塔的原型》，《敦煌学辑刊》2010年第1期，第66—89（85）页。

5　王敏庆：《关于中国阿育王塔称谓与形制关系的再考察——以吴越王金涂塔为中心》，《社会科学战线》2021年第4期，第120—131页。

缘出现了阿育王塔，并认为与吴越国的阿育王塔关系最为密切的是北魏单层塔，如云冈第14窟的浮雕单层覆钵塔[1]。前二者，其实都未真正考证阿育王塔及佛教早期塔的形制。据调查所有现出土的吴越阿育王塔，其塔铭为："吴越国王俶，敬造宝塔八万四千所，永充供养。乙卯岁记""吴越国王俶，敬造宝塔八万四千所，永充供养。乙丑岁记"[2]，题名中只有八万四千塔，并无阿育王塔之称[3]，反映了吴越王钱俶于乙卯岁（955年）和乙丑岁（965年）两次仿阿育王造八万四千塔的行为。笔者认为吴越国时钱俶造塔，是仿效阿育王造八万四千塔这种行为，与阿育王塔的塔型无关。

由于刘萨诃（何）在会稽得到的是阿育王所造塔，因而普遍认为吴越王塔形制是仿自鄮县（今宁波）阿育王寺中的阿育王塔。关于鄮县阿育王塔，有一个传奇故事，西晋太康二年，刘萨诃因病死，死后复苏，得到梵僧指点，出家更名为慧达，南行至会稽得到阿育王所造塔和佛舍利。唐代道宣《集神州三宝感通录》记载：

> 初西晋会稽鄮塔者……晋大（太）康二年（公元281年），有并州离石人刘萨何者，生在畋家弋猎为业，得病死，苏，见一梵僧，语何曰："汝罪重，应入地狱。吾闵汝无识且放。今洛下齐城丹阳会稽，并有古塔及浮江石像，悉阿育王所造。可勤求礼忏，得免此苦。"既醒之后，改革前习，出家学道，更名慧达。如言南行至会稽海畔，山泽处处求觅，莫识基绪。达悲塞烦惋，投告无地，忽于中夜闻土下钟声，即迁记其处，刿木为刹。三日间，忽有宝塔及舍利从地踊出。灵塔相状青色，似石而非石，高一尺四寸，方七

1　金申：《吴越国王造阿育王塔》，《东南文化》2002年第4期，第49页。

2　黎毓馨：《阿育王塔实物的发现与初步整理》，《东方博物》第31辑，浙江大学出版社，2009，第33—49页。

3　王敏庆已注意到这一点，认为吴越王塔的"阿育王塔"之名多见于现代学者的研究。参见王敏庆：《关于中国阿育王塔称谓与形制关系的再考察——以吴越王金涂塔为中心》，《社会科学战线》2021年第4期，第120—131页。

寸，五层露盘，似西域于阗所造。面开窗子四周天铃，中悬铜磬，每有钟声，疑此磬也。绕塔身上并是诸佛、菩萨、金刚、圣僧杂类等像……今在大木塔内……其舍利者在木塔底。[1]

由以上文献可知，西晋会稽鄮县塔是刘萨诃从会稽得到。刘萨诃所得阿育王造舍利塔为青色，方形，有五层露盘，四面开窗，中悬铜磬，塔身绘制佛、菩萨等像。又言塔"似西域于阗所造"，也就是说，这种塔形还见于于阗。于阗热瓦克佛寺遗址现存一座土坯砌成的覆钵形佛塔，有方形塔基、覆钵形塔身，也是覆钵形塔。新疆现存土塔，如米兰遗址西大寺以及新疆吐鲁番交河故城现存塔，方形，塔有五柱，类似于宝箧印式塔，但有学者认为不是宝箧印式塔[2]。唐道宣时舍利存放于大木塔内底部，刘萨诃所见的"似石而非石"塔已不存在。现存于宁波阿育王寺有一座木塔，为宋代仿制。木塔七宝镶嵌，高仅几十厘米，置于石塔之中。木塔内又有一塔，塔紫黑色，塔身四方形，上有露盘。

长干寺经过发掘出土了一座塔，塔铭中有"阿育王塔"。《金陵长干寺真身塔藏舍利石函记》记："……大师可政……助教王文，共为导首。率彼众缘，于先现光之地，选彼名匠，载建砖塔，高二百尺，八角九层，双造寺宇。□□进呈感应舍利十颗，并佛顶真骨泊诸圣舍利，内用金棺，周以银椁，并七宝造成阿育王塔……即以大中祥符四年太岁辛亥六月……"[3]由铭文可知，长干寺的塔非阿育王所造，而是在大中祥符四年（1011年），由大师可政、助教王文发起造成的七宝"阿育王塔"，距吴越王钱俶最后一次造塔已逾十余年。阿育王塔以埋藏佛舍利而闻名，此塔内有佛顶真骨及感应

1　《大正藏》第52册，第404页。

2　杨富学、王书庆认为是宝箧印塔，参见《敦煌文献P.2977所见早期舍利塔考——兼论阿育王塔的原型》，《敦煌学辑刊》2010年第1期，第66—89（85）页；栾睿认为交河故城是密教五佛五智塔，源自印度菩提伽耶成道纪念塔，见《交河塔林与密教东渐》，《敦煌研究》2001年第1期，第77—81页。

3　南京市考古研究所：《南京大报恩寺遗址塔基与地宫发掘简报》，《文物》2015年第5期，第4—52页。

舍利、诸圣舍利等，是舍利塔。总之，长干寺的阿育王塔塔内藏有佛顶骨舍利，但并非阿育王所建塔，铭"阿育王塔"者，显系因为藏佛骨舍利。所以必须要明确一个概念，即阿育王塔应指的阿育王所建塔，而不是所有的仿阿育王建的塔或者是藏有佛舍利的塔称为阿育王塔。

敦煌莫高窟第454窟甬道顶绘阿育王建塔故事画，画中的塔为覆钵形（见图i-1-1），莫高窟第323窟北壁绘阿育王拜倒外道尼乾子塔的故事，这种外道塔也为覆钵形，因而据现有壁画中塔形不能判断阿育王造塔的原型，但这或者表现了阿育王时代塔为覆钵形的迹象。

前文我们溯其源头，从文献出发考证印度佛陀之前到佛陀时代的塔，以及印度现存阿育王塔基本都为覆钵形塔，因而笔者认为阿育王所建塔原型应为覆钵式。因为附会阿育王建塔，中土有的塔命名为阿育王塔，或者将存放佛舍利的塔认为是阿育王塔，事实上，阿育王塔，就是阿育王所建塔，而非后人仿其行为所建塔，也非所有存放佛舍利的塔。

二、方形塔与八角形塔

最早由西晋刘萨诃发现的阿育王所造塔，塔为四方形，形制却异于印度早期的覆钵塔。阿育王塔有类于阗所造，邻近于阗的米兰西大寺遗址现存数座土塔，是四方形塔，可以说这种四方形塔西域早有。

《魏书·释老志》记："凡宫塔制度，犹依天竺旧状而重构之，从一级至三、五、七、九。世人相承，谓之'浮图'，或云'佛图'。"[1]可知，中国早期的佛塔应是依照古印度塔的式样而建。

塔传入中国后，结合中国的传统建筑形式，先是四方形，如洛阳白马寺塔"自洛中构白马寺，盛饰佛图，画迹甚妙，为四方式"[2]。另如，四川什邡

1　（北齐）魏收：《魏书》卷114，第8册，中华书局，1974，第3029页。
2　（北齐）魏收：《魏书》卷114，第8册，中华书局，1974，第3029页。

出土的东汉画像砖上为一座三层、木构四柱楼阁式佛塔[1]，湖北襄阳樊城菜越东汉墓出土的黄褐釉陶楼，两层楼阁式塔[2]，这两座塔的塔顶都是斜坡顶的中国楼阁式建筑。

北魏灵太后建有九层塔一座，塔为木塔，金铎、金盘、宝瓶、铁锁均有，并且有四面，面有三户六窗，户皆朱漆，并金环铺首，俨然中国化。北魏杨衒之《洛阳伽蓝记》卷1有记载："有九层浮图一所，架木为之……刹上有金宝瓶，容二十五石。宝瓶下有承露金盘三十重，周匝皆垂金铎，复有铁锁四道，引刹向浮图。四角锁上亦有金铎……浮图有四面，面有三户六窗，户皆朱漆。扉上有五行金钉……复有金环铺首。"[3]灵太后在永宁寺建的塔是四方形塔。

敦煌莫高窟早期石窟壁画中出现了覆钵式与方形塔两种。北魏第257窟南壁下层故事画中出现了方形塔：塔基为方形，高须弥座式；塔身方形，有中式的翘角檐，开圆拱龛，龛内坐一身佛；刹顶下部绘一白色覆钵，上有平头及相轮，两侧悬挂彩幡。另外，第257窟南、北壁各有一座相同的塔。塔下为阙形屋，塔顶与前述南壁故事画中的塔相同。莫高窟北周第428窟东壁门南，萨埵太子本生之中：覆钵形塔，塔基方形、一层；塔身覆钵形，正面开圆拱门；塔刹有相轮和三宝标。莫高窟第254窟主室南壁的舍身饲虎中的四方形塔，塔基三层，塔身三层，四面开拱形龛，各层都有檐，刹顶有相轮、圆形伞盖、宝珠等，两侧悬挂彩幡。莫高窟北周第428窟西壁也出现四方形塔，由主塔与四角四身小塔组成，五座塔的造型大致相同，四角还有四身天王守护。主塔塔基方形两层；塔身四层，自下而上，第一层圆形拱门，第二层绘四身力士，第三层圆拱门内绘释迦诞生，第四层绘一佛二菩萨说法图；

1　谢志成：《四川汉代画像砖上的佛塔图像》，《四川文物》1987年第4期，第62—64页。
2　襄樊市文物考古研究所：《湖北襄樊樊城菜越三国墓发掘简报》，《文物》2010年第9期，第4—20页。
3　（北魏）杨衒之著，范祥雍校注：《洛阳伽蓝记校注》，上海古籍出版社，1978，第1、2页。

塔刹底部为覆钵形，绘一身迦陵频迦鸟，再上为相轮七层，中心有白色刹杆贯穿，刹顶为弯月与宝珠。塔顶两侧悬挂四条彩幡。

以上分析可以看出，莫高窟早期石窟出现了覆钵形与四方形塔，两种塔并存。

云冈石窟中塔更多是四方形塔。云冈第1窟的中心柱就是四面龛形的塔，第2窟东壁中层中部右侧的佛塔、北侧的单层佛塔，第5窟南壁明窗东侧的佛塔，都是方形塔。第6窟南壁中层中部佛龛右侧的佛塔，方形，塔身5层，塔刹底部为忍冬纹，上有三宝标。云冈第11窟西壁的佛塔，也为四方形，等等。云冈石窟北朝时期的浮雕塔基本为四方形塔。

公元4—5世纪的新疆克孜尔石窟第38窟右甬道外壁绘有舍利塔，塔为覆钵形。塔基圆形，有壶门；塔身覆钵形，内有一坐佛；塔刹平头为束腰圆形，上有相轮及莲花，两侧悬挂彩幡。第13窟主室右壁也出现了成组的塔，塔基下层塔身放置舍利函，上层塔身绘坐佛一身。克孜尔石窟中的塔塔基圆形或方形，塔身为方形或圆形，塔刹较高，第13窟的塔刹有双层覆钵。

玄奘从西域回到长安后建大、小雁塔，塔形较为古老，为四方形，砖砌而成，五级，每层都有舍利，大雁塔初建时是"仿西域制度"而建的方形塔。《大唐大慈恩寺三藏法师传》卷7记载：

（永徽）三年春三月，法师欲于寺端门之阳造石浮图，安置西域所将经像，其意恐人代不常，经本散失，兼防火难。浮图量高三十丈，拟显大国之崇基，为释迦之故迹。将欲营筑，附表闻奏。

敕使中书舍人李义府报法师云："师所营塔功大，恐难辛成，宜用甎造。亦不愿师辛苦，今已敕大内东宫、掖庭等七宫亡人衣物助师，足得成办。"于是用甎，仍改就西院。其塔基面各一百四十尺，仿西域制度，不循此旧式也。塔有五级，并相轮、露盘，凡高一百八十尺。层层中心皆有舍利，或一千、二千，凡一万余粒。上层以石为室。南面有两碑，载二圣《三藏圣教序》、《记》，其书即尚书右仆射河南公褚遂良之笔也。[1]

莫高窟现存北宋、西夏时期的方形佛塔，方形塔建筑与密教方形坛场相对应，其内壁画为密教内容，是为适应密教坛场而出现的一种塔形。莫高窟建于北宋时期的涅槃寺塔，从外形来说，是四方形塔，但其周边有回廊，这种回廊可用于绕塔礼佛。早在汉献帝初平年间笮融所建塔就有"堂阁周回"[2]的结构，这种回廊式建筑，也见于新疆佛寺遗址，在焉耆七个星佛寺遗址的南、北大寺都有这种回廊式建筑。

西夏也盛行建四方形塔，如宁夏贺兰县拜寺沟口的塔为一座12层的方塔，贺兰县拜寺口双塔，贺兰县宏佛塔等都为方塔，莫高窟的宕泉河东岸有两座塔也为西夏时所建方形塔。

总之，方形塔可以上溯到西域的于阗地区，可能方形塔起源于西域，在北魏时方形塔已成为塔的主流形式。

北凉石塔为八角形塔，可为敦煌的八角形塔找到源头。敦煌的八角形塔有晚唐时期的，也有北宋的。晚唐塔一座主尊为阿弥陀佛，一座为弥勒佛。建于北宋的慈氏塔与成城湾大华塔，塔外有四天王塑像。慈氏塔是仿弥勒所在的兜率天宫而建，外有四大天王镇守。

三、十字折角式覆钵塔

十字折角式覆钵塔是随着藏传佛教传入而出现的塔。前述建于7—8世纪、现藏于白沙瓦博物馆的一座铜塔，其塔基即为十字折角形，可为这种塔形出现的较早例子。我们不知迦腻色迦王的雀离浮图是否为十字折角形，但

1　（唐）慧立、彦悰著，孙毓棠、谢方点校：《大慈恩寺三藏法师传》卷7，中华书局，2000，第160页；《大正藏》第50册，第260页。

2　（宋）范晔撰，（唐）李贤等注：《后汉书》卷73，中华书局，1982，第2368页。

可以确定塔基已有台阶。

　　莫高窟及周边保存有较多的这类塔，通常塔基下有石块或者土坯砌的台基，有的二者兼有；塔基为十字折角，较高，四面多角，有四面八角、四面十六角、四面二十角、四面二十八角之分；塔身为覆钵形；平头也为十字折角，有单层与双层之别。塔基内或装有擦擦。塔基下方应该埋有僧人骨灰，骨灰用布帛收纳，盛放于木盒内。

　　西夏在仁宗仁孝时引入了藏传佛教[1]，藏传佛教传入河西的时间约在夏仁宗继位（1124—1193年）期间的天盛十一年（1159年）。是年，仁孝派遣使者到西藏，奉迎迦玛迦举教派的始祖都松钦巴，都松钦巴派弟子格西藏索哇前往西夏到凉州，仁孝奉其为上师，也即藏传佛教传入河西的确切时间在1159年。史金波先生认为"至少在西夏中后期"，藏传佛教已传入西夏[2]。

　　佛塔初传西藏，据藏籍《西藏王臣记》记载，在公元5世纪即吐蕃赞普拉脱脱日年赞时期，佛塔已传入我国西藏，是一座印度传来的金佛塔[3]。

　　8世纪中叶，吐蕃赞普赤松德赞，迎请大乘佛教瑜伽中观派的创始人、那烂陀寺的首座寂护和密宗大师莲花生来西藏弘法，之后，历时十二年，于779年创建完成了桑耶寺。桑耶寺位于西藏山南地区的扎囊县雅鲁藏布江北岸，是西藏历史上第一座规模较为宏大的佛教寺院。这座寺院佛、法、僧三宝俱全，集汉、藏、印建筑风格为一体。寺院主殿四角建有四座佛塔，分别为红、绿、黑、白塔。这4座塔，是西藏历史上藏传佛教塔的鼻祖。

　　西藏的噶当塔源于印度与尼泊尔，与阿底峡赴西藏传法有很大的关系。古印度僧人（今孟加拉国）阿底峡是朗达玛灭法之后，复兴佛教的第一位重要人物，他应古格王朝的王统益西沃及其侄绛曲沃迎请至西藏传法。阿底峡

　　1　牛达生：《藏传佛教是夏仁宗时期传入西夏的——〈西夏佛教三论〉之三》，《西夏学》第13辑，甘肃文化出版社，2016，第190—200页。
　　2　史金波：《西夏社会》，上海人民出版社，2007，第600页。
　　3　索南才让：《论西藏佛塔的起源及其结构和类型》，《西藏研究》2003年第2期，第83页。

至西藏时（1042年）带来了小佛塔，这种佛塔后被称为噶当塔。噶当塔是一种合金覆钵塔，塔基圆形，有仰、覆莲瓣，塔身覆钵形，塔刹有平头、相轮及宝盖等。

西藏还有一种塔是布顿塔，与噶举派的布顿·仁钦珠（bustonrinchengrub，1290—1364）有关，出现于14世纪。布顿根据密宗续经的造像度量技法重新规定了佛塔的造型和建筑艺术，并按照新规定规范和修建了多种佛塔。布顿对于佛塔量度的制定起到了至关重要的作用，并编撰有《大菩提塔样尺寸法》。

藏式佛塔有非常丰富的宗教内涵，"从佛塔结构而言，西藏佛塔有着特殊的象征意义：一般佛塔最下面的四层象征四念住、四正断、四正足和五根；佛塔宝瓶的下方象征五力；宝瓶象征七觉支；宝瓶的上方象征八征道；佛塔上的十三相轮象征十力和三念住，另外它还象征大悲总持、大悲心和空性；空瓶上面的伞盖象征智慧，伞盖下的两条绳线象征四业；伞盖上的日、月象征二智的获得；佛塔的顶尖象征无二（时轮金刚和无差别）"[1]。

莫高窟的僧塔，塔基大部分为十字折角式。这种塔基，与密教关系密切，含有一定的佛教义理。从塔形分析，莫高窟及周边的塔受到了藏传佛教的影响，除了塔基之外，塔形与噶当塔相似，河西地区西夏与元代的塔也是如此，因而，我们认为莫高窟的僧塔由印度、尼泊尔传入西藏，又由西藏随藏传佛教传入河西地区，其源头来自印度、尼泊尔。

元代建塔受到尼泊尔工匠阿尼哥影响较大，他曾应征赴西藏建金塔，又至北京建塔，巴思巴收其为弟子。妙应寺白塔即由阿尼哥参与设计和修建，历时八年，于元世祖忽必烈至元十六年（1279年）建成。山西五台山大白塔也是阿尼哥建造，晚于妙应寺白塔，建成于1302年。

北京妙应寺白塔，由台基、塔基、塔身、塔刹四部分组成，其中台基方

1　索南才让：《论西藏佛塔的起源及其结构和类型》，《西藏研究》2003年第2期，第85页。

形，塔基十字折角式，塔身覆钵形，塔刹底平头也为十字折角形，相轮十三层，上有伞盖、宝瓶。我们在莫高窟的僧塔中也可以找见与之相似的风格元素。

甘肃武威（凉州）也有白塔寺，内有一座大白塔，是著名的凉州会谈（1247年）之后，阔瑞为圆寂于1251年的萨迦班智达·贡噶坚赞修建的一座灵骨白塔。但原塔经战火与地震，经多次维修，已不是原状。这一时期白塔盛行，在莫高窟第465窟前室南、北两壁各绘一座藏式白塔。

元代塔基内装有擦擦，如三危山脚下的塔。《元史》卷202《释老传》："又有作擦擦者，以泥作小浮图也……作擦擦者，或十万二十万以至三十万。"[1]从李约瑟拍摄的照片可以看出，塔内装藏的擦擦是一种小泥塔，由模具制作而成，塔基为两层十字折角式（坛城），上为覆钵式塔身，是缩小了的十字折角式覆钵塔。擦擦是禳灾祈福的宗教圣物，装藏于塔内，目的在于积攒善业功德。

第三节　结　语

敦煌的塔与新疆、河西的塔相同，基本上都是土塔，这与西北地区的气候与地质结构相关。

敦煌，史载有阿育王建塔，有隋代仁寿建塔，以及后来董保德修缮的普净古塔，都是释迦舍利塔，其中董保德修缮普净古塔可能位于今成城湾。

前面已经分析总结，莫高窟及周边的塔，分为五类。

第一类为佛舍利塔，根据考证，建于宕泉河上游的成城湾，即宕泉南谷。

第二类为具有礼拜、礼忏功能，与洞窟有相同性质的塔，主要修建于莫高窟崖面上方，与下层洞窟组成一组洞窟，有的在内容上起着补充下层洞窟

1　（明）宋濂等：《元史》，中华书局，1976，第4523页。

的作用。三危山老君堂的慈氏塔与锥形土塔属于同一类型。

第三类塔，主要是密教塔，单独起塔，具有密教坛场的性质。在宋之后兴起，与崖面脱离关系，建于距离崖面有一定距离的戈壁上，如涅槃寺以及位于宕泉河东岸的三座宋、西夏时期的塔（一座为高僧影堂塔）。

第四类塔为僧人或道士丧葬塔，主要分布于莫高窟宕泉河两岸的台地上及三危山内，这类塔较多，现有19座，包括王圆箓道士塔。从塔形来看，大多数应建于元代，也有清代、民国时期的塔。

第五类塔仅有一座，即高僧影堂塔。莫高窟第12窟，塔内有壁画，内容有佛、菩萨，也有高僧侍从，兼具礼拜与影堂的性质。

莫高窟作为一个佛教遗址群落，是一个整体，从塔的分布来看，塔的修建是有规划的，也遵循一定的原则。崖面南区北侧上方入口处有两塔，矗立于莫高窟通向敦煌的古道两侧，是天王塔（堂）以及天王堂寺所在地，在建筑设计上有天王驻守山门之意。另外还有曹延禄、于阗公主、皇太子广济大师等作为施主修建的涅槃寺，位于古道南侧。这里是文献中提到的"窟头"位置。

进入宕泉河谷，从南到北，分别有莫高窟第143窟及其上方塔，莫高窟第156、161及其上方塔，莫高窟第237、234窟及其上方塔，莫高窟第17、365、366窟及其上方塔，这些窟、塔均是垂直分布在崖面之上，其窟门在一条中轴线上，是有规划的一组建筑，功德主为同一人。他们与莫高窟南大像、北大像一样，贯穿整个崖面或局部崖面，是敦煌大族、僧界领袖或者有影响力的人士所建，主要有僧统、节度使等。这些塔窟组合是除了南、北大像之外，莫高窟崖面上的标志性建筑。莫高窟洞窟前面大部分都有木质窟檐建筑，这些特殊的塔窟组合的窟，与上方塔一起组成佛教塔窟组合的建筑，整体来讲，是一类比较有特色的塔的形制，下方为殿堂式、最上层为塔，这种形式在敦煌壁画中也可见到。崖面洞窟及其上方塔是莫高窟的主要礼佛区。

莫高窟崖面前方台地上，建有寺院以及一些塔。

宕泉河谷东岸，是塔林，主要是莫高窟僧人的安葬之地。宋及西夏还建有三座方形塔。

作为一个大的佛教遗址群，莫高窟的修建也是遵循佛教的建筑原则，僧塔建于东边及北边。东边指宕泉河东岸，为塔林；北边指北区，北区有礼佛窟，也有瘗窟及僧人生活居住窟。这也符合莫高窟的地形状况。宕泉河将莫高窟一分为二，河东岸为戈壁，因河阻挡，推测东岸当时无进入莫高窟的主道，因而主要为塔林区。河西岸有崖面，有洞窟，窟前还有台地，适宜种树、建寺院，这是主要的佛事活动区域。崖面南区北侧的双塔是出入莫高窟的山门，也有镇守、护持莫高窟之意。

宕泉河谷的成城湾是宕泉河南谷，也存在寺院，寺院内有讲堂，讲堂后有舍利塔。现存大华塔也是舍利塔之一。南谷地处幽静之地，选择将舍利塔建于此有保护舍利、免被打扰之旨，也可能有此地为莫高窟最早佛教的发轫地之意。

老君堂地处三危山之中，地势较高，此地建有慈氏塔，有类兜率天宫。慈氏塔内主尊是兜率天宫的弥勒菩萨，意为祈愿上升兜率，值遇弥勒。

总体来说，莫高窟窟区及其周边的塔是以莫高窟崖面洞窟为中心，以地形及方位为辅而建的塔，天王堂取其位于山门入口处，崖面上建塔为与下层洞窟组成一组塔窟建筑群，宕泉河东岸为塔林，成城湾建舍利塔取其幽，老君堂建慈氏塔取其高。

第234窟上方的土塔已完全塌毁，未经发掘清理，故难知详情，但应是与第234窟连为一体的一座中唐时期的土塔，因而234窟上方的塔应是莫高窟现存最早的土塔遗址。现存最早的塔为莫高窟161窟上方的塔，建于晚唐归义军初期。在曹延禄建涅槃寺之前，塔内主尊以释迦、药师或弥勒等显教尊格为主，而在此之后，则密教与显教两种风格并存，显教以释迦、弥勒为主尊，密教则以大日如来为中心组成的坛场为主要内容，一座塔，就是一坛场。

清代与民国塔现存两座，一座为王圆箓塔，另一座为喇嘛塔，虽然一为道士塔，一为喇嘛塔，但塔形均为宝瓶式，并且正面都嵌有塔碑，可见这一时期主要流行这一形式的塔，另外根据早期照片，宕泉河西岸，洞窟前方的台地上，也有一座宝瓶式清代塔。清代喇嘛（法讳罗襄丹）塔是莫高窟发现的现存唯一的一座有明确纪年的喇嘛塔，建于清宣统三年（1911年）。而王圆箓塔建于民国时期，是修建年代最晚的一座塔，也是唯一的一座道士塔。

莫高窟及其周边的塔是莫高窟佛教石窟遗址的重要组成部分，是不同时代佛塔的内容及形制的反映，体现了佛塔自西域传入中国的中国化进程，也在佛教建筑史上留下浓墨重彩的一笔。

（本书图版由敦煌研究院提供，敦煌研究院版权所有。）

参考文献

一、古代典籍

（西晋）陈寿撰，（南朝宋）裴松之注，陈乃乾校点：《三国志》，中华书局，1959。

（东晋）释法显撰，章巽校注：《法显传校注》，中华书局，2008。

（梁）释僧佑撰，苏晋仁、萧炼子点校：《出三藏记集》，中华书局，1995。

（北魏）杨衒之撰，范祥雍点校：《洛阳伽蓝记校注》，上海古籍出版社，1978。

（北齐）魏收：《魏书》，中华书局，1974。

（唐）段成式撰，秦岭云点校：《寺塔记》，人民美术出版社，1964。

（唐）慧立、彦悰著，孙毓棠、谢方点校：《大慈恩寺三藏法师传》卷7，中华书局，2000。

（唐）李吉甫撰，贺次君点校：《元和郡县图志》，中华书局，1983。

（唐）释道世撰，周叔迦、苏晋仁校注：《法苑珠林校注》，中华书局，2003。

（唐）玄奘、辩机原著，季羡林等校注：《大唐西域记校注》，中华书局，2000。

（唐）张彦远撰，秦仲文、黄苗子点校：《历代名画记》，人民美术出版社，1964。

（后晋）刘昫：《旧唐书》，中华书局，1975。

（宋）郭若虚撰，黄苗子点校：《图画见闻志》，人民美术出版社，1964。

（宋）黄休复撰，秦岭云点校：《益州名画录》，人民美术出版社，1964。

（宋）李昉等：《太平广记》卷397，中华书局，1961。

（宋）李诚：《营造法式》（四）卷32《小木作制度图样·门窗格子门等》，商务印书馆，1954。

（宋）欧阳修、宋祁：《新唐书》，中华书局，1975。

（宋）王溥：《唐会要》，中华书局，1955。

（宋）王钦若等编纂，周勋初等校订：《册府元龟》，凤凰出版社，2006。

（宋）乐史撰，王文楚等点校：《太平寰宇记》，中华书局，2007。

（宋）赞宁撰，范祥雍点校：《宋高僧传》，中华书局，1987。

（元）马祖常著，李淑毅点校：《石田先生文集》卷5，中州古籍出版社，1991。

（元）脱脱等：《宋史》，中华书局，1977。

（元）脱脱等：《辽史》，中华书局，1974。

（明）胡汝砺编，（明）管律重修，陈明猷校刊：《嘉靖宁夏新志》卷8，宁夏人民出版社，1982。

（明）解缙等：《永乐大典》，中华书局，1986。

（清）阮元校刻：《十三经注疏》，中华书局，1980。

（清）吴广成撰，龚世俊等校证：《西夏书事校证》，甘肃文化出版社，1995。

（清）徐松：《宋会要辑稿》，中华书局，1957。

（清）永瑢、纪昀等：《四库全书》（影印文渊阁），台北商务印书馆股份有限公司，1986。

（清）智观巴・贡却乎丹巴绕吉著：《安多政教史》，吴均、毛继祖、马世林译，甘肃民族出版社，1989。

（清）《敦煌县志（道光辛卯版）》（校注本）第二册，江苏广陵古籍刻印社，1999。

高楠順次郎、渡邊海旭都監：《大正新脩大藏經》（简称《大正藏》）第1—85册，大正一切經刊行會、大藏出版株式會社，1924—1932。

河村照孝编集：《卍新纂大日本續藏經》（简称《新纂卍续藏》）第1—90册，株式會社國書刊行會，1975—1989。

二、近现代论著

（一）图册与工具书

北京大学图书馆、上海古籍出版社：《北京大学图书馆藏敦煌文献》第1—2册，上海古籍出版社，1995。

丁福保：《佛学大辞典》，文物出版社，1984。

段文杰：《甘肃藏敦煌文献》第1—6册，甘肃人民出版社，1999。

敦煌文物研究所：《中国石窟・敦煌莫高窟》第1—5册，文物出版社，1982—1987。

敦煌文物研究所：《敦煌莫高窟内容总录》，文物出版社，1982。

敦煌研究院：《敦煌莫高窟供养人题记》，文物出版社，1986。

敦煌研究院：《敦煌石窟艺术》第1—22册，江苏美术出版社，1993—1998。

敦煌研究院：《敦煌石窟内容总录》，文物出版社，1996。

敦煌研究院：《中国石窟・安西榆林窟》，文物出版社，1997。

敦煌研究院：《敦煌遗书总目索引新编》，中华书局，2000。

俄罗斯艾尔米塔什博物馆、西北民族大学、上海古籍出版社：《俄藏黑水城艺术品》Ⅱ，上海古籍出版社，2011。

俄罗斯国立艾尔米塔什博物馆、上海古籍出版社：《俄藏敦煌艺术品（俄罗斯国立艾尔米塔什博物馆藏）》Ⅰ—Ⅵ，上海古籍出版社，1997—2005。

俄罗斯科学院东方研究所圣彼得堡分所、俄罗斯科学出版社东方文学部、上海古籍出版社：《俄藏敦煌文献（俄罗斯科学院东方研究所圣彼得堡分所藏）》第1—17册，上海古籍出版社，俄罗斯科学出版社东方文学部，1992—2001。

樊锦诗：《敦煌石窟全集·佛传故事画卷》，（香港）商务印书馆，2002。

甘肃省文物工作队、炳灵寺文物保管所：《中国石窟·永靖炳灵寺》，文物出版社，1989。

甘肃五凉古籍整理研究中心整理：《伯希和中亚之行·敦煌石窟——北魏、唐、宋时期的佛教壁画和雕塑》，甘肃文化出版社，1997。

河南省文物研究所：《中国石窟·巩县石窟寺》，文物出版社，1989。

贺世哲：《敦煌石窟全集·法华经画卷》，（香港）商务印书馆，1999。

贺世哲：《敦煌石窟全集·楞伽经画卷》，（香港）商务印书馆，2003。

黄永武主编：《敦煌宝藏》第1—140册，新文丰出版公司，1986。

季羡林主编：《敦煌学大辞典》，上海辞书出版社，1998。

李永宁：《敦煌石窟全集·本生因缘故事画卷》，（香港）商务印书馆，2000。

李玉珉主编：《中国佛教美术论文索引（1930—1993）》，觉风佛教艺术文化基金会，1997。

龙门文物保管所、北京大学考古系：《中国石窟·龙门石窟》第1—2册，文物出版社，1991—1992。

罗华庆：《敦煌石窟全集·尊像画卷》，（香港）商务印书馆，2002。

马德：《敦煌石窟全集·交通画卷》，（香港）商务印书馆，2001。

彭金章：《敦煌石窟全集·密教画卷》，（香港）商务印书馆，2003。

商务印书馆：《敦煌遗书总目索引》，中华书局，1983。

上海古籍出版社、法国国家图书馆：《法藏敦煌西域文献（法国国家图书馆藏）》（1—34），上海古籍出版社，1995—2005。

上海古籍出版社、上海博物馆：《上海博物馆藏敦煌吐鲁番文献》第1—2册，上海古籍出版社，1993。

上海古籍出版社、天津市艺术博物馆：《天津市艺术博物馆藏敦煌文献》第1—6册，上海古籍出版社，1996—1997。

上海图书馆、上海古籍出版社：《上海图书馆藏敦煌吐鲁番文献》第1—4册，上海古籍出版社，1999。

施萍婷：《敦煌石窟全集·阿弥陀经画卷》，（香港）商务印书馆，2002。

孙修身：《敦煌石窟全集·佛传东传故事画卷》，（香港）商务印书馆，2002。

孙毅华、孙儒僩：《敦煌石窟全集·石窟建筑卷》，（香港）商务印书馆，2003。

谭蝉雪：《敦煌石窟全集·民俗画卷》，（香港）商务印书馆，1999。

唐耕耦、陆宏基：《敦煌社会经济文献真迹释录》第一辑，书目文献出版社，1986。

唐耕耦、陆宏基：《敦煌社会经济文献真迹释录》第二—五辑，全国图书馆文献缩微复制中心，1990。

天水麦积山石窟艺术研究所：《中国石窟·天水麦积山》，文物出版社，1998。

王惠民：《敦煌石窟全集·弥勒经画卷》，（香港）商务印书馆，2002。

王进玉：《敦煌石窟全集·科学技术画卷》，（香港）商务印书馆，2001。

新疆维吾尔自治区文物管理委员会、拜城邑克孜尔千佛洞文物保管所、北京大学考古系：《中国石窟·克孜尔石窟》第1—3册，文物出版社，1989—1998。

新疆维吾尔自治区文物管理委员会、库车县文物保管所、北京大学考古系：《中国石窟·库木吐喇石窟》，文物出版社，1992。

殷光明：《敦煌石窟全集·报恩经画卷》，（香港）商务印书馆，2000。

袁珂校注：《山海经校注》，巴蜀书社，1992。

云冈石窟文物保管所：《中国石窟·云冈石窟》第1—2册，文物出版社，1991—1994。

张文彬主编：《敦煌——纪念敦煌藏经洞发现一百周年》，朝华出版社，2000。

中国国家图书馆：《中国国家图书馆藏敦煌遗书》第1—7册，江苏古籍出版社，1999—2001。

中国国家图书馆：《国家图书馆藏敦煌遗书》第1—146册，北京图书馆出版社，2005—2012。

中国社会科学院历史研究所、中国敦煌吐鲁番学会敦煌古文献编辑委员会、英国国家图书馆、伦敦大学亚非学院：《英藏敦煌文献（汉文佛经以外部分）》第1—14册，四川人民出版社，1990—1995。

《李约瑟的中国摄影集》，嘉峪关、千佛洞、敦煌，1943。

大英博物館監修：《西域美術（大英博物館スタイン・コレクシヨン）》第1—3卷，講談社，1982、1982、1984。

松井太、荒川慎太郎主編：《敦煌石窟多言語資料集成》，東京外国語大学アジア・アフリカ言語文化研究所，2017。

ジャン・フランソワ・ジャリージュ、秋山光和監修：《西域美術（ギメ美術館ベリオ・コレクシヨソ）》第1、2卷，講談社，1994、1995。

Aurel Stein. Serindia: Detailed Report of Explorations in Central Asia and Westernmost China. Oxford: Clarendon Press, 1921.

Dora C. Y. Ching. Visualizing Dunhuang: The Lo Archive Photographs of the Mogao and Yulin Caves. Princeton: Princeton University Press，2021.

Lokesh Chandra（洛克什·钱德拉），Nirmala Sharma（夏尔玛）. Buddhist Paintings of Tun-Huang in the National Museum, New Delhi（新德里国家博物馆藏敦煌佛教绘画）. New Delhi, India: Niyogi Books, 2012.

（二）专著

陈扬炯：《中国净土宗通史》，江苏古籍出版社，2000。

崔红芬：《西夏河西佛教研究》，民族出版社，2010。

崔红芬：《文化融合与延续：11—13世纪藏传佛教在西夏的传播与发展》，民族出版社，2014。

杜斗城：《敦煌五台山文献校录研究》，山西人民出版社，1991。

段文杰：《敦煌石窟艺术论集》，甘肃人民出版社，1988。

段文杰：《段文杰石窟艺术论文集》，甘肃人民出版社，1994。

方广锠：《中国写本大藏经研究》，上海古籍出版社，2006。

方立天：《中国佛教哲学要义》，中国人民大学出版社，2002。

甘肃省文物局：《甘肃古塔研究》，科学出版社，2014。

郭俊叶：《敦煌莫高窟第454窟研究》，甘肃教育出版社，2016。

郝树声、张德芳：《悬泉汉简研究》，甘肃文化出版社，2009。

贺世哲：《敦煌石窟论稿》，甘肃民族出版社，2004。

贺世哲：《敦煌图像研究·十六国北朝卷》，甘肃教育出版社，2006。

姜伯勤：《敦煌艺术宗教与礼乐文明》，中国社会科学出版社，1996。

姜德治：《敦煌大事记》，甘肃人民出版社，2009。

金申：《中国历代纪年佛像图典》，文物出版社，1994。

赖鹏举：《敦煌石窟造像思想研究》，文物出版社，2009。

李淞：《神圣图像——李淞中国美术史文集》，人民出版社，2016。

梁思成：《中国建筑史》（《梁思成全集》第四卷），中国建筑工业出版社，2001。

梁晓鹏：《敦煌莫高窟千佛图像研究》，民族出版社，2006。

罗哲文：《中国古塔》，中国青年出版社，1985。

吕建福：《中国密教史》，中国社会科学出版社，1995。

吕钟修纂：《重修敦煌县志》，甘肃人民出版社，2002。

马德：《敦煌莫高窟史研究》，甘肃教育出版社，1996。

马德：《敦煌工匠史料》，甘肃人民出版社，1997。

宁夏回族自治区文物管理委员会办公室雷润泽、于存海、何继英：《中国古代建筑·西夏佛塔》，文物出版社，1995。

宁夏文物考古研究所：《山嘴沟西夏石窟》，文物出版社，2007。

冉万里：《中国古代舍利瘗埋制度研究》，文物出版社，2013。

任继愈主编：《中国佛教史》第1—3卷，中国社会科学出版社，1981—

1988。

　　荣新江：《归义军史研究》，上海古籍出版社，1996。

　　荣新江、朱丽双：《于阗与敦煌》，甘肃教育出版社，2013。

　　沙武田：《敦煌画稿研究》，中央编译出版社，2007。

　　陕西省考古研究院、陕西省铜川市药王山管理局：《唐代造像碑及历代雕像和壁画》（《陕西药王山碑刻艺术总集》第5卷），上海辞书出版社，2013。

　　沈从文：《中国服饰史》，商务印书馆，1962。

　　施萍婷：《敦煌习学集》，甘肃民族出版社，2004。

　　石璋如：《莫高窟形》（一）—（三），历史语言研究所，1996。

　　史金波：《西夏佛教史略》，宁夏人民出版社，1988。

　　史金波、白滨、吴峰云：《西夏文物》，文物出版社，1988。

　　史金波、聂鸿音、白滨译注：《天盛改旧新定律令》，法律出版社，2000。

　　史苇湘：《敦煌研究文集·敦煌历史与莫高窟艺术研究》，甘肃教育出版社，2002。

　　宿白：《敦煌七讲》，敦煌文物研究所，1962年油印本。

　　宿白：《中国石窟寺研究》，文物出版社，1996。

　　孙晓岗：《文殊菩萨图像学研究》，甘肃人民美术出版社，2007。

　　谭蝉雪：《敦煌婚姻文化》，甘肃人民出版社，1993。

　　汤用彤：《隋唐佛教史稿》，中华书局，1982。

　　汤用彤：《汉魏两晋南北朝佛教史》，中华书局，1983。

　　汪娟：《敦煌礼忏文研究》，法鼓文化事业股份有限公司，1998。

　　汪娟：《唐宋古逸佛教忏仪研究》，文津出版社，2008。

　　王尧、陈践译注：《敦煌吐蕃文献选》，四川民族出版社，1983。

温金玉主编：《释迦塔与中国佛教》，宗教文化出版社，2009。

夏鼐：《夏鼐日记》，华东师范大学出版社，2011。

夏鼐：《夏鼐西北考察日记》（上、下册），社会科学文献出版社，2018。

夏鼐著，王世民、林秀贞编：《敦煌考古漫记》，百花文艺出版社，2002。

向达：《唐代长安与西域文明》，生活、读书、新知三联书店，1957。

向达：《唐代长安与西域文明》，河北教育出版社，2001。

谢继胜：《西夏藏传绘画——黑水城出土西夏唐卡研究》，河北教育出版社，2002。

谢稚柳：《敦煌艺术叙录》，上海古籍出版社，1996。

严耀中：《宏观与微观视野里的中国宗教》，华东师范大学出版社，2012。

杨明芬（释觉旻）：《唐代西方净土礼忏法研究》，民族出版社，2007。

杨明芬：《唐代西方净土礼忏法研究》，民族出版社，2007。

张伯元：《安西榆林窟》，四川教育出版社，1995。

张大千：《漠高窟记》，台北故宫博物院，1985。

张广达、荣新江：《于阗史丛考》，上海书店出版社，1993。

张广达、荣新江：《于阗史丛考（增订本）》，中国人民大学出版社，2008。

张曼涛主编：《中国佛教寺塔史志》，大乘文化出版社，1978。

张小刚：《敦煌佛教感通画研究》，甘肃教育出版社，2015。

赵和平：《敦煌表状笺启书仪辑校》，江苏古籍出版社，1997。

郑炳林：《敦煌地理文书汇辑校注》，甘肃教育出版社，1989。

郑炳林：《敦煌碑铭赞辑释》，甘肃教育出版社，1992。

中国美术学院出版社：《史岩文集》，中国美术学院出版社，2007。

〔日〕释成寻原著，白化文、李鼎霞校点：《参天台五台山记》，花山文艺出版社，2008。

〔日〕释圆仁原著，〔日〕小野胜年校注，白化文、李鼎霞、许德楠修订校注：《入唐求法巡礼行记校注》，花山文艺出版社，1992。

〔美〕巫鸿著，郑岩、王睿编：《礼仪中的美术——巫鸿中国古代美术史文编》，郑岩等译，生活·读书·新知三联书店，2005。

〔英〕奥雷尔·斯坦因著：《西域考古图记》，中国社会科学院考古研究所译，广西师范大学出版社，1998。

〔法〕伯希和著：《伯希和敦煌石窟笔记》，耿昇、唐健宾译，甘肃人民出版社，1993。

松本荣一：《燉煌畫の研究·圖像篇》，東京文化學院東京研究所，1937。

松本荣一：《燉煌畫の研究·附圖》，東京文化學院東京研究所，1937。

H. W. Bailey. The Stael-Holstein Miscellany. Asia Major, newseries, 1951, 2(1): 44.

（三）论文

陈炳应：《图解本西夏文〈观音经〉译释》，《敦煌研究》1985年第3期。

陈明：《关于莫高窟第156窟的几个问题》，《敦煌学辑刊》2006年第3期。

党寿山：《被埋没的西夏千佛阁遗址》，《西夏学》第七辑，上海古籍出版社，2011。

樊锦诗、刘玉权：《敦煌莫高窟唐前期洞窟分期》，《敦煌研究文集·敦煌石窟考古篇》，甘肃民族出版社，2000。

樊锦诗、赵青兰：《吐蕃占领时期莫高窟洞窟的分期研究》，《敦煌研究》1994年第4期。

甘肃省文物工作队：《甘肃省泾川县出土的唐代舍利石函》，《文物》1966年第3期。

关友惠：《敦煌宋西夏石窟壁画装饰风格及其相关问题》，《2004年石窟研究国际学术会议论文集》（下），上海古籍出版社，2006。

郭俊叶：《敦煌壁画中的经架——兼议莫高窟第156窟前室室顶南侧壁画题材》，《文物》2011年第10期。

郭俊叶：《敦煌石窟中万菩萨图》，《艺术史研究》第17辑，中山大学出版社，2015。

郭祐孟：《晚唐观音法门的开展——以敦煌莫高窟第161窟为中心的探讨》，《圆光佛学学报》2003年第十期。

郭祐孟：《2006中国西北考察结报·石窟寺院考察篇》，《圆光佛学学报》2007年第十一期。

何利群：《北朝至隋唐时期佛教寺院的考古学研究——以塔、殿、院关系的演变为中心》，《石窟寺研究》第一辑，文物出版社，2010。

贺世哲：《从供养人题记看莫高窟部分洞窟的营建年代》，《敦煌莫高窟供养人题记》，文物出版社，1986。

贺世哲、孙修身：《〈瓜沙曹氏年表补正〉之补正》，《甘肃师大学报（哲学社会科学版）》1980年第1期。

贺世哲、孙修身：《瓜沙曹氏与敦煌莫高窟》，《敦煌研究文集》，甘肃人民出版社，1982。

金维诺：《敦煌窟龛名数考》，《文物》1959年第5期。

寇甲、赵晓星：《莫高窟"天王堂"初探——吐蕃统治敦煌时期的密教研究》，《兰州大学学报》2007年第3期。

李军：《晚唐归义军节度使张淮鼎事迹考》，《敦煌学辑刊》2009年第2期。

李淞：《〈论八十七神仙卷〉与〈朝元仙仗图〉之原位》，《艺术探索》2007年第3期。

李刘：《敦煌写本〈董保德功德颂〉的年代及有关问题》，《敦煌研究》2007年第6期。

李永宁：《敦煌莫高窟碑文录及有关问题》（一），《敦煌研究》1981年第1期。

李域铮、冈翎君：《陕西省博物馆藏的一批造像》，《文博》1988年第4期。

梁思成：《敦煌壁画中所见的中国古代建筑》，《文物参考资料》1951年第5期。

梁松涛、杨富学：《西夏圣容寺及其相关问题考证》，《内蒙古社会科学（汉文版）》2012年第5期。

刘永增：《敦煌"西夏石窟"的年代问题》，《故宫博物院院刊》2020年第3期。

刘玉权：《敦煌莫高窟、安西榆林窟西夏洞窟分期》，《敦煌研究文集》，甘肃人民出版社，1982；又见敦煌研究院：《敦煌研究文集·敦煌石窟考古篇》，甘肃民族出版社，2000。

刘玉权：《本所藏图解本西夏文〈观音经〉版画初探》，《敦煌研究》1985年第3期。

刘玉权：《瓜、沙西夏石窟概论》，《中国石窟·敦煌莫高窟（五）》，文物出版社，1987。

刘玉权：《敦煌西夏洞窟分期再议》，《敦煌研究》1998年第3期。

刘玉权：《敦煌三危山和尚沟古佛寺遗址踏查记》，《敦煌研究》1999年第3期。

刘玉权：《关于沙州回鹘洞窟的划分》，《敦煌研究文集·敦煌石窟考古篇》，甘肃民族出版社，2000。

陆庆夫：《归义军晚期的回鹘化与沙州回鹘政权》，《敦煌学辑刊》1998年第1期。

马德：《十世纪中期的莫高窟崖面概观》，《敦煌研究》1988年第2期。

马德：《灵图寺、灵图寺窟及其它——〈腊八燃灯分配窟龛名数〉丛识之二》，《敦煌研究》1989年第2期。

马德：《都僧统之"家窟"及其营建〈腊八燃灯分配窟龛名数〉丛识之三》，《敦煌研究》1989年第4期。

马德：《曹氏三大窟营建的社会背景》，《敦煌研究》1991年第1期。

马德：《〈董保德功德颂〉述略》，《敦煌研究》1996年第3期。

马德：《散藏美国的五件敦煌绢画》，《敦煌研究》1999年第2期。

马德：《莫高窟新发现的窟龛与墓塔遗迹》，《敦煌佛教艺术文化论文集》，兰州大学出版社，2002。

马德：《敦煌画匠称谓及其意义》，《敦煌研究》2009年第1期。

马德：《敦煌本P.t.993《僧院图》与莫高窟城城湾遗址》，http://www.dha.ac.cn。

宁笃学、钟长发：《甘肃武威西郊林场西夏墓清理简报》，《考古与文物》1980年第3期。

宁夏回族自治区文物管理委员会办公室、贺兰县文化局：《宁夏贺兰县宏佛塔清理简报》，《文物》1991年第8期。

宁夏回族自治区文物考古研究所、宁夏回族自治区贺兰县文化局：《宁夏贺兰县拜寺沟方塔废墟清理纪要》，《文物》1994年第9期。

荣新江：《关于沙州归义军都僧统年代的几个问题》，《敦煌研究》1989年第4期。

荣新江：《沙州归义军历任节度使称号研究》（修订稿），《敦煌学》1992年第19辑。

阮丽：《莫高窟天王堂图像辨识》，《敦煌研究》2013年第5期。

沙武田：《敦煌石窟于阗国王"天子窟"考》，《西域研究》2004年第2期。

沙武田：《敦煌吐蕃译经三藏法师法成功德窟考》，《中国藏学》2008年第3期；又见敦煌研究院：《敦煌吐蕃文化学术研讨会论文集》，甘肃民族出版社，2009。

沙武田：《敦煌西夏石窟分期研究之思考》，《西夏研究》2011年第2期。

沙武田：《莫高窟"天王堂"质疑》，《敦煌研究》2004年第2期。

沙武田：《敦煌莫高窟"太保窟"考》，《形象史学》2015年第2期。

沙武田、李国：《莫高窟第156窟营建史再探》，《考古与艺术 文本与历史——丝绸之路研究新视野国际学术研讨会论文集》（下），西安，2016。另见《敦煌研究》2017年第5期。

沙武田、梁红：《敦煌石窟归义军首任都僧统洪辩供养像考——兼论中古佛教僧人生活中的随侍现象》，《敦煌学辑刊》2016年第2期。

沙武田、赵晓星：《归义军时期敦煌文献中的太子》，《敦煌研究》2003年第4期。

史金波、白滨：《莫高窟榆林窟西夏文题记研究》，《考古学报》1982年第3期。

史金波：《敦煌莫高窟北区出土的西夏文文献初探》，《敦煌研究》

2000年第3期。

宿白：《"莫高窟记"跋》，《文物参考资料》1955年第2期。

宿白：《东汉魏晋南北朝佛寺布局初探》，《庆祝邓广铭教授九十华诞论文集》，河北教育出版社，1997；又见宿白：《魏晋南北朝史唐宋考古文稿辑丛》，文物出版社，2011。

宿白：《敦煌莫高窟密教遗迹札记》（上），《文物》1989年第9期。

宿白：《敦煌莫高窟密教遗迹札记》（下），《文物》1989年第10期。

宿白：《李君莫高窟佛龛碑合校》，《敦煌吐鲁番学研究论文集》，汉语大词典出版社，1990。

宿白：《西夏佛塔的类型》，《中国古代建筑·西夏佛塔》，文物出版社，1995。

宿白：《敦煌莫高窟密教遗迹札记》，《中国石窟寺研究》，文物出版社，1996。

孙儒僩：《敦煌壁画中塔的形象》，《敦煌研究》1996年第2期。

孙儒僩：《莫高轶事·我的敦煌生涯（六）——关于石室宝藏牌坊和慈氏之塔的拆迁与复原记事》，《敦煌研究》2015年第5期。

孙寿龄：《金昌花大门石刻是西夏塔龛悬葬》，《金昌日报》2013年6月2日第2版。

孙修身：《腊八燃灯分配窟龛名数年代考》，《丝路访古》，甘肃人民出版社，1982。

孙修身：《敦煌佛教艺术和古代于阗》，《新疆社会科学》1986年第1期。

孙修身：《莫高窟第76窟〈八塔变相〉中现存四塔考》，《敦煌研究》1986年第4期。

谭蝉雪：《西域鼠国及鼠神摭谈》，《敦煌研究》1994年第2期。

王惠民：《独煞神与独煞神堂考》，《敦煌研究》1995年第1期。

王惠民：《〈董保德功德记〉与隋代敦煌崇教寺舍利塔》，《敦煌研究》1997年第3期。

王惠民：《一佛五十菩萨图源流考》，《麦积山石窟艺术文化论文集》（上），兰州大学出版社，2004。

王惠民：《敦煌西夏洞窟分期及存在的问题》，《西夏研究》2011年第1期。

王惠民：《敦煌宋代天禧资料辨析》，《锁阳城遗址与丝绸之路历史文化学术研讨会论文集》（下），2015。

吴曼公：《敦煌石窟腊八燃灯分配窟龛名数》，《文物》1959年第5期。

吴庆洲：《中国佛塔塔刹形制研究》（上），《古建园林技术》1994年第4期。

吴庆洲：《中国佛塔塔刹形制研究》（下），《古建园林技术》1995年第1期。

吴庆洲：《佛塔的源流及中国塔刹形制研究》，《华中建筑》1999年第4期。

吴庆洲：《佛塔的源流及中国塔刹形制研究（续）》，《华中建筑》2000年第2期。

夏鼐：《〈陇右金石录〉补正》，《向达先生纪念论文集》，新疆人民出版社，1986。

襄樊市文物考古研究所：《湖北襄樊樊城菜越三国墓发掘简报》，《文物》2010年第9期。

向达（觉明居士）：《记敦煌出六朝婆罗谜字因缘经经幢残石》，《现代佛学》1963年第1期；又见阎文儒、陈玉龙编《向达先生纪念论文集》，新疆人民出版社，1986。

向达：《西征小考》，《唐代长安与西域文明》，河北教育出版社，2001。

萧默：《敦煌莫高窟附近的两座宋塔》，《敦煌研究》1983年创刊号。

谢继胜、于硕：《"八塔经变画"与宋初文化交流——莫高窟七六窟八塔变图像的原型》，《法音》2011年第5期。

谢静：《敦煌石窟中西夏人供养人服饰研究》，《敦煌研究》2007年第3期。

徐苹芳：《唐宋塔基的发掘》，《新中国的考古发现与研究》，文物出版社，1984。

徐苹芳：《中国舍利塔基》，《中国大百科全书·考古学》，中国大百科全书出版社，1998。

杨宝玉、吴丽娱：《P.3804咸通七年愿文与张议潮入京前夕的庆寺法会》，《南京师大学报（社会科学版）》2007年第4期。

杨冰华：《莫高窟第61窟甬道北壁西夏重修僧尼供养人像蠡探》，《敦煌学辑刊》2017年第4期。

杨富学、王书庆：《敦煌文献P.2977所见早期舍利塔考——兼论阿育王塔的原型》，《敦煌学辑刊》2010年第1期。

杨富学：《莫高窟第409窟的营建时代与民族属性——兼评西夏说与西州回鹘说》，《美术大观》2022年第2期。

杨森：《五代宋时期于阗皇太子在敦煌的太子庄》，《敦煌研究》2003年第4期。

杨秀清：《张议潮出走与张淮深之死——张氏归义军内部矛盾新探》，《敦煌研究》1996年第4期。

杨永生：《酒泉古塔存佚现状及价值述略》，《锁阳城遗址与丝绸之路历史文化学术研讨会论文集》（下），瓜州，2015。

殷光明：《敦煌市博物馆藏三件北凉石塔》，《文物》1991年第11期。

游自勇：《隋文帝仁寿颁天下舍利考》，《世界宗教研究》2003年第1期。

湛如、丁薇：《印度早期佛教的佛塔信仰形态》，《世界宗教研究》2003年第4期。

张德芳：《悬泉汉简中的"浮屠简"略考——兼论佛教入敦煌的时间》，《中国敦煌吐鲁番学会2008年度理事会暨"敦煌汉藏佛教艺术与文化学术研讨会"论文集》，兰州，2008。

张广达、荣新江：《关于敦煌出土于阗文献的年代及其相关问题》，《于阗史丛考》，上海书店出版社，1993。

张广达、荣新江：《关于唐末宋初于阗国的国号、年号及其王家世袭问题》，《于阗史丛考》，上海书店出版社，1993。

张广达、荣新江：《十世纪于阗国的天寿年号及其相关问题》，《欧亚学刊》第1辑，中华书局，1999。

张先堂：《唐宋时期敦煌天王堂寺、天王堂考》，《法门寺文化研究通讯》1998年第13期。

张先堂：《唐宋时期天王堂寺、天王堂考》，《二十一世纪敦煌文献研究回顾与展望研究会论文集》，中华自然文化学会、国立自然博物馆、财团法人国立自然博物馆文教基金会，1999。

张亚萍：《西藏岩画中的"塔"形图》，《中国藏学（英文版）》2008年第2期。

张云：《论吐蕃文化对西夏的影响》，《中国藏学》1989年第2期。

赵超、邱亮：《甘肃泾川大云寺舍利石函铭与佛教塔基考古研究》，《考古》2016年第6期。

赵晓星：《敦煌文献P.2991〈报恩吉祥之窟记〉的写作年代再考》，

《敦煌吐鲁番研究》第十六卷，上海古籍出版社，2016。

赵晓星：《关于敦煌莫高窟西夏前期洞窟的讨论——西夏石窟考古与艺术研究之五》，《敦煌研究》2021年第6期。

赵晓星：《莫高窟吐蕃时期塔、窟垂直组合形式探析——吐蕃统治敦煌时期的密教研究之五》，《中国藏学》2012年第3期。

赵贞：《归义军押衙兼知他官考略》，《敦煌研究》2001年第2期。

浙江省文物考古研究所：《杭州雷峰塔五代地宫发掘简报》，《文物》2002年第5期。

郑雨：《三危山与西王母》，《文史知识》1988年第8期。

〔日〕森安孝夫著，梁晓鹏译：《沙州回鹘与西回鹘国》，《敦煌学辑刊》2000年第2期。

索 引

后　记

　　2006年夏天，莫高窟难得迎来了一场雨，淅淅沥沥下了一夜。第二天周末，雨声相伴正好眠，但已约好，早起去爬老君堂、观音井。大约是五六人，带上水和干粮，沿着夏鼐先生他们曾经走过的路前行。雨后空气清新，微凉，还有一两星雨掉落，因这雨，大家又多了一份精神，内心自然是欢呼雀跃了。从后山戈壁到了乐僔堂、南天门，然后转入三危山内，山里到处是路，但乱走是不行的，最后摸索出循着前人标注的红色箭头方向走大致没有问题。几经波折，近午时分终于到达老君堂。堂内静谧，地面潮润，主殿廊下支了桌椅，有一位南方来的游方道士在写字。这里因为我们的到来，也多了一份热闹。当时的心境，仅是到此一游，脚步也匆匆，随意拍了几张照片，临要离开前往观音井，却发现旁边还有一座小塔，塔内有佛像与壁画。不承想，这于我却是一次契机。当时拍的照片也相当珍贵了，再去，老君堂已经维修，不复以前模样，少了些许古意。

　　走进莫高窟，首先映入眼帘的是土塔。他们零落分布在戈壁上，迎来朝霞，送走夕阳，古老而寂寥，默默述说着历史的沧桑。喧嚣一天，到了傍晚，宕谷又恢复幽静，风吹过，九层楼铁马声声，石窟与古塔两相映照，无限禅境。不禁感想，也许塔的主人曾坐禅于石窟内，也曾参与过石窟的设计、营建和各种活动，而后，又以塔的形式守望着石窟。

　　当我们在追逐灿烂石窟艺术的时候，却忽略了这一座座土塔，潜意识里只以他们为石窟的陪衬，以至于只知有塔，不知其内容。2012年，甘肃省文物局组织申报甘肃省文物保护科学和技术研究的项目，我们以《敦煌莫高窟窟区古代土塔调查与研究》为题申报，获得立项。因为考虑到莫高窟周边诸多土塔的调查、研究问题，而这些塔又与莫高窟不可分割，有着千丝万缕的联系，2013年，又以《莫高窟及其周边古代土塔遗址调查与研究》申报了国家社会科学基金项目，获得立项。结项之后，入选2022年度《国家哲学社会科学成果文库》。得到全国哲学社会科学工作办公室的大力支持，获得认可和资助出版，实属有幸！十年磨一剑，诚惶诚恐，终以此成果正式呈现给大家。

土塔遍及莫高窟及其周边，有些土塔登临困难，需要借助于绳索、梯子等工具，尤其是莫高窟崖面上方塔以及北区的窟内塔。三危山内的塔，路途遥远，敦煌的太阳又威力无比，虽然戴了帽子，涂了防晒，但5月份的天，只走到观音井的亭子，发现自己已成了红脸关公。回首历程，有艰辛，也有收获和喜悦，不免感慨万千！

此成果能顺利出版，离不开大家的支持和帮助。业师樊锦诗、郑炳林两位先生的谆谆教导令我受益终身，荣新江先生提出了宝贵的修改意见，王旭东、赵声良、苏伯民、罗华庆、张先堂、张元林、郭青林、马德、杨富学、于宗仁、王小伟、赵晓星等敦煌研究院的领导和师友也都提供了很多的帮助，在此一并致以衷心的感谢！

大部分照片由宋利良、金良拍摄于2015年，吕文旭、赵蓉绘制了线图，王平先翻译了英文目录，没有他们的支持和帮助，这项艰巨的工作很难完成。

唯有感恩，感恩所有帮助过我的人！

时光如白驹过隙，十年，转瞬即逝。孩子永远是我前进的动力，愿她快乐成长、学业有成！愿我一辈子辛苦劳作的父母，身体健康！

郭俊叶

2023年春